Michael Verney

Das große Buch der Bootspflege

Michael Verney

Das große Buch der Bootspflege

Delius Klasing Verlag

Titel der englischen Originalausgabe
THE COMPLEAT BOOK OF YACHT CARE
Originally published in English by
William Collins Sons & Co, Ltd

Aus dem Englischen von Jürgen Hassel
Überarbeitet von Klaus D. Kurtz

ISBN 3-7688-0589-1

Schutzumschlag: Ekkehard Schonart
Printed in Germany 1988
Gesamtherstellung: Ludwig Auer GmbH, Donauwörth

Inhalt

Tabellen

Vorwort

Dieses Buch widme ich jenen großartigen Menschen unterschiedlichsten Alters, die mit Booten aller Art von der Jolle bis zum Maxi-Racer auf Flüssen, Seen und Meeren Freude, Entspannung und Abenteuer suchen.
Nur wenige von ihnen besitzen ein eigenes Boot. Die anderen werden um so eher als Crew oder Gast an Bord geladen, je mehr sie von Booten verstehen. Das gilt ebenso für die vielen Familien, die Jahr für Jahr in schönen Segelrevieren chartern.
Bootspflege bedeutet viel mehr als Reinigen, Malen und Ölen. Sie beginnt schon mit der Wahl des richtigen Bootes. Außerdem sollte eigentlich jeder an Bord soviel von Seemannschaft, vom Umgang mit Beibooten, von Yachtgebräuchen, vom Ankern und von Motoren verstehen, daß die Sicherheit nicht beeinträchtigt wird, daß Pannen vermieden werden, daß Verschleiß so gering wie möglich gehalten wird und daß einer dem andern nicht auf die Nerven geht. Handwerkerprofis findet man auf See nicht leicht, ebensowenig an einem stillen Flußlauf.
Was Bootsunterhalt im einzelnen kostet, wird hier übersichtlich zusammengestellt. Eigner, die sich ein anderes Boot zulegen wollen, benötigen diese Informationen genauso wie alle Anfänger.
Auf die Mark genau waren die Kosten nicht zu benennen; denn allzu groß sind die Preisunterschiede an der französischen und der jugoslawischen Mittelmeerküste zum Beispiel, oder in Holland, Deutschland und Dänemark. Wo konkrete Zahlen angegeben werden, beziehen sie sich auf das Jahr 1986; sie können anhand der jährlichen Inflationsrate, wie man sie in jeder Tageszeitung findet, aktualisiert werden.
Die immensen Kostenunterschiede zwischen Selbstbau und Werftarbeit könnten der Do-it-yourself-Bewegung im Bootsbau und in der Bootsreparatur durchaus neuen Auftrieb geben.

Michael Verney

Praxis des Bootskaufs

1

Die richtige Fahrtenyacht

Nicht alle Familien lieben das Fahren mit Dickschiffen. Also sollte man es zunächst testen, indem man bei anderen mitsegelt, bevor man sich zum Kauf entschließt. Man muß schon ziemlich zäh und belastbar sein, um Hochseesegeln bei jedem Wetter aushalten zu können; manche Menschen fühlen sich beim Krängen eines Segelboots unwohl, andere wieder beim Stampfen und Rollen eines Motorboots. Da es mindestens 20 verschiedene Grundtypen von Tourenyachten gibt, kann eine Saison Mitsegeln auf unterschiedlichen Booten durchaus hilfreich dabei sein, die richtige Wahl zu treffen.

Liegeplatz
Ein nicht trailerbares Boot erfordert einen festen Liegeplatz, den zu finden in manchen Gegenden alles andere als leicht ist. Eine Marina ist zwar teuer, oft aber die beste Wahl. Kleinere Boote werden hier häufig an Land gelagert und mit einem Travellift (Abbildung 1) zu Wasser gelassen, wenn sie gebraucht werden.

Eignergemeinschaften
Geht man eine Eignergemeinschaft ein, so sinken die Bootskosten erheblich. Das funktioniert gut, wenn die Partner zusammen segeln und sich die

1 *Ein Travellift transportiert einen kleinen Motorkreuzer auf dem Kai.*

Arbeit teilen. Schwierigkeiten treten aber oft auf, wenn zwei Familien die Segelsaison untereinander aufteilen müssen. Und wenn einer der Partner seinen Anteil verkaufen möchte, läßt sich oft nur schwer ein Ersatzpartner finden.

Alt und preisgünstig

Eigner, die alle Wartungsarbeiten selbst ausführen, empfinden das Segeln und Motoren im Vergleich zu denen, die nichts selber machen, häufig als ungleich befriedigender. Ein neues Boot braucht einige Jahre lang relativ wenig Wartung. Wer aber die Arbeit nicht scheut, wird viel Freude an einem älteren Boot haben, das er oft zu weniger als der Hälfte des Neupreises erstehen kann.

Boote mit Charakter

In der endlosen Reihe moderner „Plastikschüsseln" wirkt ein altes, charaktervolles Boot oft sehr attraktiv. Praktisch veranlagte Eigner schätzen solche Relikte aus alter Zeit. Doch bevor man den Kauf eingeht, sollte man den Oldtimer von einem Fachmann untersuchen lassen und auch sicher sein, daß man genügend Zeit für die Wartungsarbeiten hat. Eine alte Regattayacht, die zum Tourensegeln umgerüstet wurde, kann viel Charme haben und aufregendes Segeln zu relativ geringen Kosten bieten.

Wahl des Motors

Ein Außenborder ist ein brauchbarer Hilfsmotor für eine umgerüstete Regattayacht oder für trailerbare Segelboote und ähnliche kleine Kreuzer. Der bequemere Einbaumotor, der zugleich den Wert des Bootes steigert, braucht dagegen viel Platz an Bord. Benziner gelten als mögliches Explosionsrisiko, Boote mit Dieselmotoren sind vergleichsweise teurer.

Obwohl ein Dieselmotor im Verbrauch am günstigsten ist, kommt es bei der Wahl des Hilfsmotors nicht entscheidend auf die Treibstoffkosten an. Wer lärmempfindlich ist, meidet besser luftgekühlte Dieselmotoren. Außenborder sind meist die durstigsten Motoren von allen und verbrauchen bis zu zweimal soviel Treibstoff wie ein vergleichbarer Diesel.

Bei Motorkreuzern sieht die Situation etwas anders aus, denn hier schlagen die Treibstoffkosten kräftig zu Buche.

Höhere Geschwindigkeit

Jeder zusätzliche Knoten Fahrt durchs Wasser muß teuer bezahlt werden. Als Folge steigender Treibstoffkosten seit den 70er Jahren verlagerte sich der Trend von den Hochgeschwindigkeits-Motorbooten (Abbildung 2) zu den Segelbooten, während in den 80er Jahren bei anhaltend niedrigen Treibstoffkosten

2 *Moderne große Doppelschrauben-Motoryacht*

3 *Hochsee-Angelkreuzer. Die Flybridge bietet dem Rudergänger gute Rundumsicht.*

4 *Motoryacht alten Typs. Nicht teuer, aber viel Charakter*

5 *Doppelschrauben-Motoryacht mit einem hochgedrehten Z-Antrieb*

das Gegenteil beobachtet wurde. Hochsee-Angelkreuzer (Abbildung 3) benötigen aber in manchen Gegenden immer noch ziemlich hohe Geschwindigkeiten, wenn sie entlegene Fischgründe erreichen und noch rechtzeitig zum Abendessen wieder zurück sein wollen. Der Typ des Motorkreuzers in Abbildung 4 kostet oft nur ein Viertel des Typs in Abbildung 2.

Geringer Tiefgang

Obwohl die meisten modernen Motorboote wenig Tiefgang besitzen und für Liegeplätze in Tidengewässern geeignet sind, bedenke man, daß der oder die Propeller beim Aufsetzen auf hartem Grund leicht beschädigt werden können. Boote mit einfachem oder doppeltem Z-Drive (Abbildung 5) haben hier, weil die Antriebseinheiten hochgekippt werden können, große Vorteile. Außerdem haben solche Boote kein Ruder. Obgleich Außenborder die gleichen Vorteile bieten, sind sie doch üblicherweise keine Diesel und werden überdies an einsamen Plätzen nur allzu oft gestohlen.

Motorsegler

Ein Motorsegler (Abbildung 7) ist von der Konstruktion und der Motorisierung her immer ein Kompromiß; also kann man von ihm nicht erwarten, daß er mit einem Segelboot, das für Hochseeregatten gebaut wurde, zu konkurrieren vermag. Ein Motorsegler von mehr als 10 m Länge über alles wird jedoch mit einer in Verdrängerfahrt laufenden Motoryacht durchaus mithalten können und dabei wegen des stabilisierenden Einflusses der Segel bequemer sein. Bauten aus den Jahren vor 1960 sind meist untertakelt und zu gering motorisiert. In der Familiensegelei wird der Motor häufiger eingesetzt als die Segelkraft; doch die Kombination beider Antriebskräfte kann zu sparsamem Treibstoffverbrauch führen.

Rennyachten

Vor einigen Merkmalen moderner Kreuzeryachten, die von Hochsee-Rennziegen übernommen wurden, sei hier ausdrücklich gewarnt. Diese Boote sind schnell und gehen hoch an den Wind, können aber

6 *Ein negativer Spiegel, der bei Regattayachten achtern das Decksgewicht vermindert. Auf einem Fahrtensegler schmälert er den Raum und ist außerdem leicht zu beschädigen.*

7 *Motorsegler an ihren Murings*

äußerst ungemütlich sein, besonders wenn sie überladen werden. Einige haben ein extrem einfallendes, negatives Spiegelheck (Abbildung 6), das teuer und gefährlich ist, wenn es beschädigt wird, und dazu meist noch ein schmales Vordeck, auf dem man sich kaum sonnen kann.

Mehrrumpfboote
Große Katamarane (Abbildung 8) sind gute, stabile Kreuzer; doch wenn sie mit allem, was für uns auch im Urlaub zur modernen Lebensführung gehört, beladen werden, vermindern sich ihre Segeleigenschaften beträchtlich.
Bei Trimaranen ist das Gewicht ein noch wichtigerer Faktor. Durch ihre große Breite entstehen Liegeplatzschwierigkeiten, es sei denn, daß die Seitenschwimmer an den Rumpf herangezogen werden können (Abbildung 9).

Kentern
Geschichten von durchgekenterten Mehrrumpfbooten tragen nicht gerade dazu bei, daß Eigner solcher

8 *Ein Kreuzerkatamaran ist schnell und bequem; auch bei Starkwind krängt er kaum.*

9 *Trimaran, dessen Schwimmer beim Transport beigeklappt werden können.*

10 *Der Auftriebskörper im Masttopp soll das Durchkentern eines Mehrrumpfbootes verhindern.*

Fahrzeuge ruhig schlafen können. Gegen diese Gefahr wurden Auftriebskörper für den Masttopp (Abb. 10) und verschiedene andere Vorrichtungen entwickelt, die ein Durchkentern verhindern sollen. Einige Boote sind im Boden der Brücke sogar mit Ausstiegsluken ausgerüstet. Doch normalerweise bringen nur die extremsten Wettersituationen einen Katamaran in die Gefahr des Kenterns.

Welches Material?

Nicht nur Größe, Typ und Alter eines Bootes bestimmen den Wert und die Wartungskosten, sondern auch die Materialien, aus denen Rumpf, Rigg, Auf- und Einbauten gefertigt sind.

Populäre Trends

Die großen Yachten sind gewöhnlich aus Stahl gebaut; bei den mittleren Größen konkurriert Stahl mit Kunststoff, Aluminium und Ferrozement. Holz herrscht bei älteren Booten vor, wird aber auch für moderne Einzelanfertigungen (besonders für Rennyachten) verwendet, vor allem formverleimt oder nach dem auf Epoxy-Saturierung beruhenden „West"-System.

Die Mehrzahl der mittleren bis kleinen Kreuzer besteht heute aus glasfaserverstärktem Kunststoff, obgleich Holz- oder Metallbauten gebraucht fast immer billiger zu kaufen sind. GFK ist, besonders im Bootsinnern, am leichtesten zu warten; allerdings muß man scharf nach den gefürchteten Osmosebläschen Ausschau halten. Bei älteren Booten ist es darüber hinaus problematisch, die Außenhaut in gepflegtem Zustand zu erhalten.

Obgleich es immer noch viele Beiboote und Jollen aus Holz oder formverleimtem Sperrholz gibt, wird es heute immer schwieriger, ein neues Boot zu erwerben, das nicht aus Kunststoff ist. Ebenso sind Spieren aus lackiertem Holz kaum noch zu finden, während man Aluminiummasten und -bäume überall erhält.

Spezialausführungen

Rümpfe aus Kupfer-Nickel-Legierung, aus rostfreiem Stahl, Kevlar oder Kohlefaser-Laminaten sind außerordentlich haltbar, aber sehr teuer. Große, ältere Fahrzeuge sind oft in Kompositbauweise erstellt, wobei die Holzbeplankung auf Stahlspanten und -wrangen befestigt wurde. Viele haben die statistische Haltbarkeitsdauer längst überschritten, Reparaturen sind jedoch nicht allzu schwierig. Ein nach zehn Jahren immer noch perfekter Ferrozementrumpf (also ohne Rost an der Eisenarmierung) wird, wenn er gut unter Farbe gehalten wird, wahrscheinlich eine kleine Ewigkeit leben.

Aussehen

Die Qualität des äußeren Aussehens ist ein weiterer Faktor bei der Wahl der Yacht.

Kategorien

Je nach dem Finish kann man drei Kategorien unterscheiden:

A Absolute Perfektion. Das Boot sieht immer wie brandneu aus.
B Gut versorgt. Alle Teile sind gut gewartet. Zu Beginn der Saison wirkt das Boot fast wie neu.
C Berufsschiff-Standard. Farbe anstelle von Lack. Oft das ganze Jahr über in Betrieb.

Die meisten Yachten gehören in die Kategorie B.

Der nicht vermögende Amateur wird kaum in Versuchung geraten, sein Boot von B nach A hinaufzuarbeiten, zumal der Besitz eines Bootes der Kategorie A nicht immer gut für das Nervensystem ist. Wer sich hohe Versicherungsprämien und die Kosten für einen Liegeplatz in einer tidenfreien Marina mit ständiger Bewachung nicht leisten kann, wird nicht gerade erfreut sein, wenn sein Juwel von Schiff von stümperhaften Anfängern in Charterbooten gerammt oder von öligem Wasser verschmutzt wird.
Der Eigner eines Bootes der Kategorie C hat solche Sorgen nicht. Vielleicht ist er von allen der Glücklichste. Sein Schiff glänzt wahrscheinlich nicht, ist aber vielleicht immer noch schnell und zuverlässig und hält jedes Wetter aus. Nur wenn er für die wohlverdiente Nachtruhe in einem fremden Hafen an einem Boot der Kategorie A festmacht, mag seine Freude vielleicht getrübt werden.

Vergleich
Autos lassen sich in die gleichen Kategorien einteilen. Der Besitzer eines teuren neuen Wagens lebt in der Furcht, ihn auf dem Parkplatz mit der ersten Delle vorzufinden. Sein von diesen Sorgen nicht belasteter Nachbar mit einem zehn Jahre alten Modell zahlt möglicherweise nur ein Drittel der Versicherungsprämie, sein Fahrzeug ist aber gleichwohl zuverlässig und gesund.

Wartungsökonomie

Der Sinn der regelmäßigen Wartung liegt darin, sicherzustellen, daß jedes Teil an Rumpf und Rigg verläßlich ist, daß alle dem Verschleiß ausgesetzten Materialien für das laufende Jahr versorgt sind und daß das ganze Schiff ein schönes, gut gewartetes Aussehen hat.

Notwendigkeiten
Auch ohne Bruch halten nur wenige Materialien dauerhaft. Kunststoff kann Osmosebläschen entwickeln (siehe Seite 266), während Aluminium galvanischen Prozessen ausgesetzt ist (siehe Kapitel 10). In allen Fällen sind Farbe und Lack unbedingt notwendig, wenn die Yacht nicht vom Standard der Kategorie A nach B oder von B nach C absinken soll. Die Wartung des Unterwasserschiffs ist bei allen Bootstypen annähernd gleich.

Regelmäßigkeit
Die Wartungsarbeiten für ein Boot der Kategorie C sind minimal; aber viele Eigner wüßten doch gern, wie sie das Erscheinungsbild eines Bootes der Kategorie B mit ähnlich geringem Einsatz an Zeit und Geld erhalten können. Das erste Hindernis auf dem Weg zu diesem Ziel liegt vielleicht schon in der traditionellen Einstellung überall in unseren Breiten, daß die jährlichen Wartungsarbeiten zu beginnen haben, sobald der Frühling kommt.

Jahreszeiten
Hierzulande ist das Wetter vor Mitte März meist recht ungünstig für Bootsarbeiten im Freien, und so bleibt wenig Zeit für das Streichen und Malen. Das bedeutet, daß viele Eigner gezwungen sind, sich fremder Hilfe zu bedienen, wenn sie ihr Boot rechtzeitig ins Wasser bringen wollen.

Do-it-yourself
Will man Kosten sparen, sollten Routinearbeiten vom Eigner, von seiner Familie und von Freunden bewältigt werden. Damit man Zeit genug hat, sollten die meisten Anstricharbeiten im Oktober oder November ausgeführt werden, weil dann das Wetter gewöhnlich besser ist als im Februar oder März. Braucht die Bilge einen neuen Anstrich, muß dies jedoch im Spätwinter oder im Frühjahr geschehen, damit sie ausreichend Zeit zum Austrocknen hat. Motorwartung und ähnliche Arbeiten sollte man möglichst in den Winter verlegen.

Beginn im Herbst
Auch wenn die letzte Lackschicht erst im Frühjahr aufgebracht werden soll, kann das mühsame Kratzen und Schleifen doch schon im Herbst geschehen. Man bedenke, daß frisch aufgebrachte Farbe durch den Kontakt mit Fendern und Tauwerk leidet und daß dicke Decksfarbe mehrere Wochen aushärten muß, wenn Fußspuren später nicht zu sehen sein sollen.

Gerüche unter Deck
Vielleicht findet man geeignete Farbzusätze, die den Geruch vermindern, der so oft frisch gemalte Kajüten durchzieht und bei manchem Übelkeit erregt. Ein Grund mehr, solche Arbeiten im Herbst auszuführen. Manche Eigner behalten sich einige dieser Malarbeiten im Bootsinnern jedoch gerne für Sommertage mit ungemütlichem Wetter vor. Luftfeuch-

tigkeit und Kondensation sind dann natürlich geringer als zu anderen Jahreszeiten.

Wetterschutz
Persenninge sind als Staubschutz auch in der Halle durchaus sinnvoll. Im Freien kann die Persenning (siehe Seite 271) leicht gegen die frisch gemalte Reling oder andere Teile schlagen, wenn sie nicht korrekt befestigt ist. Im Frühjahr lassen sich solche Schäden jedoch leicht ausbessern. Man beachte, daß Tauwerk und Persenningkanten auf Kunststoffoberflächen zu scheuern pflegen, was Schäden ergibt, die sich durch bloßes Polieren nicht so leicht beseitigen lassen. Deshalb sollte alles so gesichert werden, daß dieser Ärger gar nicht erst entstehen kann.

Antifoulingkosten
Das Streichen des Unterwasserschiffs ist oft das Teuerste an den jährlichen Wartungsarbeiten. Da der Bewuchs zu Saisonbeginn gewöhnlich gering ist, reicht eine im Juni aufgebrachte preiswerte Antifoulingfarbe meist für die restliche Segelsaison. Allerdings sollte sie ungiftig sein.

Wasserpaß
Fast alle Yachten der Kategorie A besitzen einen perfekt gestrichenen Wasserpaß. Eigner von Fahrzeugen der Kategorie C vermeiden die damit verbundenen Kosten, indem sie das Antifouling bis über die Wasserpaßhöhe hinaufziehen. Es gibt überhaupt keinen Grund, warum dies bei Booten der Kategorie B nicht nachgeahmt werden sollte. Rotes Antifouling sieht an dieser Stelle meistens recht gut aus. Und wenn man es häufiger sauberwischt als den üblichen Wasserpaß, glänzt auch Antifouling.

Bewuchs
Da der Bewuchs in Höhe der Wasserlinie, wo das Licht am hellsten und das Wasser am wärmsten ist, am besten gedeiht, sollte man ihn öfter abschrubben, wobei man das Boot um ein paar Grad krängt. Das läßt sich bewerkstelligen, indem man ein Fall vom Masttopp aus wie eine Talje zu irgendeinem geeigneten festen Punkt an Land ausbringt. Arbeitet man vom Beiboot aus, so sollte man es mit einer zusätzlichen Leine dicht am Bootsrumpf halten (siehe Seite 272). Wird nach dem Säubern gleich wieder mit Antifouling gestrichen, kann man die Notwendigkeit für eine Behandlung des vollständigen Unterwasserschiffs beträchtlich hinauszögern.

Eleganz

Es gibt Einsparungsmöglichkeiten, die ein Boot tatsächlich eleganter erscheinen lassen. Fleckige Stellen an lackierten Holzmasten und -spieren zum Beispiel sehen nicht eben schön aus. Dann streicht man sie hellgrau oder braun, was außerdem billiger ist, als wenn man das Holz vollständig abziehen und dann mit vielen Lagen Klarlack aufarbeiten würde. Wird die Spiere mehrmals stark abgehobelt, kann sie zudem ernsthaft geschwächt werden.

Wettereinfluß
Ähnliches gilt für Sülls und andere Lackteile. Teak kann beinahe immer wieder aufgearbeitet werden. Es sieht wie neu aus, wenn man es nach dem Abziehen des Lacks kräftig schleift. Alle Arten von Mahagoni (das billiger ist als Teak und deshalb häufiger verwendet wird) bekommen jedoch schwarze Flekken, wenn ein paar Monate lang Feuchtigkeit unter den Lack dringt. Nur ein Experte kann diese schwarzen Flecken bleichen und dann das ganze Teil in dunklerem Ton wieder einfärben. Wenn die Schadstellen groß sind, sollte der Amateur besser auf dekkende Farben übergehen.

Abwechslung
Man sollte jedoch, vielleicht mit Ausnahme von Booten der Kategorie C, nie ganz auf lackierte Teile verzichten. Das sichtbare, glänzend lackierte Holz unterbricht die Monotonie großer gestrichener Flächen, deren Häßlichkeit von bestimmten modernen Kunststoffbooten her, die man aus diesem Grund auch gern als Plastikschüsseln bezeichnet, nur allzu bekannt ist. Lukendeckel, Handläufe und andere kleinere Teile lassen sich leicht unter Lack halten.

Freibord
Wegen der Geräumigkeit haben viele Yachten ein hohes Freibord oder ungewöhnlich hohe Decksaufbauten. Mit kontrastierenden Farbbändern an Rumpf und Aufbauten lassen sich solche Unschönheiten recht gut kaschieren. Ein hochgesetzter Wasserpaß und ein konstrastierend gestrichener Streifen unterhalb der Scheuerleiste (Abbildung 11) reichen unter Umständen schon aus. Einen hohen Kajütaufbau kaschiert man, indem man Deck und Kajütdach in kontrastierenden Farben streicht und diese Farben auf die Seitenwände übergehen läßt, wie Abbildung 12 zeigt.

11 *Kontrastierende Farbbänder verringern optisch die Freibordhöhe.*

12 *Die Decksfarbe überlappt teilweise den Kajütaufbau; scheinbar wird damit der hohe Aufbau niedriger.*

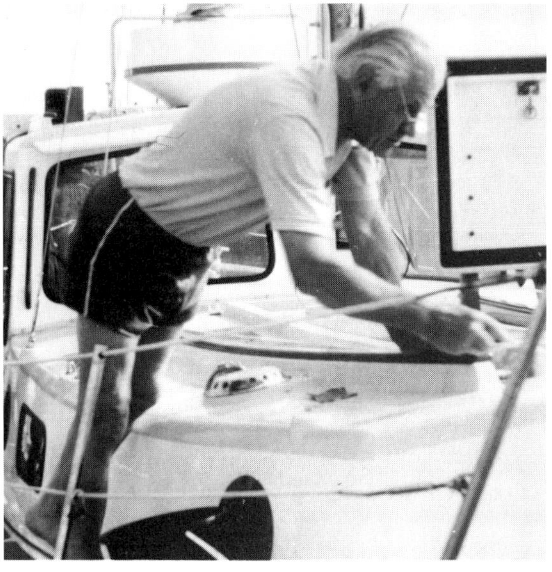

Vergoldung

Einsparungen sind zwar gut, doch ein hübsches Boot braucht auch Dekoration. Viele Boote haben eine Hohlkehle dicht unterhalb der Scheuerleiste, die man mit Blattgold auslegen sollte (siehe Kapitel 4); eine leuchtende Farbe tut es natürlich auch. Blattgold ist freilich teuer; doch bei größeren Bootsausrüstern erhält man preiswerteres Gold-Klebeband, was zumindest aus einiger Entfernung ebenfalls recht gut aussieht. Im Vergleich zu der Hohlkehle braucht man für die Namensschilder und Schnörkelverzierungen an Bug und Heck viel weniger Blattgold; dies ist also eine einfache, aber wirkungsvolle Dekoration. Psychedelische Farbstreifen am ganzen Rumpf passen sicherlich nur zu wenigen Bootstypen.

Zierlinien einschneiden

Ohne die Hohlkehle würden Blattgold und Klebeband bald beschädigt. Auf einem mit Holz beplankten Rumpf bringt man die Zierlinie folgendermaßen an: Man nagelt vorübergehend eine Straklatte in die gewünschte Position und fährt dann mit einem Hobel oder einer Oberfräse vorsichtig daran entlang. Auf einem Rumpf aus Kunststoff, Metall oder Ferrozement zieht man zwischen zwei Streifen Tape eine farbige Linie. Um zu verhindern, daß die Linie wellenförmig wird, mißt man in regelmäßigen Abständen die Distanz zur Deckskante oder zur Scheuerleiste mit einem Zirkel ab. Das Klebeband sollte man entfernen, sobald die Farbe nicht mehr läuft, weil man sonst den frisch aufgebrachten Lack stellenweise mit abreißt.

Unsaubere Kanten

Unsaubere Farbkanten beeinträchtigen das schöne Aussehen. Sie entstehen beispielsweise dann, wenn man mit Decksfarbe an lackierten Holzteilen entlanggeht (oder wo immer kontrastierende Farbtöne aufeinandertreffen). Das schlimmste kann man allerdings mit einem feinen Künstlerpinsel rasch nachbessern. Farbe, die zu jedem beliebigen Ton lackierten Holzes paßt, läßt sich übrigens leicht anrühren (siehe Seite 59).

Kantenhilfe

Wer keine ganz sichere Hand hat oder in Eile ist, sollte für die Kanten ein Stück Blech oder harte

13 *Ein Schild aus Blech oder Pappe sorgt beim Malen ohne Abkleben für saubere Kanten.*

Pappe benutzen (Abbildung 13), weil man damit sauberer arbeiten kann. Allerdings muß man das Blech immer dann, wenn man es ein Stück weiterschiebt, sorgfältig abwischen. Hat man für den Decksanstrich unerfahrene Helfer angeheuert, zahlt es sich aus, wenn man alle Kanten ringsherum sorgfältig abklebt.

Galvanisierte Teile
Die meisten Boote der Kategorie C (und viele der älteren aus Kategorie B) haben galvanisierte Decks- und Mastbeschläge. Schöner sehen sie aus, wenn man sie aluminiumfarben streicht – was besonders für Relingstützen, Bug- und Heckkorb, Mastfüße, Wantenspanner, Püttings, Winschen, Lüfter und Klampen gilt. Mag man diese Farbe nicht, tut es auch jede andere; Weiß sieht oft sehr gut aus. Erscheinen später Rosttränen, die bei einem weißen Anstrich natürlich am ehesten sichtbar werden, so streicht man einfach noch einmal über.

Auffrischen
Das Wort „rechtzeitig" gewinnt hierbei eine besondere Bedeutung. Wenn alle kleinen Oberflächenschäden auf Holz schnell mit passender Farbe oder Lack ausgebessert werden, kann sich keine Feuchtigkeit unter dem Lack ausbreiten, womit gleich immer größere Flächen in Mitleidenschaft gezogen werden. Das gilt auch für Rostflecken an einem Stahlrumpf oder unter den Rüsteisen auf Rümpfen jedes anderen Materials.

Sommerarbeit
Das Arbeiten am Boot ist im Sommer um so vieles angenehmer als bei Nässe und Kälte im Winter, daß es einen schon wundert, warum nicht mehr Eigner Segelpausen nutzen, um ihr Schiff in gutem Zustand zu halten. Zeit läßt sich immer finden, zum Beispiel wenn man auf seine Crew wartet oder wenn Starkwind vorhergesagt wurde. Nutzt man diesen Leerlauf, kann eine Yacht mitten in der Saison (vielleicht gerade vor Beginn der Sommerferien) am besten aussehen und auch im Herbst noch recht ansehnlich sein.

Einrichtung
Auch die Einrichtungsqualität der meisten Fahrtenyachten läßt sich recht einfach nach den Kategorien A, B oder C klassifizieren. Einige Massenprodukte haben auch unter Deck nur wenig oder minderwertiges Holz. Ein Heimwerker mit Spaß am Möbelbau kann die gesamte Einrichtung relativ leicht erneuern und damit einen Kategorie-A-Effekt erzielen. Dann lebt es sich unter Deck ungleich angenehmer und bequemer.

Die Kosten

Zu Beginn der Kunststoffära verführte man Bootskäufer mit der Behauptung, dieses Material bedürfe keiner Wartung, es sei denn eines gelegentlichen Abwaschens. Ist einem das Aussehen egal und läßt man einmal die hohen Kosten für die Osmosebehandlung unberücksichtigt, hat das nach wie vor seine Gültigkeit. Der jährliche Antifoulinganstrich, der gelegentliche Anstrich des Überwasserschiffs und die Bearbeitung lackierter Hölzer bringen die Wartungskosten jedoch dicht an die traditioneller Rümpfe heran.

Nützliche Zahlen
Tabelle 1 auf Seite 18 gibt einen Überblick über die jährlichen Wartungskosten von 17 verschiedenen Booten zwischen 4 und 18 m Länge. Die Kosten sind von Werft zu Werft und von Revier zu Revier unterschiedlich. Deshalb werden Relationen angegeben und keine echten Preise: Die 7-m-Slup wird gleich

Tabelle 1 **Typische Jahreskosten**
Diese Tabelle soll dem künftigen Bootseigner helfen, sich ein Bild von den auf ihn zukommenden Kosten zu machen. Da diese aber von Revier zu Revier, von Werft zu Werft und je nach Ansprüchen sehr stark differieren, werden hier nur Verhältniszahlen für die einzelnen Bootsgrößen und -typen wiedergegeben. Bezugsgröße (= 100%) ist eine 7-m-Slup mit Hilfsmotor.

Länge und Bootstyp		Jährliche Versicherungs-kosten	Liegeplatzkosten (inkl. Hafengebühren)			
			6 Monate	12 Monate		
			an Land (inkl. 20mal Zuwasserbringen)	an einer Muring	kommunaler Hafen	Marina
4,00 m	Runabout	30	50	60	–	–
4,30 m	Jolle	25	55	60	–	–
5,20 m	Barkasse	35	60	80	85	80
5,50 m	Daysailer	45	75	80	85	80
6,00 m	AB-Kreuzer	55	90	80	85	80
7,00 m	Slup mit Hilfsmotor	100	100	100	100	100
7,60 m	Motorboot	145	110	100	100	110
8,20 m	Katamaran	180	–	110	110	155
8,50 m	Familienslup	165	–	110	105	120
9,20 m	schnelle Motoryacht	245	–	110	110	135
9,70 m	Familienslup	255	–	110	115	140
11,00 m	Motorsegler	310	–	120	125	160
11,60 m	Trimaran	500	–	140	145	220
12,00 m	Sportfischer	500	–	140	145	180
13,70 m	Hochsee-Racer	665	–	140	145	205
15,00 m	Schoner	780	–	180	165	225
18,00 m	Motoryacht	1020	–	180	165	270

Als Beleg für die möglichen Preisdifferenzen hier die Kosten für die als Bezugsgröße genannte 7-m-Slup: Die Angaben beruhen auf Erfahrungswerten, die über mehrere Jahre gesammelt wurden. 1986 lagen die durchschnittlichen Versicherungskosten bei 700 bis 1350 DM. Die durchschnittlichen Liegeplatzkosten lagen bei Lagerung an Land bei 700 DM (6 Monate), an einer Muring bei 500 DM, in kommunalen Häfen bei 1000 DM und in einer Marina bei 1600 DM. In allen Fällen können die örtlichen Abweichungen nach oben, gelegentlich aber auch nach unten, beträchtlich sein.

100 Prozent gesetzt; eine Jolle verursacht dann beispielsweise nur ein Viertel (25 Prozent) dieser Kosten, ein Trimaran von 11,60 m oder ein Sportfischerboot von 12 m aber ein Mehrfaches davon.

Reparaturen
Die Angaben in Tabelle 1 umfassen keinerlei Reparaturkosten. Mit ein wenig Glück können sie vermieden werden, während Unfallkosten durch die Versicherung abgedeckt sein dürften. Die meisten Reparaturen, die dennoch anfallen, kann auch ein geschickter Amateur ausführen. Fachkräfte sind immer teuer!

Ausrüstung
Die Kosten einer kompletten elektronischen Ausrüstung, dazu die für Segel, Rigg und Beschläge können die für den bloßen Rumpf leicht übersteigen. Ist der Eigner nicht gerade vermögend, kommt er zumeist mit „altmodischer“ Ausrüstung gut zurecht, wenn auch ihre Wartung mehr Zeit erfordert. Dabei verstehen wir unter „altmodisch“ Dinge wie Wanten aus galvanisiertem Stahl, ebensolche Beschläge und Relingstützen, Pinnensteuerung und keine Elektronik.

Yachtgebräuche

Es ist bedauerlich, daß nicht mehr Anfänger im Fahrtensegeln erst einige Sommer mit erfahrenen Seglern fahren, bevor sie die Regattajolle gegen ein größeres Boot eintauschen. Denn anders als der Jollensegler (der sein Boot oft genug an Land zieht und nach Hause fährt, wenn sein Rennstander noch im Masttopp flattert) hat der Eigner einer Fahrtenyacht, bevor er sein Schiff verläßt, sorgfältig einige Arbeiten zu erledigen, auch wenn es ihm nur darum geht, den Nachbarn zu imponieren.

Training
Die traditionellen Yachtgebräuche haben im wesentlichen zu tun mit gesundem Menschenverstand, Sicherheitsbedürfnissen sowie dem Schutz des eigenen wie dem der anderen Boote. Beim Lernen lohnt es sich, Notizen zu machen und sich an diese zu halten, bis unterwegs wie am Liegeplatz alles zur Routine geworden ist. Eine wichtige Sicherheitsvorkehrung ist, alle Besatzungsmitglieder, selbst wenn sie sich nur zeitweilig an Bord aufhalten, so einzuweisen und zu trainieren, daß alles auch dann seinen geordneten Gang gehen kann, wenn der Skipper einmal ausfallen sollte. Seemannschaft hat immer sowohl den Aspekt der Sicherheit wie auch den der Etikette. Das fängt beim sauberen Zusammenlegen des Tauwerks an, so daß es ohne Kinken auslaufen kann und das Arbeitsdeck frei ist, und das hört beim ordentlichen Verstauen aller Ausrüstungsteile, was ja auch vor Verlust schützt, noch lange nicht auf.

Aufklaren
Muß man schnell von Bord, sollte man wenigstens die Flaggen einholen, die Festmacher richtig einstellen, Pinne oder Steuerrad mittschiffs festsetzen, Baumstütze setzen, die Großschot aufschießen und Dirk und Achterstagspanner lockern (Abbildungen 14 und 15).

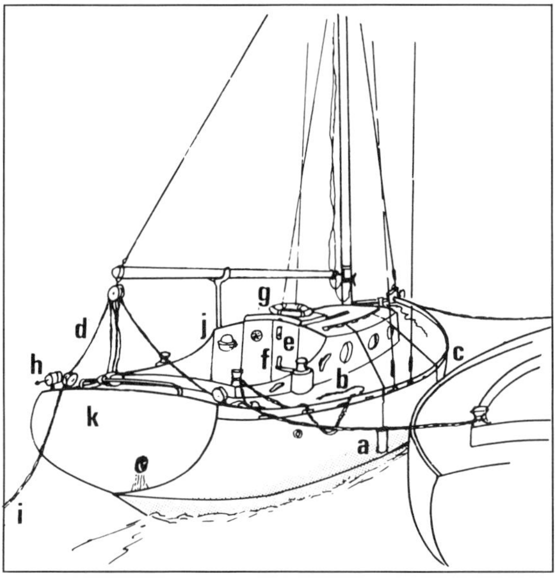

14 *Ein vernachlässigtes Boot:* **a** *Der Fender hängt zu tief und ist zu klein.* **b** *Die Leinen sind nicht aufgeschossen.* **c** *Die Springs fehlen.* **d** *Die Großschot ist lose.* **e** *Der Niedergang ist nicht verschlossen.* **f** *Die Winschkurbel ist nicht weggestaut.* **g** *Der Rettungsring ist nicht weggestaut.* **h** *Das Schlepplog ist nicht verstaut.* **i** *Die Logleine hängt im Wasser.* **j** *Der Kompaß steckt noch am Schott.* **k** *Das Namensschild fehlt am Heck.*

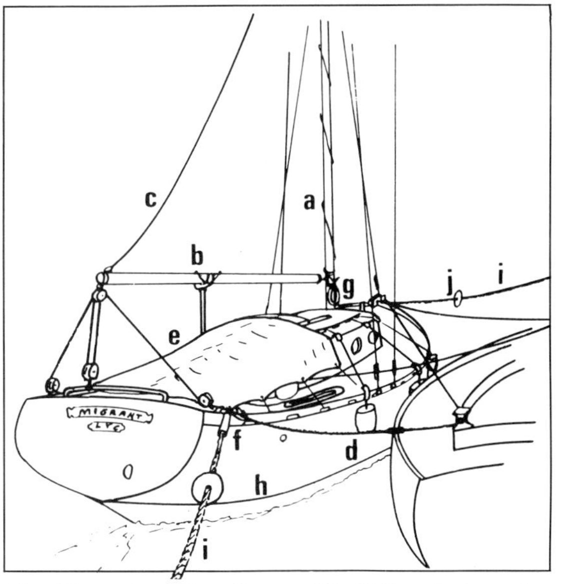

15 *Ein ordentliches Boot:* **a** *Die Fallen sind um den Mast geschlungen.* **b** *Der Baum ist auf der Baumstütze festgelascht.* **c** *Die Dirk hat ein wenig Lose.* **d** *Die Fender sind groß genug und hängen in der richtigen Höhe.* **e** *Die Plicht ist durch eine Persenning abgedeckt.* **f** *Schamfilschutz an allen Leinen.* **g** *Die Enden sind aufgeschossen.* **h** *Der Wasserpaß ist sauber.* **i** *Zum Land hin sind Leinen ausgebracht.* **j** *Die Festmacher sind mit Rattenabweisern versehen.*

Landfein
Ist man nicht in Eile, muß man schon mit einer guten Stunde rechnen, bis ein Tourenboot „landfein" ist, besonders wenn Deckwaschen angesagt ist. Außerdem sind Luken-, Plicht- und Segelpersenninge anzubringen. Meistens hat man viele Dinge an Land zu befördern (was möglicherweise mehrere Fahrten mit dem Beiboot erfordert), und dann müssen noch die Seeventile geschlossen, muß der Strom abgeschaltet, der Blitzableiter geerdet werden usw.

Lärm
Die Fallen sollte man entweder am Mast festzurren oder mit Gummistropps zu den Wanten ziehen, wie es Abbildung 96 zeigt. Hat man dies versäumt, sollte man sich besonders bei einem Alumast nicht wundern, wenn der Eigner eines Nachbarboots, der gern schlafen möchte, an Bord herumturnt und das Versäumte nachholt! Das Klappern innenliegender Fallen kann man allerdings kaum noch beheben, wenn der Mast erst einmal gestellt ist (siehe Kapitel 6).

16 *Kunststoffschläuche sind bei Festmachern ein idealer Schamfilschutz.*

Seevögel
Hat man den Stander im Masttopp niedergeholt, sollte man an dessen Stelle einen kurzen Stock setzen. So kann man die Möwen davon abhalten, sich auf dem Masttopp niederzulassen und das Deck zu verschmutzen. Um sie von den Salingen fernzuhalten, spannt man von Want zu Want vorn um den Mast herum ein dünnes Gummiband etwa 10 cm oberhalb der Salinge.

Betrifft alle Boote
In den Tidengewässern der Flüsse wird das Schiff üblicherweise mit dem Bug stromauf gelegt; gleichwohl sollte man sich an den örtlichen Gebräuchen orientieren. Liegt man im Päckchen, so führe man stets eigene Bug- und Heckleinen zum Kai, zu Pfählen oder Bojen.

Springs
Unter den eben beschriebenen Bedingungen sind Springs (diagonal geführte Leinen) notwendig (siehe Kapitel 12); damit nimmt man Zug von den Bug- und Heckleinen, vermindert den Druck auf die Fender und hält das Boot gerade. Plastikummantelungen an den entsprechenden Stellen (Abbildung 16) sind ein idealer Schamfilschutz für alle Leinen. Ist kein Kunststoffrohr zur Hand, wickelt man ein Stück altes Segeltuch um die Leine und bändselt es an beiden Enden fest. Da die Springs nicht immer durch die Lippklampe passen, können sie am Rigg, an den Relingstützen oder an der Fußreling schamfilen.

Fender
Mit einem Bugfender (Abbildung 239) kann man beim Ankern oder beim Schwojen den Bug vor der Ankerkette schützen. Dies ist besonders dann wichtig, wenn die Kette lose kommt, also beim Kentern des Stroms oder wenn Wind gegen Strom steht. Die gewöhnlichen hängenden Fender sollten zylindrisch sein und von möglich großem Durchmesser. (Wenn man drei kleine zusammenbindet, hat man zur Not auch einen großen.) Kissenfender oder ausgediente Reifen, die mit Tuch umwickelt wurden, können an der Bordwand nicht abrollen und rauhen früher oder später den Lack oder das Gelcoat von GFK-Booten auf. Daß man nach dem Ablegen alle Fender einholt, ist wohl eine Selbstverständlichkeit.

Loses Gerät
Bootshaken, Schwabber, Anker, Badeleiter, Rettungsboje, Winschkurbeln und aufgeschossenes Tauwerk sollten stets an ihrem Platz bleiben, wenn sie nicht gebraucht werden. Besonders wenn man unter Motor ablegt, sollte man darauf achten, daß kein Tampen über Bord hängt.

Rollen
Der Schwell, den zu schnell vorbeifahrende Fahrzeuge erzeugen, kann unter Deck Bruch verursachen, wenn nicht alles sorgfältig verstaut oder befestigt ist. Schäden an Salingen und Masttopp sind nichts Ungewöhnliches bei Segelbooten im Päckchen; es hilft schon, wenn man den Springs soviel Lose gibt, daß sich das Boot ein wenig auch in Längsrichtung bewegen kann.

Schutzmaßnahmen
Ordentlich angebrachte Persenninge über Plicht, Luken und Oberlichtern (Abbildung 17) lassen auf einen sorgfältigen Eigner schließen. Sie halten Diebe fern, halten das Boot trocken und schützen den Lack. Bei einer Plichtpersenning sollte man für guten Wasserablauf sorgen, indem man sie über eine Firststange legt, wenn sie nicht ohnehin vom Ruderhaus und zu den Seiten hin schräg abwärts verläuft. Solche Persenninge kann man leicht selbst anfertigen (siehe Kapitel 8), was natürlich auch für Überzüge für das Ruderhaus, den Außenborder, die Radarantenne und Winschen gilt. Ein schlecht verzurrtes, aufgeblasenes Schlauchboot kann von einer Bö leicht über Bord gefegt werden. Rettungsbojen, -westen und Winschkurbeln werden am besten unter Deck verstaut, wenn das Boot ohne Aufsicht bleibt.

Flaggen
Der richtige Flaggengebrauch ist vor allem in ausländischen Gewässern wichtig. Man tut bestimmt nichts Falsches, wenn man nachts oder solange niemand an Bord ist, alle Flaggen einholt. Nur wenige von den kleineren Yachten haben alle 40 Flaggen des internationalen Flaggenalphabets an Bord; doch man braucht sie, wenn man über die Toppen flaggen will. Die Flaggleinen sollten immer straff durchgesetzt sein. Das meiste Flaggentuch rottet oder schimmelt, wenn die Flaggen vor dem Verstauen nicht getrocknet werden. Flaggen sollten immer gerollt werden, damit sie keine Falten bekommen. Gelegentliches Waschen in handwarmem Seifenwasser hält die Farben frisch.

Putzen
Ein Fahrtenboot muß gesäubert werden (Abbildung 18), wenn es von See heimkommt. Erfahrene Seeleute spülen Holzdecks mit Salzwasser ab. Süßwasser verursacht Rott in den vielen kleinen Leckstellen, die nie ganz zu vermeiden sind, während Salzwasser wie ein mildes Fungizid wirkt. Für lackierte Teile, Fenster und Bullaugen nimmt man jedoch Süßwasser.

18 *„Was Hänschen nicht lernt...": ein Sprichwort, das auch fürs Deckwaschen gilt.*

17 *Lukenpersenninge schrekken Diebe ab, vermindern das Leckrisiko und verlängern die Lebensdauer des Lacks.*

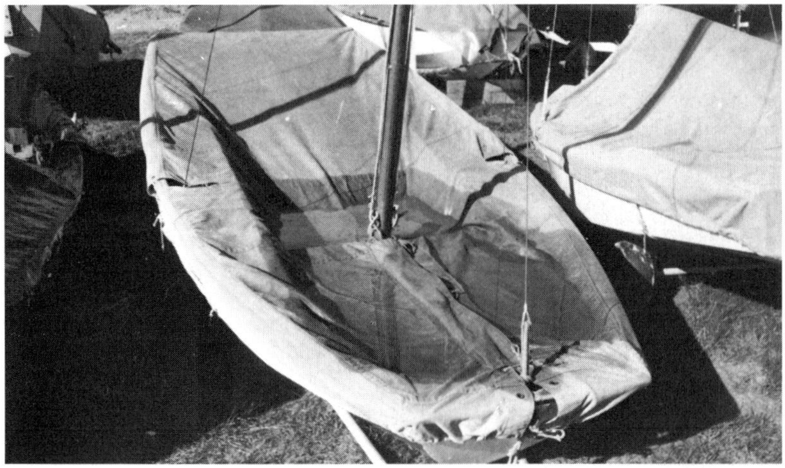

19 *So sieht es nach kurzer Zeit aus, wenn die Jollenpersenning nicht von einer Stange oder Spiere hochgehalten wird.*

20 *Relingskleider, die eigentlich nur für Schlechtwetter gedacht waren, sieht man heute immer häufiger als Namensschilder ständig geriggt. Die verminderte Sicht ist ein Risikofaktor.*

Haushalts-Fensterreiniger eignen sich auch für größere Fenster im Ruderhaus. Kalkhaltiges Süßwasser hinterläßt beim Trocknen in der Sonne Flecken auf dem Lack. Eigner von großen Yachten der Kategorie A schalten deshalb an Land oft einen Enthärter dazwischen. Genausogut kann man aber mit einem Tuch nachwischen.

Abfall

Abfall (einschließlich Speisereste) gehört in die dafür vorgesehenen Behälter an Land. Bevor auf See Dosen oder Flaschen über Bord geworfen werden, füllt man sie mit Wasser, so daß sie sinken. Da Plastikabfälle sonst jahrelang auf dem Wasser herumschwimmen, gehören sie erst recht in den Müllcontainer.

Beibootpersenning

Eigner von Regattajollen bringen die wasserdichte Persenning oft falsch an, so daß sich Regenwasser ansammeln kann (Abbildung 19). Dadurch verfärbt sich die Persenning nicht nur, es entsteht auch großer Zug auf die Gatchen. Richtig riggt man die Persenning über den Baum und legt dort, wo er aufliegt – Deck, Süll, Heck oder Travellerschiene –, etwas unter (siehe auch Seite 245). Ist das Boot an Land, sollte man den Stander im Masttopp niederholen, und sei es nur, um ihn länger zu erhalten.

Kennzeichen

Das Fehlen eines Namens oder sonstigen Erkennungszeichens an einem kleinen Boot könnte eines Tages jemandem Schwierigkeiten bereiten und ist deshalb zumindest eine Unhöflichkeit. Kleine Flitzer machen sich hierbei am häufigsten schuldig – oft mit Absicht, um beim Übertreten von Geschwindigkeitsbegrenzungen nicht so leicht identifiziert werden zu können. Regattasegler verlassen sich bei ihren Jollen oft zu sehr auf ihre Segelnummer; doch wenn das Boot gestohlen wird oder sich losreißt, ohne daß die Segel an Bord sind, ist die Segelnummer nutzlos.

Relingskleider mit deutlich lesbarem Namen (Abbildung 20) sind zwar gut für das Identifizieren einer Yacht auf See, beeinträchtigen aber doch das Erscheinungsbild so manchen schmucken Bootes. Ei-

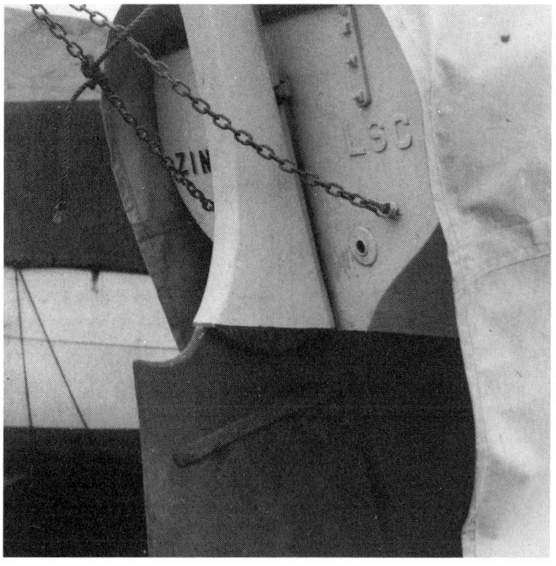

21 *Die in das angehängte Ruder eingeschnittene Trittstufe könnte eines Tages Leben retten.*

gentlich ist das Relingskleid ja nur für den zeitweiligen Gebrauch bei rauhem Wetter gedacht; permanent angebracht, verschlechtert es die Sicht aus der Plicht und ist deshalb ein Sicherheitsrisiko. Transparente Fenster im Relingskleid machen die Erkennbarkeit der Buchstaben aus bestimmten Winkeln unmöglich. Das Anfertigen von Namensschildern wird in Kapitel 4 beschrieben.

Heckstufen

Eine Badeleiter ist besonders für Boote mit hohem Freibord wichtig; gewöhnlich wird sie bei Bedarf an der Steuerbordseite festgemacht. Feste Heckstufen gleich welcher Art sind aber aus Sicherheitsgründen wünschenswert. An Plattgatt- und Spiegelhecks sind sie leicht anzubringen; der Handel hält auch Klappstufen bereit. Selbst ein simpler Tritt in einem angehängten Ruder kann sich eines Tages als wertvoll erweisen (Abbildung 21).

Nachdenkliches

An Land herrscht heute überall soviel Lärm, daß Segler und Motorbootfahrer auf dem Wasser meist um Ruhe bemüht sind. Warum sollte man bei Nacht nicht das Beiboot rudern statt mit dem Außenborder zu fahren? Auch sollte man im Hafen das Radio leise drehen und den Generator nur dann in Betrieb nehmen, wenn die Besatzungen der Nachbarboote an Land sind. Das Klappern von Fallen an Alumasten sollte man zu vermeiden wissen. Bevor man ein sauberes Deck betritt, zieht man die Schuhe aus, wenn man keine Bootsschuhe anhat. Muß man über andere Boote hinweg an Land, geht man über das Vordeck – der Weg durch die Plicht oder übers Achterdeck gilt (besonders wenn Leute an Bord sind) als schlechter Stil.

Werkzeug und Material

2

Auch wenn es heute durchaus üblich ist, daß Amateure zu Hause tapezieren, anstreichen und leichtere Reparaturen ausführen, sieht doch ihre häusliche Werkstatt meist ziemlich trostlos aus. Da finden sich gar nicht so selten Sägen mit rostigen Blättern, Schraubendreher, die jahrelang zum Öffnen von Farbdosen herhalten mußten und darüber schartig geworden sind, Zangen, die im Regen gelegen haben, eine Drahtbürste, deren Drahthaare schon zu Staub zerfallen, und farbdurchtränkte Pinsel in ausgedienten Marmeladengläsern, aus denen das Wasser oder der Terpentinersatz schon lange verdunstet ist.

Aufmerksamkeit

Selten genutzte Werkzeuge erfordern oft mehr Aufmerksamkeit, als wenn sie ständig in Gebrauch sind. Es macht sich bezahlt, wenn man nach Beendigung jeder Arbeit ein wenig Zeit dafür aufwendet, die benutzten Werkzeuge zu säubern, zu ölen und ordentlich zu verstauen. Für die normale Bootswartung werden nur wenige teure Werkzeuge benötigt, doch Ergänzungen der Werkzeugkiste geben Jahr für Jahr schöne Geburtstagsgeschenke für den Eigner ab.

Grundausstattung

Für den Anfang sollte die Werkzeugkiste wenigstens folgendes enthalten:

- Pinsel guter Qualität in den Breiten ½, 1½ und 2½ Zoll
- 500-g-Klauenhammer
- Täschchen mit einigen Durchschlägern (in Nagelkopfgröße) und einem kleinen Meißel
- Drahtzange
- Drillschrauber mit 6-mm-Klinge
- Eine 200-mm-Flachfeile, mittelfein
- Bandmaß von 2 m Länge
- kleine Bügelsäge
- Farbkratzer (mit auswechselbaren Klingen), Bohrer, Schere, Spachtelmesser, grobe Bürste und Schleifklotz aus Kork
- Für Stahlrümpfe: Rosthammer und Drahtbürsten

Erweiterung

Will man Farbe oder Lack entfernen, Plankengänge kalfatern, Änderungen oder Ergänzungen an der Inneneinrichtung vornehmen, braucht man eine kleine Tischlerausrüstung. Dazu gehören Hobel, Fuchsschwanz und Feinsäge, Bohrer in verschiedenen Größen, Drillschrauber, Stechbeitel in verschiedenen Breiten, Schlegel, Schraubzwingen, Abziehstein, Ölkanne, Anschlagwinkel, Wasserwaage, Ziehklingen, Kalfateisen und ein Brenner (zum Abbrennen der Farbe).

Für den Motor

Mit einem neuen Motor bekommt man meist eine nützliche Grundausstattung an Werkzeugen geliefert, die für normale Wartungsarbeiten und kleinere

Reparaturen ausreichen. Die Werkzeugkiste für den Motor sollte wenigstens folgendes enthalten:

- Ring- und Maulschlüssel, die für alle Bolzen an der Maschine, auch für die Glühkerzen passen
- zwei verstellbare Schlüssel, groß und klein (Engländer)
- Schraubendreher mit 4-mm- und 7-mm-Klinge
- Ein Schlosserhammer 750 g
- Ein paar Durchschläger, ein Körner und einige Stücke solides Niro, die als Hebel benutzt werden können
- Fühllehre und alle kleineren Werkzeuge für Elektrik, Vergaser und Instrumente
- Spitzzange, lang und normal
- Volle Ölkanne, Graphitfett, flüssige Dichtung

Abbildung 22 zeigt eine ähnliche Werkzeugzusammenstellung, wie sie der Autor jahrelang benutzte.

Schwierigere Arbeiten
Geht man an schwierigere Arbeiten, etwa das Entfernen der Ölwannen oder von Leitungen, sollten noch folgende Werkzeuge hinzukommen:

- Ein Nußkasten mit Verlängerungsknarre und passendem Drehmomentschlüssel
- Ein Satz Steckschlüssel
- Universal-Gripzange (250 mm lang)
- Zwei Rohrzangen (200 und 450 mm lang)
- Ein Satz Imbusschlüssel, wenn nötig metrisches und zölliges Maß (was übrigens auch für Maulschlüssel gilt)
- Hammer (auf der einen Seite aus Kupfer, auf der anderen aus Kunststoff)
- Langer, schmaler Meißel (12 mm breit)
- Ein Satz Hand- und Schlüsselfeilen
- Ein oder zwei Schaber und zwei Kreuzschlitzschraubendreher in verschiedenen Größen
- Ausrüstung zum Weich- und Hartlöten
- 300 mm Stahllineal
- Spezielle Ventilschlüssel, grobe und feine Schleifpaste
- Zweigängige Handbohrmaschine mit einem Satz Spiralbohrer und etwas Bohrflüssigkeit
- Eine kleine Rolle Schmiergelleinen, 25 mm fein
- Wenn sie nicht schon zum Werkzeugkasten gehören: zwei Drahtbürsten (zwei- und vierreihig)
- 250 mm Eisensäge mit verschiedenen groben und feinen Sägeblättern
- Blechschere und Sicherungsringzange
- Werkbank (gleich welcher Art) mit Schraubstock mit zusätzlichem weichem Backenschutz
- Ist kein Strom vorhanden, reicht zum Schärfen von Bohrern, Beiteln und Kratzern auch ein handbetriebener (100 mm ∅) Schleifstein.
- Als Amboß ein einzelnes großes Gußeisenteil oder ein Stück Eisenbahnschiene.

Die Werkzeugkiste an Bord

Wenn nicht alle genannten Werkzeuge ständig an Bord bleiben, braucht man auf jedem Fahrtenboot eine Werkzeugkiste, die für alle unterwegs anfallen-

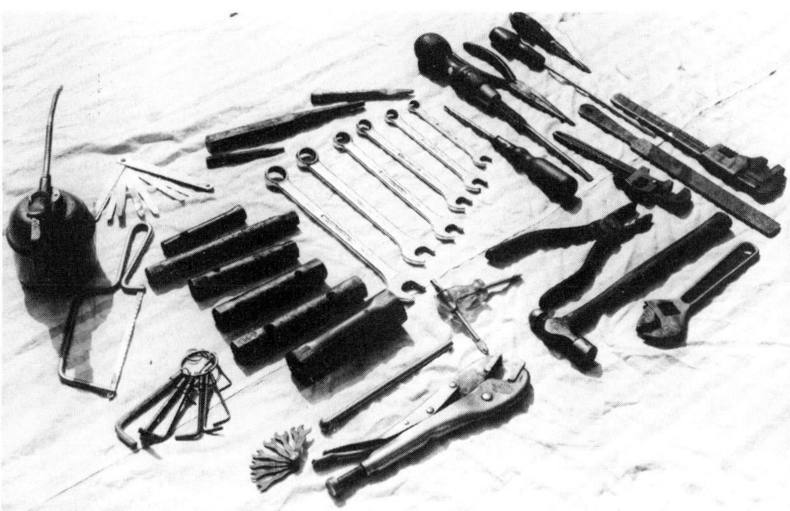

22 *Neben dem Satz Ring-/Maulschlüssel sowie Schraubendrehern und Zangen gehören in die Werkzeugkiste für Arbeiten am Motor noch weitere kleinere Werkzeuge.*

den Arbeiten ausreicht – angefangen vom Aufdrehen festsitzender Schäkel über das Nachbessern von Farb- und Lackstellen bis hin zum Wegschneiden eines gebrochenen Masts oder zum Abdichten eines Lecks unterhalb der Wasserlinie.

Kleiner Kreuzer
Auf einem 9-m-Kreuzer sollten wenigstens folgende Werkzeuge an Bord sein:

- Tischlerwerkzeuge inklusive Hammer, Fuchsschwanz, Schraubendreher, Handbohrmaschine mit passenden Bohrern, Schraubzwinge (wenigstens 100 mm), Holzraspel und Zollstock.
- Läßt man den zum Motor gehörenden Werkzeugsatz zu Hause, sollten die ständig an Bord verbleibenden Werkzeuge zur Metallbearbeitung zumindest eine kleine Eisen-Bügelsäge, Ölkanne, Maulschlüssel, Schlosserhammer und Meißel, dazu ein Sortiment Feilen und einen tragbaren Schraubstock umfassen. Letzterer kann auf einem Brett festgeschraubt werden, das mit Klemmen in der Plicht befestigt wird.
- Natürlich gehören an Bord auch ein scharfes Messer, ein Schäkelöffner, eine Rolle Klebeband, Geräte zur Segelreparatur (siehe Kapitel 8) und ein paar Pinsel. Auf größeren Yachten sind darüber hinaus eine kleine Axt und ein Bolzenschneider (für die Wanten) mitzuführen.

Tischlerausrüstung
Für jede der genannten Werkzeugkategorien braucht man unterschiedliche Materialien und Ersatzteile. Zu den Tischlerwerkzeugen sollten kleine Dosen mit (Nichteisen-)Schrauben, Nägeln, Stiften, Schraubaugen und -haken gehören. Auch auf einem Kunststoff- oder Stahlboot benötigt man gelegentlich Holz; also sollte man größere und kleinere Holzstücke an Bord haben, darunter Stücke von Marine-Sperrholz, die groß genug sind, um damit im Notfall gebrochene Fenster abdichten zu können, außerdem Rundhölzer aus Kiefer, Keile und Klemmen aus Hartholz und eine Reihe konisch zulaufender Holzpflöcke, mit denen man defekte Rumpfdurchlässe abdichten kann.

Metallarbeiten
Ordentlich verstaut in deutlich beschrifteten Dosen, braucht man für Mechanikerarbeiten Unterlegscheiben aus rostfreiem Stahl in verschiedenen Größen, außerdem Muttern, Bolzen, Schrauben, Splinte, Kabelklemmen, Packungen für die Stopfbuchse, Impeller und andere Ersatzteile für Pumpen und Seeventile. Irgendwann zahlt es sich auch aus, wenn man einige Stücke Kupferblech, Futtermaterial, dünne Dichtungen verschiedener Größe, Korkplatten, etwas Kupferdraht, Schmirgelleinen, Gummiband, Stahldraht, Bändsel und allerhand Putzlumpen an Bord hat.

Verschiedenes
Je größer das Fahrzeug ist, um so voller wird die Werkzeugkiste mit der Zeit werden. Der praktisch veranlagte Eigner wird dafür sorgen, daß er auch genügend Sandpapier an Bord hat, einige Stücke Segeltuch, etwas Farbe und Lack für Nachbesserungsarbeiten, etwas Leder, Kork, Reservetauwerk und Riggdraht, Schäkel, Wantenspanner, Takel- und Segelgarn zum Nähen, Marlleine und Angelleine, Vaseline, Verdünner, Spachtel und vielleicht eine Ersatz-Gasflasche, Pricker für die Düsen des Spirituskochers (falls man so einen noch besitzt) und ein Gerät zum Aufpumpen platter Fender. Flache Holzstöckchen sind nützlich zum Aufrühren und Mischen von Farben und Lacken.

Reserven
Zu all dem kommen natürlich noch ausreichende Vorräte an destilliertem Wasser für die Batterien, an Öl und Schmierfett für Maschine und Stopfbuchse und die vom Hersteller jeweils empfohlenen Ersatzteile für Motor, Pumpen, elektrische und Funkausrüstung, Kocher, Kühlschrank und alle anderen komplizierteren Apparate, die an Bord immer einsatzbereit sein sollten. Alte, gebrauchte Kleidung, einen Overall oder anderes festes Arbeitszeug für Schmutzarbeiten sollte man auch nicht vergessen.

Werkzeug zu Hause

Vor allem bei der Frühjahrswartung verliert man leicht kostbare Zeit, wenn Verdünner, Brennstoff für den Brenner oder Reinigungsmittel ausgehen. Gewöhnlich haben dann die Läden gerade geschlossen. Also lohnt es, zu Hause einen ausreichenden Bestand an allen benötigten flüssigen Arbeitsmaterialien zu lagern.

Vorratsbehälter
Alte Limonaden- oder Weinflaschen reichen manchem als Vorratsbehälter nicht aus; besser sind

Blechkanister oder 5-Liter-TÜV-zugelassene Kunststoffkanister, was übrigens auch für Benzin, Lack-Lösemittel oder Spiritus, Verdünner, Petroleum und Holzschutzmittel gilt. Niemals für brennbare Flüssigkeiten nicht zugelassene Plastikkannen verwenden: Explosionsgefahr durch statische Aufladung!

Selteneres

Viele Amateure unterschätzen den Wert von Nitro-Verdünner (wie er für Autolacke verwendet wird). Er ist ein ausgezeichneter Pinselreiniger für die meisten Farben. Azeton und Styrol wirken ähnlich; sie werden auch zum Verdünnen normaler Polyesterharze verwendet. Xylen ist das Verdünnungsmittel für Epoxymaterialien. Amylazetat hält flüssiges Holz und schnell härtende Spachtel weich zum Verarbeiten. Der Stahlboot-Eigner braucht natürlich Rostumwandler, also Phosphorsäure, und Rostschutzfarben. Nützlich sind auch Stoffe zum Entfetten wie Salmiakgeist oder Trichloräthylen – kurz Tri genannt. (Vorsicht: giftig)

Farbwahl

Zu den Vorratsflüssigkeiten gehören auch die Farben und Lacke. Um nicht zuviel bevorraten zu müssen, sollte man sich möglichst an eine Marke halten und sich dabei konsequent entweder für die preiswerteren Kunstharzfarben entscheiden oder für die teureren Zwei-Komponenten-Lacke, die aber auch länger halten (siehe Kapitel 4).

Früh bestellen

Will man nicht nach der richtigen Farbmarke oder -schattierung herumjagen, sollte man sich frühzeitig eindecken, bevor die Frühjahrsüberholung überall beginnt. Das gilt auch für Antifouling, Lacke, Primer, Spachtelmaterialien usw. Antifoulingfarbe muß, wenn sie länger gelagert worden ist, gut und lange aufgerührt werden. Ein wenig hilft es, wenn man die Dosen alle paar Wochen wendet.

Schellack

Eigner älterer Holzboote sollten immer ein wenig Schellack auf Lager haben, mit dem man vor dem Grundanstrich auf dem rohen Holz alle Äste behandeln kann. Ebenso brauchen Roststellen auf bloßem Stahl zwei Anstriche mit zinkangereicherter Farbe, während Aluminium eine spezielle anätzende Grundierung benötigt, damit für gute Haftung gesorgt ist (siehe Seite 36).

Das richtige Antifouling

Ein guter Händler wird einen beraten, welches Antifouling für die örtlichen Gewässer und das Baumaterial des Rumpfes, beziehungsweise für die darauf angebrachten Farbschichten am besten ist. So wird er zum Beispiel darauf hinweisen, daß Antifouling auf Kupferbasis für einen Aluminiumrumpf nicht benutzt werden darf, ebensowenig bei galvanisierten Unterwasserbeschlägen.

Enthäuten

Außer bei einigen Polyurethan- und Acrylfarben ist der Kauf von großen Gebinden nicht immer ökonomisch; denn wenn eine große Dose erst einmal geöffnet ist, bildet sich auf den meisten Farben und Lacken eine Haut. Man sollte diese Haut mit einem Messer rundherum abschneiden und vorsichtig herausheben, bevor man das Material umrührt oder in Gebrauch nimmt. Besonders Klarlacke sollte man vor Gebrauch durch ein feines Sieb (Nylonstrumpf) filtern. Die Farbdosen sollten auch nie kopfstehend gelagert werden. Damit wird zwar der Deckel versiegelt, aber die Haut, die dann nicht mehr entfernt werden kann, bildet sich doch.

Entlüften

Entfernt man den größten Teil der Luft aus einer angebrochenen Farbdose, kann sich nicht so leicht eine Haut bilden. Zu diesem Zweck gibt man ein paar saubere Kieselsteine in die Dose (bis der Flüssigkeitsspiegel dicht unter den Dosenrand reicht). Oder man füllt die Farbe in eine kleinere Dose um. Ausgewaschen und getrocknet, sind luftdicht verschließbare Dosen aller Art ideal dafür. Auf Gläser sollte man verzichten; sie können zerbrechen und überaus ärgerliche Verschmutzungen anrichten.

Beschriftung

Am Werkplatz sollte man auf jeden Fall eine große Rolle Markierungsband haben (Krepp). Daraus kann man für Dosen und Flaschen Etiketten machen. Man klebt das Band so um den Behälter, daß es sich ein wenig überlappt; so kann es sich bei Feuchtigkeit nicht abrollen. Das Etikett sollte deutlich mit einem wasserfesten Stift beschriftet werden. Abkürzungen oder einen Kode sollte man dabei nicht benutzen, da dies später nur zur Verwirrung führt. Fest angebrachte und deutlich beschriftete Etiketten sind nicht nur bequem, sondern auch ein nicht zu unterschätzender Sicherheitsfaktor.

Extras
Die Zahl der Materialien, die manche Eigner anhäufen, geht ins Unendliche. Man braucht vielleicht noch Blattgold, Aluminiumfarbe für galvanisierte Beschläge, sowie Werkzeuge und Material zum Kalfatern eines Teakdecks. Auch ein „falsches“ Teakdeck kann man mit passenden Reinigungsmitteln sauber und in ordentlichem Zustand halten. Teaköl ist nützlich für unbehandeltes Teak unter Deck. Dann gibt es noch verschiedene Polituren für Kunststoff-Flächen.

Versiegeln
Ist das Deck mit Tuch bespannt oder mit Kunststoff belegt, hält man sinnvollerweise eine Tube flexible Dichtmasse bereit, mit der man Lecks abdichten kann, die sich an Luken oder um Decksbeschläge leicht bilden. Jeder gute Händler nennt einem das für diese Arbeit am besten geeignete Material (Polysulfid, Silikon oder Polyurethan). Zu Hause, wenn nicht auch an Bord, sollte man einige Dosen der passenden Decksfarbe (Antirutsch) einlagern.

Kunststoffe
Bei GFK-Deck und -Rumpf sollte man auch etwas Gelcoat für schnelle Reparaturen und allgemeine Wartung bereithalten. Eigner von GFK-Booten führen oft einen kompletten Reparatursatz mit, zu dem Harze, Härter und Glasmatten, Surformhobel, Messer und Sandpapier gehören.

Decksbeläge
Hat das Deck irgendeine Art Antirutschbelag, sollte man auf jeden Fall Reste und auch etwas Kleber für zukünftige Reparaturen aufbewahren. Für Sperrholzdecks, für alte beplankte oder mit Segeltuch überzogene Decks gibt es übrigens gute flüssige Kunststoffmittel zum Versiegeln. Hat man sie einmal benutzt, sollte man davon immer etwas aufbewahren für den Fall, daß beispielsweise der Anker ein Loch reißt oder sonstwie Flecken, Blasen oder andere Schäden entstehen.

Sandpapier
Wird Schmirgelpapier an Bord gelagert, muß es von der wasserfesten Art sein; sonst zieht es Feuchtigkeit an und löst sich beim Gebrauch dann rasch auf. Die Körnungen von 180 bis 240 decken den üblichen Bedarf. Blätter vom 240er Korn sollte man nach Gebrauch nicht wegwerfen, da man sie anstelle von 400er Korn immer noch für die feinsten Schmirgelarbeiten verwenden kann. 600er oder gar 1000er Korn wird indessen nur von Regattafreaks zum Polieren des Unterwasserschiffs benutzt.

Arbeitsmittel

Für das Zusammentragen der Werkzeuge und Materialien für die Bootswartung braucht der Anfänger gewöhnlich mindestens ein Jahr. Die Liste der Gegenstände für den jährlichen Anstrich ist für eine Jolle fast genauso lang wie für einen mittelgroßen Kreuzer; letzterer erfordert für Arbeiten unter Deck, für stärkeres Rigg und Segel, zum Kalfatern, zum Bilgereinigen, für Deck und Motor jedoch noch vieles mehr. Die teuren elektrischen Geräte sollte man erst dann anschaffen, wenn man die wichtigsten der aufgeführten Gegenstände zusammen hat.

Filtern
Gebrauchte Damenstrümpfe oder Strumpfhosen aus Nylon sind ideal zum Sieben von Farbe und Klarlack – ein Verfahren, das sich zumindest immer dann lohnt, wenn eine Dose mehrmals geöffnet wurde oder falls sich eine noch so dünne Haut auf der Oberfläche gebildet hat. Zusammen mit den Nylons sollte man ein paar breite Gummibänder aufbewahren, mit denen man ein Stück des Strumpfes über der sauberen leeren Dose oder dem Farbtopf beim Sieben festklemmen kann.

Dosen
Ein galvanisierter Farbtopf mit Henkel wird beim Streichen nicht so leicht umgestoßen, weil er sich mit einem S-Haken zum Beispiel an die Leiter hängen läßt. Aber auch einfache leere Haushaltsdosen reichen für die meisten Zwecke aus. Man sollte sich ein kleines Lager gesäuberter Dosen verschiedener Größe anlegen.
Manche Leute führen den Dosenöffner nicht ganz um die Dose herum, damit der Deckel nicht hineinfällt. Er wird dann mit der Hand abgedreht, so daß eine kleine scharfe Kante innerhalb des Randes zurückbleibt. Will man sich nicht die Finger ritzen, schlägt man diese Kante am besten mit dem Hammer herunter, bevor man die Dose auf Lager nimmt. Dosen und Farbtöpfe müssen natürlich breiter sein als der Pinsel, damit die Haare beim Eintauchen nicht beschädigt werden. Eine zu breite Dose läßt

jedoch die Farbe, besonders bei warmem Wetter, rascher fest werden. Im Winter kühlt sie hingegen allzu schnell ab, was besonders für Farbe, die zur Verbesserung der Fließcharakteristik aufgewärmt wurde, ungünstig ist.

Putzlappen
Es empfiehlt sich, beizeiten einen kleinen Vorrat an Putzlappen anzusammeln. Nicht saugfähiges Material aus Synthetik ist nutzlos; ausgediente Baumwoll-Bettücher eignen sich am besten, während ein paar alte Handtücher zum Wischen nach dem Naßschleifen brauchbar sind.

Overalls
Auch die Schutzkleidung für die Wartungsarbeiten ist einen Gedanken wert. Einteilige „Blaumänner" sind am besten, doch schon im Frühjahr kann man darunter ins Schwitzen geraten, außer man zieht sie über die blanke Haut. Ideal ist es, wenn man drei solcher Overalls hat, die je nach dem Schmutzgrad der Arbeit zum Einsatz kommen.
Der erste Blaumann könnte ein relativ neues Kleidungsstück sein, geeignet für allgemeine kleinere Arbeiten. Ein älterer Blaumann oder ausgemusterte Kleidungsstücke sind sinnvoll, wenn Verschmutzungen mit Farbe oder Schmiere unausweichlich sind. Für die Reinigung der Bilge, für Arbeiten im Schlick, für das Aufbringen der Antifoulingfarbe oder für das Reinigen des Motors nimmt man Kleidung, in der man sich sonst nicht sehen lassen kann. Mit der Zeit wird natürlich die erste Garnitur zur zweiten und die zweite zur dritten.
Alte Hosen mit Umschlägen an den Hosenbeinen sollte man nicht benutzen, weil sie sich leicht an Klampen usw. verhaken können und deshalb gefährlich sind.

Schuhe
Tuchschuhe mit Gummisohlen sind ideal für die meisten Arbeiten am und ums Boot. Liegt das Boot jedoch an Land (oder in einem Schlickbett), so sollte man in Reichweite der Leiter ein sauberes Paar Schuhe an Bord haben und dieses auch jedesmal anziehen, wenn man ins Boot steigt. Deckschuhe mit abgelaufenem Profil haben den Vorteil, daß sie in den Sohlen keinen Schmutz mehr halten, sind aber gefährlicher.

Hautschutz
Schmutzige Hände sind leichter zu reinigen, wenn man vor Beginn der Arbeit eine Schutzcreme aufgetragen hat. Man sollte sie vor allem gut in die Fingerspitzen und unter die Fingernägel einreiben; sie ist nach wenigen Minuten eingezogen. Es gibt auch spezielle Schutzcremes für Arbeiten mit Kunststoffharzen; sie schützen vor allergischen Reaktionen der empfindlichen Haut. Nach der Arbeit sollte man die Hände erst einmal mit Handwaschpaste reinigen. Danach taucht man sie in warmes Wasser, wobei ein Zusatz von Seife (auch Seewasserseife) die Hände besser riechen läßt und den natürlichen Fettfilm der Haut wiederherstellen hilft.

Eimer
Fürs Einkaufen, für Arbeiten im Masttopp oder ganz allgemein zum Halten kleinerer Werkzeuge ist eine Segeltuchpütz ideal (siehe Kapitel 8). Ein stabiler Eimer aus Kunststoff oder galvanisiertem Eisenblech eignet sich gut zum Transportieren von Werkzeug. Mit einer Leine versehen, ist ein Metalleimer auch ideal fürs Deckwaschen; denn beim Aufschlagen aufs Wasser dreht er sich leichter als jeder andere Typ.

Kleinigkeiten
Bei den allzu vielen Dingen, die man zu Hause oder an Bord für Wartungsarbeiten benötigt, wird folgendes häufig vergessen:

- Ein Blatt Stahl- oder Zinkblech (ca. 0,7 mm), aus dem man sich Schutzschilder für das Abbrennen von Farbe (nahe einer Stelle, die mit Klarlack gestrichen ist) schneiden kann.
- Zwei oder drei Trichter verschiedener Größe, die beim Umfüllen von Flüssigkeiten nützlich sind.
- Einige Spraydosen mit Farbe (zum Nachbessern), mit Rostwandler, mit Schutzlack für Kupfer- und Chrombeschläge, mit Kriechöl zum Schraubenlösen und mit Starthilfe für den Fall, daß der Motor bei Kälte nicht starten will.
- Eine kleine Metalleiste, damit man beim Streichen eine schwierige Linie gerade ziehen kann.
- Augenschutz (Schweißbrille) sowie Mund- und Nasenschutz, die man beim Sandstrahlen oder beim Aufsprühen von Farbe gut gebrauchen kann.
- Arbeitshandschuhe, die beim Herausnehmen von Bleiballast oder beim Streichen mit Antifouling nützlich sind.

- Staubtücher zum Säubern, bevor man mit Klarlack streicht.
- Essigsäure zum Bleichen dunkler Stellen im Holz und in den Segeln.
- Klauenfett zur Lederbehandlung.
- Ätznatrium zum Auskochen oder Reinigen verschmutzter Auspuffrohre und Kurbelgehäuselüfter.
- Steinöl zum Reinigen von Pinseln nach der Verwendung von Bitumenfarbe.
- Kleine Mengen Kleber und Epoxyspachtel.

Umgang mit Werkzeugen

Wer hat sich nicht schon selbst dabei ertappt, daß er sein Werkzeug nicht in sauberem oder scharfem Zustand gehalten hat? Natürlich leidet die Qualität der Arbeit darunter. In den meisten Fällen kann man die Werkzeuge schon zu Hause in Ordnung bringen, so daß beim Arbeiten am Boot keine Zeit verlorengeht.

Pinsel
Wird Zwei-Komponenten-Lack verwendet, muß man die Pinsel wenigstens jede Stunde (je nach Lufttemperatur) reinigen, wenn sie nicht unwiderruflich hart werden sollen. Bei heißem Wetter ist eine halbstündliche Reinigung angebracht. Weil dies recht unbequem ist, verwenden manche Leute billige Pinsel, die sie nach Gebrauch wegwerfen. Für Farbroller gilt das gleiche. Man bedenke aber, daß ein erstklassiges Finish mit billigen Pinseln oder Rollern kaum zu erreichen ist.

Angetrocknete Farbe
Arbeitet man mit normalen Lacken, die nur an der Luft aushärten, ist das Reinigen nicht so eilig. Für eine kurze Pause (oder wenn man die Pinsel zum Reinigen mit nach Hause nimmt) wickelt man einen Lappen um die Pinsel, damit das Lösungsmittel nicht so schnell verdunstet. Läßt man sie ungereinigt über Nacht liegen, muß man einen der speziellen Pinselreiniger benutzen, oder man versucht es mit einem chemischen Farbentferner.

Pinsel-Aufbewahrung
Soll ein Pinsel einige Tage später (für das gleiche Material) wieder benutzt werden, braucht man ihn nicht täglich vollständig säubern. Man hängt ihn stattdessen in eine Dose mit entsprechendem Verdünner, aber so, daß sich die Haarspitzen ungefähr 10 bis 20 mm über dem Dosenboden befinden. Zum Aufhängen bohrt man entweder ein Loch durch den Pinselstiel und steckt ein Stück steifen Draht hindurch, oder man befestigt den Pinsel mit einer kleinen Schraubklemme am Dosenrand. Die meiste Farbe tropft dann aus den Pinselhaaren auf den Boden der Dose, worauf man beim Abgießen des Verdünners achten muß. Rasche Verdunstung verhindert man, indem man ein Stück Tuch über die Dosenöffnung legt.

Pinsel-Trocknung
Soll der Pinsel für die Wiederverwendung sauber und trocken sein, füllt man eine leere Dose etwa 25 mm hoch mit Verdünner und preßt die Pinselhaare immer wieder in verschiedenen Richtungen fest hinein. Dann wischt man den Pinsel mit einem Tuch gut ab, gießt den Verdünner für spätere Verwendung in eine Flasche und wiederholt den Vorgang mit frischem Verdünner so lange, bis alle Farbreste entfernt sind.

Alte Zeitungen
Hat man nicht genug Verdünner, geht auch diese Methode: Eine alte Zeitung mit mindestens 20 Blättern wird auf den Boden gelegt. Indem man die Pinselhaare flach auf das Papier hält, gießt man ein wenig Verdünner über sie und arbeitet dann mit dem Pinsel in Streichbewegungen über das oberste Blatt hin. Die durchnäßte Seite reißt man ab und macht auf der nächsten weiter, und zwar so lange, bis aller Lack entfernt ist. Um den Lack am oberen Ansatz der Pinselhaare zu beseitigen, schlägt man den Pinsel mehrmals heftig mit der Breitseite auf die Zeitungslage.

Ausspülen
Ist der Lack soweit heraus, wäscht man einen guten Pinsel in warmem Wasser mit Zusatz von etwas Spülmittel, bevor man ihn weglegt. Einen großen Pinsel muß man meist dreimal in jeweils frischem Spülwasser auswaschen; dazwischen reinigt man ihn in klarem Wasser. Schließlich schleudert man das überflüssige Wasser heraus und bewahrt den Pinsel in einem warmen Raum auf, bis er trocken ist.

Haarschutz
Gute neue Pinsel werden mit einem Cellophan-

schutz über den Haaren geliefert. Den sollte man nach dem Trocknen der Pinsel wiederverwenden. Pinsel, mit denen Klarlack gestrichen wurde, sollte man von denen, die für normale Lackfarben verwendet wurden, getrennt aufbewahren; am besten kennzeichnet man sie nach Gebrauch. Ein Schuhkarton gibt ein gutes Pinsellager ab.

Neue Pinsel
Auch die besten Pinsel verlieren am Anfang Haare; aus dieser Sicht sind gut gereinigte Pinsel besser als neue. Die Haare neuer Pinsel sind, bis sie einige Minuten in Gebrauch waren, oft zu lang und zu weich. Experten binden deshalb im Abstand von etwa 10 mm von der Metallhülle einen Draht um die Pinselhaare. Nach dem ersten Gebrauch sollte dieser allerdings wieder entfernt werden, damit die Pinselhaare nicht auf Dauer beschädigt werden. Die zusätzliche Steifheit verhindert besonders an kalten Tagen, daß der Lack allzu schnell herausläuft und sich Farbnasen bilden; außerdem hindert eine solche Bindung den Lack daran, tief bis zum Pinselansatz vorzudringen, wodurch das Reinigen später leichter wird.

Geronnener Klarlack
Obgleich heute viele Klarlacke auf Kunststoffbasis hergestellt werden, erfreuen sich auch die traditionellen Yachtlacke auf Ölbasis noch immer großer Beliebtheit. Dabei muß man jedoch eines beachten: Zwar kann man diesen Lacken normale Farbverdünner zufügen (Terpentinersatz zum Beispiel), man darf sie jedoch *nie* für die erste Pinselreinigung nach dem Streichen verwenden. Aus irgendeinem Grund gerinnt dann nämlich der im Pinsel verbliebene Lack zu tausend und abertausend Teilchen, von denen einige mit Sicherheit beim nächstenmal auf der zu streichenden Oberfläche als kleine harte Punkte erscheinen – ganz gleich, wie sorgfältig man den Pinsel gereinigt hat. Will man dies vermeiden, benutzt man für die erste Reinigung eine $^{50}/_{50}$-Mischung aus Leinölfirnis und Verdünner; jede weitere Reinigung kann man dann mit dem Verdünner allein vornehmen. Klarlack muß natürlich vor Gebrauch immer gut aufgerührt und gefiltert werden.

Spezialpinsel
Die meisten nehmen für alle Zwecke flache Pinsel, doch je nach Einsatz können andere Pinsel besser sein. Ein rechtwinklig auf möglichst langem Stiel sitzender Pinsel (Abbildung 24g), der bei großen Booten auch manchmal für das Teeren des Unterwasserschiffs benutzt wird, eignet sich gut für das Streichen unter dem Kiel oder innerhalb einer tiefen Bilge.

Umgang mit Verdünner
Man sollte nie zu wenig Verdünner zur Hand haben (und darauf achten, daß die Sorte sich mit anderen verwendeten Farben und Klarlacken verträgt). Ein sparsamer Umgang damit ist möglich, wenn man gebrauchten Verdünner in separaten Behältern aufbewahrt. Mit der Zeit setzen sich die Farbpartikel auf dem Boden ab, dann kann man durch vorsichtiges Umgießen immer wieder relativ sauberen Verdünner erhalten. Die alten Flaschen mit dem angesammelten Bodensatz muß man dann nach etwa einem Jahr entsorgen. Den am stärksten verschmutzten Verdünner kann man für die erste Reinigung von solchen Pinseln verwenden, mit denen dunkle Farbe oder Bitumenfarbe gestrichen wurde.

Rollen
Auch wenn billige Wegwerfrollen bequem sind, arbeitet man mit den teureren Mohair- oder Plüschrollen im allgemeinen doch am besten. Rollen aus Schafwolle tendieren dazu, Luftbläschen unter den Farbfilm zu arbeiten.
Ein guter Handwerker nimmt die unangenehme Arbeit auf sich, auch Farbrollen von guter Qualität nach jedem Gebrauch zu reinigen. Der Reinigungsprozeß gleicht dem von Pinseln, wobei man allerdings statt einer alten Dose eine (immer wieder ausgewischte) rechteckige Plastikschüssel nimmt.
Die Breiten der Farbrollen variieren von 50 mm bis zu 300 mm, für Arbeiten am Boot ist die Breite von 175 mm jedoch am besten geeignet (siehe auch Kapitel 4).

Farbkissen
Manche Amateure ziehen Farbkissen den Rollen vor, weil sie leichter zu reinigen sind und weil dabei nicht (wie bei Farbrollen) die Ränder der Anstrichsfläche mit dem Pinsel vorgearbeitet werden müssen. Ein Farbkissen von 150 mm Breite ist brauchbar für den Decksanstrich; kleinere Kissen eignen sich für das Streichen von Kanten.

Rost an Werkzeug
Die meisten der zu Anfang dieses Kapitels aufge-

führten Werkzeuge brauchen wenig Wartung, doch sollte man sie immer sauber und frei von Rost halten. In einem trockenen Klima ist das kein Problem. Für den feuchten Winter sollten Werkzeuge aus Stahl allerdings leicht eingeölt oder zusammen mit Ölpapier in einer geschlossenen Dose gelagert werden. Dieses Rostschutzpapier muß man allerdings jährlich erneuern.

Schneidkanten
Werkzeuge mit scharfen Schneiden wie Hobel, Messer, Kratzer und Beitel müssen für den sofortigen Einsatz stets sauber und geschärft gelagert werden. Für die Klingen von Stechbeiteln gibt es spezielle Plastikkappen; schlägt man sie einzeln in Tücher ein, hat man den gesuchten nie gleich zu Hand. Hobel und Sägeblätter werden jedoch am besten in altes Segeltuch gewickelt, damit die empfindlichen Schneiden oder Zähne – natürlich auch die eigenen Finger – nicht beschädigt werden.

23 *Zum Schärfen von Kratzern sollte man sehr feine Feilen verwenden.*

Schärfen
Hält man beim Schleifen auf dem Schleifrad den ursprünglichen Schnittwinkel korrekt ein, braucht man später die Kante nur ein paarmal über den Ölstein zu ziehen, um stets eine perfekte Schnittkante zu haben. Für den Ölstein gibt es übrigens eine Lehre, mit der man den richtigen Schleifwinkel einhält.

Kratzer
Farbkratzer mit auswechselbaren Blättern (Abbildung 23) müssen mit einer sehr feinen Feile oder einem flachen Schleifstein (Karborundum) in der ursprünglichen Schräge rasiermesserscharf gehalten werden. Das gilt auch für die dreieckigen und ovalen Kratzer, wie sie Anstreicher benutzen, und für aus alten Feilen selbstgemachte Kratzer (siehe unten). Fachleute benutzen allerdings immer noch am liebsten die festen Kratzer mit Holzgriff; hier wie bei allen anderen kommt es immer auf die Härte des Stahls an. Kratzer können unangenehme Verletzungen verursachen, wenn sie nicht – am besten in einer eigenen Kiste – gut verstaut werden.

Selbstgemachte Werkzeuge

Viele nützliche Werkzeuge lassen sich praktisch kostenlos selbst herstellen, und mancher macht daraus sogar ein zweites Hobby. Kratzer, Messer, Schraubendreher, Beitel, Locheisen und Anreißnadeln müssen allerdings aus gutem Werkzeugstahl gefertigt werden, zum Beispiel aus alten Feilen, den Blättern von Rasenmähern oder auch aus Autoteilen wie Ventilen, Achsschenkelbolzen oder Getriebewellen. Für die Anfertigung von Marlspiekern, Vorbohrern, Schäkelöffnern und Greifzirkeln kann man hingegen Flußstahl verwenden, wie zum Beispiel in Bolzen zu finden. Auch aus Resten guten Hartholzes lassen sich zahlreiche Werkzeuge herstellen, die beim Arbeiten am Boot nützlich sind.

Feilenkratzer
Eine gute Übung für das Herstellen von schneidenden Werkzeugen ist das Umarbeiten einer alten Flachfeile in einen Kratzer, wie man ihn in Abbildung 24a und b sieht. Zuerst schleift man einseitig auf etwa 25 mm vom Ende die Zähne ab; das gibt die Innenseite des Hakens. Dieses Ende erhitzt man, bis

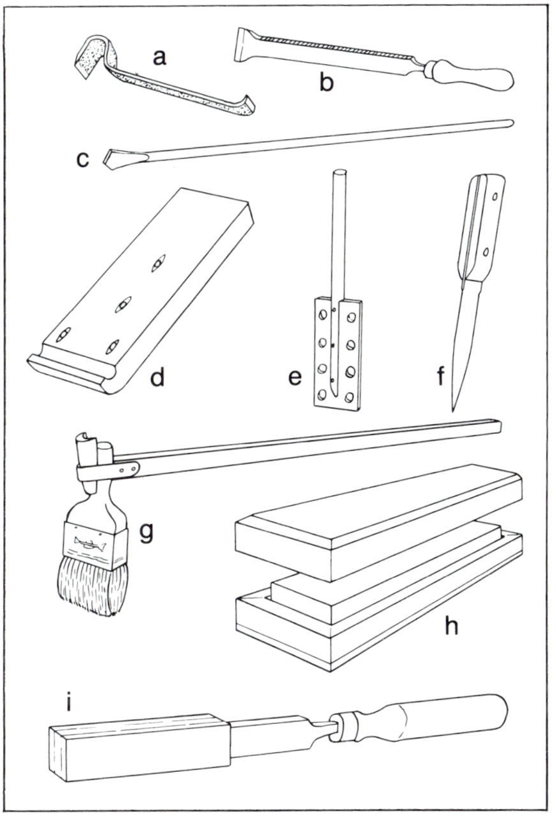

24 *Selbstgemachte Werkzeuge:* **a** *und* **b** *Kratzer, hergestellt aus alten Feilen* **c** *Langbohrer* **d** *Kleedbrettchen* **e** *Mischpaddel für den Hand- oder Elektrobohrer* **f** *Zweischneidiges Messer* **g** *Pinsel mit sehr langem Handgriff* **h** *Kästchen für den Ölstein* **i** *Schutzscheide für einen Stechbeitel*

es rot glüht, und hämmert es dann über dem Amboß in den passenden Winkel. Wenn man es langsam auskühlen läßt, bleibt die Spitze weich, so daß man sie relativ leicht in einem Winkel von 25 Grad zu einer Schneide schleifen kann.

Härten
Dann muß man die Spitze härten. Dazu wird sie langsam glühend gemacht und etwa zehn Minuten lang in diesem Zustand gehalten, bevor man sie in Wasser taucht. Durch das folgende Tempern verliert das Metall die Sprödigkeit: Als erstes schleift man die Spitze mit Schmirgelleinen, bis sie glänzt. Dann erhitzt man die Feile etwas oberhalb der Spitze wieder sehr langsam und beobachtet dabei die helle Stelle sorgfältig. Sie leuchtet zunächst bernsteinfarben auf, ehe sich die Farbe über Dunkelgelb zu Purpur und Dunkelblau verändert. Hat die Feile die dunkelgelbe Färbung erreicht, steckt man sie schnell in kaltes Wasser und bewegt sie darin einige Sekunden lang hin und her.

Wiederholung
War die Farbschattierung falsch oder ungleichmäßig, kühlt man das Material ab und versucht es dann noch einmal, indem man mit einer etwas kleineren Flamme arbeitet. Der Prozeß kann beliebig oft wiederholt werden. – Wenn man harten Stahl nicht bohren oder sägen kann, sollte man ihn ebenfalls erst auf die weiter oben beschriebene Art weich machen.

Lange Bohrer
Gelegentlich benötigt man bei Bootsarbeiten extra lange Bohrer. Natürlich läßt sich auch dafür auf dem Schrottplatz ein passendes Rundeisen finden, aber in einem guten Eisenwarengeschäft erhält man eher die richtige Dicke und Länge. Das eine Ende wird glühend gemacht und dann in Spatenform gehämmert. Dann feilt man die Spitze, wie es Abbildung 24c zeigt, in einen 120-Grad-Winkel und schleift und härtet sie wie bereits beschrieben. Im übrigen kann man auch einen normalen Bohrer verlängern, indem man ihn an eine Stahlstange anschweißt.

Kratzer
Ausgediente Blätter eines Rasenmähers eignen sich zum Herstellen eines Ziehmessers, auch von dreieckigen oder ovalen Kratzern. Alte Teelöffel kann man zu Spezialkratzern für Hohlkehlen umwandeln, wenn man die Kanten mit dem Schleifstein oder der Feile schärft. Zweischneidige Messer oder Schabemesser (zum Beispiel für Lederbearbeitung) lassen sich aus den Blättern von Elektrosägen herstellen; die Handgriffe fertigt man aus Hartholz und befestigt sie dann mit Bolzen (Abbildung 24f).

Holzreste
Wer einmal auf den Geschmack gekommen ist, bewahrt jedes Stückchen Hartholz auf, das er finden kann, um daraus Dinge wie einen Bootsmannstuhl, einen Schlegel, ein Kleedbrettchen (Abbildung

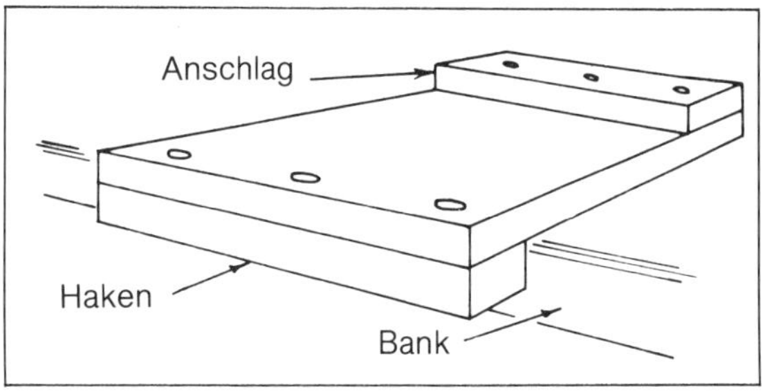

25 *Selbstgemachte Sägehilfe*

24d), Werkzeuggriffe, Klampen, Gehrungsladen, Farbrührer oder ähnliches zu machen. Eine selbst hergestellte Sägehilfe, die das Holz beim Sägen besser hält, zeigt Abbildung 25; sie paßt auch auf die Kante einer Werkbank.

Segeltuchreste
Verfügt man über Segelnadeln, -garn und Segelmacherhandschuh, kann man aus Tuchresten leicht Dinge wie eine Segeltuchpütz oder Schutzüberzüge für Fender oder Werkzeuge herstellen. Beim Segelmacher oder auch beim Polsterer bekommt man Segeltuchreste relativ preiswert.

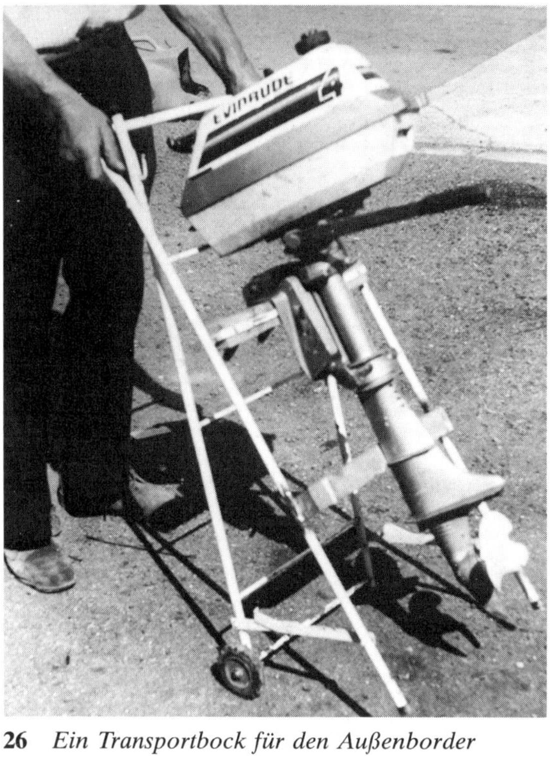

26 *Ein Transportbock für den Außenborder*

Andere Ideen
Nützlich ist ein Rührpaddel zum Mixen von Lack oder Harz (Abbildung 24e), das in eine elektrische Bohrmaschine paßt. Gleiches gilt für einen Motorbock (Abbildung 27), der sich bewährt, wenn der Motor außerhalb des Bootes überholt werden soll. Diesen wie den Transportbock für den Außenborder (Abbildung 26) kann man sowohl aus Holz wie aus Winkeleisen herstellen. Praktisch sind auch Halterungen, mit denen man die geraden, aber auch die runden Sägeblätter von Kreissägen beim Schärfen knapp unter den Zähnen stützt, sowie ein Kästchen für den Ölstein (Abbildung 24h) oder eine Scheide für den Beitel (24i).

Elektrowerkzeuge

Netzstrom steht bei den Wartungsarbeiten nicht immer zur Verfügung, doch wenn man ihn hat, sollte man damit zuallererst für gute Beleuchtung sorgen und an zweiter Stelle einen Staubsauger betreiben. Batteriebetriebene Elektrowerkzeuge sind vor allem nützlich zum Bohren, Schleifen und Sägen an Bord. Ist der Geldbeutel jedoch nicht unerschöpflich, lohnt es sich, erst einmal für gute Hand-Werkzeuge zu sorgen, bevor man sich die teuren und relativ selten genutzten Elektrowerkzeuge zulegt.

Regulierbare Drehzahl
Ein Elektrobohrer mit einem Bohrfutter von 10 mm ist zum Polieren von Kunststoffbooten und für vieles mehr brauchbar. Doch sollte man darauf achten, daß die Bohrmaschine eine stufenlose Drehzahlregelung und am besten auch einen wahlweisen Rechts-/Linkslauf hat, so daß man sie auch zum Herausdrehen von Schrauben benutzen kann. Den kleinen Schlüssel zum Einstellen des Bohrfutters sollte man am Gerät befestigen, am besten mit einer kleinen Kette am Zuleitungskabel; sonst geht er mit einiger Sicherheit bald verloren.

Metall reinigen
Eine Topfbürste mit Stahlborsten ist zum Säubern von Metallflächen sehr sinnvoll; doch haben die meisten Bohrmaschinen nicht genug Kraft, um sie effektiv zu betreiben. Für größere Arbeiten ist deshalb

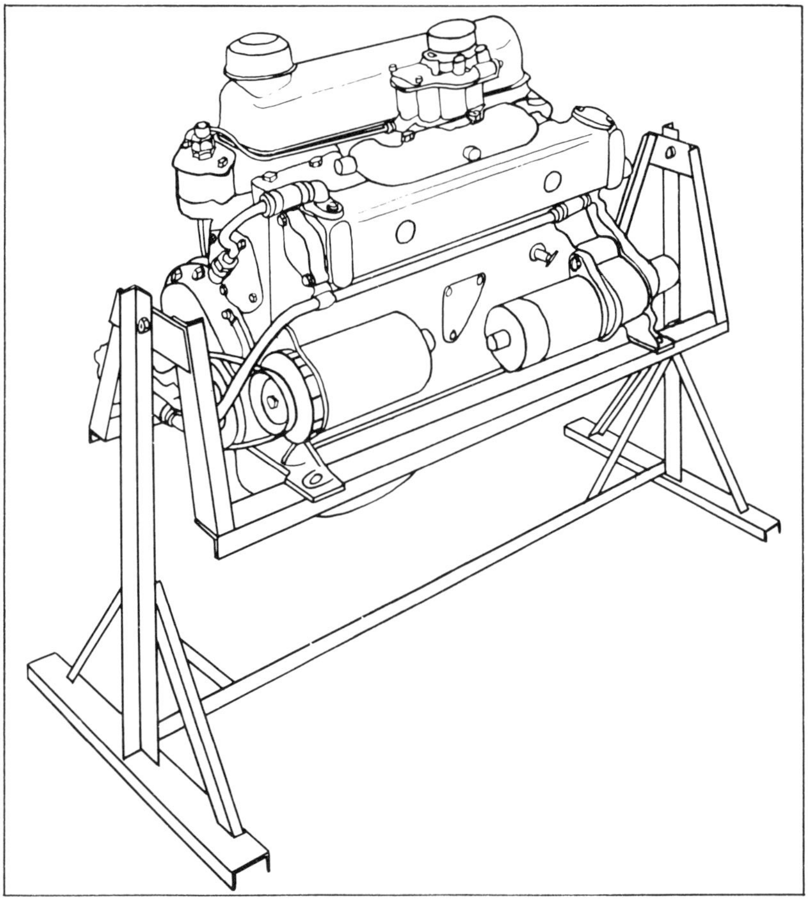

27 *Reparaturständer für den Einbaumotor*

ein Winkelschleifer das bessere Gerät. Auch für diesen gibt es Vorsätze mit Stahldrahtbürsten.

Schleifen

Schleifscheiben sind bei der Bootsarbeit nur von begrenztem Nutzen, da sie Rillen und Kanten hinterlassen. Schwingschleifer sind in dieser Hinsicht viel besser, aber die schwachen arbeiten nur sehr langsam (siehe Kapitel 3). Am besten eignen sich Bandschleifer, aber sie lassen sich nur relativ schwer handhaben, und die Schleifbänder sind teuer.

Entfernen des Gelcoats

Auf die Blasenbildung an GFK-Rümpfen unterhalb der Wasserlinie wird auf den Seiten 266 und 270 näher eingegangen. Sie tritt auf, wenn das Fahrzeug lange Zeit im Wasser gelegen hat, besonders im Süßwasser. Der Gelcoat wird dann porös, so daß Wasser eindringen kann, was entweder durch Osmose oder durch Kapillarwirkung entlang der Glasfasern geschieht. Das Abschleifen des Gelcoats, damit der Untergrund austrocknen kann, ist eine Arbeit für Fachleute; man muß sehr vorsichtig dabei vorgehen, damit man nicht tiefer schleift, als der Gelcoat reicht. Häufig wird dies auch mit Sandstrahlen gemacht. Ist der Rumpf dann trocken, bekommt er erst einmal eine dicke Schicht speziellen Epoxidmaterials zur permanenten Versiegelung. Am besten wird es aufgesprüht, damit ein gutes Finish entsteht.

Mieten

In größeren Städten gibt es Firmen, bei denen man die teureren Elektrowerkzeuge leihen kann. Meist zahlt man auf Tages- oder Wochenbasis und hinterlegt einen bestimmten Pfandbetrag. Ausgeliehen werden vor allem Generatoren, Bandschleifer, Farbspritzgeräte, Schutzgas- und Elektroschweißgeräte, Hochdruckreiniger, Leitern und Gerüste.

Kratzen, Malen und Kalfatern

3

Gleich ob man über Holz, Kunststoff, Metall oder Ferrozement streicht: Ist die Oberfläche nicht sorgfältig vorbereitet, sieht das Finish nicht nur dürftig aus, auch haftet die Farbe schlecht, und das führt gewöhnlich schon im Verlauf eines Jahres zur Blasenbildung und zum Abplatzen der Farbe. Für Klarlack gilt übrigens das gleiche.

Schnell grundieren

Jede Art von Oberflächen-Vorbehandlung erfordert viel Zeit und Mühe. Das Streichen geht relativ schneller. Will man das monotone Kratzen und Schleifen großer Flächen ein wenig auflockern, so kann man, dem Fortschritt der Arbeit angepaßt, jeweils einen Teil der Fläche säubern und grundieren. Damit erzielt man auch eine bessere Haftung.

Wärme tut gut

Liegt Feuchtigkeit in der Luft, geht man vor dem Grundieren mit einer Lötlampe oder einem Heißluftgebläse über die Oberfläche – doch sollte sie nicht so heiß werden, daß man sie nicht mehr berühren kann. Außer Holz bekommt allen Materialien diese Behandlung. Stahl oder Ferrozement werden an einem kalten Tag wahrscheinlich feucht beschlagen, wenn sie auf diese Weise erwärmt werden.

Wann und warum muß die Farbe runter?

Wenn man eine Yacht in gutem Zustand gekauft hat, sollte es nach fünf Jahren noch nicht nötig sein, Klarlack oder Lackfarbe bis auf den Untergrund zu entfernen. Nach fünf bis zehn Jahren müssen wahrscheinlich kleinere Teile des Anstrichs abgezogen werden. Nach 15 Jahren kann die schon vor Jahren angebrachte Farbschicht auf einem GFK-Rumpf abzublättern beginnen. Nach 20 Jahren sollte man jedem Farbaufbau mißtrauen. Wenn kleine, bis auf den Grund abgekratzte Teststellen (was bei Stahl besonders wichtig ist) zeigen, daß noch alles in Ordnung ist, sollte man die Farbe nicht vollständig erneuern, es sei denn, das Finish der Oberfläche ist hoffnungslos schlecht.

Stellenweise ausbessern

Mit dem einfachen Kratzer wird man normalerweise einer kleineren Stelle mit loser Farbe rasch beikommen. Sehr dicke Farbschichten löst man am besten, indem man die Stelle senkrecht zur Oberfläche mit einem Meißel oder einem alten Beitel und einem Holzschlegel bearbeitet. Die Lücke wird mit Spachtelmasse aufgefüllt. Mit geduldigem Schmirgeln beseitigt man schließlich die Spuren der Narbe. Stellenweises Ausbessern von Klarlack ist viel mühsamer; denn Klarlack und eventuell Beize müssen in vielen Schichten aufgetragen werden, wobei man zwischendurch immer wieder schmirgeln muß, damit sich auf den umgebenden gesunden Lackflächen nicht ein unschöner Rand aufbaut.

Haftung

Kommt an einer Stelle rohes Holz zum Vorschein, bearbeitet man es mit dem passenden Haftgrund; der muß trocknen, bevor man eine Füllmasse aufträgt. Sollen Spachtel und Lack auf einer Roststelle im Stahl gut haften, muß man die Stelle vor der Grundierung mit einem Rostwandler (Phosphorsäure) behandeln. Blättert Lack auf einem Kunststoffuntergrund ab, war schon die ursprüngliche Haftung schlecht; dann helfen nur noch Sandpapier und ein spezieller Kunststoffprimer. Bei Ferrozement kann die Haftung verbessert werden, indem man den Untergrund mit Salzsäure anätzt; sie wird mit einer Bürste aufgetragen und sollte nach ungefähr einer Minute wieder gut abgespült werden.

Testen von Stahl
Auf Kunststoff- und Ferrozementrümpfen ist schlechte Haftung nicht immer nachteilig, solange die Oberfläche glatt ist. Auf Stahl kann jedoch mangelhafte Haftung schwere Rostprobleme mit sich bringen. Um Ärger zu vermeiden, sollte man deshalb gut auf Blasenbildung an der Oberfläche achten. Sicherheitshalber testet man die Haftung jedes Jahr, indem man kleine Stellen (besonders unterhalb der Wasserlinie) bis auf den Grund abkratzt.

Testen von Holz
Haftungsmängel können bei jeder Art Holz zur Fäule führen. Bei sehr dickem Anstrich zeigen sich vielleicht nicht einmal Bläschen. Verdächtige Stellen klopft man sanft mit einem Holzhammerstiel ab und achtet auf einen dumpfen Klang.

Schäden durch Sonne
Zu viele Lackschichten führen zu einer dunklen Tönung, die Sonnenwärme stärker absorbiert, und das verursacht wiederum Haftungsschäden. Dünnere Lackschichten lassen sich leichter ausbessern, und das vollständige Entfernen des Lacks an jenen Teilen, die Wind und Wetter ausgesetzt sind, ist nach etwa fünf Jahren ohnehin üblich. Andererseits kann ein Farbanstrich noch zufriedenstellend sein, wenn 40 oder 50 Schichten aufgetragen wurden.

Methoden der Farbentfernung

Es gibt drei Hauptmethoden, den Anstrich vollständig zu entfernen:

- Abbrennen mit Lötlampe oder mit elektrischem Heißluftgebläse und Kratzerhilfe
- Abbeizen mit chemischen Mitteln und Kratzer
- Einfaches Abkratzen, Abschleifen mit Elektrogerät oder bei Stahl Abklopfen mit dem Rosthammer.

Abbrennen
Diese alte Methode hat einige Vorteile. Die Farbe soll dabei in schmalen Streifen von etwa 8 mal 15 cm nur eben geschmolzen und dann mit einem Kratzer abgezogen werden (Abbildung 28). Mit ein wenig Übung kommt man schnell voran, ohne den Untergrund anzusengen.

28 *Auf gewachsenem Holz geht das Abbrennen nicht nur schnell, es trocknet auch den Untergrund, so daß man gleich mit dem Grundieren beginnen kann.*

Hitzeschäden
Das Abbrennen bleibt normalerweise auf gewachsenes Holz und Ferrozement beschränkt. Bei dünnem Metall könnte Blasenbildung an der innenliegenden Farbschicht auftreten. Sperrholz könnte Schaden nehmen, weil der Leim angegriffen wird, und bei Kunststoff sollte Abbrennen niemals angewandt werden. Andererseits ist Hitze insofern von Vorteil, als sie die Oberfläche austrocknet und schädliche Lebewesen, zum Beispiel Holzwürmer, abtötet.

Die traditionelle Methode
Gelegentlich wird noch die Petroleum-Lötlampe (Abbildung 29) zum Abbrennen benutzt. Allerdings muß man sie vorheizen, indem man ein wenig Petroleum in einer Vertiefung auf dem Tankdeckel entzündet. Eine Tankfüllung brennt normalerweise etwa eine Stunde. Verstopfungen der Düse kann man gewöhnlich leicht mit einer Nadel beseitigen;

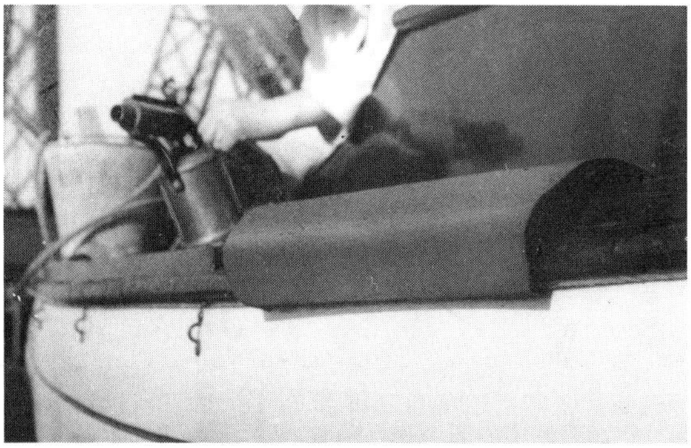

29 *Ein einfacher Schild aus Zinkblech schützt die Scheuerleiste, während der Lack auf dem Seitendeck abgebrannt wird.*

30 *Diese Art Propanbrenner ist leicht zu halten und entwickelt auch bei windigem Wetter eine stabile Flamme.*

bei größeren Defekten braucht man jedoch einen Schlüssel zum Herausnehmen der Düse.

Moderne Brenner
Der Gasbrenner (Abbildung 30) ist ein vorzüglich geeignetes Gerät zum Abbrennen von Farbe. Bei diesen Brennern gibt es auch kaum Verstopfung; sollte das dennoch einmal vorkommen, läßt sich der Gazefilter hinter der Düse leicht mit einem Malerpinsel reinigen, nachdem man den Brennerkopf abgeschraubt hat. Der Gasbrenner mit angehängter Butangasflasche, die man immer wieder erneuern muß, ist freilich nicht nur teurer, sondern auch schwerer zu halten als der in der Abbildung gezeigte Typ, der über eine Schlauchleitung von einer größeren Propanflasche gespeist wird, welche man sich mieten kann.

Windwirkung
Eine leichte Brise zerstreut Rauch und Dämpfe beim Abbrennen. Bei stärkerem Wind braucht man eine Schutzwand aus Tuch oder anderem Material, damit die Flamme nicht ausgeblasen wird. Petroleumbrenner gehen im allgemeinen leichter aus als Gasbrenner.

Schutzmaßnahmen
Wo mit Klarlack behandeltes Holz an eine Fläche grenzt, die abgebrannt werden soll, macht man sich einen einfachen Schutzschild aus Blech (Abbildung 29), damit der Lack nicht angesengt wird. Kann ein solcher Schutzschild nicht angebracht werden, zieht man die letzten 5 bis 10 cm mit einem chemischen Abbeizmittel oder mit einem Kratzer ab.

Flammenwerfer
Ein wenig gefährlich ist es, wenn man große Flächen, etwa das Unterwasserschiff eines großen alten Bootes, mit einer „Flammenkanone", wie sie zur Unkrautvernichtung eingesetzt wird, oder mit einer großen Variante des Gasbrenners behandelt. Die Arbeit ist zwar in Rekordzeit erledigt; aber man braucht zumindest einen zweiten Mann, der mit einem Kratzer an langem Griff nacharbeitet.

Vorsicht!
Arbeitet man mit dem Brenner, muß man dafür sorgen, daß nichts Feuer fangen kann. Am besten ist es, wenn man einen angeschlossenen Wasserschlauch zur Hand hat; sonst sollte man ein paar Eimer mit Wasser oder einen Feuerlöscher bereitstellen. Teer und Bitumen sind Materialien, die am ehesten Feuer fangen, besonders bei hohen Außentemperaturen. Arbeitet man über Kopf, achte man darauf, daß einem nicht heiße Farbteile aufs Gesicht fallen. Man hüte sich vor dem Einatmen der Dämpfe und bedenke stets, daß eine Flamme im Sonnenlicht kaum sichtbar ist.

Arbeitsrichtung
Die meisten arbeiten beim Abbrennen am liebsten von rechts nach links, wobei sie mit der linken Hand den Brenner und mit der rechten den Kratzer halten. Bläst der Wind von links, empfiehlt sich jedoch die umgekehrte Arbeitsrichtung.

Auswahl der Kratzer
Ein Malerspachtel (Abbildung 31a) ist ein geeignetes Werkzeug zum Abheben geschmolzenen Lacks. Profis ziehen den scharfen dreieckigen Kratzer (31b) vor; andere arbeiten lieber mit dem bereits in Abbildung 24 gezeigten Kratzer, der aus einer alten Feile selbst hergestellt wurde. Auch ein birnenförmiger oder ovaler Kratzer (31c) ist an manchen Stellen nützlich (ein Kratzer, der – wie schon auf Seite 33 beschrieben – aus einem alten Löffel gefertigt wurde, tut es aber auch).

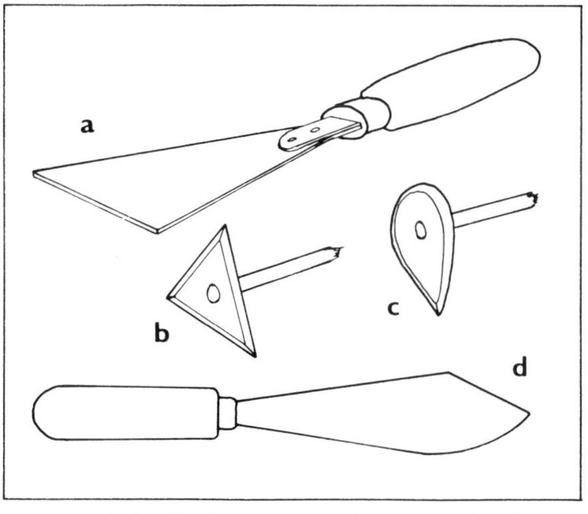

31 *Nützliche Werkzeuge zum Abziehen alter Farbe:* **a** *Malerspachtel, wie man ihn beim Entfernen alter Tapeten benutzt* **b** *Dreieckiger Kratzer* **c** *Ovaler Kratzer* **d** *Kittmesser*

Elektrische Heißluftgebläse
Sie sind zum Lackentfernen zwar schon seit über 30 Jahren auf dem Markt, wurden aber erst mit dem modernen Typ populär, der einen glühend heißen Luftstrom ausstößt. Die Geräte werden auf die gleiche Art benutzt wie die Brenner, haben jedoch den Vorteil, daß man für Arbeiten an Kanten und Ecken einfach Schlitzabstrahldüsen aufsetzen kann.

Abbeizen mit chemischen Mitteln
Starke Salmiaklösung (beispielsweise mit einem aus zusammengebundenen Enden von Hanftau hergestellten „Pinsel“ auf die Oberfläche aufgetragen) entfernt Farb- und Lackschichten zwar gut, ist jedoch gesundheitsgefährdend. Die teureren Chemikalien in Geleeform sind weniger gefährlich und gleichermaßen wirksam. Man achte jedoch darauf, daß man für Arbeiten auf Kunststoff spezielle Chemikalien braucht. Der normale Typ kann den Gelcoat schwer beschädigen. Das gilt auch für die Klebemittel, mit denen rutschsichere Beläge an Deck befestigt werden. Auf den meisten anderen Rumpfmaterialien können chemische Abbeizmittel jedoch verwendet werden.

Schicht um Schicht
Zwar erscheinen ständig neue Abbeizmittel auf dem Markt, doch die meisten schaffen kaum mehr als vier Lagen Farbe auf einmal. So kann das Abbeizen alter, dicker Farbschichten zeitraubend und teuer werden, besonders mit den neueren, ökologisch „entschärften“ Mitteln.
Große Flächen bearbeitet man am besten Schicht um Schicht. Dabei trägt man den Abbeizer großzügig auf, läßt ihn etwa zehn Minuten einwirken und entfernt dann alles Weiche mit einem scharfen dreieckigen oder mit dem in Abbildung 23 gezeigten Kratzer. Diesen Prozeß wiederholt man so oft wie nötig.

Neutralisierung
Ist aller Lack runter, muß man sicherstellen, daß das Abbeizmittel nicht weiter auf den Untergrund einwirkt. Dazu wäscht man die Oberfläche mit dem empfohlenen Neutralisierer ab. Dies ist normalerweise entweder Wasser oder Spiritus. Wird Wasser auf Holz verwendet, muß man mit dem Anstrich so lange warten, bis es vollständig getrocknet ist.

Vorsicht!
Das Neutralisierungsmittel sollte stets zur Hand sein, falls etwas von der Beize auf die Haut spritzt. Teile, die nicht abgebeizt werden sollen, zum Beispiel das Kunststoffdeck neben dem lackieren Handlauf aus Holz, deckt man am besten mit Klebeband und Papier ab. Eine kleine Brise bei der Arbeit ist wichtig, damit man die Dämpfe nicht einatmet.

Trockenes Abkratzen
Ein Kratzer mit auswechselbaren Blättern (Abbildung 23) ist wohl das beste Werkzeug für das trokkene Abkratzen. Es erfordert viel Kraft, und wenn man nicht erfahren im Umgang mit Kratzern ist, verursacht man leicht häßliche Rillen. Das Blatt sollte man häufig mit der Spezialfeile des Herstellers oder auf einem Schleifstein (Karborundum) schärfen. Wenn das Schleifen keine ausreichende Schärfe mehr erbringt, muß man das Blatt auswechseln. Es gibt auch gezackte Blätter für schnelles Arbeiten, doch bei Klarlack benutzt man sie besser nicht, weil damit noch leichter Kratzer ins Holz kommen.

Kratzergröße
Der in Abbildung 23 gezeigte Kratzer mit einer Blattbreite von 2½ Zoll ist für große, ebene Flächen geeignet; für kleinere Teile oder für Spieren nimmt man die Breite 1½ Zoll. (Früher verwendete man zum Abkratzen von Masten und Spieren ein dickes Stück gebrochenes Glas. Man hielt es etwa so wie in Abbildung 64 gezeigt. Diese Methode ist natürlich heute nicht mehr zu empfehlen).

Schleifen
Mit den passenden Elektrogeräten kann man Farbschichten jeder Dicke abschleifen. Die meisten Geräte sind jedoch laut, schwer und erzeugen viel Staub. Allerdings sollte man sich am Boot nicht mit Heimwerkergeräten versuchen – besser mietet oder borgt man sich die richtigen, schwergewichtigen Profigeräte.

Große Scheiben
Ein Winkelschleifer mit einem Scheibendurchmesser von 175 mm oder noch besser ein Einhandwinkelschleifer mit 115 mm-Scheibe – auch ein Elektrobohrer mit einer Schleifscheibe in 40er Körnung – schafft die dickste Farbschicht. Der äußere Rand der Scheibe leistet die meiste Arbeit, aber die Kante verursacht bei nicht ganz sorgfältigem Arbeiten tiefe Rillen. Unterhalb der Wasserlinie stört das vielleicht nicht; an den sichtbaren Rumpfteilen ist es jedoch ärgerlich und erfordert anschließend den Einsatz von Spachtel.

Gewichtserleichterung
Bei Überkopfarbeiten hängt man den Schleifapparat am besten von oben auf, wobei sich der Einsatz einer Feder oder eines starken Gummis empfiehlt, damit man das Gerät nicht ständig neu einstellen muß. Das Abschleifen des Unterwasserschiffs macht man am besten zu zweit, damit man sich abwechseln kann.

Zugeschmierte Scheiben
Wegen der Reibungshitze schmieren sogar sehr grobkörnige Schleifscheiben mit Farbe zu. Mit einer Topfbürste, die statt der Schleifscheibe am Elektrogerät befestigt wird, kann man die Scheibe wenigstens teilweise säubern.

Gesundheitsrisiken
Besitzt das Elektrogerät keine integrierte Staubabsaugung, muß man Augen, Ohren, Nase, Mund und Haar gut schützen, besonders wenn man starke Schleifgeräte für länger als ein paar Minuten einsetzt und vor allem dann, wenn giftiges Antifouling bearbeitet werden soll. Bei warmem Wetter ist das zwar unbequem, aber zumindest sollte man eine Schutzbrille und einen Atemschutz tragen. Kann man nur einhändig arbeiten, sollte man Pausen einlegen, in denen man weniger anstrengende Arbeiten erledigt. Bei einem Winkelschleifer kann die Scheibe durch unaufmerksames Arbeiten brechen und schwere Verletzungen verursachen. Also immer die vorgeschriebenen Scheiben verwenden.

Bandschleifer
Nicht ganz so schnell arbeitet man mit einem 100 mm breiten Bandschleifer (aber dafür erzielt man ein ungleich besseres Finish). Das Gewichtsproblem ist das gleiche, das Gerät macht jedoch weniger Lärm und hat üblicherweise eine integrierte Staubabsaugung mit Staubsack. Am besten geeignet ist es zum Abschleifen relativ dünner Farbschichten, besonders auf Kunststoffuntergrund. Der Kauf vieler Bänder (wegen des Zuschmierens) kann ziemlich teuer werden.

Heimwerkergeräte
Für die normalen Bohrmaschinen gibt es Zusatzgeräte zum Schleifen, die gelegentlich sogar professionellen Anstrich haben; das normale Heimwerkergerät ist jedoch zu schwach zum Abschleifen großer Flächen dicken Lacks. Schwingschleifer, auch die besten, schaffen nicht mehr als drei oder vier Farbschichten. Da sie keine Kratzer in den Untergrund machen, sind sie ideal für das Arbeiten auf Kunststoff. Lack auf Kunststoff sollte sich in der Farb-

schattierung vom Gelcoat ein wenig unterscheiden, damit man letzteren beim Schleifen nicht beschädigt.

Metall-Untergründe
Ist ein Stahlrumpf verzinkt oder galvanisiert, sollte man nur mit chemischen Abbeizmitteln arbeiten und dann die weiche Farbmasse mit einem Kratzer so vorsichtig abziehen, daß das Zink nicht beschädigt wird. Ein Abbrennen ohne Blasenbildung auf dem Innenanstrich ist nur möglich bei verzinktem Stahl von mehr als 6 mm Dicke.

Sandstrahlen
Fast überall kann man Firmen mit transportablen Geräten anheuern, die einen unbehandelten Stahlrumpf mit Hilfe von Druckluft und feinem Sand oder feinen Stahlkörnchen abstrahlen. Andere Firmen benutzen Hochdruckreiniger, deren Wasserstrahl so hart ist, daß er Löcher in Beton bohren kann (gut geeignet zum Reinigen von rostigem Eisenballast). Mit beiden Methoden wird eine ideale Oberfläche zum Streichen erzielt, obwohl die Verwendung von Wasser möglicherweise eine Heißlufttrocknung oder die Behandlung mit einem für feuchten Stahl geeigneten Epoxyprimer notwendig macht.

32 *Der Hammer zum Entrosten ist auf Berufsschiffen ständig im Einsatz; die dünnen Stahlplanken kleiner Yachten beult er allerdings leicht ein.*

Rostklopfen
Von mehr als 3 mm dicken Stahlplatten läßt sich die Farbe mit leichten, schnellen Hammerschlägen abklopfen (Abbildung 32). Der geeignete Stahlhammer hat eine meißelähnliche Spitze, deren Flächen einen rechten Winkel bilden. Am besten arbeitet man damit auf dicken Farbschichten, die nicht allzu fest sitzen. Aluminium beult man mit dem Hammer allzu leicht ein; deshalb behandelt man einen Aluminiumrumpf genauso wie einen verzinkten Stahlrumpf.

Nagler
Dies ist ein Luftdruckwerkzeug und sieht aus wie ein Stück Stahlrohr, das an einem Ende zu einem Schlitz zusammengedrückt wurde. Aus dem Schlitz stehen viele kleine, spitze Stahlnägel hervor, die bei Gebrauch rauf und runter rattern. Das Gerät ist laut, aber sehr wirksam beim Abschuppen, Entrosten und beim Entfernen von Farbschichten.

Bequem arbeiten

Bei größeren Arbeiten wie dem Streichen oder Abziehen des Rumpfes sollte man sich etwas einfallen lassen, um bequemer (und damit auch schneller und effektiver) arbeiten zu können.

Zu Hause
Jolleneigner arbeiten zumeist auf einem überdachten Arbeitsplatz zu Hause an ihrem Boot. Bei ausreichend Platz kann man ein Boot bis etwa 8 m Länge für die Überholungsarbeiten auf den Hinterhof trailern. Ist seitlich genug Raum vorhanden, lassen sich manche kleineren Fahrzeuge relativ leicht auf die Seite rollen (natürlich nachdem die Tanks entleert und das Motoröl abgelassen wurde), so daß man das Unterwasserschiff bequem abziehen und streichen kann. Bei Kimmkielen – und in geringerem Umfang auch bei einem Flossenkiel – ist das jedoch schwierig und riskant.

Im Wasser
Boote, die den Winter über im Wasser oder Schlickbett liegen (Abbildung 33), müssen für Arbeiten am Unterwasserschiff an Land geholt werden. Oberhalb der Wasserlinie arbeitet man an einem trockenfal-

33 *Liegeplatz im Schlickbett. Die Leinen zum Land müssen gegen Vandalismus gut gesichert und vor Schamfilen geschützt werden.*

34 *Das ist ein brauchbares Floß zum Malen. In Yachthäfen und Werften kann man es mitunter ausleihen.*

lenden Liegeplatz am besten, indem man breite Bretter auf den Schlick legt, auf denen man dann stehen, auf die man aber auch Leitern stellen kann. Die Bretter müssen mit Leinen gesichert werden, damit sie bei auflaufendem Wasser nicht fortschwimmen. Die Leitern sollten an der Reling festgebändselt werden, damit sie nicht wegrutschen können.

Das Arbeitsfloß

Liegt das Boot in tiefem Wasser, mietet oder leiht man sich am besten ein festes Arbeitsfloß für die Arbeiten am Überwasserschiff (Abbildung 34). Das Floß, dessen Oberseite aus Holzplanken besteht, sollte direkt unter der Wasserlinie abgefendert werden. Wenn es vorn und achtern mit Leinen festgemacht wird, steht auch eine Leiter ziemlich fest auf dem Floß.

Gerüste

Steht das Boot an Land, können die meisten Außenstellen mit einer Leiter erreicht werden. Bei Booten von mehr als 11 m Länge lohnt es sich zumeist, für Arbeiten am Überwasserschiff ein Gerüst zu errichten; das einfachste besteht aus zwei Stehleitern mit eingelegten Planken (Abbildung 35). Bei noch größeren Booten hängt man das Gerüst am besten von der Reling herab und verschiebt es dann Stück um Stück an der Bordwand entlang. Werden moderne Zwei-Komponenten-Lacke verwendet (siehe Kapitel 4), muß das Gerüst so aufgestellt werden, daß man ohne Unterbrechnung arbeiten kann.

35 *An Land vereinfacht ein Gerüst aus Stehleitern mit auf die Sprossen gelegten Planken die Malarbeiten an hohen Bordwänden.*

Der Wasserpaß

Bei Holzbooten ist die Obergrenze des Antifoulings gelegentlich durch eine leicht vertiefte Linie gekennzeichnet. Nach dem Abziehen der alten Farbe hat man dann keine Mühe mit dem neuen Wasserpaß. Bei einem älteren Boot jedoch, dessen Ballast sich über die Jahre geändert hat (durch neue Einbauten, durch einen Motor usw.), kann diese Linie unter Umständen nicht mehr stimmen. Auf einigen Stahlbooten findet man eine solche Linie durch unterbrochene Schweißlinien oder Körnerschläge angedeutet. Kunststoffrümpfe besitzen solche Hohlkehlen an der Schwimmwasserlinie nur gelegentlich, und Ferrozementrümpfe dürfen sie nicht haben.

Hohlkehlen

Am besten markiert man die Wasserlinie, wenn das Boot gerade aus dem Wasser gekommen ist; die dann noch deutlich sichtbare Bewuchsgrenze ergibt eine klare Linie. Auf Massivholz kann man diese Linie markieren, indem man mit dem Marlspieker in kurzen Abständen leicht ins Holz sticht. Eine durchgehende Hohlkehle ist jedoch besser. Dazu nagelt man an die Wasserlinie eine dünne, biegsame Holzlatte (wenn die Beplankung dick genug ist) und zieht dann einen scharfen Stechbeitel an der Latte entlang übers Holz. Nach dem Entfernen der Latte vertieft man die Linie V-förmig mit einem entsprechenden Beitel.
Schwer zu bekommen sind heute Hobel mit V-förmigen oder rundem Eisen, mit denen die Arbeit einfacher von der Hand geht. Wer damit umgehen kann, mag auch eine entsprechende Oberfräse benutzen. Dabei befestigt man die Straklatte um die Breite des Hobels oder der Fräse unterhalb der Wasserlinie und führt das Gerät dann an ihr entlang.

Fehlerquellen

Bewuchsmarken können ungenau sein, wenn das Boot den Sommer über ständig leichte Schlagseite hatte. Um das feststellen zu können, stellt man das Boot genau waagrecht und führt einen durchsichtigen Plastikschlauch, der an beiden Seiten bis über die Wasserlinie hinaufreicht, unter dem Kiel durch. Mit Helfern füllt man den Schlauch so weit mit Wasser, bis der Wasserstand an der einen Seite genau mit der Wasserlinie übereinstimmt; an der anderen Seite läßt sich dann jeder kleine Unterschied deutlich erkennen (Schlauchwaage). Man kann das übrigens auch mit einem normalen Gartenschlauch tun, muß dann allerdings in beide Enden ein Stück durchsichtigen Schlauch hineinstecken.

Anreißen der Wasserlinie

Hat man Markierungen für die Wasserlinie an Bug und Heck, ist das Anreißen mit Hilfe eines Gerüsts, wie es Abbildung 36 zeigt, relativ einfach. Die Querlatten des Gerüsts müssen wenigstens die Länge der halben Bootsbreite haben, und sie müssen genau waagrecht stehen. Die Oberkanten der Gerüste müssen mit den an Bug und Heck angebrachten Markierungen für die Lage der Wasserlinie genau übereinstimmen. Zwischen beiden Gerüsten spannt man eine möglichst wenig durchhängende, dünne Leine. Wo sie den Rumpf mittschiffs berührt, hält

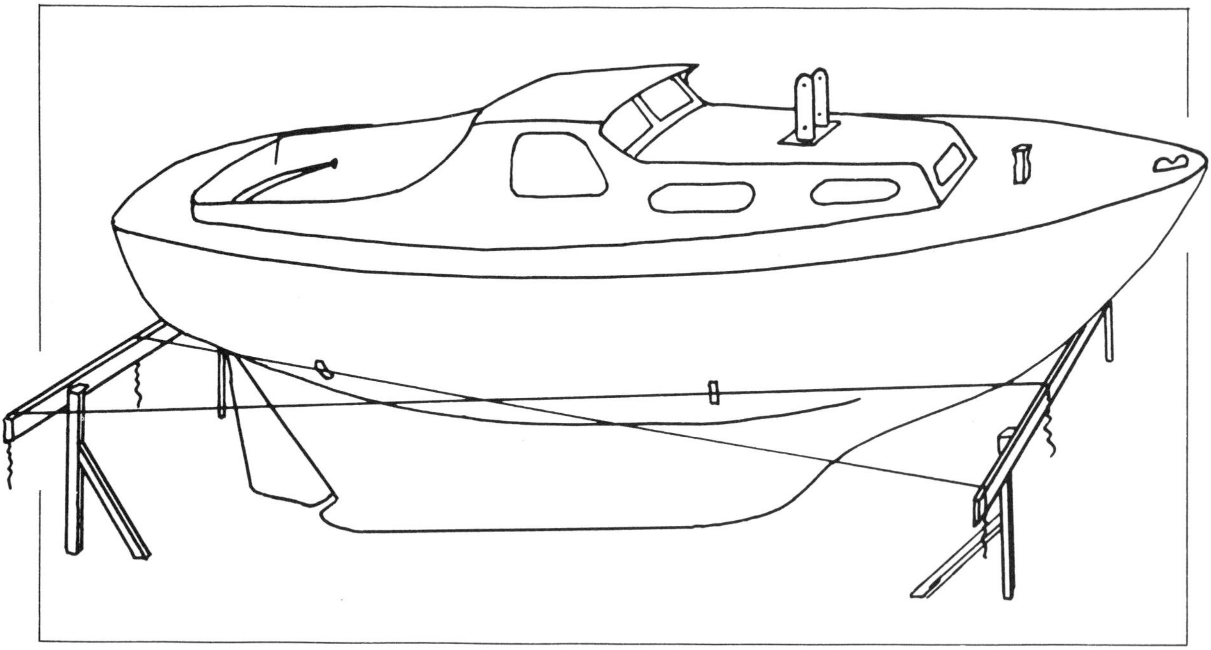

36 *Anreißen der Wasserlinie*

man sie mit Klebeband fest. Dann kann man die Leine auf beiden Gerüsten mitschiffs schieben, bis sie am Rumpf anliegt und an ihr entlang die Wasserlinie angerissen werden kann. Für dieses Verfahren muß das Boot querschiffs waagrecht stehen, längsschiffs ist es nicht notwendig.

Andere Methoden
Ist die Wasserlinie auf der einen Seite nach der eben beschriebenen Methode angerissen, überträgt man sie mit Hilfe der Schlauchwaage auf die andere. Dazu muß das Boot natürlich genau waagrecht stehen. Man kann auch beidseits des Rumpfs ein solches Gerüst aufbauen. Dann peilt man über beide Querbalken hinweg, während man einen Helfer einweist, der mit einer weißen Pappe am Rumpf entlanggeht und Punkt für Punkt die Wasserlinie anreißt.

Die Lage des Wasserpasses
Das Antifouling sollte bei Booten bis zu 9 m Länge um etwa 25 mm über die tatsächliche Schwimmwasserlinie hinaus nach oben reichen, bei Booten um 14 m sogar um 50 mm. Das ist die Linie, die man gemäß der obigen Beschreibung permanent festlegen sollte. Die meisten Yachten haben oberhalb der Schwimmwasserlinie ein Wasserpaßband in kontrastierender Farbe. Das ist hübsch anzusehen und, wenn nötig, leicht neu zu streichen. Die obere Linie sollte eine leichte Kurve haben, die zu Bug und Heck hin ein wenig ansteigt. Bei Booten um 9 m Länge sollte das Wasserpaßband auf etwa drei Fünftel der Wasserlinienlänge ungefähr 25 mm breit sein und sich zum Heck hin allmählich auf 50 mm und zum Bug hin auf 75 mm verbreitern. Bei einem 14-m-Boot ist das Band entsprechend breiter: 50 mm, 75 mm am Heck und 100 mm am Bug.

Aufmalen des Wasserpasses
Sind die oberen und unteren Begrenzungslinien des Wasserpasses eingekerbt, ist das Absetzen der Farbe mit einem kleinen Pinsel einfach. Ohne solche Hohlkehlen empfiehlt sich die Verwendung von Klebeband (Abbildung 37). Beim Abreißen des Klebebandes kann man die darunter befindliche Farbe jedoch leicht beschädigen. Deshalb wartet man, bis der Wasserpaß ausgehärtet ist, und feuchtet das Klebe-

37 *Beim Anbringen von Wasserlinie und Wasserpaß sorgt Klebeband für saubere Kanten ohne Tränen.*

band etwa zehn Minuten lang an, bevor man es vorsichtig abzieht. Um zu verhindern, daß Farbe unter das Klebeband kriecht, verwendet man nur bestes glattes Tape, kein Kreppband, und drückt es an der Farbkante mit dem Daumennagel gut an.

Grundierung

Ist das Holz frei von alten Farbschichten, schleift man es mit Sandpapier der Körnung 100 und überstreicht dann alle Aststellen, aus denen eventuell Harz austreten könnte, mit zwei Lagen Schellack. Anschließend streicht man die ganze Fläche mit einer Schicht Grundierung (Primer). Zwei dünne Schichten halten allerdings besser als eine dicke.

Alte und moderne Methoden

Die rosafarbene Grundierung aus weißem und rotem Blei ist schon seit Jahrzehnten im Handel und hält auch gut unter den üblichen Kunstharzlacken. Die moderneren Metallicprimer sollen jedoch besser haften und trocknen auch schneller. Die meisten dieser Primer müssen verdünnt werden, wenn sie tief ins Holz eindringen sollen. Für Sperrholz gibt es Primer, die auch einen Füller enthalten.

Ohne Grundierung

Bei den meisten Klarlacken (auch Zwei-Komponenten-Lacken), die auf Holz Verwendung finden, dient als Grundierung lediglich eine verdünnte Schicht des entsprechenden Lacks. Einige Klarlack-Hersteller liefern jedoch einen speziellen Primer für ölhaltige Harthölzer wie Teak. Auf Metall- und Kunststoffuntergrund ist auch bei Zwei-Komponenten-Lacken die Verwendung eines speziellen Primers angebracht.

Auf blankem Stahl

Für die Anwendung auf blankem Stahl ist eine verwirrende Vielzahl von Primern im Handel, von der zuverlässigen, alten roten Mennige bis zu den verschiedenen zinkreichen Mischungen. Der Amateur ohne Spezialwissen folgt am besten den Ratschlägen eines anerkannten Herstellers von Marinefarben.

Aufarbeiten

Die Grundierung muß in alle offenen Risse, Plankenstöße und Nagellöcher eindringen. Besitzt man ein Holzboot, sollte man sich bei der Wahl unter der Vielzahl von Füllmaterialien beraten lassen. Vollkommen aushärtende Spachtel werden üblicherweise für Plankenstöße im Überwasserschiff, für Nagellöcher und für andere kleine Schäden verwendet. Elastische Füllmaterialien sind für die Plankennähte im Unterwasserschiff und für Risse in Spieren geeignet.

Werkzeuge zum Spachteln

Ein normaler Malerspachtel (siehe Abbildung 31a) ist das beste Gerät zum Füllen von Plankenstößen oder zum Aufspachteln. Ein Kittmesser, wie es Glaser benutzen (Abbildung 31d), oder die Spitze eines alten Messers sind geeignet zum Füllen von Löchern.

Kunststoff-Finish

Wenn ohne Form erstellte Kunststoffoberflächen ohne Gelcoatauflage lackiert werden sollen, wird als Füller ein Epoxidspachtel über die gesamte Fläche gestrichen, der kleine Luftzellen enthält, die man auch als Microballoons bezeichnet. Es ist ein Material, das noch härter wird als anderer Spachtel. Nach dem Durchschleifen (mit einer elektrischen Schleifmaschine und 100er Naßschleifpapier) ist meist noch eine zweite, dünnere Schicht dieser Masse nötig, die dann mit 180er Sandpapier naß geschliffen wird. Kleine Löcher und Unebenheiten entdeckt man dann am besten, wenn man im Halbdunkel mit einem schräg zur Oberfläche einfallenden Licht arbeitet.

Flüssiger Spachtel
Soll die Oberfläche vor dem Malen besonders glatt werden, bringt man als letzten Füller mit dem Pinsel cremigen Flüssigspachtel auf. Anschließend schleift man die Oberfläche naß mit 220er Papier.
Oft ist es vorteilhaft oder sogar notwendig, kleinere Schäden in einer knappen Viertelstunde aufzuarbeiten, zu schleifen und zu streichen. Dazu benützt man schnell härtende Polyesterspachtel.

Tiefe Löcher
Bei einigen mit Luft trocknenden Füllmaterialien dauert es Wochen, bis sie ausgehärtet sind; der Schrumpfungsprozeß hinterläßt zudem Risse. Das passiert besonders, wenn sie in dicken Lagen in tiefe Löcher gespachtelt werden. Dann muß man die Füllung in Schichten aufbauen, die man jeweils austrocknen läßt. Abzuraten ist davon, in tiefe Löcher unter den Füller Zeitungspapier zu stopfen, wie man es gelegentlich bei Tapezierern sieht. Füllt man das Loch in einem Arbeitsgang, so läßt man etwas von der Masse für den Schrumpfungsprozeß überstehen; nach dem Austrocknen wird glattgeschliffen. Auf großen Fahrzeugen der Kategorie C werden Vertiefungen im Holz, in denen z. B. Bolzen versenkt waren, oft einfach mit Beton gefüllt.

Der passende Füller
Wird der Rumpf mit GFK beschichtet, so muß man mit Füllmaterialien arbeiten, die sich mit der Beschichtung vertragen; der Hersteller des Beschichtungsmaterials kann in der Regel Empfehlungen geben. Gleiches gilt, wenn man mit Polyurethan- beziehungsweise DD-Lacken streicht. Spachtel auf Polyester- und Epoxybasis vertragen sich mit den meisten Materialien; sie lassen sich auch gut elektrisch schleifen.

Füller für Klarlacke
Wird Holz mit Klarlack gestrichen, können große Unterschiede in der Farbschattierung auftreten, die bei der Verwendung ungeeigneter Füllmaterialien besonders stark sind. Grundiert man das Holz vor dem Anbringen des Füllers mit verdünntem Klarlack, gewinnt man einen ungefähren Eindruck von der endgültigen Farbschattierung. Die Wirkung des Füllmaterials kann man auch ausprobieren: Dazu streicht man etwas Spachtel auf ein Stück Pappe und lackiert es nach dem Trocknen. Man hält die Pappe dann an die entsprechenden Stellen des Holzes und vergleicht die Färbung. Oft erweist es sich als nötig, dunklere und hellere Füllmaterialien zu mischen.

Feinschliff

Das Schleifen der einzelnen Farbschichten ist etwas ganz anderes als der Grundschliff. Um auszuprobieren, ob der Lack hart genug zum Schleifen ist, lakkiert man zugleich mit der eigentlichen Holzfläche ein kleines Stück von gleicher Holzart. Will man nicht gerade ein Finish der Kategorie A erreichen, braucht man bei den meisten modernen Lackfarben und Klarlacken die einzelnen Schichten nicht zwischenzuschleifen; sie haften auch auf ungeschliffenen Flächen, vorausgesetzt, die untere Schicht ist noch nicht völlig ausgehärtet.

Trockenschliff
Blankes Holz oder dünne Grundierung schleift man trocken, damit keine Feuchtigkeit eindringt und die Fasern eventuell aufquellen. Auch auf Kunststoff gibt der Trockenschliff einen besseren Grund für eine zuverlässige Haftung des Lacks. Wenn man will, kann man aber auch zuerst naß schleifen, muß dann allerdings die Oberfläche trocknen lassen, ehe man trocken schleift.

Naßschleifpapier
Naßschleifpapier ist teuer, aber man kann damit naß oder trocken schleifen. Beim Trockenschliff setzt es sich rasch zu, kann jedoch gereinigt werden. Dazu schrubbt man es mit warmem Wasser, dem man etwas Spülmittel zugibt, und läßt es dann trocknen.

Sandpapier
Das billige Sand- oder Glaspapier löst sich auf, wenn es feucht wird. Es muß trocken gelagert werden, am besten nicht an Bord. Vor dem ersten Gebrauch reibt man immer zwei Blätter leicht gegeneinander, damit einzelne dickere Körner abfallen, die auf feinem Lackuntergrund Kratzer hinterlassen könnten.

Nichtzusetzendes Schleifpapier
Immer wieder kommen neue Produkte auf den Markt. Nichtverschmierendes Silicum-Karbid-Papier wird schon seit längerem bei Reparaturarbeiten an Autokarosserien verwendet; jetzt ist es auch in Heimwerkermärkten erhältlich, sowohl für den Trockenschliff in verschiedenen Körnungen wie auch für den Naßschliff; das Papier eignet sich auch für Schleifscheiben an Bohrmaschinen. Mit Diamantstaub belegte Schleifblöcke sind zwar teuer, überleben aber Hunderte von Schleifpapierblättern.

Schleifblöcke
Außer auf empfindlicher frischer Farbe ist der Sodablock (Abbildung 38) ein wirksames Schleifwerkzeug. Es gibt ihn in drei Stärken: fein, mittel und grob. Man schleift damit immer naß. Kleine Erhebungen kann man so schnell einebnen, aber auf konkaven Flächen, zum Beispiel an den stark einfallenden Bugpartien mancher Motorboote, ist das Arbeiten schwierig. Ein Block reicht normalerweise für eine Seite eines 9-m-Bootes oberhalb der Wasserlinie, bevor er zu dünn zum Anfassen wird. Ähnlich wirken die Schleifschwämme.

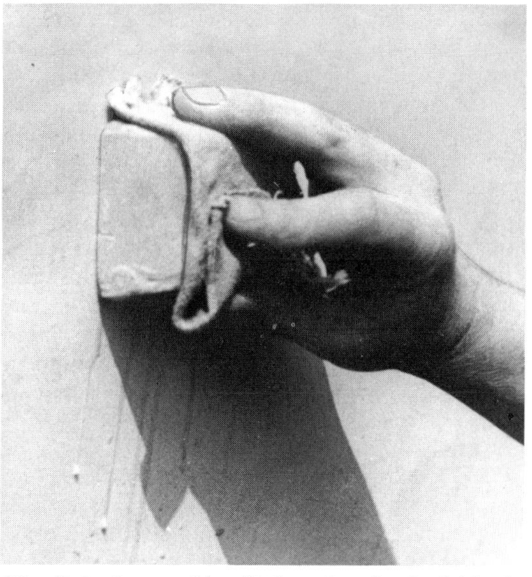

38 *Bei planen Oberflächen ist ein Sodablock ein perfektes und billiges Schleifmittel.*

Fingerschutz
Es empfiehlt sich, beim Schleifen Handschuhe zu tragen. Arbeitet man mit einem Schleifblock, so ist Fingerschutz unbedingt nötig, will man sich den Tastsinn in den Fingerspitzen erhalten! Zumeist reicht ein dickes Stück Tuch (siehe Abbildung 38); es muß gelegentlich erneuert oder ausgewrungen werden. Man geht vor wie beim Naßschleifen mit Papier (siehe unten), muß aber einen Block alle 30 Sekunden und den Schwamm alle zwei Minuten anfeuchten.

Welche Körnung?
Benutzt man wasserbeständiges Papier, so ist eine Körnung zwischen 100 und 180 im allgemeinen am besten zum Schleifen der Farben oder Lacke vom Vorjahr; das gilt für Naßschliff bei hohem Druck. Für das Zwischenschleifen von frischen Farblagen verwendet man eine Körnung zwischen 240 und 320, ebenfalls mit Naßschliff, aber leichtem Druck. Abgenützte grobe Papiere eignen sich noch gut für feinere Arbeiten. Beim Trockenschliff nimmt man feinere Körnungen als beim Naßschliff.

Korkblock
Für Schleifpapier gibt es zwar Patenthalter mit Gummi- oder Filzauflage, aber nichts ist einfacher oder besser als der altbekannte Korkblock, der üblicherweise 100 × 70 × 30 mm mißt. Mit einem Block geht man sicher, daß kleine Erhebungen auf der Oberfläche stärker geschliffen werden als Vertiefungen, doch nur mit den Fingern kommt man in die Ecken und konkaven Vertiefungen.

Geformte Blöcke
Will man zum Beispiel eine lange Spiere schleifen, lohnt es sich, einen eigenen Schleifblock zu formen: Dazu schneidet man ein Stück Kiefernholz so aus, daß es genau auf die Form der Spiere paßt. Für birnenförmige Spieren muß man natürlich zwei oder mehr Blöcke herstellen. Ebenso kann man für entsprechende Partien am Schiff speziell geformte Schleifblöcke anfertigen.

Naßschleifen

Das Blatt Schleifpapier faltet man zunächst quer und reißt es entlang dem Kniff in zwei Teile. Ein Teil wird noch einmal gefaltet und so in doppelter Lage um den Korkblock gewickelt. Während des Schleifens dreht man das gefaltete Papier gelegentlich auch im rechten Winkel und sogar diagonal, so daß jede Ecke genutzt wird.

Seifenwasser
Beim Naßschleifen sollte man einen Eimer Seifenwasser zur Hand haben, in den man das Papier etwa einmal in der Minute taucht. Ohne das häufige Eintauchen schmiert das Papier zu. Bevor man mit der Arbeit beginnt, feuchtet man die Oberfläche der zu schleifenden Holzteile an; die Feuchtigkeit wirkt wie ein Schmiermittel.

Arbeitsflächen
Die jeweils bearbeitete Fläche sollte nicht größer sein als etwa 60 × 30 cm. Am besten teilt man sich die gesamte Fläche in solche Arbeitseinheiten ein, entweder mit Kreide oder mit kleinen Stücken Klebeband, damit unnötige Überlappungen vermieden werden.

Abwischen
Hat man etwa sechs solcher Arbeitsflächen abgeschliffen, wischt man das Ganze mit einem feuchten Tuch ab, dann noch einmal mit einem sauberen Tuch, das immer wieder in klarem Wasser gespült wird. Schließlich trocknet man alles mit einem dritten Tuch. Nach etwa einer halben Stunde Schleifarbeit erneuert man das Seifenwasser. Die schmutzigen Tücher wäscht man in sauberem Süßwasser aus, fügt Spülmittel oder flüssige Seife hinzu, füllt einen zweiten Eimer mit klarem Wasser und beginnt von vorn. Mit warmem Wasser arbeitet es sich natürlich angenehmer als mit kaltem.

Oberflächenqualität
Ist die behandelte Fläche getrocknet, sollte sie ein mattes, wie überfrorenes Aussehen haben. Zeigen sich noch viele glänzende Stellen, rauht man sie mit trockenem Papier (ohne Korkblock) auf. Will man beim Trockenschleifen das gleiche feine Finish erreichen, muß man zum Schluß wahrscheinlich noch einmal mit Schleifpapier feinerer Körnung über die Fläche gehen.

Arbeiten unter Deck

Außer wenn man einen starken Absaugventilator im Deck hat, sollte man unter Deck weder mit dem Brenner noch mit chemischen Abbeizmitteln arbeiten. Beim Trockenschliff entsteht viel Staub. Das Tröpfeln beim Naßschleifen kann dagegen leicht von ein paar Lagen Zeitungspapier an den entsprechenden Stellen aufgefangen werden.

Rauhe Kunststoff-Flächen
Die rauhe Innenfläche eines Kunststoffrumpfs kann unmöglich geschliffen werden. Man sollte nur alle abblätternde Farbe mit einer Drahtbürste oder sehr rauhem Schleifpapier entfernen, dann Schmutz und Schleifreste mit einer warmen Sodalösung abwaschen, klar nachspülen und die ganze Fläche trocknen.

Feuchte Bilge
Holz- und Stahlboote haben üblicherweise gestrichene Bilgen, die etwa alle fünf Jahre einen neuen Anstrich brauchen. Das vollständige Abschleifen ist meist nicht nötig. Aber alles lose Material muß man abkratzen, die Speigatten unter den Spanten säubern sowie Ölrückstände und Feuchtigkeit entfernen. Eine ordentliche Bilgenreinigung sollte man eigentlich jedes Jahr vornehmen, damit keine fauligen Gerüche entstehen und die Bilgepumpe mit Sicherheit klar ist. Am besten wäscht man die Bilge sofort aus, wenn das Boot an Land geholt ist (siehe Kapitel 12), wobei man Wasser mit Spülmittel verwendet; denn es dauert Monate, bis sie ordentlich getrocknet ist. Staub, Schmutz und alle anderen losen Teilchen holt man am besten mit einem alten Staubsauger oder durch Antupfen mit Klebeband aus Ecken und Hohlräumen.

Staub und Dämpfe
Steht das Boot in einer Garage oder einem anderen kleinen geschlossenen Raum, sollte man es zum Abbrennen, Abbeizen oder Elektroschleifen unter allen Umständen ins Freie holen. Auch in einer großen Halle können Staub und Dämpfe andere stark belästigen. Um sich nicht unbeliebt zu machen, verrichtet man Arbeiten dieser Art am besten nur vormittags und nicht an den Wochenenden.

Kalfatern und Verpichen

Auch heute noch gibt es viele Boote mit geplankten Rümpfen und kalfaterten Decks. Bei feineren Yachten werden Stränge aus weißer Baumwolle in die engen Nähte zwischen den Planken getrieben, während bei den großen alten Booten mit Holzteer imprägnierte Hanfstränge verwendet werden. Die kalfaterten Gänge werden mit einer dünnen Lage Dichtungsmittel ausgegossen, was man „verpichen" nennt.

Traditionelles Verpichen
Ein roh gebautes, altes Boot kann man mit dem billigen, altmodischen Pech verpichen, das an Deck mit einem Gießlöffel und am Rumpf mit grobem Pinsel aufgebracht und nach dem Erkalten glattgekratzt wird. Ein anderes altes Rezept für die Nähte am Rumpf ist Teerkitt, der hergestellt wird, indem man Teer und Schlemmkreide zu einem Teig knetet, wobei man gelegentlich noch gewöhnliches Zementpulver hinzufügt.

Synthetische Mittel
Obwohl sie teurer sind, verwenden die meisten Werften heute für die Decksnähte mit Luft oder durch chemische Reaktion härtende Materialien – entweder zum Verpichen nach dem Kalfatern oder zum gänzlichen Ausfüllen der Plankenstöße. Dieser Gummiglue läßt sich nicht leicht schleifen, doch gibt es fürs Deck auch eine weiße Version (siehe weiter unten). Für das Unterwasserschiff von Yachten der Kategorie C sind preiswertere Alternativen mit Bitumenkitt und (gefährlichen) Asbestfasern erhältlich, die jenen Mitteln gleichen, mit denen man flache Hausdächer repariert.

Dicht kalfatern
Korrektes Kalfatern verleiht geplankten Rümpfen und Decks zusätzliche Stärke. Dieser Vorteil geht jedoch verloren, wenn die Nähte nur mit modernen, dauerelastischen Füllmassen abgedichtet werden. Wenn Werg oder Baumwolle andererseits zu hart eingetrieben werden, können – falls ihre Befestigungen schwach sind – die Planken losekommen.

Kalfateisen
Zum Kalfatern von Plankennähten unterschiedlicher Breite sind verschieden geformte Werkzeuge nötig, andere wieder für Arbeiten im Kielbereich oder zum Auseinanderdrücken allzu enger Stöße. Einige Kalfateisen und den traditionellen hölzernen Pockholzhammer zeigt Abbildung 39. Für kleinere Arbeiten reichen verschieden breite Schraubendreher, ein stumpfer Meißel und ein Hammer. Wer mehr über diese Arbeit wissen will, muß sich Fachliteratur besorgen.

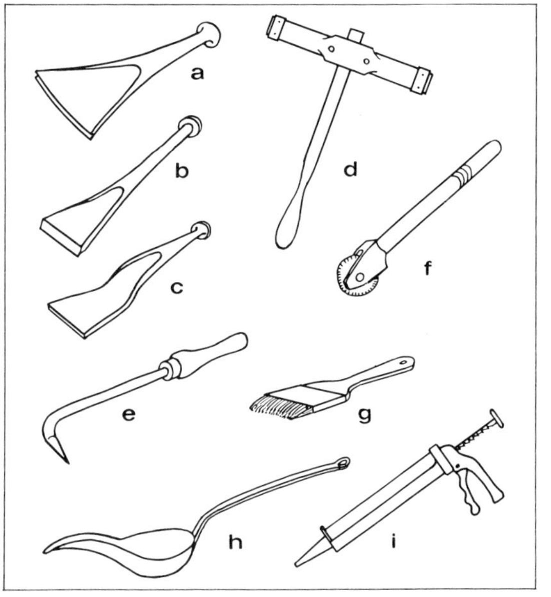

39 *Eine kleine Auswahl an Kalfatwerkzeugen:* **a** *Scharfes Kalfateisen* **b** *Stumpfes Eisen* **c** Gebogenes Eisen **d** *Traditioneller Pockholzhammer* **e** *Selbstgemachter Nahthaken* **f** *Kalfatrad* **g** *Pinsel für die Fugen* **h** *Gießlöffel* **i** *Kartuschenpistole*

Verrottete Baumwolle
Soll eine leckende Naht neu kalfatert werden, geht man mit einem Sägeblatt an der Verpichung entlang und bricht sie ganz heraus. Einen Nahthaken zum Herausreißen alter Kalfaterung zeigt Abbildung 39e; man kann ihn aus dem umgebogenen Ende einer alten Feile, wie in Kapitel 2 beschrieben, selbst herstellen. Läßt sich ein Stückchen vom entfernten alten Werg oder der Baumwolle zwischen den Fingern zerreiben, muß man alles erneuern. Läßt es sich nicht herausreißen, schlägt man es mit einem Kalfateisen wieder ein und verpicht dann die Plankennaht.

Grundierung der Plankennähte
Vor dem Kalfatern soll man alles blanke Holz in den V-förmigen Plankennähten mit Grundierung behandeln, wobei man je nach Größe einen schmalen Pinsel (Abbildung 39g) oder eine alte Zahnbürste verwendet. Für die Grundierung sollte man einen Primer nehmen, der sich mit dem Material der Verpichung verträgt.

Aufbereiten der Baumwolle
Die Baumwolle zum Kalfatern wird meist in Ein-Pfund-Knäueln verkauft: der Baumwolldocht besteht aus acht lose geschlagenen Kardeelen. Man dreht die Kardeele auseinander und prüft, wie viele Stränge man braucht, um einen bestimmten Plankenstoß zu füllen.

Zusammendrehen der Baumwolle
Hat man die richtige Zahl der Kardeele entnommen, dreht man diese fest zusammen, indem man das eine Ende befestigt und das andere Ende um einen gebogenen Nagel knotet, der in einem elektrischen Bohrer oder einem Handbohrer steckt; dann dreht man ein paar Sekunden. Für lange Plankennähte sind Enden von 6 m noch bequem zu handhaben.

Das Eintreiben der Baumwolle
Mit einem schmalen, an der Spitze abgeflachten Eisen schlägt man die Baumwolle in Abständen von etwa 15 cm in die Plankennaht; dann fängt man wieder von vorne an und tut das gleiche in Abständen von 2,5 cm, wie es in Abbildung 40 gezeigt wird. Zum Schluß schlägt man die Baumwolle gleichmäßig bis auf etwa 3 mm unter der Oberkante in die Plankennaht. Je mehr die Baumwolle sich setzt, um so breitere Kalfateisen nimmt man (das letzte füllt schließlich die Breite des Gangs vollständig aus); zugleich werden die Schläge mit dem Kalfathammer stärker. Taucht man das Kalfateisen oft in Talg, verklemmt es sich nicht. Müssen zwei Baumwollstränge miteinander verbunden werden, läßt man sie etwa 5 cm überlappen und verdreht sie miteinander.

Breite Nähte und Plankenstöße
Wird die Plankennaht auf einer kurzen Länge besonders breit, legt man die Baumwolle in dicht gepackte Schleifen. Zum Kalfatern der senkrechten Plankenstöße schneidet man sich passende Baumwollstränge zurecht. Für die breiten Plankennähte mancher alten Fahrzeuge ist Werg natürlich viel billiger. Bei solchen Nähten muß man allerdings aufpassen, daß man das Werg nicht nach innen durchschlägt. In besonders schlimmen Fällen sollte man die Plankennaht erst von der Innenseite auf andere Weise abdichten, zum Beispiel mit passend geschnittenen Holzlatten.

Aufbereiten des Wergs
Hat der Händler kein Werg und kann er es auch nicht bestellen, so versuche man es auf einer Werft, die Fischerboote repariert. Einen Ballen haariges, zusammengepreßtes Werg in einen zum Kalfatern geeigneten losen Strang zu verwandeln, braucht ein wenig Zeit; doch man lernt schnell, wie es zu machen ist. Man nimmt ein Bündel Werg aus dem

40 *Wenn man das Kalfateisen so hält, wie hier gezeigt, ist die Verletzungsgefahr beim Abrutschen des Hammers am geringsten.*

Ballen und zieht es zwischen den Fingern auseinander, wobei man eine Art Wurst von etwa 5 cm Durchmesser und 1 m Länge zu bilden versucht. Zum Eintreiben in die Plankennähte darf diese Wurst nicht dicker als etwa 10 mm sein; dazu rollt man sie mit dem Handballen so fest wie möglich auf dem Oberschenkel.

Schwerer Kalfathammer
Schiffszimmerleute arbeiten mit einem Kalfathammer aus massivem Hartholz (Abbildungen 39d und 41), dessen Arbeitsenden mit Metallringen gefaßt sind. Für den Amateur ist die Handhabung dieses Geräts nicht einfach. Für kleinere Reparaturarbeiten reicht bei dünner Beplankung aber auch ein schwerer Holzhammer, für größere Boote ein drei Pfund schwerer Hammer aus.

Wie man das Eisen hält
Um Verletzungen vorzubeugen, sollte man das Kalfateisen so in der Hand halten, daß die Knöchel nach unten zeigen (Abbildung 40). Hat man noch nie einem Schiffszimmermann beim Kalfatern zugeschaut, kann ein kurzes Gespräch mit einem solchen Experten viel Experimentieren ersparen.

Decksnähte
Das Kalfatern von Decksnähten ist leichter als das der Plankennähte am Rumpf, weil die Arbeitshaltung bequemer ist. Die Nähte blank geschrubbter Decks werden normalerweise wegen der Gefahr der Verfärbung nicht grundiert. Soll dies dennoch geschehen, grundiert man mit einer Farbsorte, die sich mit der Beschichtung des Decks oder mit dem Typ der Verpichung verträgt. Tropft ein dünner Primer durchs Deck hindurch, legt man innen unter den Decksnähten Zeitungspapier aus und wischt die Decksbalken innen gründlich ab, bevor die Farbe trocknet.

Marineglue
Dem gewöhnlichen Pech weit überlegen ist der sogenannte Marineglue, der heiß vergossen wird und auch bei wechselnden Temperaturen gut haftet und elastisch bleibt. Da er relativ preiswert und schnell zu verarbeiten ist, wird er immer noch viel verwendet. Es gibt verschiedene Sorten und Gebindegrößen von 0,5–25 kg, doch sollte man nur die beste Qualität nehmen.

Der Gießlöffel
Der in eine schmale Tülle auslaufende Gießlöffel (Abbildungen 39h und 42) muß aus dickem Metall sein, um der Hitze widerstehen zu können. Den Glue hält man in einem großen Topf ständig warm; man braucht zwei Gießlöffel, wobei der eine warm

41 *Beim Kalfatern von Decksnähten ist die Arbeitsposition angenehmer als am Unterwasserschiff.*

42 *Der traditionelle Gießlöffel für Marineglue zum Verpichen von Decksnähten.*

gemacht wird, während mit dem anderen gearbeitet wird. Ein kleiner Gasbrenner, der auf einer dicken Holzunterlage an Deck steht, ist bequemer als ein Holzfeuer an Land. Zum Verpichen der kilometerlangen Decksnähte auf großen Schiffen werden elektrisch beheizte Gießlöffel auf Rädern verwendet, die mit Führungen gerade über Deck gezogen werden können und außerdem auch noch seitlich verstellbare Gießer haben, mit denen die dicht an den Decksaufbauten oder am Schanzkleid liegenden Nähte erreicht werden können. Für den Amateur empfahl zum Beispiel Eric C. Hiscock einen alten Wasserkessel oder eine ausgediente Teekanne zum Vergießen des Glues, weil er im Kessel seine Hitze länger bewahre und sicherer zu handhaben sei als mit dem traditionellen Gießlöffel.

Ein oder zwei Güsse
Marineglue sollte nicht zu lange auf dem Feuer stehen und auf keinen Fall kochen. Zu starkes Erhitzen führt zu Luftblasen, geringerer Haftung und zum Überfüllen der Nähte. Der Experte kann Marineglue in einem Guß glatt mit der Decksfläche vergießen. Anfänger finden oft zwei Güsse nacheinander leichter. Das schadet dem Ergebnis nicht, wenn zwischen beiden Güssen nicht mehr als sechs Stunden vergehen und das Wetter trocken ist.

Glattkratzen
Übergelaufenen oder überstehenden Marineglue oder Pech kratzt man bündig zur Fläche, wenn er sich gesetzt hat und erkaltet ist, am besten an einem kalten Tag oder früh am Morgen. Ein starker gebogener Feilenkratzer (Abbildung 24a) ist hierzu geeignet und wird das Decksholz wahrscheinlich weniger beschädigen als ein Kratzer mit dünnen Blättern. Es empfiehlt sich, das Deck für diesen Arbeitsgang zu befeuchten.

Moderne Glues
Statt des inzwischen als altmodisch geltenden Kalfaterns und Verpichens hat sich seit gut 30 Jahren ein modernes Verfahren auf Polysulfidbasis durchgesetzt. Man arbeitet damit sowohl auf massiven Teakholzdecks wie auf Imitationen, bei denen dünne Teakplatten auf Sperrholz-, Kunststoff- oder Ferrozementdecks geklebt werden. Dieses Dichtungssystem ist sehr teuer, so daß manche Eigner, obgleich es eigentlich nicht nötig ist, die Nähte unter der Dichtung noch mit Baumwolle kalfatern.

Große Auswahl
Die meisten Dichtungsmittel erhält man in Kartuschen für Handpistolen (Abbildung 39i). Einige schnellhärtende Typen müssen mit dem Härter vermischt werden. Die Hersteller empfehlen für ihre Materialien zumeist spezielle Haftgrundierungen, was für ölhaltige Hölzer wie Teak besonders wichtig ist. Vor dem Grundieren muß das Holz sauber und trocken sein.
Die Kartuschen kann man mit der Pistole gleich in die Nähte ausdrücken; die Zwei-Komponenten-Dichtungsmasse, von der man immer nur kleine Mengen anrühren sollte, drückt man mit einem Spachtel hinein. Verschmiertes Material muß man nach dem Durchhärten mühsam abschleifen; am besten klebt man die Ränder vor dem Anbringen der Dichtungsmasse mit Klebeband ab.

Streichen mit Lack und Farbe

4

Dieses Kapitel wird für jene uninteressant sein, die sich jedes Jahr oder alle zwei Jahre ein neues Boot leisten können. Für alle anderen jedoch ist das Streichen mit Farben und Klarlacken die zeitraubendste Arbeit bei der jährlichen Bootsüberholung.

Schäden aus der Segelsaison

Nur die wenigsten Boote kommen ganz ohne Schäden über die Segelsaison. Schuld daran sind zum Beispiel die Flunken und Ketten der Anker, schamfilende Festmacher, aber auch das Scheuern an Spundwänden oder die freundliche Nervensäge, die ohne Einladung und natürlich auch ohne Fender mit ihrem Beiboot längsseits kommt. Die Wasserverschmutzung wirkt sich außer am Wasserpaß auch am Überwasserschiff aus; von Eisenteilen läuft Rost an der Bordwand herunter, und Salzkristalle auf Klarlack verstärken die schädliche Wirkung des ultravioletten Lichtanteils.

Schadensskala

Stahlboote sind am wenigsten schadensanfällig, gefolgt von Ferrozement, Vollholz, Kunststoff, Aluminium, formverleimtem Holz und Sperrholz – in dieser Reihenfolge. Einige Kunststoff- und Sperrholzrümpfe können leicht in einer einzigen rauhen Nacht vollständig durchscheuern, wenn ein wichtiger Fender verlorengeht. Stahlrümpfe vertragen solche Behandlung noch am besten.

Farbsorten

Im nie zu gewinnenden Kampf gegen all diese Schäden müssen viele Boote jedes Jahr oberhalb der Wasserlinie neu gestrichen werden. Damit wird aber auch zugleich die Verwendung teurer, langlebiger Zwei-Komponenten-Produkte ein wenig fragwürdig. Alle Zwei-Komponenten-Farben und -Klarlacke sind ungewöhnlich dauerhaft (wie zum Beispiel die Polyurethan-Lacke), solange sie gut am Untergrund haften. Für Kunststoffoberflächen sind dies denn auch die gebräuchlichsten Lacke, aber auch für alle anderen, Beschädigungen kaum unterworfenen Bootsteile, die wie eine Autokarosserie jahrelang zu Beginn der Saison nur einfach poliert werden.

Haftung

Langlebige Materialien brauchen besonders gute Haftung, wenn sich ihre Verwendung lohnen soll. Die meisten Zwei-Komponenten-Farben erfordern zudem eine warmes, trockenes Klima bei der Verarbeitung und sorgfältige Vorbereitung der Oberfläche, wenn sie gut haften sollen. Klarlacke scheinen eher anfällig für Haftungsmängel zu sein als farbige, weil Teak und einige andere gebräuchliche Hölzer immer etwas ölhaltig sind und der Lack deshalb nicht so gut haftet. Dunkler Klarlack wird unter Sonnenbestrahlung auch heißer als die meist helleren Töne der Lackfarben; dann zeigen sich ziemlich rasch gelbliche Flecken unter der durchsichtigen Schicht, die auf Haftungsfehler hinweisen.

Ein-Topf-Gebinde
Die billigen Kunstharzlacke werden für Haus und Boot immer noch viel verwendet; aber sie haben jetzt dauerhaftere Rivalen, darunter die Einkomponenten-Polyurethan- und Acryl-Lacke. Zum Spritzen sind natürlich die Autolacke gut geeignet, besonders auf Kunststoff und Metall. Spritzen kann aber ein Gesundheitsrisiko bedeuten.

Mattes Finish
Im Bootsinnern muß das Finish nicht unbedingt hochglänzend sein; dort sind seidenmatte und matte PVC-Lacke im Eierschalenfinish attraktiver. Die meisten Decksfarben und Antifoulings ergeben ebenfalls ein mattes Finish, ebenso die Epoxidharzlacke und die Chlorkautschuk-Farben für Stahl. Um die oft vorhandene leicht unebene Oberflächenstruktur von Ferrozement-, Kunststoff- oder Metallrümpfen zu verdecken, kann man das Zwei-Komponenten-Glanzfinish in ein mattes Finish verwandeln (allerdings muß man die Lackgrundlage erst drei Wochen durchhärten lassen), indem man die Oberfläche leicht mit 400er Naßschleifpapier und anschließend mit Bronzewolle schleift.

Farben fürs Unterwasserschiff
Yachten, die fast dauernd im Wasser liegen, brauchen, wenn sie nicht ganz mit Kupfer beschlagen sind, bewuchsverhindernde Anstriche im Unterwasserbereich. Kunststoffboote müssen jedoch, besonders wenn sie in Süßwasser liegen, unter dem Antifouling mit einem dicken Epoxidanstrich versehen werden, um Osmose zu verhindern. Manche Antifoulings werden unbrauchbar, wenn sie einige Stunden an der Luft aushärten. Andere Antifoulings (wie das Hard-Racing und die Kupferfarben) vertragen langes Härten an der Luft und können auch geschrubbt werden. Die neuesten Copolymere lösen sich ganz allmählich im Wasser auf und bilden so eine immer dünner werdende Schicht. Transparente Antifoulings sind ideal zum Anstrich über dem Wasserpaß und den darüber liegenden Teilen der Bordwand. Copolymere enthalten jedoch oft organisches Zinn, das wegen seiner schädlichen Wirkung in einigen Ländern verboten ist. Graphitlacke für Regattaboote haben im allgemeinen keine Antifouling-Eigenschaften – nur eine besonders glatte Oberfläche.

Wahl der Farbe

Bootsbesitzer sind meist besonders stolz auf schön lackierte Bordwände und Decks. Bei der Entscheidung für eine bestimmte Sorte Glanzlack sollte man folgende Überlegungen nicht außer acht lassen.

- Die billigen Lackfarben auf Kunstharz-Basis sind nicht nur die preiswertesten, sie ergeben auch ohne Anstrengung eine feines, glattes Finish und haften gut; einige verlieren jedoch nach einem Jahr meist an Glanz. Gute glänzen jahrelang.
- Mit Kunstharzlacken lassen sich größere und kleinere Reparaturen leicht ausführen. Zwei-Komponenten-Lacke sind nur schwer in kleinen Mengen zu mischen, und die Reste müssen weggeworfen werden. Auf jeden Fall müssen die Pinsel regelmäßig gesäubert werden (siehe Kapitel 2).
- Ohne Zugabe eines Verzögerungsmittels (Retarder) härten Zwei-Komponenten-Lacke bei warmem Wetter so rasch aus, daß schon das unsichtbare Beginnen eines zweiten Anstrichstreifens unmöglich werden kann.
- Innen und außen auf Sperrholz- oder formverleimten Rümpfen aufgetragene Polyurethan- und Epoxidharz-Lacke können verhindern, daß das Holz noch weiterhin Wasser aufnimmt. Für Regattayachten und Mehrrumpfboote ist das aus Gewichtsgründen bedeutsam.
- Von den meisten Zwei-Komponenten-Lacken kann man zwei Schichten an einem Tag auftragen; damit entfällt dann auch die Notwendigkeit des Zwischenschleifens. Bei Kunstharzlacken bildet sich beim Lagern auf der Oberfläche eine Haut, was zusätzliche Arbeit und einen geringen Verlust bedeutet. Bei Zwei-Komponenten-Lakken entstehen nur dann Verluste, wenn man zuviel angesetzt hat.
- Spezielle Primer und Grundierungen sind bei Zwei-Komponenten-Lacken nicht immer nötig – was Geld spart und die Arbeit erleichtert.
- Mit Zwei-Komponenten-Lacken ist auf großen Flächen ein perfekter Anstrich nur schwer zu erzielen; doch wenn man Zeit hat, können kleinere Fehler angeschliffen und dann (wie beim Autolackieren) poliert werden.

Welcher Lack wurde zuvor benutzt?
Kauft man ein Gebrauchtboot, ist nicht immer leicht herauszufinden, welche Lackfarbe oder welcher

Klarlack zuletzt benutzt wurde. Man schleift eine kleine Stelle mit Stahlwolle an, poliert sie kräftig mit Metallpolitur und anschließend mit einem Lappen. Polyurethan-Lacke glänzen dann, Kunstharz-Lacke (und traditioneller Bootslack) erscheinen matt. Kräftiges Wischen mit Nitro-Verdünner wird die meisten Autolacke auflösen, während die meisten Acrylfarben beim Übergießen mit heißem Wasser weich werden.

Rühren
Sehr viele Lacke bilden Ablagerungen, besonders nach längerer Lagerung. Frische Dosen sollen eigentlich keine Haut entwickeln; einige Zeit vor Gebrauch rollt man sie an mehreren Tagen paarmal rund. Das ist vor allem bei Antifouling nötig. Nach dem Öffnen der Dose gießt man erst einmal ein Drittel der Flüssigkeit ab, rührt den Rest mit einem sauberen Holzstock oder dem Mischpaddel (Abbildung 24e) auf, schüttet dann das abgegossene Drittel wieder hinzu und rührt noch einmal.

Vermeidbare Fehler
Fehler können entstehen, wenn man Zwei-Komponenten-Lacke oder Autolacke über vorhandene Kunstharzfarben streicht. Auf anodisierten Spieren oder Beschlägen aus Aluminium hält kein Lack richtig. Will man von Klarlack zu Lackfarbe übergehen, muß jede Art Klarlack zuvor völlig entfernt werden. Klarlack hält auch nie zuverlässig auf Hartholz, das mit Teaköl oder Wachs behandelt worden ist.

GFK ist sparsam
Ein neues GFK-Boot braucht meist nicht vor dem fünften Jahr den ersten Anstrich; also ist bei Kunststoff die Wartung am billigsten. Freilich kann man ein gebrauchtes, älteres Stahl- oder Holzboot sehr viel billiger kaufen als ein GFK-Boot und damit wieder an den Grundkosten sparen.
Das Entfernen des Lacks von GFK-Rümpfen ist schwierig und kann leicht zu Beschädigungen des Gelcoats führen. Deshalb ist besonders sorgfältiges Schleifen beim Neuanstrich nötig, wenn er wieder Jahre halten soll.

Lack-Besonderheiten
Die effektiven Kosten für Kunstharzlacke unterscheiden sich nicht sehr von denen für Zwei-Komponenten-Lacke, weil letztere mindestens zwei Jahre halten sollen und dabei in der zweiten Saison nur poliert werden. Allerdings sieht wahrscheinlich in der zweiten Saison der nun neue Kunstharzanstrich besser aus als der polierte Zwei-Komponenten-Anstrich. Ein drastischer Wechsel, etwa von Rot nach Weiß, wird natürlich zusätzliche Kosten verursachen.

Rost
Die Kosten für den Neuanstrich von Stahlrümpfen können in dem Maß von Jahr zu Jahr steigen, in dem immer größere Flächen von Rost befallen sind und eine Extrabehandlung verlangen. Rost kann, ohne daß man ihn gleich entdeckt, auch unter einer anscheinend perfekten Farbschicht auftreten. Deshalb sollte man nach fünf Jahren den gesamten Anstrich entfernen. Dann kann man den Rumpf untersuchen und sicherstellen, daß sich die Wartungskosten in den folgenden Jahren im Rahmen des Üblichen halten.
Gerade für Stahl gibt es beinahe unendlich viele verschiedene Beschichtungsvarianten. Hat man sich einmal für ein bestimmtes Ein-Komponenten- oder Zwei-Komponenten-System entschieden, sollte man auch dabei bleiben und genau nach den Empfehlungen des Herstellers vorgehen.

Verzinkte Stahlrümpfe
Wurde der Stahlrumpf vor dem ersten Anstrich korrekt spritzverzinkt, sollten die Wartungsarbeiten während der ersten 15 Jahre keine größeren Kosten verursachen als für Aluminiumrümpfe. Dafür aber muß die Zinkschicht unterhalb der Wasserlinie wenigstens 0,3 mm und oberhalb der Wasserlinie und in der Bilge wenigstens 0,15 mm dick sein.

Ohne Grundierung
Oft ist es nötig, den Lack oder die Farbe auch während der Saison an einigen Stellen nachzuarbeiten. Man muß sich dabei nicht in allen Fällen an den konventionellen Farbaufbau halten, besonders dann nicht, wenn man Kunstharzlacke benutzt. Auf eine matte Grundierung kann man auch ganz verzichten; zwei Schichten Farblack sind dauerhafter als eine. In manchen Fällen mag eine Schicht Farblack oder Klarlack ausreichen. Erzielt man damit nicht die angestrebte Qualität, kann man auch in der Saison eine zweite Schicht auftragen.

Kosten für Zwei-Komponenten-Lacke
Die Kosten für Zwei-Komponenten-Polyurethan-

Lacke sind hoch. Ein-Komponenten-Polyurethan-Lack wäre billiger, wenn auch immer noch ein wenig kostspieliger als Kunstharzlack. Farben auf Epoxidharzbasis sind die teuersten von allen Zwei-Komponenten-Lacken, aber die haltbarsten. Gibt man die Lackierung in Auftrag, dann liegen die Arbeitskosten bei der Verwendung von Zwei-Komponenten-Material höher, weil die Klimabedingungen wichtiger werden (Halle) und mehr Zeit für das Mischen und regelmäßige Pinselsäubern eingerechnet werden muß.

Spritzlackierte GFK-Boote
Weißer Kunststoff kann vergilben, hält aber etwa acht Jahre, bevor er neu gestrichen werden muß. Täuschen kann man sich bei Booten, die schon neu von der Werft spritzlackiert wurden: Die Wartungsarbeiten können hierbei leicht den Umfang der Wartung von Holzbooten erreichen.

GFK-Unterwasserschiff
Das Unterwasserschiff eines neuen GFK-Bootes sollte für einen Anstrich mit Antifouling vorbereitet sein. Das ist nicht immer der Fall; dann ist viel Arbeit nötig, um das Trennmittel zu entfernen und den Gelcoat anzuschleifen.

Pinseltechnik

Zwischen dem Auftragen traditionellen Bootslacks (Klarlacks) oder Kunstharz-Farblacks und dem Aufbringen der breiten Palette moderner Zwei-Komponenten-Materialien besteht ein großer Unterschied in bezug auf die Pinseltechnik. Obgleich moderne Grundierungen selbstglättend sein sollen, muß man sie doch sorgfältig ohne Pinselspuren auftragen. Dann kann die Lackierung ein gutes Finish ergeben. Trägt man Zwei-Komponenten-Material in zwei Schichten auf, sollte man die erste Lage soweit wie nötig schleifen, damit etwaige Fehler in dieser Schicht nicht im Finish sichtbar werden.

Pinseltechnik bei Kunstharzlacken
Beim Auftragen von Kunstharzlacken braucht man nicht zu hetzen. In der Dose wird die Haut entfernt und der Lack sorgfältig aufgerührt; dann gießt man eine kleine Menge in einen Farbeimer oder in eine saubere Konservendose. Man taucht den Pinsel nur zu einem Drittel ein und drückt überflüssige Farbe an der Innenseite der Dose ab. Dann trägt man den

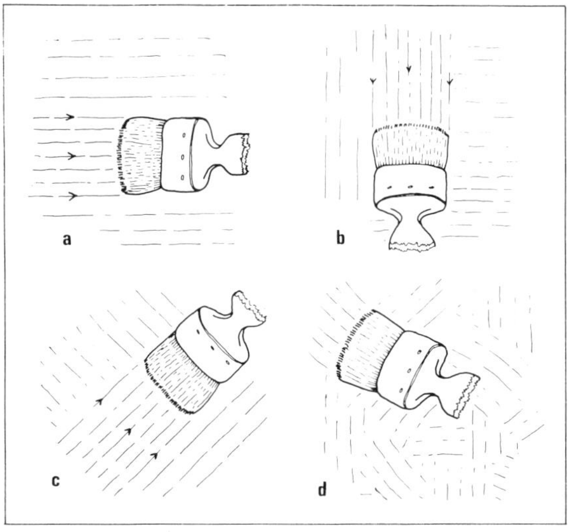

43 *Pinselführung:* **a** *Anfangs- und Endrichtung* **b** *Der zweite Verteilstrich für Kunstharzlacke* **c** *Der dritte Verteilstrich für Kunstharzlacke* **d** *Variable Streichrichtungen für Polyurethanlacke und Epoxidlacke vor dem Schlichten*

Lack schnell auf eine kleine Fläche auf; Arm und Handgelenk bewegt man, wie es am bequemsten ist (Abbildung 43a). Darauf streicht man im rechten Winkel zur ersten Richtung über die Fläche (43b) und noch einmal diagonal (43c). Zum Schluß führt man den Pinsel noch einmal in der ursprünglichen Richtung über die Fläche; dies sollte bei Holzplanken parallel zur Maserung geschehen.

Schlichten
Diesen Prozeß setzt man fort, bis eine Fläche von etwa Armeslänge gestrichen ist. Dann glättet man alle Pinselspuren und Übergänge auf folgende Weise: Man hält den Pinsel in etwa 45 Grad zur lackierten Fläche locker zwischen Daumen und Zeigefinger (siehe Abbildung 44) und bewegt ihn leicht und regelmäßig parallell zur Maserung. Man arbeitet von oben nach unten, wobei die Pinselschläge nur in eine Richtung gehen und jeder Schlag den vorherigen um etwa eine halbe Pinselbreite überlappt. Am Ende wird jeder Schlag sehr langsam bis etwa 5 cm über die zuvor gestrichene Fläche geführt, wobei der Druck auf den Pinsel ständig abnehmen sollte.

44 *Zum Schlichten von Glanzlack streicht man sehr leicht in eine Richtung, immer auf die schon gestrichenen Flächen hin.*

„Tränen“
Fühlt man beim Schlichten einen ungleichen Zug am Pinsel, so deutet dies auf ungleichen Farbauftrag hin. Dicker Lack bildet vor dem Trocknen leicht Tränen oder Girlanden; außerdem kann ein dicker Lackfilm beim Härten schrumpfen und Falten werfen. Ist die Lackschicht zu dünn, zieht der Pinsel beim Schlichten stark. Der Anstrich wird dann wahrscheinlich nicht glänzen und auch nicht lange halten.
Auch die schon geschlichteten Flächen sollte man im Auge behalten, um Tränenbildung rechtzeitig zu bemerken. Weiteres Schlichten ist vielleicht noch eine Zeitlang möglich, indem man mit sehr langsamen Pinselschlägen arbeitet – Pinselspuren sind weniger lästig als Tränen.

Insekten
Insekten, die auf noch feuchtem Lack landen, läßt man am besten in Ruhe. Wischt man sie ein paar Tage später ab, sind die Spuren kaum noch zu sehen.

Langsame Aushärtung
Kunstharzlack hat seine optimale Härte erreicht, wenn ein Daumennagel auf der Oberfläche keine Spur mehr hinterläßt – gewöhnlich etwa drei Monate nach dem Auftragen. Vor Ablauf dieser Zeit können Fender den Glanz verderben; das ist einer der Gründe, warum es sich empfiehlt, die Außenseiten einer Yacht möglichst schon im Herbst zu streichen. Auch sollte man ungefähr vier Tage warten, bevor man frischgestrichene Kunstharzlacke mit Schleifpapier bearbeitet. Naßschleifen kann man gewöhnlich schon nach der Hälfte der Zeit.

Pinseltechnik bei Klarlacken
Da sie keine Pigmente enthalten, sind traditionelle, mit Luft trocknende synthetische Bootslacke dünnflüssiger als Lackfarben. Tränen treten leichter auf, Staub und andere Partikel können den Glanz eher beeinträchtigen. Die Pinseltechnik ist die gleiche, wie sie schon für Kunstharzlacke beschrieben wurde. Ein zwei Zoll breiter Lackpinsel guter Qualität reicht für Arbeiten aller Art, außer für enge Stellen. Ein spezieller Klarlackpinsel mit etwas kürzeren Haaren ist zweifellos besser – wenn man ihn heute noch bei einem Händler findet.

Schaum
Hat man eine Zeitlang gearbeitet, kann Bootslack in den Pinselhaaren schaumig und die Oberfläche durch diese Luftbläschen unsauber werden. Um dies zu vermeiden, preßt man die Haare immer wieder an der Kante einer leeren Dose aus und streicht ebenso den überflüssigen Lack jeder neuen Pinselfüllung in diese Dose ab. Hat der Lack etwa 30 Minuten gestanden, haben sich die Bläschen aufgelöst, so daß man auch diesen Lack verwenden kann, etwa an einer weniger auffälligen Stelle.

Pinseltechnik bei Zwei-Komponenten-Lacken
Bei Zwei-Komponenten-Polyurethanlacken und ähnlichen Materialien ist die Pinseltechnik anders. In warmem Wetter trocknen sie sehr schnell, so daß man keine größeren Flächen streichen und noch schlichten kann. Profis verwenden meist einen 75 mm breiten Pinsel mit weniger Haaren als beim normalen Lackpinsel. Am besten führt man den Pinsel sehr schnell kreuz und quer über die zu streichende Fläche (Abbildung 43d). Da Zwei-Komponenten-Lacke meist thixotrop sind, neigen sie weniger zur Tränenbildung, lassen sich aber auch nicht gerne – etwa zum Schlichten – mehrfach streichen. Für weniger auffällige Teile (oder für Boote der Kategorie B) kann man ohne zu schleifen eine zweite Schicht auftragen, wenn die erste gerade abgebunden hat. Ist der Lack erst einmal steinhart,

muß man ihn fein anschleifen, bevor er überstrichen werden darf. Auf großen Flächen geht man durch Verwendung von Rollen und Kissen am besten den Schwierigkeiten aus dem Weg, die sich durch die schnelle Aushärtung ergeben.

Klarlack-Probleme

Wie schon gesagt, hat Klarlack wenig Festkörperanteile. Für erstklassige Ergebnisse muß man sorgfältig allen Staub fernhalten, den Lack selbst sauberhalten, Luftbläschen vermeiden, die Pinsel reinigen (siehe Seite 30) und die zu streichende Oberfläche säubern.

Kampf dem Staub
Steht das Boot im Freien oder in einer großen Halle, kann man gegen den Staub in der Luft nur wenig tun. Für ein bei Regattajollen angestrebtes spiegelglattes Finish stellt man das Boot am besten in eine Garage, wo man alle Öffnungen dichtmachen, unerlaubten Eintritt verbieten und den Boden nässen kann, damit sich der Staub legt. Man trägt saubere Overalls und bearbeitet jede Lackschicht mit größter Sorgfalt – nicht nur die letzte.

Säubern des Lacks
Selbst die dünnste Haut bringt kleine Partikel in den traditionellen Bootslack, die nachher auf der Oberfläche wie harte Pünktchen aussehen – oft mit Staub verwechselt. Um dies zu vermeiden, filtert man den Lack durch einen doppelt gelegten Nylonstrumpf – auch bei einer gerade erst geöffneten Dose.

Oberflächen-Rauhheit
Die Qualität der Lackarbeit kann nach der Anzahl der kleinen harten Pünktchen beurteilt werden, die nach dem Aushärten auf der Oberfläche sichtbar sind – woher auch immer sie kommen mögen. Man sei stolz, wenn man nur zwei davon auf ungefähr 6 cm^2 zählt. Ein Mittelwert sind etwa zehn auf dieser Fläche. Ohne Vorsichtsmaßnahmen kann ihre Zahl auf über 100 steigen. Nur mit einem Klebetuch wird man auch den letzten Rest Staub vor dem Lackieren von der Oberfläche entfernen können. Ein Staubtuch ist nutzlos, und ein mit Terpentin vollgesogenes Tuch schwächt die Haftung des Lacks. Polyurethanlack kann leicht angeschliffen und anschließend poliert werden, um die Pünktchen zu entfernen, aber das kostet viel Zeit.

Das Klebetuch
Das ist ein mit klebrigem Harz imprägniertes Tuch, das sich, luft- und wasserdicht aufbewahrt, relativ lange hält. Für perfektes Arbeiten mit Lackfarbe und Klarlack ist es unbedingt nötig. Man werfe es nur weg, wenn es schmutzig aussieht oder sich trokken anfühlt. Die klebrigen Finger reinigt man nach dem Benutzen am besten mit Terpentin.

Wetterbedingungen
Lackarbeit der Kategorie A ist im Freien kaum zu erreichen; Vorsichtsmaßnahmen zum Schutz vor Regen, Tau und Frost sind nötig. Früh im Jahr sollte man nicht länger als bis 14 Uhr arbeiten, weil sonst die Oberfläche durch Taufall matt wird. Feuchte und kühle Bedingungen zerstören den Glanz sowohl von Lackfarben wie von Klarlack. Ist das eingetreten, muß man normalerweise nicht alles wieder abschleifen; einmaliges Anschleifen und Überstreichen genügt zumeist. Stärkeres Schleifen ist nötig bei Spuren, die Regentropfen hinterlassen. Will man von oben herabsickernde Tauspuren verhindern, legt man Tücher an die Deckskanten oder verstopft mit ihnen die Speigatten.

Auffüllen der Poren
Auf blankem Holz (manchmal auch nach dem Entfernen alter Lacke) kann ein Spachteln der kleinen Ritzen in der Holzmaserung bis zu vier Schichten Klarlack sparen, wenn man auf ein spiegelglattes Finish wert legt. Jeder Lackhersteller empfiehlt seine eigenen transparenten oder getönten Füllmittel für die Holzporen. Den Porenfüller schmiert man mit einem groben Tuch quer zur Faser über das Holz. Überflüssiges wird abgewischt und das Ganze, wenn es hart ist, fein geschliffen. Die meisten Harthölzer (wie Teak und Mahagoni), die im Schiffbau verwendet werden, haben Poren, die nach solchen Füllmitteln geradezu verlangen. Bei sauber geschliffenen Weichhölzern wie Spruce (Kiefer) oder Zeder ist das Füllen selten nötig.

Beizen
Außer Teak und Afrormosia bekommt allen Hölzern ein gewisses Maß an Beizen vor dem Lackieren gut. Man halte sich auch dabei am besten an die Anweisungen des Lackherstellers, obwohl sich die gebräuchlichen Beizen mit den meisten Materialien vertragen. Beize muß fast immer verdünnt werden. Drei dünne Anstriche werden gleichmäßiger als ein-

maliges starkes Aufpinseln; man behält damit auch eine bessere Kontrolle über die Färbung. Am besten beizt man vor dem Anbringen von Füllmitteln; es geht auch danach oder sowohl vorher wie nachher. Es wird zwar nicht empfohlen, aber Beize läßt sich durchaus mit Klarlack mischen. Dann erreicht man die richtige Tönung schneller, leichte Lackschäden im Verlauf der Saison werden dann jedoch sichtbarer. Eine bräunliche Tönung sieht bei Mahagoni sogar besser aus als eine rötliche. Verdünnte Zedernbeize wirkt auf Spruce sehr fein und nach Hinzufügung etwas roter Beize auch auf Mahagoni und Agba.

Verfärbung

Ist der Lack durch Wettereinfluß abgeblättert (Abbildung 45), darf man das bloße Holz nur sehr vorsichtig beizen. Zu blaß ist besser als zu dunkel. Soll später die Tönung dunkler werden, nimmt man eine Mischung aus Beize und Lack. Kleine ausgebleichte Stellen um die Beschläge herum lassen sich mit einem feinen Pinsel malen. Dazu mischt man kleine Mengen Lackfarbe an, indem man etwa für Teak Orange und Braun nimmt, für Mahagoni Rot und Braun und Weiß und für Spruce (Kiefer) Gelb mit Orange, Braun und Weiß.

Holz-Imprägnierung

Mit Klarlack behandeltes Holz muß normalerweise jedes Jahr wieder angeschliffen und neu gestrichen werden; denn die kleinsten Schäden führen dazu, daß Wasser unter den Lack kriecht, weiße Flecken sichtbar werden und die Lackschichten abblättern. Das gilt für Vollholzteile aus allen Materialien: Spieren, Schandeck, Sülls, Handläufe usw. Zwei Produkte, die tief ins Holz eindringen und es zugleich vor Fäulnis schützen und die beide aus Skandinavien kommen, gewinnen in den letzten Jahren immer mehr Anhänger: Benar-Öl für Harthölzer und Owatrol für alle Holzarten an Bord.

Benar-Hartholzschutz

Die Basis ist ein langöliges Kunstharzöl, das tief ins Holz eindringt, immer elastisch und luftdurchlässig bleibt und so das Eindringen von Wasser und Abplatzen verhindert. Es gibt eine spezielle, leicht pigmentierte Variante für lichtempfindliche Harthölzer wie Mahagoni, die auch für Weichhölzer, aus denen üblicherweise Masten und Bäume gefertigt werden – Kiefer, Spruce, Oregon-Pine –, verwendet werden kann, und daneben eine farblose Variante, die für leicht fettende Hölzer wie Teak und Eiche geeignet ist. Auf neuem Holz muß der Untergrund vorbehandelt werden; bei altem Holz wird der vorhandene Lack vollständig entfernt und der Untergrund geschliffen. Üblich sind vier Anstriche mit einer Trokkenzeit von jeweils ein bis zwei Tagen; dazwischen braucht nicht geschliffen zu werden.

45 *Wenn Klarlack durch Wettereinfluß abgeblättert ist, läßt sich Teak viel leichter auffrischen als Mahagoni.*

Die Pflege ist sehr einfach: Der Benar-Anstrich wird mit verdünntem Salmiakgeist abgewaschen und mit Schleifpapier (180/240er Korn) leicht angeschliffen; dann folgen ein bis zwei Pflegeanstriche. Der Nachteil von Benar ist, daß es sehr lange weich bleibt. Gute Erfahrung hat man jedoch damit gemacht, dem letzten Anstrich etwa 10 Prozent normalen Bootslack beizugeben; dann wird die Oberfläche schneller hart.

Owatrol-Holzimprägnierung
Noch pflegefreundlicher ist das Owatrol-System. Es besteht aus einem Sättiger (D 1) und einem Hochglanz-Vollender (D 2). Der Sättiger ist ein dünnflüssiges Öl, mit dem sich das Holz vollsaugen kann. Zu diesem Zweck muß es ganz trocken sein (alten Lack entfernt man zuvor am besten mit Heißluftgerät und Kratzer, weil das Holz dabei zugleich tief austrocknet). Dann wird der Sättiger in Abständen von 10 bis 15 Minuten naß in naß so lange aufgetragen, bis keine saugfähigen Stellen mehr zu erkennen sind. Danach wartet man einen Tag und streicht die noch erkennbaren mageren Stellen nach. Je nach Dicke des Holzes sind bis zu 40 Anstriche nötig, wobei es gleich ist, ob man mit dem Pinsel oder mit der Rolle arbeitet. Das Holz ist dann ein für allemal mit Öl gesättigt und zugleich gegen Fäulnis imprägniert.
Wird das Holz allein mit D-1-Sättiger behandelt, behält es eine griffige und rutschfeste Oberfläche, die jedoch in jedem Frühjahr neu aufgefrischt werden muß. Der zusätzliche zweimalige Anstrich mit D-2-Vollender (im Abstand von 12 Stunden) ergibt eine strapazierfähige Hochglanzbeschichtung, die nicht abblättert, bricht oder vom Wasser unterlaufen werden kann. D 2 ist jedoch nur für das Überwasserschiff geeignet; für das Unterwasserschiff gibt es nach der Imprägnierung mit D 1 andere Beschichtungsmöglichkeiten.
Die Wartung ist wiederum sehr einfach. Beschädigte Stellen an den hochglanzbehandelten Flächen werden sehr leicht mit feinkörnigem wasserfestem Schleifpapier, das in D 1 getaucht wurde, überschliffen; nach dem Abwischen folgen zwei Anstriche mit D-2-Vollender. Bei der Grundüberholung poliert man alle Hochglanzflächen mit in Sättiger getränktem Lappen und streicht dann zweimal mit Hochglanz-Vollender. Verschleiß und Kratzer werden also nur kosmetisch an der Oberfläche behandelt, während das Holz selbst dauerhaft imprägniert bleibt.

Rollen und Malkissen

Die Vorteile von Rollen beim Streichen von Rauhfasertapeten sind bekannt. Mit der richtigen Technik kann man so auch am Boot ein glänzendes Finish erzielen und dabei die Arbeitszeit um die Hälfte verkürzen. Mit Luftsauerstoff trocknende Materialien lassen sich damit besser verarbeiten als Zwei-Komponenten-Lacke; dafür sind Malkissen geeigneter.

Im Team arbeiten

Da Rollen keine glatte Oberfläche hinterlassen, muß man die Fläche mit einem Pinsel schlichten, um ein gutes Finish zu erzielen. Während eine Person den Lack aufrollt, glättet eine zweite diese Fläche mit einem breiten 2½-Zoll-Pinsel. Ideal ist es, wenn man noch einen dritten Mann hat, der mit einem schmaleren Pinsel (etwa ein Zoll) an Kanten und Ecken vorarbeitet.

Dicke der Lackschichten

Im allgemeinen verteilt man den Lack mit einer Rolle gleichmäßiger als mit einem Pinsel, was auch zu sparsamerem Lackverbrauch führt. Natürlich muß man auf herablaufende „Tränen" achten und, wenn diese aufzutreten drohen, die Rolle weniger stark mit Lack tränken. Mit dem üblichen Farbtrog, wie man ihn auch beim Tapetenstreichen benutzt, fällt das relativ leicht. Man rollt den Lack nicht nur in einer Richtung auf, sondern unter gewissem Druck in verschiedenen Richtungen, so daß man die Dicke des Lackfilms gut unter Kontrolle hat. Beim Auftragen von Antifouling auf das Unterwasserschiff mit einer Rolle braucht die etwas rauhe Oberfläche bei einer normalen Fahrtenyacht nicht extra geglättet zu werden. Bei Spezial-Antifoulings für Regattaboote ist das natürlich etwas anderes; sie müssen ebenso geglättet werden wie ein Lackauftrag.

Einschränkungen

An engen Stellen, um Beschläge, in Rillen und an Spieren arbeitet man besser mit einem Pinsel als mit einer Rolle. Die Rollen und ihre Griffe sind nach Gebrauch schwer zu reinigen, was sie vor allem für die Bearbeitung großer Flächen geeignet macht, an denen man längere Zeit arbeitet. Wegwerfrollen aus Schaumstoff machen zwar das Reinigen überflüssig, aber sie eignen sich auch nicht so gut. Einige Farben

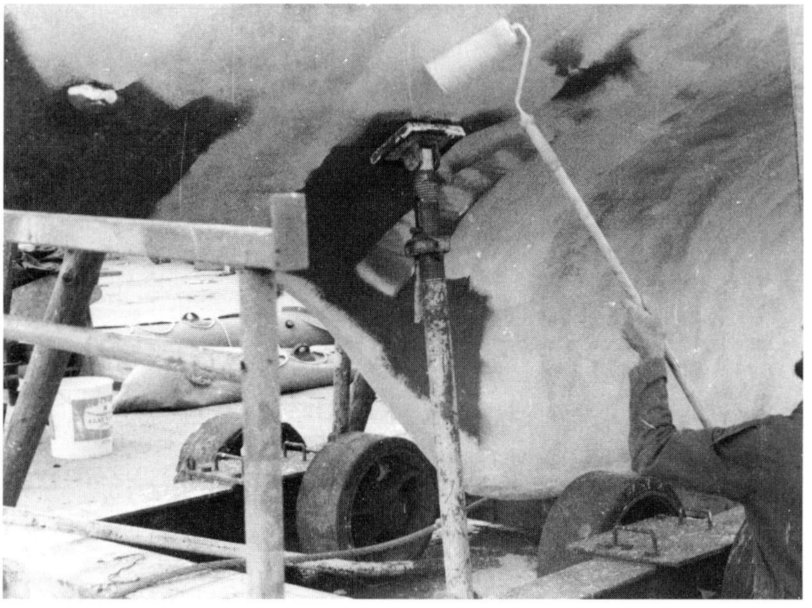

46 *Eine Rolle mit verlängertem Handgriff erleichtert das Streichen des Unterwasserschiffs bei einem großen Rumpf.*

und Klarlacke lösen den Schaumstoff sogar auf; das muß man vorher testen.

Spezialrollen
Die Arten und Größen der Rollen werden in Kapitel 2 beschrieben. Die Verlängerung des Handgriffs (Abbildung 46) um rund einen Meter beschleunigt das Arbeiten am Unterwasserschiff beträchtlich – bei einem Boot der Kategorie C kann man damit sogar vom Boden aus die gesamte Bordwand streichen. Der Gebrauch besonders schmaler Rollen lohnt sich meist nicht – mit einem Pinsel arbeitet man dann bequemer. Die Achse von guten Rollen sollte man mit einem Tropfen Öl gängig machen, damit sie nicht quietscht und verschleißt.

Antifouling

Manchmal sieht man Boote noch mitten im Winter mit angetrocknetem Bewuchs am Unterwasserschiff herumstehen. Viel unangenehme Arbeit hätte man sich sparen können, wenn man diesen Bewuchs, gleich nachdem das Boot aus dem Wasser geholt wurde, noch in weichem Zustand entfernt hätte. Seepocken lassen sich zu diesem Zeitpunkt leicht mit einem Stückchen Sperrholz abstoßen, und mit pflanzlichem Bewuchs macht eine normale Bürste kurzen Prozeß.

Glattes Unterwasserschiff
Boote der Kategorie C haben oft ein sehr rauhes Unterwasserschiff. Das ist preisgünstig und schnell aufzuarbeiten. Ein Finish der Kategorie A aber verbessert die Leistung unter Segel oder Motor so sehr, daß es sich oft lohnt, ein altes Boot in diesem Sinne aufzuarbeiten. Selbst ein Finish der Kategorie A läßt sich noch zu einem Regattafinish verbessern.

Welches Antifouling?
Immer wieder kommen neue Antifouling-Produkte auf den Markt (siehe Seite 54), während erprobte Materialien zugleich an Popularität verlieren. Die teuersten Materialien halten nicht notwendig am längsten, und bestimmte Farben scheinen zu bestimmten Gewässern am besten zu passen. Klugerweise horcht man vor der Entscheidung erst einmal bei lokalen Experten herum.

Die letzte Arbeit
Das Auftragen von Antifouling ist üblicherweise die letzte größere Arbeit vor dem Zuwasserlassen, und das vor allem aus folgenden Gründen: Einige Antifoulings dürfen nicht früher als einen Tag vor dem Zuwasserlassen aufgetragen werden; ein geplankter Rumpf ist kurz vor dem Zuwasserlassen am stärksten ausgetrocknet; Antifouling versiegelt kleine, durch Austrocknung entstandene Risse relativ gut.

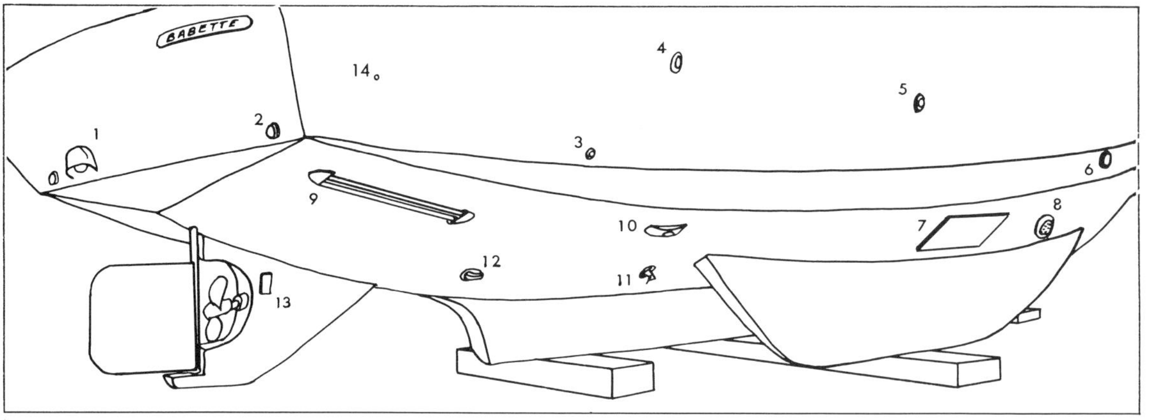

48 *Einige Rumpfbeschläge:* **1** *Auspuffauslaß* **2** *Plichtlenzrohr* **3** *Einlaßöffnung für Kühlwasser* **4** *Auslaß für die Bilgepumpe* **5** *Auslaß der Kombüsenspüle* **6** *Auslaßöffnung der Toilette* **7** *Erdungsplatte* **8** *Einlaßöffnung für die Toilette* **9** *Wärmeaustauscher für den Motor* **10** *Geber des Echolots* **11** *Impeller für Log oder Speedometer* **12** *Seewasserpumpeneinlaß* **13** *Opferanode aus Zink* **14** *Lenzöffnung des Propangasschapps*

47 *In Tidengewässern erspart das Aufsetzen auf einen Balkenrost das Aufslippen.*

Obgleich es mit Antifouling nicht leicht ist, sollte man von oben nach unten zu arbeiten versuchen – in der gleichen Richtung, in der die Farbe läuft.

Unterwasser-Beschläge

Die meisten Bootseigner machen sich nie die Mühe, die Unterseite des Kiels zu streichen. Zumeist ist das auch nur schwer möglich, besonders wenn man das Unterwasserschiff beim Trockenfallen bearbeitet. Steht das Boot in Tidengewässern auf einem Balkenrost (Abbildung 47), muß es beim nächsten Hochwasser ein bißchen versetzt werden, wenn man alle Teile gleichmäßig erreichen will. Erdungsplatten dürfen natürlich nicht gestrichen werden, ebensowenig die Geber von Echoloten oder Opferanoden (siehe Abbildung 48). Man muß auch darauf achten, Wassereinlässe, etwa für das Kühlwasser und das Stevenrohr, in dem sich die Propellerwelle dreht (Abbildung 49), sowie ähnliche Dinge nicht mit Farbe zu verstopfen. Ein Außenkühler, durch den das Motorkühlwasser zirkuliert (siehe Seite 192), wird gestrichen. Auch in den Borddurchlässen von Toiletten und Waschbecken bringt man mit einem Stock oder einem runden Pinsel etwas Antifouling an, damit diese nicht von Seepocken verstopft werden.

Abblättern

Eigner von Booten der Kategorien A oder B sollten sich vom blanken Rumpf bis zum Antifouling an die

49 *Seepocken können gelegentlich den Wassereinlaß zu einem Gummilager blockieren.*

Empfehlungen eines bestimmten Farbenherstellers halten. Die Eigner von Booten der Kategorie C benutzen oft Teer- oder Bitumenfarben sowohl als Primer wie auch als Unterwasserbeschichtung. In diesem Fall entfernt man einfach alles lose oder abblätternde Antifouling, arbeitet bloße Stellen mit der schwarzen Farbe auf und trägt über alles eine neue Schicht auf. Über Teer oder Bitumen beginnen die meisten Antifoulings nach ein paar Monaten rissig zu werden; deshalb benutzt man in diesem System billiges Antifouling, das nach Ablauf der halben Saison noch einmal aufgetragen werden sollte. Bekommt das Antifouling über Kunststoff Risse, so muß man es vor dem Neuanstrich bis auf den Gelcoat abschleifen.

Beschichtete Rümpfe
In manchen Ländern gibt es eine schwarze Gummibeschichtung, mit der man einen leckenden Rumpf wie mit einer elastischen Haut überziehen kann. Einige Eigner von Booten der Kategorie C benutzen Autounterbodenschutz, andere schwören auf Materialien, die man zum Versiegeln von Flachdächern und nassen Wänden nimmt. Kunststoffbeschichtung muß genauso behandelt werden wie ein GFK-Rumpf. Die meisten Antifoulings vertragen sich gut mit der PVC-Versiegelung der Nylonbeschichtungen (Cascover). Mit Kupfer benagelte Unterwasserschiffe benötigen kein Antifouling. Es reicht, wenn man sie einmal jährlich mit Süßwasser schrubbt und sie auf lose Nägel, Schäden und Dellen untersucht.

Ballastkiel
Gußeisenkiele sind nur wenig rostanfällig. Ebenso wie Bleikiele werden sie normalerweise nicht anders behandelt als der Rest des Unterwasserschiffs. Kimmkiele aus blankem oder galvanisiertem Stahl, Ruder und Skegs benötigen die gleiche Farbbehandlung wie Rümpfe aus dem gleichen Material. Spezialfarbe für einen Betonkiel ist nicht leicht zu bekommen: Die meisten Werften benutzen Epoxy- oder Schwimmbeckenfarben und streichen darüber Antifouling.

Kupferfarben
Antifoulings mit starkem Gehalt an Kupferpulver wirken ähnlich wie ein Beschlag mit Kupferplatten; für ein Regattafinish können sie sehr glatt verarbeitet werden. Auf Aluminiumrümpfe darf man wegen der Gefahr galvanischer Korrosion dieses Antifouling (ebenso wie quecksilberhaltige Farben) nicht aufbringen.

Hard-Racing-Antifouling
Wie Kupferfarben widerstehen die populären Hard-Racing-Antifoulings auf Zellulosebasis dem normalen Abschrubben des Bodens; sie können jederzeit vor dem Zuwasserlassen angebracht werden. Sie verhindern den Bewuchs nicht ganz so effektiv wie die jüngsten Copolymere (siehe Seite 54). Bei korrekter Verdünnung ist das Auftragen mit Farbspritzpistolen durchaus möglich.

Giftige Chemikalien
Herkömmliche Weichantifoulings enthalten giftige Chemikalien, die allmählich heraussickern. Am besten werden sie innerhalb der letzten zwölf Stunden vor dem Zuwasserlassen aufgebracht, auf keinen Fall früher als 24 Stunden zuvor. Manche Eigner pinseln ein oder zwei Stunden vor dem Zuwasserlassen eine zusätzliche Schicht entlang der Wasserlinie auf (und über das Ruder); das scheint den Schutz dieser Teile, die der Sonne und wärmeren Wassertemperaturen am stärksten ausgesetzt sind, zu verlängern. Dieser Antifouling-Typ ist meist von ziemlich dicker Konsistenz, so daß ein Liter nur für ungefähr 7 m^2 reicht; bei Hard-Racing-Antifoulings und metallischen Kupfer-Antifoulings reicht ein Liter für ungefähr 11 m^2.

Aufbringen bei Ebbe
Die meisten Antifoulings sind dafür geeignet, auf

50 *Soll das Unterwasserschiff eines großen Bootes bei Ebbe gesäubert und gestrichen werden, ist viel Hilfe nötig.*

dem bei Ebbe trockenfallenden Boot verwendet zu werden (Abbildung 50). Die Trocknung des Rumpfes kann man beschleunigen, indem man ihn mit Süßwasser schrubbt und wäscht. Mit dem Säubern des Unterwasserschiffs sollte man schon beginnen, während das Wasser noch fällt; dazu trägt man dann am besten lange Stiefel oder einen Taucheranzug. Ist erst einmal die Wasserlinie gestrichen, macht man mit dem Kiel weiter, weil hier das auflaufende Wasser zuerst wieder hingelangt.

Deckmalen

Von Teakscheuerdecks abgesehen, müssen die meisten Decks gelegentlich gestrichen werden. Ein gutes Fachgeschäft sollte alle Arten von Decksfarben vorrätig haben.

Rutschgefahr

Bei den meisten Kunststoffbooten ist das Deck stellenweise mit Antirutschbelag beklebt; an den restlichen hochglänzenden Stellen herrscht bei Nässe jedoch Rutschgefahr. Wenn der Gelcoat hier erst einmal Kratzer und Dellen aufweist, ist ein Anstrich mit Anti-Rutsch-Decksfarbe eine gute Sache – wenn nicht schon früher. Allerdings sollte man für saubere Kanten und Übergänge sorgen, indem man die entsprechenden Partien sorgfältig mit Kreppband abklebt.

Beschichtete Decks

Kunststoffbeschichtung (mit entsprechender Rauhheit) findet man auf Decks aus Sperrholz, Metall und Ferrozement. Eine Schicht getöntes Gelcoat-Harz kann sie auffrischen. Die Lage darf jedoch nicht zu dick werden, weil das Deck sonst zu glatt und ohne Zugabe von Sand gefährlich wird. Ebenso kann Spezialfarbe zum Auffrischen der genoppten PVC-Beschichtung die Vertiefungen zwischen den Noppen füllen; dadurch wird die Antirutsch-Eigenschaft beeinträchtigt.

Flüssig-Kunststoff

Wenn ein mit Segeltuch beschichtetes Deck zu lekken beginnt, braucht man es nicht völlig neu zu belegen; den gleichen Effekt erzielt man mit aufgestrichenem oder aufgespachteltem dickflüssigen Kunststoff wie Dekaplex. Die Anti-Slip-Eigenschaften sind gut, und auch die gebräuchlichsten Pastelltöne für Decks sind erhältlich. Es brauchen auch nicht alle Beschläge entfernt zu werden, aber dann findet man möglicherweise nicht alle Lecks. Bei der Anwendung muß man sich unbedingt an die Anweisungen des Herstellers halten.

Anti-Slip-Sand

Viele Lack- und Farbenhersteller bieten ein spezielles Kunststoffgranulat an, das mit einem Teesieb über frischen, noch feuchten Lack (oder Gelcoat) gestreut wird. Nach dem Aushärten wird das überflüssige Pulver mit Bürste oder Staubsauger entfernt. Mischt man das Granulat mit Farbe oder Klarlack, sieht das Deck besser aus, ist aber nicht ebenso sicher. Oft wird für diese Arbeit auch feiner trocke-

51 *Mancherorts ist eine Registriernummer am Bug Pflicht, auch wenn es nicht gerade schön aussieht.*

52 *Hübsche Namensschilder am Heck können das Aussehen einer Yacht beträchtlich verbessern.*

ner Vogelsand benutzt (wie man ihn zum Beispiel in Tierhandlungen erhält).

Namensschilder

Heute ist die Identifizierung der meisten Tourenyachten (selbst aus einiger Entfernung) relativ leicht: entweder anhand der Registriernummer am Bug (Abbildung 51) oder durch den Schiffsnamen auf dem permanent angebrachten Relingskleid (Abbildung 20) – sehr wirkungsvoll, aber häßlich.

Stilistische Unterschiede

Dem Amateur stehen für das Namensschild vorgefertigte Lettern zum Aufschrauben oder Aufkleben zur Verfügung. Das Anfertigen individueller Namensschilder (Abbildung 52) kann jedoch mehr Spaß machen. Einige Eigner wollen unbedingt geschnitzte Teakborde haben (manchmal auch noch mit echtem Blattgold verziert), während andere mit auf den Stahl geschweißten Namen Diebe abzuhalten versuchen. Ein neues Namensschild kann das Aussehen eines Fahrzeugs durchaus heben, und so macht sich die Arbeit an ein paar Winterabenden bezahlt.

Buchstabenschablonen

Werften haben oft ganze Sets von Blechschablonen in verschiedenen Größen vorrätig. Leiht man sich diese aus, sollte man die Farben mit einem Pinsel mit steifen Haaren auftragen, damit man klare Linien erhält. Die Lücken, die durch die Metallbrükken der Schablonen entstehen, füllt man vorsichtig

53 *Das Aufmalen von Buchstaben ist nicht ganz einfach. Gleichmäßige Abstände ergeben ein ungleichmäßiges Aussehen.*

mit einem kleinen Malerpinsel. Die einzelnen Wörter reißt man zunächst durch die Schablonen hindurch mit einem Bleistift an. Sollen die Buchstaben dicht beieinander stehen, muß man die Farbe möglicherweise erst einmal bei jedem zweiten Buchstaben auftragen und dann trocknen lassen, bevor man die Buchstaben dazwischen aufmalt.

Tricks

Will man ein professionelles Finish erreichen, darf der Abstand zwischen Großbuchstaben nicht immer gleich groß sein. Man schaue sich dazu die obere Zeile in Abbildung 53 an: Alle Buchstaben haben den genau gleichen Abstand voneinander; dennoch sieht das rechte Wort irgendwie dichter aus – bei einigem Abstand oder mit halb geschlossenen Augen wie ein dunkler Fleck. Der Trick liegt darin, den Abstand zwischen Buchstaben mit senkrechten Seiten zu vergrößern, während der Abstand zwischen Buchstaben mit viel Freiraum (besonders T, Y, A, O und die rechte Seite von L) beinahe auf Null verringert werden muß.

Durchpausen

Sollen Buchstaben in individueller Schrift auf Namensborde (oder direkt auf den Rumpf) gemalt werden, zeichnet man das Wort mit einem weichen Bleistift auf liniertes Papier. Vielleicht muß man dabei die Hilfe eines gelernten Designers oder Dekorateurs in Anspruch nehmen. Das Papier wird an der passenden Stelle mit Klebeband befestigt; dann kann man die Konturen auf frisch gestrichenen Oberflächen relativ leicht durchdrücken. Auf Kunststoff (oder wenn der Lack zu hart geworden ist) hält man das Papier mit der bemalten Seite von innen gegen ein Fenster und zeichnet auf der Rückseite die Buchstaben mit einem weichen Bleistift stark nach. Klebt man das Papier jetzt wieder an die richtige Stelle und wischt mit einem harten, flachen Messer (oder einem anderen passenden Gerät) darüber, sollten sich die Bleikonturen auf der zu bemalenden Oberfläche deutlich genug abzeichnen.

Echtes Gold

Das Aussehen eleganter Yachten wird durch eine mit Gold eingelegte Hohlkehle parallel zum Deckstrak, durch blattgoldverzierte Schnitzereien und durch einen mit Blattgold ausgelegten Namenszug gesteigert. Das gebräuchlichste Blattgold wird auf dünnes Papier gesintert (gespritzt). Gewalztes Blattgold kostet doppelt soviel, läßt sich aber besser verarbeiten. Goldfarbe ist meist unbefriedigend, da sie stumpf wird, wenn man sie mit einer Schicht Klarlack überzieht. Da ist Goldfarbe aus Spraydosen schon etwas besser.

Aufkleben

Beide Arten von Blattgold werden in Heftchen verkauft. Für Namensschilder benötigt man nur sechs oder sieben Blätter, die man gelegentlich auch einzeln von einem Designer oder einer Werft erhalten kann. Das Vergolden ist die letzte Arbeit am Namensschild. Jeden Buchstaben streicht man einzeln mit Goldgrund oder Klarlack vor, preßt dann etwas Blattgold auf die klebrige Stelle und zieht das rückseitige Papier ab. Diesen Vorgang wiederholt man (und braucht dabei auch den letzten Rest Blattgold auf), bis der ganze Buchstabe abgedeckt ist. Soll das Gold glänzen, darf man es nicht lackieren. Kleinere Schäden können mit Goldgrund und etwas Blattgold repariert werden.

Unter Deck

Bei einer Segeljolle oder einem Beiboot wird das Innere oft stärker abgenutzt als das Äußere. Außerdem sieht man das Innere meist zuerst, und auch aus diesem Grund braucht es rechtzeitige und gute Pflege. Bei einer Fahrtenyacht jedoch bedarf (und erhält) das Innere mit Ausnahme des Plichtbereichs normalerweise seltener eine Auffrischung als das Äußere.

Aufteilung der Arbeit
Ein Neuanstrich der Kajüte eines großen Bootes erfordert unverhältnismäßig viel Zeit. Deshalb plant man diese Arbeit am besten so, daß man jedes Jahr nur einen Teil in Angriff nimmt, womit auch der Geruch frischer Farbe reduziert wird.

Bilgefarbe
Bei Holzbooten der Kategorien B und C ist die Bilge häufig mit irgendeiner Art Bitumenfarbe gestrichen. Bei Booten der Kategorie A ist gebrochen weiße (oder eine dem Rumpfanstrich angepaßte) Mattfarbe üblich. Beim Neuanstrich sollte man die Art Material nehmen, die auch zuvor verwendet wurde. Ein weißes Finish (wie in den Bilgen der meisten GFK-Boote) ist hilfreich zum Auffinden verlorengegangener Teile und von Abfällen, die üble Gerüche verursachen könnten. Auf einigen hölzernen Regattayachten wird auch für die Bilge Zwei-Komponenten-Farbe verwendet, damit kein Bilgewasser ins Holz dringen kann. Normalerweise hält Bilgefarbe viele Jahre.

Farbe für den Ballast
Damit Innenballast aus Eisen die Bilge nicht mit Rost verschmutzt, streicht man die einzelnen Teile mehrmals mit Epoxid-Teer, wenn sie einmal herausgeholt werden müssen. Das sollte bis zu 20 Jahre halten. Für Betonballast nimmt man Schwimmbekkenfarbe. Bleiballast braucht keinen Schutz.

Stahlbilge
Die Bilgen von GFK-, Ferrozement- und Aluminiumbooten bleiben oft ungestrichen. Stahl sollte geschützt werden, auch wenn er verzinkt ist. Epoxid-Teer nimmt man auf Booten der Kategorie A, Bitumen oder Mennige auf solchen der Kategorie C. Zum Testen der Verträglichkeit mit der vorhandenen Farbe liefern manche Hersteller kleine Mengen. Blasenbildung, Schrumpeln oder Abblättern weist auf Unverträglichkeit hin. Will man sichergehen, sollte man die Probe mehrere Monate vor dem völligen Neuanstrich auftragen.
Entfetten und Austrocknen vor dem Streichen der Bilge ist von vordringlicher Wichtigkeit. Sogar ein Haarfön kann dabei nützlich sein.

Kajütfarben
Polyurethanfarben sind ideal für die Kajüte: Sie sind härter als Kunstharzlacke, verfärben sich weniger leicht durch Hitzeeinwirkung (Kocher) und lassen sich durch einfaches Polieren auffrischen. Getöntes oder mattes Finish reduziert den Ärger mit der Kondensation – die bei GFK-, Ferrozement- und Metallrümpfen unausweichlich zu sein scheint. Haushalts-PVC-Farben lassen sich ziemlich leicht aufbringen; die Oberfläche muß vor einem Neuanstrich nur sauber abgewaschen werden.
Das Aussehen von Polyurethan-Klarlackanstrichen auf Holz wird durch Abstumpfen mit Stahlwolle oft noch verbessert. Es gibt auch spezielle Mattlacke; sie sind leichter zu reinigen als geöltes Teak, sehen aber so ähnlich aus. Einige von ihnen müssen beim Streichen häufig gerührt werden.

Welches Holz-Finish?
Der Unterschied zwischen traditionellem Bootslack und Polyurethan-Klarlack ist leicht zu verdeutlichen: Letzterer läßt sich polieren, ersterer nicht (siehe auch Seite 55). Möbelpolitur findet man häufig auf Holzeinbauten alter Yachten. Sobald man mit Alkohol oder Methylalkohol darüberwischt, löst sie sich auf. Teaköl gibt Harthölzern ein wachsartiges, poröses Aussehen; mit Azeton und einem Lappen kann man eventuelle Verschmutzungen abreiben. Wer den Geruch von Azeton nicht verträgt, nimmt warmes Terpentin. Auch hier sollte man Owatrol oder Benar-Öl in Erwägung ziehen (siehe Seite 59).

Schwitzwasser
Seit Beginn des Bootsbaus mit Stahl wurde dicke Farbe mit untergemischten Korkgranulaten verwendet, um die Bildung von Schwitzwasser zu vermindern. Heute geben Platten aufgeklebten Polyurethanschaums – über die eine Dampfsperre aus Alufolie gehört – oder Schaum in flüssiger Form aufgespritzt eine bessere Isolierung. Matte PVC-Farben sind auf solchen Flächen leichter aufzubringen als Glanzlacke.

Tankfarbe
Treibstofftanks werden auf den Innenseiten normalerweise nicht gestrichen. Ist das Inspektionsloch von Wassertanks aus Stahl groß genug, daß man das Innere reinigen und entrosten kann, läßt sich die Lebensdauer mit einem ordentlichen Innenanstrich stark vergrößern (siehe Seite 222). Sandstrahlen ist die beste Vorbereitung für einen Epoxid-Anstrich, wenn sich der Tank ausbauen läßt. Unbehandelte Trinkwassertanks aus galvanisiertem Stahl sollen Zinkvergiftung verursachen.

Schwertkästen

Gelegentlich wird das Streichen schwierig – wenn man unter der Maschine, hinter Stringern oder innerhalb eines Schwertkastens arbeiten will.

Jollenschwertkasten
Bei einer Segeljolle muß man den Schwertkasten vollständig austrocknen lassen, dann das Loch von unten gut verschließen (durch ein genau passendes Stück Holz, umwickelt mit einem Stück Segeltuch, das mit weicher Dichtmasse beschmiert wurde) und es anschließend mit Konservierungsmittel, Leinöl oder verdünntem Lack auffüllen. So bleibt das Boot mindestens einen ganzen Tag lang stehen, bevor man die Füllflüssigkeit abläßt. Unverdünnte Farbe oder Klarlack sind hierzu nicht geeignet, weil sie nicht tief genug eindringen und deshalb durch die Bewegungen des Schwerts beschädigt werden.

Verschlossene Schwertkästen
Auf einer Fahrtenyacht ist die Situation anders. Der Kasten ist wahrscheinlich nur außen vom Kiel her zugänglich, weil oben möglicherweise nur ein Loch für das Schwertfall vorhanden ist. Das Schiff muß hoch und trocken stehen, wenn das Schwert herausfallen soll. Da der Kasten vor dem Anstrich völlig ausgetrocknet sein muß, eignet sich am besten die Winterlagerzeit. Für den Innenanstrich ist der übliche Teerpinsel mit langem Griff zu dick; man fertigt sich am besten ein eigenes Gerät. Dazu schneidet man den Stiel von einem zwei Zoll breiten Pinsel ab und schraubt den Pinsel im rechten Winkel an das Ende einer Latte (Abbildung 24g).

Schwertkästen aus Metall
Besteht das Schwert aus galvanisiertem Stahl, wird die Öffnung des Kastens unten wahrscheinlich zu schmal sein, um einen Pinsel einzuführen. In diesem Fall füllt man den Kasten, wie zuvor bei der Jolle beschrieben, mit Konservierungsmittel und fügt in das Paßstück einen Hahn oder Korken ein, damit das Ablaufen der Flüssigkeit erleichtert wird. Hat der Kasten aus galvanisiertem Stahl innen Rost angesetzt, kann man ihm nur mit einer runden Drahtbürste beikommen. Außer mit der Drahtbürste bearbeitet man das Innere mit Phosphorsäure (= Rostwandler). Dann wischt man das Ganze mit einem Lappen aus, läßt es trocknen und füllt den Kasten mit Bitumenfarbe, die man nach einer gewissen Wartezeit ablaufen läßt. Wenn der Verschluß entfernt ist, muß man natürlich auch die Öffnung selbst streichen. Auch wenn innen kein Rost sichtbar ist: Ein Innenanstrich verlängert das Leben eines Stahl-Schwertkastens beträchtlich.

Das Schwert
Ist das Boot hoch aufgebockt (oder hat man darunter ein tiefes Loch gegraben), um das Schwert abzusenken, so ist das eine gute Gelegenheit, ein paar Kielbolzen zu ziehen oder sie an Ort und Stelle röntgen zu lassen. Gleichzeitig können am Schwert alle nötigen Reparaturen ausgeführt werden: an den Befestigungen, am Hebegeschirr, am Drehbolzen, am Ballastgewicht, an den Führungen oder am Kantenschutz.

Decks und ihre Beschichtungen

5

Das Deck ist bei den meisten Booten ein wichtiges strukturelles Element. Nur mit sorgfältiger Wartung erreicht man Sicherheit, verhindert Lecks und verbessert dabei zugleich das Aussehen. Auf Holzbooten verursacht Regenwasser viel häufiger und leichter Holzfäule als Seewasser, so daß Lecks mehr als nur Unbequemlichkeit bedeuten. Deshalb ist zum Waschen von Holzdecks Seewasser stets besser als Süßwasser (siehe auch Seite 21).

Decksarten

Die meisten Yachten haben heute Decks aus GFK, Ferrozement oder Stahl, die alle relativ frei von Leckagen sind. Wo jedoch Handläufe, Relingsstützen, Lüfter und Beschläge aufgebolzt sind, da können auch Lecks entstehen.

Teakdeck
Auf besseren Segel- und Motoryachten gilt eine Beplankung mit schmalen Teakleisten immer noch als der schönste und sicherste Decksbelag. Zwischen der alten, soliden Art des festen, kalfaterten Teakdecks und der modernen Version, die aus flachen aufgeklebten Stäben besteht, kann man äußerlich kaum einen Unterschied erkennen.
Nur häufiges Schrubben und Waschen hält ein Teakdeck frisch. Es gibt aber auch Präparate, mit denen man das Holz bleichen und leichtere Verfärbungen wieder entfernen kann. Tränkt man Teak- oder Kieferndecks mit dem dänischen Produkt „Deks Olje", so wird die Wartung während der Saison stark vereinfacht (zur Behandlung der Decksnähte siehe auch Seite 51).

Tuchdeck
Decks aus Sperrholz oder Holzplanken mit gestrichenem Segeltuch zu beziehen, war früher weit verbreitet; es war sinnvoll vor allem für billige, leichte Boote. Probleme traten auf, wenn das Tuch zu dünn war, etwa nur 200 g/m^2. Soll der Bezug dauerhaft sein, muß man wenigstens das doppelte Tuchgewicht nehmen. Die (immer noch gängige) Praxis, das Tuch mit Kleber oder Lackfarbe am Deck zu befestigen, führte zum Aufgehen der Nähte von beplankten Decks. Tuchbezogene Decks benötigen wenig Wartung außer häufiges Waschen und die jährliche Schicht Anti-Rutsch-Farbe. Oberflächenschäden können leicht mit Epoxidspachtel und anschließendem Überlackieren behoben werden.

Beschichtetes Deck
Leichte Holzdecks mit GFK oder genoppten PVC-Folien zu beschichten, ist zwar viel teurer, heute aber populärer als ein Tuchbezug. Genopptes PVC gibt es unter verschiedenen Markennamen. Gewebte Nylonbeschichtung (Beschreibung weiter unten in diesem Kapitel) muß mit Spezialfarbe abgedeckt werden; daneben sind auch zahlreiche flüssige Beschichtungen auf Gummibasis im Handel.

Lackierte Decks
Auf Jollen, Beibooten und ähnlichen kleinen Fahrzeugen findet man oft klarlackierte Sperrholzdecks,

manchmal mit Teakfurnier und angedeuteten Decksnähten. Mit einem jährlichen Neuanstrich (siehe Kapitel 4) bleiben sie ansehnlich. Sperrholz mit Mahagonifurnier ist ruiniert, wenn der Klarlackschutz einmal abgewettert ist. Dann kann man es nur noch farbig lackieren.

Metalldecks

Die Decks guter Stahl- und Aluminiumyachten sind meist mit Teak belegt, aber es endet gewöhnlich vor der Deckskante (Abbildung 54); diese Partien müssen ebenso sorgfältig mit Farbe behandelt werden wie das übrige Überwasserschiff. Stahldecks sind mit den unterschiedlichsten elastischen Materialien beschichtet, worüber dann oft noch rutschfeste Decksfarbe gestrichen wird. Arbeitsschiffe mit epoxybehandeltem Stahldeck besitzen häufig Teakgrätings oder einfachere Laufplanken, die über die am meisten begangenen Stellen gelegt werden.

Erneuern von Tuchdecks

Das Erneuern des Tuchbezugs auf einem Deck ist selbst für den Amateur eine relativ einfache Arbeit, erfordert aber ziemlich viel Zeit. Vielleicht kann man bei dieser Gelegenheit auch gleich auf ein moderneres System übergehen.

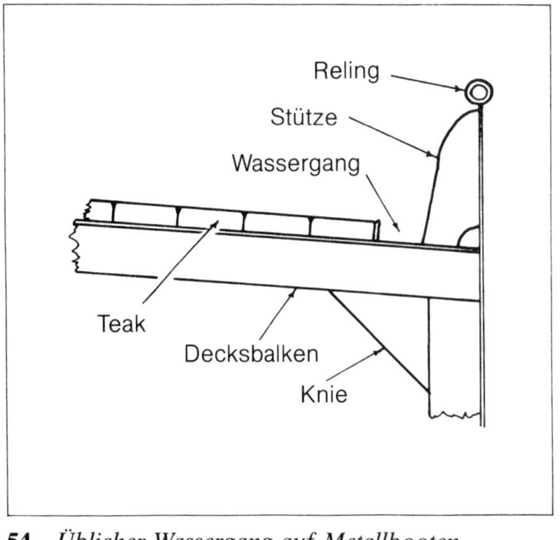

54 *Üblicher Wassergang auf Metallbooten*

Nebeneffekte

Das Erneuern einer Decksbeschichtung verhindert nicht nur Leckagen und Holzfäule, es bietet auch eine gute Gelegenheit, das Boot wo nötig zu verjüngen, zum Beispiel mit einer neuen Fußreling (Abbildung 56), neuen Zierleisten oder neuen Bolzen für die Decksbeschläge – möglicherweise auch mit Verzinken der Püttings.

Übliche Fehler

Man sollte darauf achen, daß frühere Fehler nicht wiederholt werden. Die üblichsten sind: aufgeklebtes Tuch, eine scharfe Deckskante (Abbildung 55a) statt einer abgerundeten (55b), Randleisten, die nicht dem Winkel zwischen Deck und Aufbauten bzw. Süll angepaßt sind (55c und d), und ein nicht vollkommen glattgehobeltes Deck.

Vorarbeiten

Zuerst entfernt man alle abnehmbaren Decksbeschläge, Zierleisten und die Fußreling. Dünne Leisten brechen bestimmt, besonders wenn sie genagelt sind; neue Zierleisten bieten immer etwas mehr Sicherheit. Diese Viertel- oder Halbrundstäbe sollten aus bestem Holz sein (Teak, Mahagoni); wenn man sie nicht bei einem guten Ausrüster erhält, läßt man sie sich von einem Tischler anfertigen. Dünne Leisten entfernt man am besten, indem man sie der Länge nach spaltet und die Nägel später herauszieht.

Entfernen des alten Tuchs

Klebt das Tuch fest auf dem Untergrund, läßt es sich durch Abbrennen meist leichter entfernen als mit einem chemischen Abbeizmittel. Einige Teile sind einfacher abzuziehen als andere; also teilt man sich die Fläche in Quadrate ein und schneidet dazu mit einem Rasiermesser oder einer Feinsäge durch Lack und Tuch.

Glatthobeln

Kupfernägel entfernt man am besten, indem man sie mit einem alten Stecheisen leicht anhebt, so daß man sie anschließend mit einer Zange greifen kann. Abgebrochene Decksnägel sollte man versenken, damit man die ganze Fläche sauber hobeln kann. Brauchbar ist dafür ein Surform-Hobel, weil er durch abgebrochene Kupfernägel nicht ernsthaft beschädigt wird.

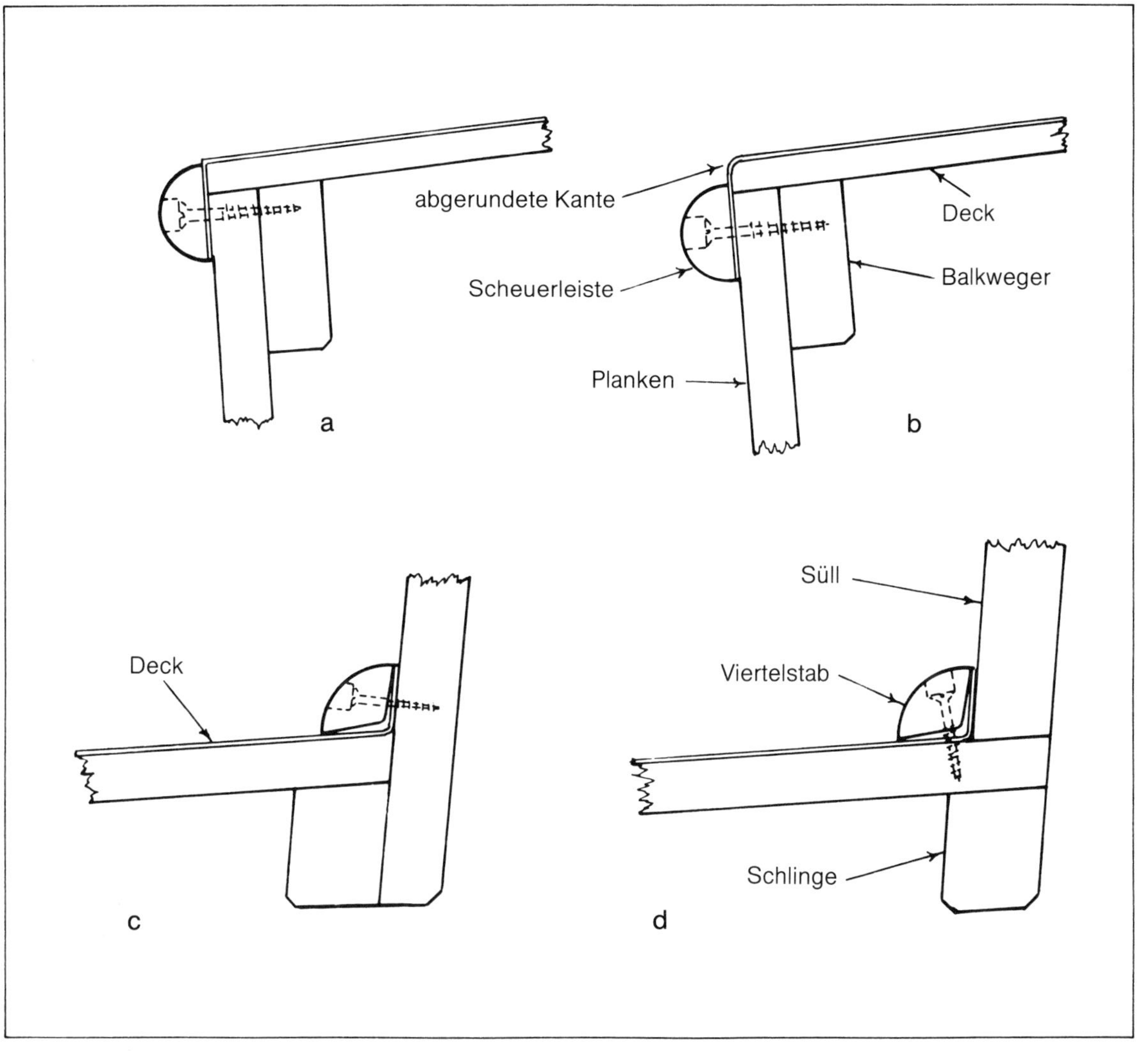

55 *Befestigung der Kanten bei Decksbeschichtungen mit Tuch:* **a** *Eine scharfe Kante führt zu Rissen.* **b** *Bei einer tiefer sitzenden Scheuerleiste kann das Deck abgerundet werden.* **c** und **d** *Der Winkel, in dem die Schrauben eingetrieben werden, hängt von der Konstruktion des Sülls oder der Decksaufbauten ab.*

56 *Anbringen der Fußreling nach einem Neubezug des Decks mit Segeltuch*

Grundierung
Das bloße Holz soll sich mit dünnem Primer vollsaugen; darüber kommen zwei Schichten weiße Farbe oder Grundierung. Man kann durchaus auch alle in alten Dosen herumstehenden Farbreste mischen und das Deck damit zweimal streichen.

Traditionelle Methoden
Früher wurde Tuch auf nasse Farbe verlegt und dann befeuchtet, damit sich alle eventuell vorhandenen Falten glattzogen, bevor die Farbe trocknete. Der Amateur kann diese unangenehme Arbeit vermeiden, indem er das Tuch (außer bei konkaven Oberflächen, siehe unten) straff über die trockene Grundierung zieht und es dann mit dünner Farbe sättigt. Neues Tuch sollte etwa eine Woche im Freien vorgereckt werden, wobei man es in gerecktem Zustand wiederholt mit Wasser bespritzt, falls es nicht regnet.

Zuschneiden
Wenn man Tuch in 3 m Breite bekommen kann, wird die Arbeit schnell von der Hand gehen; dann läßt sich vielleicht auch eine Mittelnaht vermeiden. Ein Segelmacher kann einem diese Naht nähen; aber auch dann wird sich bald herausstellen, daß das Recken (Abbildung 57) erleichtert wird, wenn man eine Naht in dichten Abständen von etwa 1 cm erst mit Kupferstiften sichert. Gelingt es einem nicht, das Tuch so zu schneiden, daß die Webkante genau auf den Rand paßt, schlägt man die rohe Kante etwa 1 cm unter. Eine Mittelnaht vereinfacht das Anbringen des Tuchs um Mast, Luken, Lüfter oder eine Beting (Abbildung 57). Auf sehr breiten Decks verlegt man das Tuch besser quer.

Genagelte Kanten
Sollen die Kupferstifte sichtbar bleiben, nagelt man sie in dichtem Abstand (nicht mehr als eine halbe Nagelkopfbreite Zwischenraum); ebenso dicht soll der Abstand von der Webkante oder der Kante sein. Bei Überlappung nagelt man die untere Lage mit 9-mm-Stiften in Abständen von 50 mm (was reicht, um die gereckte Kante bis zum Festnageln des oberen Tuchs zu halten); die Stifte liegen auf einer Linie neben der Nagellinie für das obere Tuch. Wenn das untere Tuch vor dem Fixieren des oberen Tuchs von der Saumkante weggereckt werden soll, müssen die versteckten Stifte in Abständen von etwa 20 mm genagelt werden. Alle Säume sollen in Dichtmasse gebettet werden. Neue Nähte dürfen nicht direkt über den Nagellöchern der alten genagelt werden.

Konkave Oberflächen
Auf manchen Seitendecks ohne oder mit geringer Wölbung hebt sich das Tuch beim Recken ab; dann muß es verleimt werden. Spezieller Tuchleim ist nur schwer zu bekommen. Es tut auch einer der anderen

57 *Arbeitet man allein, nimmt man am besten Zwingen und Taljen zu Hilfe, wenn das Deckstuch gut gereckt werden soll.*

Kontaktkleber (siehe unten), ebenso nasse Farbe. Etwas Recken ist möglich, wenn man halbgefüllte Sandsäcke über das ganze Stück legt.

Recken

Hat man genug Helfer, reicht das Recken von Hand. Ist das nicht der Fall, bringt man am Tuch dünne Leinen mit Taljen oder mit Gewichten an den Enden an; dazu kann man, wie in Abbildung 57 gezeigt, kleine Holzzwingen benutzen. Man zieht zuerst in Richtung der Naht und befestigt das gereckte Tuch gut (wenn nötig mit Latten), bevor man in die Querrichtung zieht. Alle Nähte, Kanten und Ecken bettet man in Dichtungsmittel. Man beachte, daß die genaue Lage aller Ausschnitte um Hindernisse an Deck noch während des Reckens markiert werden muß, weil sonst später beträchtliche Fehler auftreten werden.

Viertelstab-Zierleisten

Das Anbringen neuer Leisten an jenen Stellen, wo das Tuch an Sülls oder anderen Deckshindernissen nach oben geht (Abbildung 55c), kann das Aussehen eines alten Bootes verbessern. Die üblichen Viertelstab-Teak- oder Mahagonileisten müssen auf der Rückseite gehobelt werden, bis sie so schmiegen, daß noch Dichtungsmasse dazwischenpaßt. Unregelmäßige Kanten schneidet man am besten zurecht, indem man sich Schablonen aus Pappe macht; dann braucht man seine Fehler nicht mit Füllmitteln zu kaschieren. Für Jollen und kleinere Boote könnten Leisten um 12 mm Dicke ausreichen, für Fahrtenboote nimmt man solche von 16 oder 18 mm. Kleine Holzschrauben im Abstand von 150 mm sind besser als Nägel, lassen sich auch später leichter entfernen. Die Zierleisten sind normalerweise nicht durch Schäftung verbunden – meist verlegt man sie mit stumpfem Stoß, an jeder Seite eine Holzschraube. Schrauben werden am besten nahezu horizontal eingedreht (Abbildung 55c) statt im Winkel von 45 Grad, aber senkrecht, wenn das Süll auf dem Deck befestigt ist (Abbildung 55d). Liegt eine genähte oder genagelte Kante unter der Latte, sollte man letztere entsprechend einschneiden.

Halbrunde Zierleisten

Das beste Aussehen bei klarlackiertem Finish erhält man natürlich, wenn bei Verwendung als Scheuerleisten statt der stumpfen Stöße geleimte Schäftungen angefertigt werden. Dazu schneidet man die Hölzer mit einer feinen Säge in einem Winkel von 5:1, indem man sie wie in Abbildung 58a Rücken an Rücken mit Zwingen aneinanderheftet. Gewöhnlich liegt der hintere Schnitt der Schäftung außen (siehe

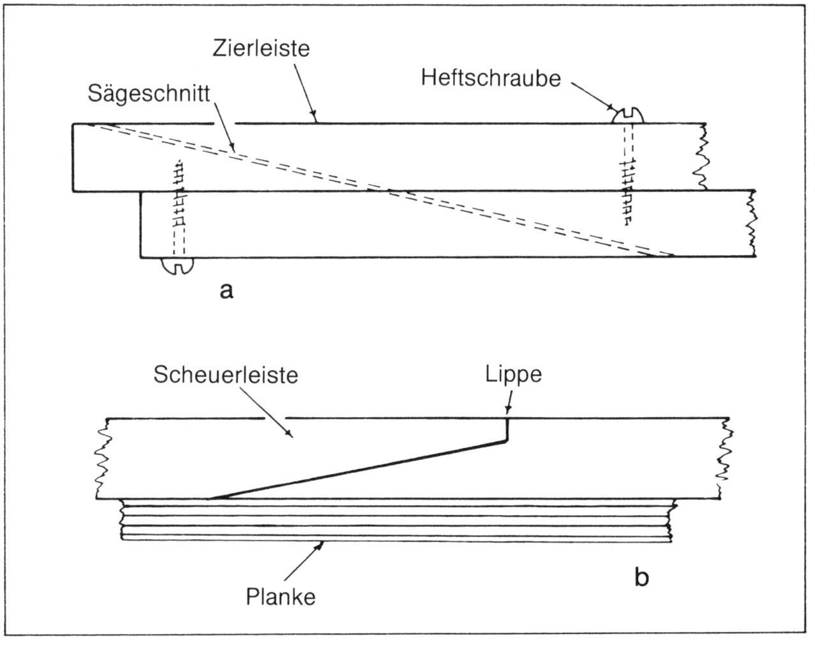

58 *Schäften von Halbrundleisten:* ***a*** *Die Leisten werden mit dem Rücken gegeneinander geklampt oder verschraubt, um das Sägen zu erleichtern.* ***b*** *Eine gelippte Schäftung ist besser, aber schwierig zu sägen.*

Seite 229). Eine gelippte Schäftung (Abbildung 58b) sieht besser aus, ist aber schwieriger zu sägen. Soll das Holz mit Farbe behandelt werden, tränkt man die Flächen der Schäftung mit etwas Farbe und sichert sie mit einigen dünnen Holzschrauben. Für ein Klarlack-Finish verbindet man sie mit Holzleim und Bronzestiften. Die versteckten Kanten müssen vor der Bettung in Dichtmasse wenigstens mit Primer behandelt werden. Überstehendes Tuch wird mit rasiermesserscharfem Messer sauber abgeschnitten. Herausgedrücktes Dichtmaterial entfernt man mit einem Kittmesser; anschließend wischt man die Fläche mit einem in Verdünner getauchten Tuch ab.

59 *Die schwierigsten Arbeitsgänge beim Beziehen von Deck und Kajütdach:* **a** *Über die abgerundete Ecke kommt ein eigener Flicken.* **b** *Überstehendes Tuch, das noch abgeschnitten werden muß.* **c** *Eckzierleiste aus Blei* **d** *Tuch, in Dichtmasse gebettet* **e** und **f** *Viertelstäbe* **g** *Epoxidspachtel* **h** *Genagelter Tuchstoß* **i** *Gutgerundete Deckskante* **j** *Über das Tuch gebolzte Fußreling* **k** *Über das Tuch geschraubte Scheuerleiste* **l** *Nut an der Rückseite der Scheuerleiste, in der die Tuchüberlappung verschwindet.*

Runde Ecken
Besonders auf älteren Yachten sind die vertikalen Ecken des Kajütaufbaus und des Plichtsülls in Deckshöhe meist abgerundet. Wenn man sich die für diese Ecken passenden Profile aus Messing oder Bleilegierung nicht beschaffen kann, macht man sich selbst welche aus festem Holz. Bei einem kleinen Radius füllt man die Lücke hinter den Leisten mit Epoxidspachtel (Abbildung 59g). An solchen runden Ecken muß man das nach oben zeigende Tuch etwas einschneiden.

Kajütdach
Auf die abgerundeten Ecken eines Kajütdachs bringt man separate Tuchstücke auf (Abbildung 59a); wenn nötig, schneidet man das Tuch ein und leimt es auf, wobei die Kanten genagelt werden. Auf einem Kajütdach kann man auch leichteres Tuch anbringen, was das Recken erleichtert. Wenn möglich, vermeidet man Nähte, doch sollten sie eher genäht als genagelt sein, da das Kajütdach für Nägel meist zu dünn ist.

Einbetten von Beschlägen
Klampen, Augbolzen und andere stark beanspruchte Decksbeschläge sollten auf hölzernen Un-

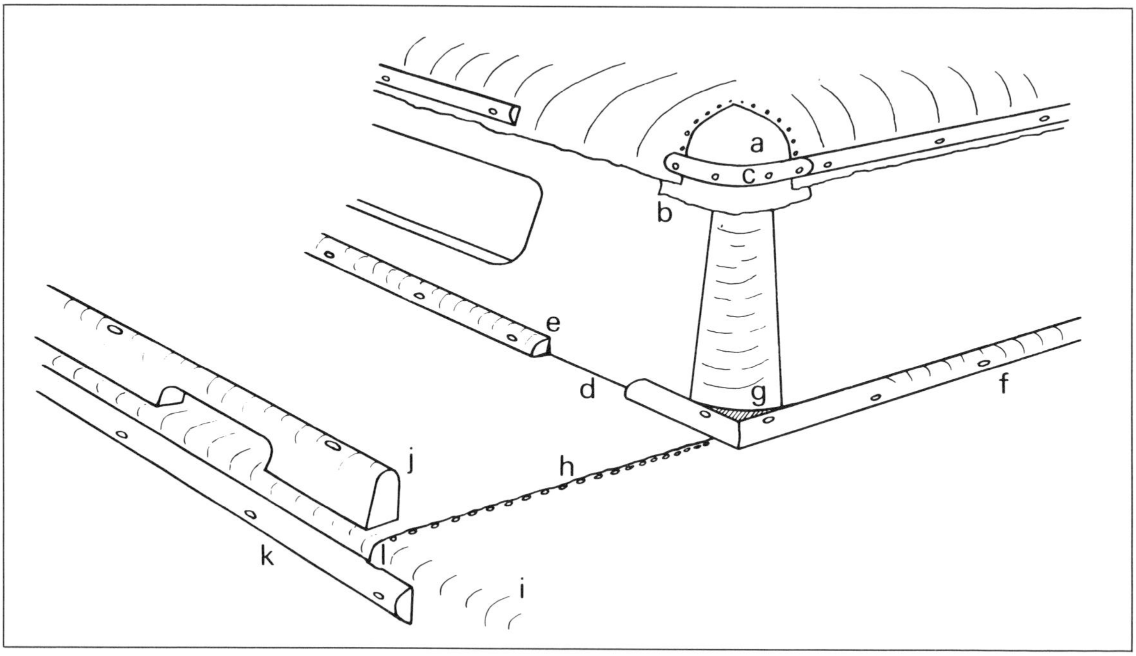

terlagen sitzen, damit bei ihrem Gebrauch das Tuchdeck nicht beschädigt wird. An den Kanten sauber gebrochenes Marinesperrholz gibt gute Unterlagen ab, obwohl Teak bei einem Klarlack-Finish natürlich besser aussieht. Unter und über jede Unterlage gehört dauerelastische Dichtmasse. Zum Einbetten gibt es so viele dauerelastische Dichtmaterialien, daß es sich lohnt, im Laden die Beschreibungen auf den Verpackungen durchzulesen, um sich das Passende auszusuchen.

Decksbeschichtung mit PVC

Anleitungen für das Decksbeziehen mit Tuch sind in der Literatur kaum zu finden. Im Unterschied dazu geben Hersteller und Lieferanten von modernen Decksbeschichtungen (auf PVC-Basis, GFK und Nylontuch) meist genaue Anweisungen mit. Genoppte PVC-Fabrikate sind dicker und steifer als Tuch, werden aber auf gleiche Weise zugeschnitten und mit Spezialklebern aufgeleimt. Um die Rutschgefahr zu bannen, werden diese Fabrikate auch in kleineren Stücken auf lackierten GFK-Decks aufgeleimt; dicke Materialien auf Kork- oder Neoprenbasis sind dafür jedoch besser geeignet.

Stoßkanten

Etwa 25 mm Überlappung wird für geklebte Kantenstöße bei PVC-Produkten üblicherweise empfohlen. Stumpfe Stoßkanten sehen aber besser aus, wofür ein passendes PVC-Band geliefert wird, das unter der Kante verklebt wird und sie abdichten soll; doch das unvermeidliche Schrumpfen verursacht schließlich unansehnliche Ritzen. Um diese zu verbergen (oder um zu verhindern, daß überlappende Kanten sich öffnen), bringt man schmale, halbrunde Aluminiumprofile an, die in Dichtungsmasse gebettet und mit wenigen kleinen Holzschrauben aus dem gleichen Metall im Holzdeck befestigt werden. Bei Verwendung dieser Aluminiumstreifen sollten keine Nägel oder Metallstifte zur Befestigung des Tuchs benutzt werden.

Verklebung

Genoppte Decksbeläge werden üblicherweise mit der passenden Menge Kleber geliefert, dazu mit Instruktionen für deren Verwendung. Die meisten dieser Kleber haben die nützliche Eigenschaft, daß man das Material auch nach dem Verkleben noch leicht verschieben kann, bevor die volle Haltekraft einsetzt. Alle diese Kleber müssen unter Verwendung eines gezahnten Spachtels auf beide Flächen aufgebracht werden. Die einzelnen Stücke sollten nicht zu groß sein; mit einigen Helfern kann man sie schnell und genau verlegen. Überflüssigen Kleber entfernt man nach dem Trocknen am besten mit einem Radiergummi. Es empfiehlt sich, mit Band sauber abzukleben, wo Zierleisten verlaufen und wenn einzelne Stücke auf GFK-Decks verlegt werden.

Lecks im Deck

Man braucht nicht gleich den ganzen Decksbelag zu erneuern, wenn einige Stellen abgenützt sind oder an den Rändern Lecks auftreten. Stücke vom gleichen Decksbelag, mit Kontaktkleber aufgeklebt, halten viele Jahre – oder sie lösen sich bereits nach kürzester Zeit. Ein Versuch lohnt sich jedenfalls. Mit Epoxidspachtel kann man kleinere Risse oft wirksam versiegeln, während sich die Kanten der Zierleisten mit Silikongummi aus der Kartusche dichten lassen, wenn keine Zeit ist, sie neu zu betten.

Simulierter Regen

Die Eintrittsstellen von Leckwasser im Deck aufzuspüren, ist bekanntlich schwierig. Ist ein bestimmter Punkt an einer Leiste oder einem Decksbeschlag suspekt, improvisiert man darum herum ein kleines Becken aus Plastilin oder Fensterkitt (Abbildung 60a), in das man ein wenig Wasser gießt. Unter Deck kann man dann prüfen, ob das Wasser durchleckt. Braucht man mehr Wasserdruck, nimmt man eine Kanne ohne Boden oder Sperrholzstücke, die mit Kitt befestigt werden (60b). Je tiefer der Trog, um so eher macht sich das Leck bemerkbar.

Silikongummi

Zwar ist er teuer, aber der Silikonkautschuk, der in verschiedenen Färbungen gebrauchsfertig verkauft wird, dichtet Risse wirkungsvoll und dauerhaft ab. Es gibt zahlreiche Hersteller, die auch Mittel für Glas- oder Badezimmer-Dichtungen auf den Markt bringen. Diese Dichtungsmittel auf Acrylbasis sind billiger, aber weniger haltbar. Neuerdings gibt es auch Dichtungsmittel auf Epoxidharzbasis, die flüssig sind und selbst in die kleinsten Ritzen laufen. Sehr gut haften die Polyurethandichtmassen.

60 *Lokalisieren von Leckagen im Deck:* **a** *Ein Plastilinbecken hält das Wasser.* **b** *Ein mit Kitt oder Plastilin befestigter Sperrholztrog*

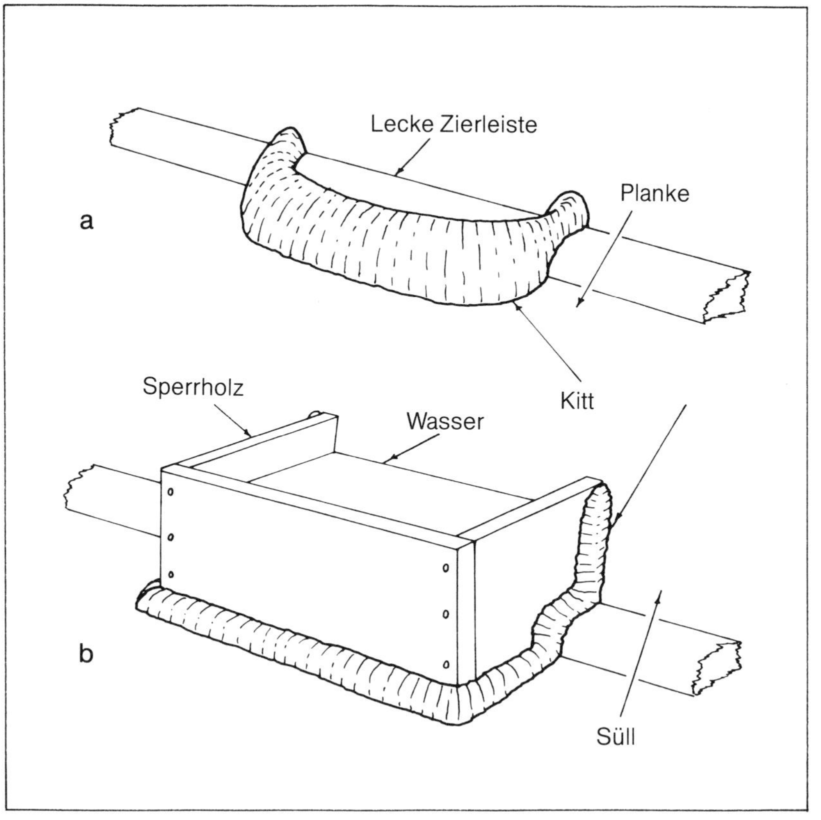

Leckende Verpichung
Die Kalfaterung wird nicht allzu lange dichthalten, wenn die Verpichung zu dünn war oder zu stark beansprucht wurde. Kurze Strecken leckender Marineglue können oft versiegelt werden, indem man mit einem heißen Eisen von entsprechender Breite daran entlangfährt. Ist das Eisen jedoch zu heiß, wird der Glue beim anschließenden Härten leicht brüchig. Teak hält Überhitzung aus, doch ein Kieferndeck kann durch diesen Prozeß leicht beschädigt werden. Hierbei darf man das Holz nicht anfeuchten, weil sonst die Verpichung nicht ordentlich hält.

Kalfatern größerer Teile
Reichen kleinere Reparaturen nicht aus, muß man eventuell ganze Nähte, wie in Kapitel 3 beschrieben, neu kalfatern. Ein Übergang auf synthetische Gummipräparate (Polysulphide) ist bei einem elastischen Deck überlegenswert.

Holzbeschichtung

Will man ein altes Boot liebevoll verbessern, kann man es mit Teakstreifen von etwa 9 mm Dicke belegen, die aussehen wie ein echtes Teakdeck und sich auf beinahe allen Untergründen anbringen lassen. Diese Streifen sind üblicherweise 125 mm breit und haben in der Mitte eine imitierte Decksnaht.
Auf einem alten, abgearbeiteten Kieferndeck füllt man die hohlen Stellen mit Zwei-Komponenten-Spachtel aus, verlegt dann die Teakstreifen auf einer wasserdichten Schicht Dichtmasse und befestigt sie mit dünnen bronzenen Ringnutnägeln. Diese Nägel sind mit Scheiben unterlegt und werden in vorgebohrte Löcher versenkt, die mit Holzpfropfen abgedichtet werden.
Eine noch gut erhaltene Holzoberfläche schleift man mit einem Bandschleifer, leimt dann mit Resorzinharzleim und nagelt mit Messingnägeln. Auf Ferrozement oder GFK muß man den teuren Epoxykle-

ber nehmen; dabei muß das Holz angepreßt werden (am einfachsten mit sandgefüllten Plastiktüten).

Sperrholzbeschichtung
Schlechte alte Decks werden oft erst mit Marinesperrholz abgedeckt; das ist ein guter Untergrund für Teakbeschichtung. Es gibt auch Sperrholz mit Teakfurnier und imitierten Plankenstößen, das genauso aussieht wie verlegtes Teak, geeignet für kleine Decks, Plichtböden oder Kajütböden; auf größeren Flächen ist die Versiegelung der Sperrholzstöße schwierig und teuer. Andererseits ersparen diese Holzplatten viel Arbeit.

GFK-Beschichtung

Das Folgende bezieht sich gleichermaßen auf die GFK-Beschichtung von Rümpfen wie von Decks. Normalerweise werden alte Decks mit GFK beschichtet, um Leckagen zu unterbinden und die Wartung zu erleichtern. Rümpfe werden gegen Teredos und andere Bohrwürmer beschichtet, um sie wasserdicht zu machen, zum Schutz vor galvanischer Korrosion und vor Beschädigungen – besonders der dünnen Furniere von Sperrholzplatten.

Einschränkungen
Normale GFK-Beschichtung kann einen schwachen Rumpf oder ein schwaches Deck nicht stärker machen. Eine schwache Struktur „arbeitet" (und biegt sich dabei); dann bricht das Laminat vom Holz ab, und Wasser gelangt zwischen die Lagen, was durch Frost und Rott zu weiteren Schäden führen kann. Man kann auch nicht erwarten, daß eine beschichtete Außenhaut ein so feines und glattes Aussehen hat wie die eines echten GFK-Boots. Tatsächlich ist die beschichtete Fläche wahrscheinlich rauher und welliger als das ursprüngliche Holz.
Das Beschichten mit GFK ist eine unangenehme Arbeit, besonders am Unterwasserschiff, und erfordert Hilfe, wenn die Arbeit gleichmäßig von der Hand gehen und auch noch Zeit zum Waschen klebriger Finger bleiben soll.

Vorüberlegungen
Holz muß von Farbe, Öl oder Konservierungsmitteln befreit werden, wenn das Harz gut haften soll. Da die Materialien sehr teuer sind, sollte man ernsthaft darüber nachdenken, ob sich ein altes Boot tatsächlich beschichten läßt. Die Köpfe der Befestigungen sind für ein ordnungsgemäßes Glatthobeln oder Schleifen möglicherweise zu dicht an der Oberfläche. Alle Füllmaterialien müssen aus mit GFK verträglichem Spachtel bestehen.

Die Wahl des Harzes
Zwar wird für GFK-Arbeiten normalerweise Polyesterharz benutzt, doch ist das teurere Epoxidharz geeigneter für die Beschichtung alten Holzes. Da bei den Materialien und den Untergründen viele Unterschiede möglich sind, sollte der Amateur den Rat einer der in den Yacht-Zeitschriften annoncierenden Fachfirmen suchen. Arbeitet man an senkrechten Flächen, muß man das Harz thixotrop einstellen, damit es nicht nach unten wegläuft. Bei heißem Wetter und wenn man allein arbeitet, nimmt man langsam aushärtendes Harz.

Das Gewebe
Man sollte immer Glasseidengewebe (oder Rovinggewebe) statt der billigeren Stapelfasermatten nehmen. Die Oberfläche wird glatter, und das Tuch läßt sich leichter befestigen und glattstreichen. Der Hersteller kann bei der Wahl des geeigneten Materials beraten. Bei der Decksbeschichtung wird grobes, offenes Gewebe oft für die oberste Lage bevorzugt; denn zusammen mit etwas Sand, der auf das feuchte Harz gestreut wird, ergibt dies eine gute, rutschfeste Oberfläche. Damit das Tauwerk nicht schamfilt, sollte man allerdings rund um die Decksklampen keinen Sand aufs Harz streuen.

Spezifikationen
Tabelle 2 zeigt Einzelheiten über das Gewicht, die Webart und die Anzahl der Lagen des Glasgewebes, wie es für die Beschichtung von Booten verschiedener Größe für Decks, Über- und Unterwasserschiff benutzt wird.

Harzprimer
Zusammen mit den Beschichtungsmaterialien erhält man gewöhnlich gute Instruktionen für die Grundierung des bloßen Holzes. Benutzt man einen speziellen Harzprimer, dann kann die Haftung von Polyester so zuverlässig sein wie bei Epoxidharz.
Hat man erst einmal die richtige Menge Härter – und anderer empfohlener Zusätze – hinzugefügt, muß das Harz rasch verarbeitet werden. Nur jene Fläche, die in den nächsten paar Stunden beschichtet werden soll, darf mit Primer gestrichen werden.

Tabelle 2 **Details zur GFK-Beschichtung**

Spezifikationen		Köpergewebe	Köpergewebe	Leinwandgewebe	Oberflächenvlies
Gewebegewicht	g/m^2	240	400	300	70
Harzmenge für eine Lage (mit Primer und Gelcoat)	g/m^2	1080	1620	1513	inklusive
Harzmenge für zwei Lagen (mit Primer und Gelcoat)	g/m^2	1350	2700	2430	inklusive
Bootslänge	**Arbeit**				
unter 4,30 m	ganzer Rumpf	1 Lage	–	–	–
4,30–6 m	Überwasserschiff	1 Lage	–	–	–
(gesunder Rumpf)	Unterwasserschiff	1 Lage	–	–	–
	Deck	1 Lage	–	–	–
4,30–6 m	Überwasserschiff	1 Lage	–	–	–
(schwacher Rumpf)	Unterwasserschiff	2 Lagen	–	–	–
	Deck	–	–	2 Lagen	-
6–9,20 m	Überwasserschiff	1 Lage	–	–	1 Lage
(gesunder Rumpf)	Unterwasserschiff	2 Lagen	–	–	–
	Deck	–	–	1 Lage	–
6–9,20 m	Überwasserschiff	–	1 Lage	–	1 Lage
(schwacher Rumpf)	Unterwasserschiff	–	2 Lagen	–	–
	Deck	–	–	2 Lagen	–
9,20–15 m	Überwasserschiff	–	1 Lage	–	1 Lage
(gesunder Rumpf)	Unterwasserschiff	–	2 Lagen	–	1 Lage
	Deck	–	–	1 Lage	–
9,20–15 m	Überwasserschiff	–	2 Lagen	–	1 Lage
(schwacher Rumpf)	Unterwasserschiff	–	3 Lagen	–	1 Lage
	Deck	–	–	2 Lagen	–

Wie bei allen GFK-Arbeiten sollte die Beschichtung kontinuierlich vor sich gehen, so daß nie eine Schicht vollständig aushärtet, bevor die nächste aufgebracht wird. Härter muß man mit größter Vorsicht behandeln. Schon der kleinste Spritzer in die Augen kann schwere Verätzungen verursachen.

Zuschnitt

Auf größeren Booten (Abbildung 61) wird das Glasgewebe normalerweise wie beim Tapezieren gehängt und geklebt. Auf kleineren Booten, die kieloben bearbeitet werden können, verlegt man sie besser in Kielrichtung, besonders wenn eine Rollenbreite die ganze Seite des Rumpfes abdeckt. Stöße läßt man etwa 25 mm überlappen und achtet darauf, daß die folgenden Überlappungen nicht mit den ersten zusammentreffen. Das Gewebe ist flexibel genug, um fast allen Kurven am Rumpf zu folgen. Wenn Falten anders nicht vermieden werden können, schneidet man es ein. Das Formen und Zuschneiden des Glasgewebes gleicht dem bei der bereits beschriebenen Tuchbeschichtung von Decksflächen.

Nasses Aufbringen

Sobald der Harzprimer geliert, wird rasch eine dicke Schicht des Laminierharzes aufgebracht und ein zuvor zugeschnittenes Stück des Glasgewebes in das Harz gedrückt. Die Luftblasen unter dem Gewebe werden durch Rollen mit einem Metallscheiben-Roller und festes Klopfen mit einer harten Bürste herausgedrückt. Wenn Teile der Matte nach dem Rollen trocken erscheinen, rollt man zusätzliches Harz auf. Alle Zierleisten sollten möglichst wieder befestigt sein, bevor das Harz vollständig ausgehärtet ist

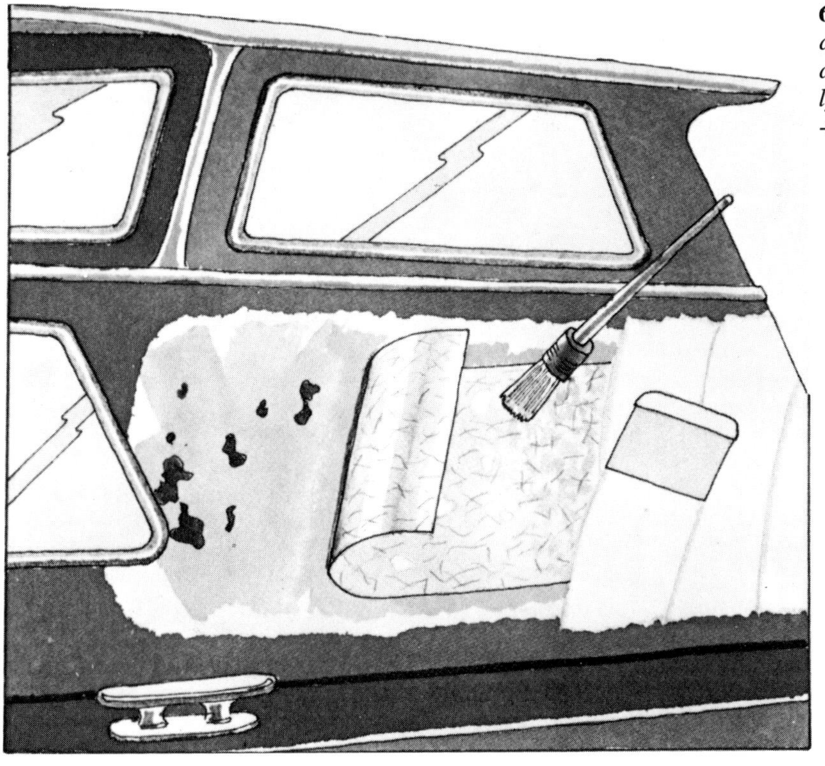

61 *Typisches Vorgehen bei der GFK-Beschichtung: besonders gut haftender Primer, Polyesterharz, Glasgewebe oder -matte, Polyesterspachtel*

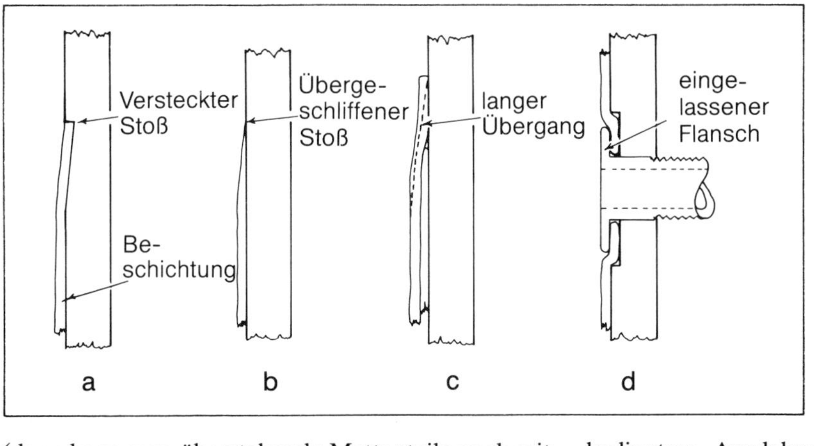

62 *Kaschieren der Beschichtungskanten:* **a** *Eine in die Planke gehobelte Nut* **b** *Keilförmig geschliffene Beschichtungskante* **c** *Lange Überlappungen bei Beschichtung mit Glasmatten, die geschliffen werden.* **d** *Flache Absenkung um einen Beschlag in der Bordwand*

(dann kann man überstehende Mattenteile noch mit einem scharfen Messer entfernen).

Auf Planken

Die GFK-Beschichtung über einem kraweelbeplankten oder geklinkerten Rumpf muß doppelt so dick sein wie über Sperrholz, damit sie jahreszeitlich bedingtem Ausdehnen und Zusammenziehen des Holzes standhalten kann. Ein solches Boot sollte nicht zu lange an Land stehen.

Versteckte Kanten

Soll ein geplankter Rumpf nur vom Wasserpaß bis zum Kiel beschichtet werden, hobelt man eine flache, schräge Kante hinein (Abbildung 62a), in der der obere Stoß der Beschichtung bündig mit der Bordwand versenkt werden kann. Will man diese mühevolle Arbeit vermeiden (auf einem Sperrholzrumpf ist sie gar nicht durchführbar), schleift man die Beschichtung an dieser Stelle wie in Abbildung 62b flach an. Mehrere Schichten von Glasmatten läßt man überlappen, so daß nur geringfügige Schleifarbeiten erforderlich werden.

Zeitfaktor
Der Amateur kann selten kontinuierlich bis zur Beendigung der gesamten Beschichtung durcharbeiten. Will man weitere Lagen über voll ausgehärtetem Harz aufbringen, erhält man eine verläßliche Haftung nur durch rauhes Anschleifen. Bereits nach wenigen Stunden Unterbrechung muß man auch steif abstehende Glasfasern und Harztropfen abschneiden oder abschleifen, bevor man weiterarbeiten kann.

Gelcoat
Die meisten Gelcoatharze härten nur dann vollständig aus, wenn ein bestimmtes Wachs hinzugefügt wird oder wenn sie mit Cellophan abgedeckt werden. Man vermeide ein zu dickes Auftragen von pigmentiertem Gelcoat – er wird nach einiger Zeit rissig. Leichter erreicht man ein gutes Finish mit einem passenden Füllspachtel und anschließendem Auftragen von Zwei-Komponenten-Lack. Ein allzu dicker Gelcoat auf dem Deck verdirbt auch das Anti-Rutsch-Muster. Um Kosten und Gewicht bis zu 15 Prozent zu senken, werden pigmentiertem Gelcoat bei Beschichtungen Füller (Kreide, Talkum oder Titanium-Oxid) zugegeben.

Nylonbeschichtung

Bei dem „Cascover"-Verfahren (einem britischen System) wird spezielles Nylontuch mit Resorcin auf eine Holzoberfläche geleimt und dann dick mit PVC-Farbe gestrichen. Das ist zwar teurer als eine GFK-Beschichtung, aber einfacher, ja sogar für das Überkopfarbeiten geeignet und besser für geklinkerte Boote. Das PVC kann mit Decksfarbe, Antifouling oder Farblack gestrichen werden. Cascover-Nylon wird mit einem Gewicht von 430 g/m^2 und in zwei Breiten hergestellt. In den USA gibt es ein ähnliches Produkt: Dynel, bei dem allerdings in Epoxidkleber gebettetes Polyestertuch verwendet wird.

Anpressen
Bei der Cascover-Nylon-Beschichtung gibt es allerdings eine Schwierigkeit: Damit das Tuch glattgereckt werden kann und dennoch dichten Kontakt mit dem Leim behält, muß es mit schmalen, dünnen

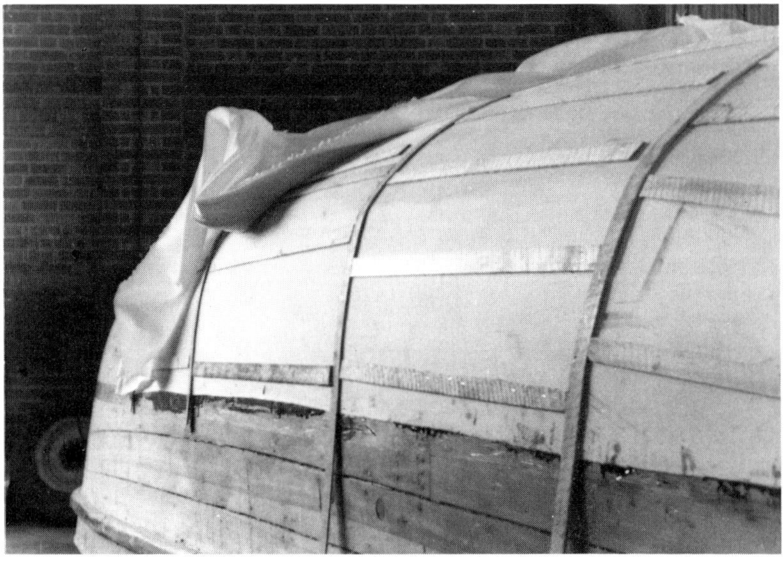

63 *Dünne Leisten halten die Nylonbeschichtung an Ort und Stelle, solange der Leim aushärtet.*

Kiefernlatten angedrückt werden (Abbildung 63), bis der Leim ausgehärtet ist. Man nimmt dazu glattgehobelte Hölzer von etwa 20 mm Breite und 3 mm Dicke in Längen, die am Rumpf gut schmiegen. Am besten befestigt man sie mit einem Tacker und 9-mm-Klammern. Die Leisten sollten in Schiffsrichtung im Abstand von etwa 750 mm und in Querrichtung im Abstand von etwa 450 mm angebracht werden; an schärferen konkaven Krümmungen müssen die Abstände etwa 50 mm betragen.

Hindernisse
Wie bei der GFK-Beschichtung sollte man auch hier alle Beschläge zuvor entfernen; man kann sie und ihre Auflage, wie in Abbildung 62d gezeigt, ein wenig versenken (0,5 mm), damit die Beschichtung bündig wird. Während der Leim härtet, sollte man die Beschläge kurzzeitig wieder an ihren Platz bringen, sonst muß man das Tuch mit Holzstückchen oder ein paar Klammern in die Vertiefung pressen. Diese Klammern kann man später leicht wieder abnehmen, ohne das Tuch zu beschädigen. Die Löcher werden auf jeden Fall vollständig aufgefüllt, wenn man das Tuch tränkt. Schwierige Beschläge wie Ruderbeschläge oder Kimmkiele aus Metall brauchen nicht entfernt zu werden, doch darf man das Nylon nicht darüber festkleben; man tackert es sauber um sie herum fest. Bug- und Kielbänder werden am besten entfernt. Das ist auch eine gute Gelegenheit, korrodierte oder beschädigte Teile zu ersetzen.

Rohes Holz
Das Vorbereiten eines alten Holzrumpfes kann der längste Teil der Arbeit werden. Das Holz muß bis auf ein paar Schrammen in seinen ursprünglichen, sauberen Zustand zurückversetzt werden. Als erstes beschichtet man alle schwierigen kleinen Flächen wie Vorsteven, Kiel, Achtersteven, Kimmkiele und den Bereich um das Stevenrohr. Dies ist zwar eine gute Übung für die Hauptarbeit, andererseits kann man, wenn Ruder oder Kimmkiele erst zuletzt an die Reihe kommen, dafür aber besser die Reste verwenden.

Verlegen des Tuchs
Kanten sollen normalerweise 50 mm überlappen. Wenn ein Amateur einen Rumpf von weniger als 8 m Länge beschichtet, verlegt er das Tuch am besten in Längsrichtung. Man nimmt dann die breiteste Rolle und verlegt sie so, daß die eingewebte Kante am Wasserpaß liegt; mit einem zugeschnittenen Streifen deckt man dann den zum Kiel hin entstehenden Streifen ab. Eine Nut am Wasserpaß (Abbildung 62a) von etwa 0,8 mm ist ideal, da Cascover nicht angeschliffen werden kann. Andernfalls lassen sich die Kanten mit Epoxidspachtel abschrägen.
Hat man das Tuch an den Enden grob zugeschnitten, befestigt man es mit Reißnägeln und tackert dann in der Mitte einen Holzstreifen quer fest, wobei das Tuch gleichzeitig gereckt wird. Dann rollt man es vom Bug bis zum Holzstreifen auf und bestreicht vom Holzstreifen an die ersten 750 mm mit Leim; das gereckte Tuch wird dann über diesen Teil gezogen und sofort mit Holzlatten festgehalten. Hat man sich auf diese Weise bis zum Bug vorgearbeitet, wird der erste Holzstreifen entfernt, das Tuch von achtern her aufgerollt, und dann schreitet man ebenso wie zuvor in diese Richtung voran. Zum Glattstreichen des Nylons benutzt man ein kleines Stück Sperrholz (Abbildung 64).

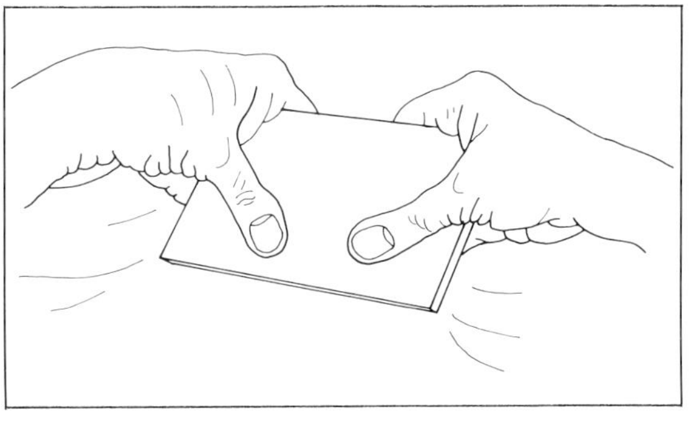

64 *Glätten von Tuchfalten mit einem Stück Sperrholz*

Saubere Kanten
Es gibt einen Trick, wie man am Wasserpaß eine scharfe Kante bekommt, ohne daß hier zu wenig Leim vorhanden ist und ohne daß Leim den Lack der oberen Bordwand verunziert. Dazu nimmt man eine etwa 50 mm breite und etwa 5 mm dicke Kiefernlatte, die so an den Rumpf getackert wird, daß ihre Unterkante genau mit dem oberen Ende der Beschichtung übereinstimmt. Die Lage der Latte reißt man oben und unten mit einem Bleistift an und nimmt sie dann ab.
Die Fläche zwischen den Bleistiftlinien klebt man

mit einem durchgehenden, 50 mm breiten Klebeband guter Qualität ab. Beim Beschichten dürfen Leim und Tuch bis auf die halbe Höhe dieses Klebebands kommen. Hat sich der Leim gesetzt (bevor er steinhart wird), befestigt man die Latte wieder in ihrer ursprünglichen Lage und zieht an der unteren Kante ein rasiermesserscharfes Messer entlang. Dann nimmt man die Latte wieder ab und entfernt das Klebeband zusammen mit dem überflüssigen Leim und Tuch.

Tabelle 3 **Kostenvergleich einiger Beschichtungsmethoden**

Methode	Amateurkosten	Werftkosten	Bemerkungen
	DM/m^2 (ohne Mehrwertsteuer)		
Polyesterharz und zwei Lagen Glasfasergewebe	27	105	Mittlere Gewebestärke einschließlich Primer. Für alle Holzflächen.
Cascover*	39	126	Aufgeleimtes Nylongewebe mit PCV getränkt. Für alle Holzoberflächen.
Limpetite**	84	210	Synthetisches Gummimaterial. Kosten für 1,5 mm dicken Auftrag auf Stahl- oder Holzrumpf.
Dekaplex	24	108	Elastisches Material; 1 l/m^2. Geeignet für alle Oberflächen, einschließlich Ferrozement.
Mariner 706	Nur Profiarbeit	180	Verklebte Kupfer-Nickel-Folie. Nur für Unterwasserschiff. Ideal für GFK.
Kupfer (0,5 mm dick)	54	135	Nur für Unterwasserschiff von geplankten Rümpfen.

* Weltweiter Versand durch Wessex Resins & Adhesives Ltd, 11A Weston Grove Road, Southampton, England.

** Weltweiter Versand durch Protective Rubber Coatings Ltd, Payne's Shipyard, Coronation Road, Bristol, England.

(Anmerkung: Die Kosten basieren auf Erhebung des Autors in Großbritannien und wurden zu einem mittleren Kurs umgerechnet. Von Ort zu Ort und von Land zu Land dürften sie variieren.)

Decksbeschichtung

Bei der Beschichtung eines Decks mit Cascover geht man genauso vor wie beim Rumpf; das Zuschneiden gleicht dann allerdings eher dem der zuvor beschriebenen Decksbeschichtung mit Segeltuch.

Andere Beschichtungsarten

Die ungefähren Kosten für die Beschichtung von Rumpf und Deck sind in Tabelle 3 aufgelistet. Bei Rümpfen aus dickem Holz hat man mit Kupferbeschichtung den besten Erfolg, obgleich eine Beschichtung mit verzinkten Platten bei einem Boot mit Beschlägen aus galvanisiertem Stahl sicher geeigneter ist. Kupfer-Nickel-Folien (Mariner 706) halten auf nahezu allen Rumpfmaterialien. Dieses Produkt erhält man in fast allen Ländern.

Haftungsfehler

Die meisten modernen Beschichtungsverfahren hängen von einer perfekten Haftung ab. Fehler in dieser Hinsicht zu entdecken, ist oft nicht einfach. Bei ungenügender Haftung kann Wasser eindringen und das Holz zu faulen beginnen. Bei Kupferbeschichtung, die nicht aufgeklebt wird, geschieht dies nicht: Ein guter Anstrich des Rumpfes unter den Kupferplatten sollte sehr lange halten.

Rutschfeste Beläge

Normalerweise benötigen nur geplankte oder Sperrholzdecks eine vollständige Beschichtung; doch zur Wartung von GFK-Decks gehört auch das Erneuern der rutschfesten Beläge und Streifen, die sich aufzulösen beginnen, beziehungsweise das Anbringen zusätzlicher Streifen auf allzu gefährlichen Teilen des glatten Decks. Man tritt zum Beispiel sehr leicht und unvorsichtig auf Lukendeckel; schön aussehende, glänzende Partien können bei Nässe unfallträchtig sein. Beim Ausrüster findet man kleinere Streifen passenden Materials, und oft kann man sich auch nach Papierschablonen größere Formen zuschneiden lassen. Vom Farbenhersteller International gibt es beispielsweise eine transparente rutschsichere Beschichtung, die eigentlich für Windsurfer gedacht ist. Auf einem Windsurfer sollte man allerdings nie gesandete rutschfeste Beläge verwenden, wenn man nicht dauernd aufgescheuerte Knie haben will!

Ventilation

Viele Kajütboote habe keine ausreichende Ventilation, wenn alle Schotten dicht sind. Dann bildet sich Schwitzwasser, und Decksleckagen können nie richtig austrocknen. Das läßt sich jedoch leicht abstellen, indem man zusätzliche Lüfter anbringt.

Schwitzwasser
Es ist bekannt, daß Holzboote, wenn sie ständig von innen her feucht sind, zu faulen beginnen können; doch solche Boote oder GFK-Sandwich-Konstruktionen haben viel weniger unter Schwitzwasser zu leiden als Rümpfe aus Metall, Ferrozement und gewöhnlichem GFK.

Pilzlüfter
Die Wahl neuer Lüfter sollte man sorgfältig treffen. Der übliche schraubbare Pilzlüfter ist relativ preiswert, aber keineswegs spritzwassersicher und eine bekannte Falle für das laufende Gut. Die Schraube metallischer Pilzlüfter sollte immer leicht geölt sein. Alle Lüfter brauchen Fliegengitter, die für Reinigungszwecke entfernbar sein müssen.

Drucklüfter
Der traditionelle Drucklüfter ist weder gegen Spritzwasser noch gegen Regen gesichert, aber er führt eine enorme Menge Luft nach unten – wichtig besonders für Maschinenraum und Bilge, wo etwas Feuchtigkeit nicht von Bedeutung ist. Tuchabdekkungen mit eingenähtem Gummizug sind bei schlechtem Wetter nützlich. Drucklüfter aus Gummi haben den Vorzug, daß sie dem Tauwerk elastisch ausweichen können.

Muschelförmige Lüfter
Die am wenigsten hinderliche Lüfterform an Deck ist die Muschelform (Abbildung 65a und b). Solche Lüfter lassen sich am besten an den Seiten eines Steuerhauses oder eines Kajütaufbaus anbringen; am günstigsten ist es, wenn sie mit der Öffnung nach unten zeigen.

Spritzwassergeschützte Lüfter
Der traditionelle Pilzlüfter ist weitgehend von dem in Abbildung 65c gezeigten flachen Lüfter aus rostfreiem Stahl oder Kunststoff verdrängt worden, der innen einen Spritzwasserablauf hat. Manche dieser Lüfter sind sogar mit einem runden Deckslicht oder einem Gebläse versehen. Andere besitzen einen eingebauten Solarantrieb, der ein kleines Schaufelrad bewegt und damit für kontinuierliche Belüftung der Kajüte sorgt.

Spritzwassergeschützte Drucklüfter
Sehr gute Drucklüfter (wie in Abbildung 65d) sind in der Lage, alles eindringende Wasser wieder ablaufen zu lassen, außer wenn sie vollständig unter Wasser geraten. Oft ist es ratsam, einen Drucklüfter vom Wind wegzudrehen.
Noch wirksamere Entlüftung ist mit einem Venturi-Lüfter möglich. Die meisten dieser Lüfter sind spritzwassergeschützt, wenn man sie in die richtige Richtung dreht. Neuere Lüfterarten, die mit einer Art Gummiventil ausgestattet sind, sollen auch längeres Eintauchen unter Wasser ohne Leckage überstehen. Man denke daran, daß elektrische Energie für Ventilatoren eine zusätzliche Belastung für die Batterie bedeutet, wenn das Boot nicht mit einem Windgenerator oder mit Solarzellen ausgestattet ist.

Dorade-Lüfter
Um Luft und Spritzwasser zu trennen, baut man selbst aus Holz, Kunststoff oder Metall einen Doradekasten, auf den man jede Art von Lüfter setzen kann. Man bringt den Kasten innen unter dem Deck an (Abbildung 68) oder baut ihn in den Bug ein. Oder aber er wird, wie in Abbildung 65d, an Deck plaziert. In den Tropen sollte man außen Gitter anbringen, damit keine fliegenden Fische in die Kästen gelangen können.

Mast-Ventilatoren
Auf einigen Fahrzeugen mit hohlen Masten sieht man gelegentlich Ventilatoren im Masttopp, durch die Frischluft unter Deck geführt wird. Manchmal wird sogar ein Auspuff durch den Mast geführt. Kombiniert man beides, wird die Abluft nach oben geführt, während durch sie erwärmte Frischluft nach unten strömt.

Windsäcke
In den Tropen bekommt das Wort Ventilation eine neue Bedeutung. Am Liegeplatz sind großflächige Windsäcke aus Segeltuch geeignet, die über geöffne-

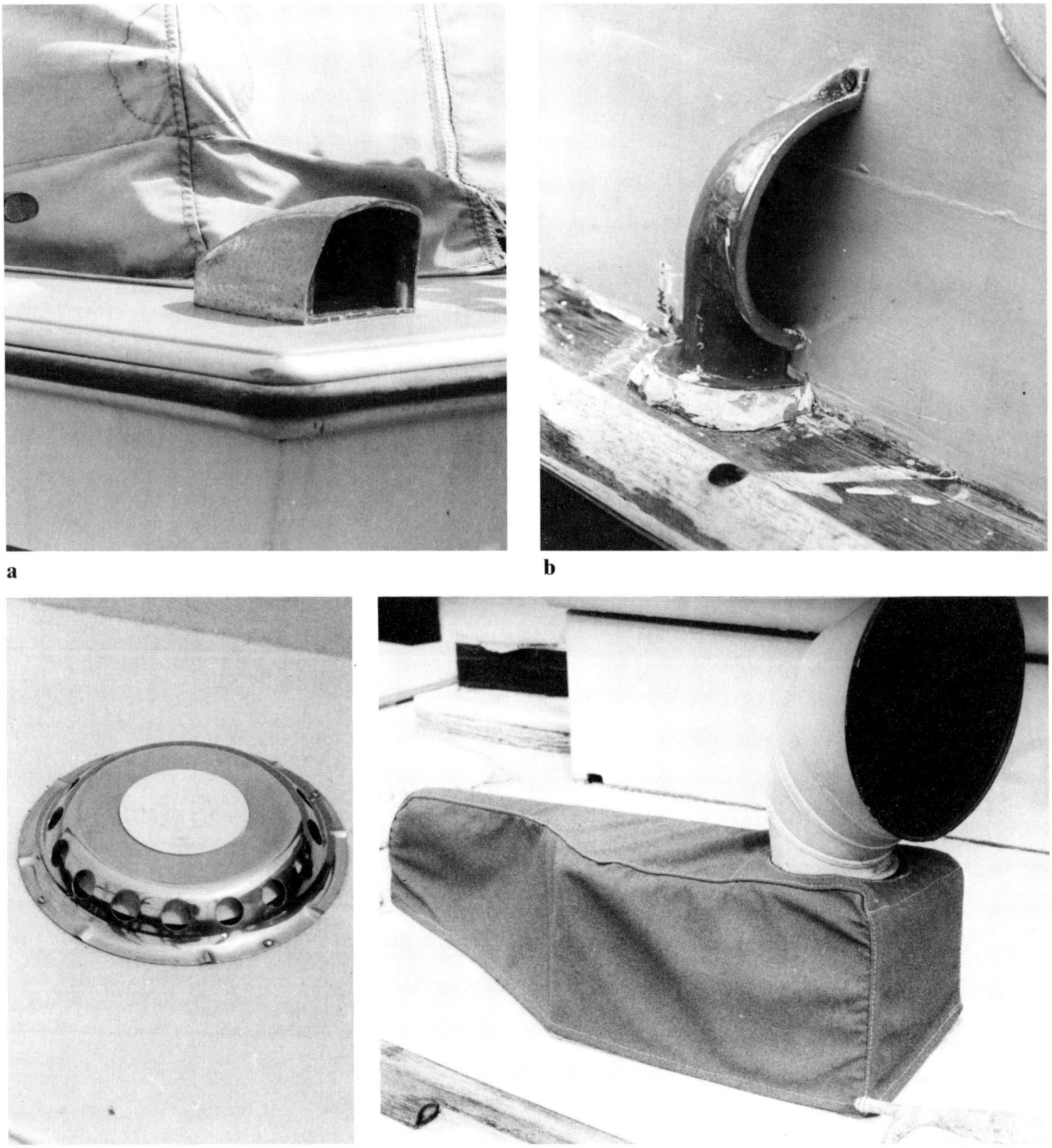

65 *Übliche Lüfter:* **a** *Muschelförmig* **b** *Halbkreisförmig* **c** *Spritzwasserdichter Ventilator flacher Ausführung* **d** *Drucklüfter auf einem Doradekasten*

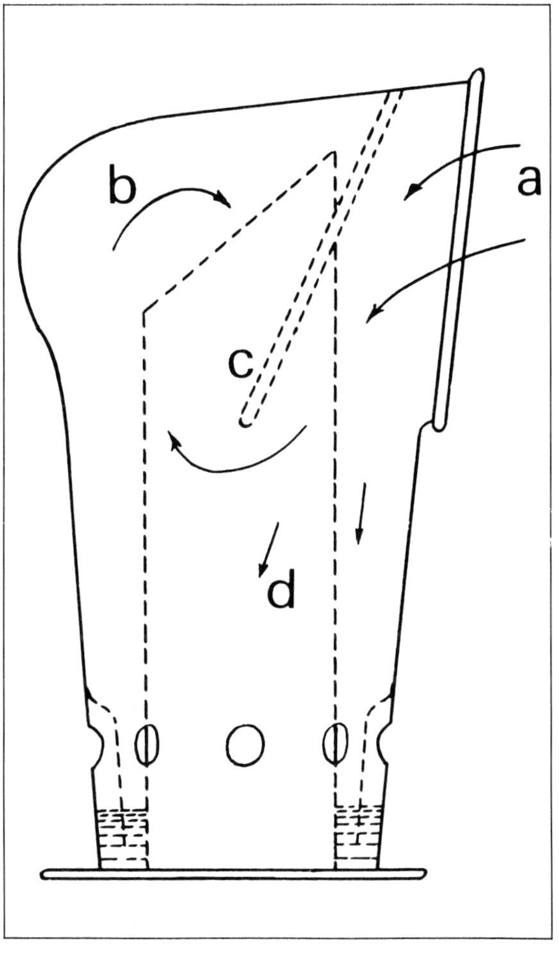

66 *Moderne, Spritz- und Regenwasser abweisende Windhutze:* **a** *Eintritt von Luft und Spritzwasser* **b** *Trockene Luft strömt nach unten.* **c** *Ablenkplatte* **d** *Weg des Wassers zum Wasserablauf*

67 *Windhutze, die in ein offenes Bullauge gesetzt wird.*

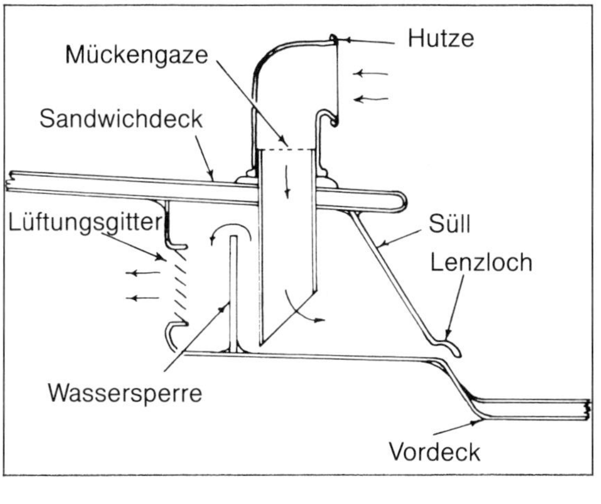

68 *Selbstgebauter Doradekasten, der in einen GFK-Rumpf eingebaut wurde.*

69 *Treibanker als improvisierter Windsack in den Tropen*

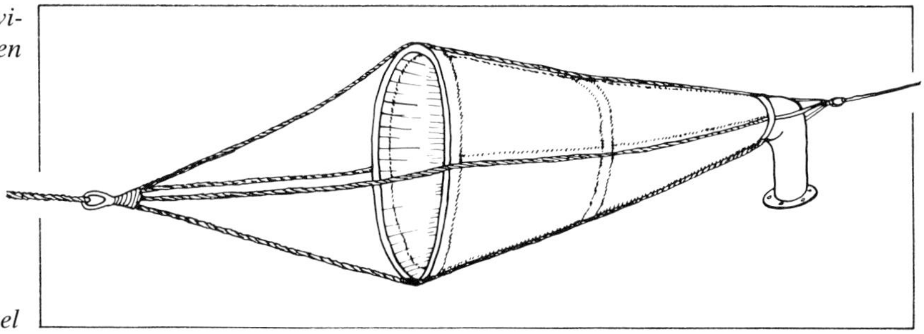

70 *Verbesserter Lukendeckel*

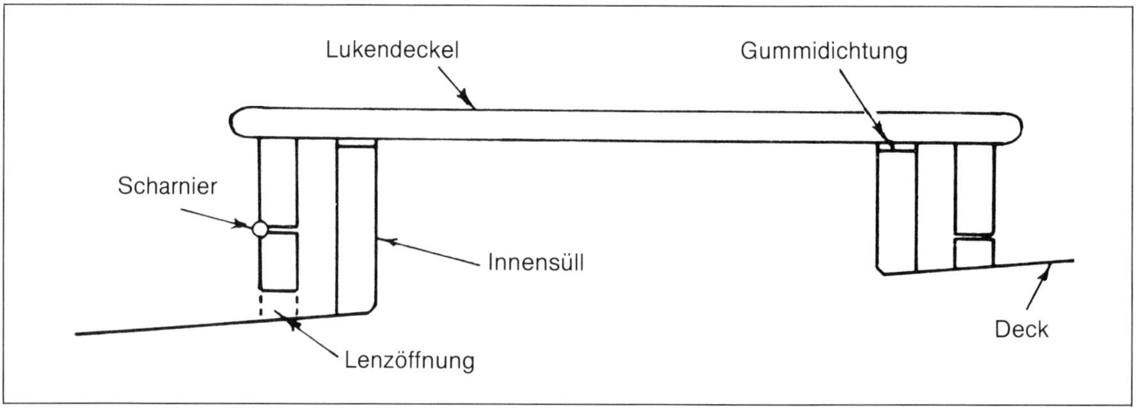

ten Luks angebracht werden; unterwegs empfehlen sich für die Bullaugen eher Windhutzen aus Metall (Abbildung 67) – vorausgesetzt, daß es nicht zu stürmisch ist. Die Wirkung einer einfachen Lüfterhutze kann man verstärken, wenn man daran einen zweckentfremdeten Treibanker befestigt (Abbildung 69).

Leckende Lukendeckel
Die einfachste Abhilfe gegen leckende Luks und Skylights ist eine passende Persenning, angebracht bei rauhem Wetter oder wenn das Boot unbemannt im Hafen liegt. Damit schützt man zugleich die Klarlackteile. Der in Abbildung 70 gezeigte Typ des Vorluks hält Spritzwasser recht gut fern. Ein solches zweites, äußeres Süll kann man auch an anderen Luks anbringen, indem man sie etwas vergrößert, wobei man allerdings Lenzlöcher vorsehen muß.

Scheibenwischer
Die Frontscheiben von Steuerhäusern sind oft mit elektrischen Scheibenwischern verschiedener Bauart ausgestattet. Wenn sie bei Regen einmal nicht funktionieren, kann es gefährlich werden; also sollte man immer ein Ersatzpaar an Bord haben. Ihre Motoren haben nur eine beschränkte Lebensdauer, wenn sie nicht jährlich geschmiert werden. Die Wischerblätter aus Gummi werden oft hart, und die Armaufhängungen brauchen monatlich einen Tropfen Öl, damit sie leicht laufen. Hat das Boot rotierende Scheibenwischer, sollte man stets einen Ersatzkeilriemen an Bord mitführen.

Decksbeschläge

Wenn man neue Lüfter oder andere Arten von Decksbeschlägen anbringt, ist es wichtig, sie sorgfältig in Dichtmasse zu betten, gut durchzubolzen und durch Unterlagen auf und unter dem Deck für eine gute Kraftverteilung zu sorgen.

Bei einem Sandwichdeck
GFK-Sandwichdecks haben zwei Außenschichten

mit einem Kern aus Balsaholz oder PVC-Schaum dazwischen. Auf der Werft werden statt dieses Kerns festere Sperrholzteile an jenen Stellen angebracht, wo Beschläge durchgebolzt werden sollen. Ohne großflächige Unterlagen würden die Beschläge den Kern zusammendrücken. Man kann das Problem umgehen, indem man größere Löcher bohrt und dicke Tufnolrohre von genau passender Länge hindurchführt, die dann ein Zusammendrükken des Kerns verhindern.

Relingstützen

Das Ersetzen einer gebrochenen Relingstütze ist für den Amateur oft schwierig; vielleicht war auch das ursprüngliche Befestigungssystem nicht gut genug. Die Bolzen sind hinter der Wegerung oft schwer zugänglich. Dann braucht man Steckschlüssel mit variabler Verlängerung und eine Menge Geduld. Bei rostfreiem Stahl ist Geduld mehr angesagt als Kraft: Ist die Mutter ordentlich auf den Bolzen gedreht worden, geht sie auch wieder ab.

Sorgfalt

Jedes Jahr sollte man die Decksbeschläge auf lose Bolzen untersuchen. Zugleich halte man nach Rissen Ausschau, vor allem bei den Relingstützen. Fehlt der Nylonschutz bei Kabeldurchführungen, wickelt man um alle Stellen, die schamfilen können, Isolierband.

Spieren, Rigg und Anker

6

Den Wind gibt es umsonst. Nicht nur wegen der Treibstoffkosten führt man auf See auf allen Sportbooten, außer auf sehr schnellen Motorbooten, gern ein bißchen Segel. Neben Masten, Bäumen und Klüverbäumen haben manche große Segelschiffe heute gelegentlich noch andere Spieren wie Stagsegel- und Spinnakerbäume, Ausleger- und Jockeybäume, Spreizgaffeln, doppelte Fockbäume für Passatsegel, moderne Fockroller, aber auch altehrwürdige Rahen.

Teure Ausrüstung

Ein modernes Rigg mit Aluminiumspieren und einem vollen Satz Winschen ist wahrscheinlich teurer als ein neuer Motor. Obwohl es oft als antiquiert bezeichnet wird, kostet ein Gaffelrigg im Endeffekt nur etwa ein Drittel davon (Abbildung 71) und hat viele Vorteile; bei geschrickten Schoten ist es effektiver als eine Hochtakelung. Ein schlanker Hohlmast mit Salingen und elektronischer Ausrüstung im Topp wird darüber hinaus beim Mastsetzen oder bei einem Zusammenstoß leichter beschädigt als der entsprechende kürzere Holzmast.

Setzen des Masts

Bei einem Segelboot unter 8 m Länge, dessen Mast in einem Koker an Deck steht, kann man den Mast mit zwei Helfern, einer Talje oder Winsch und einer kurzen Leiter wie in Abbildung 72 setzen oder le-

71 *Ein Gaffelrigg hat überraschend viele Vorteile, doch die Amwindeigenschaften gehören nicht dazu.*

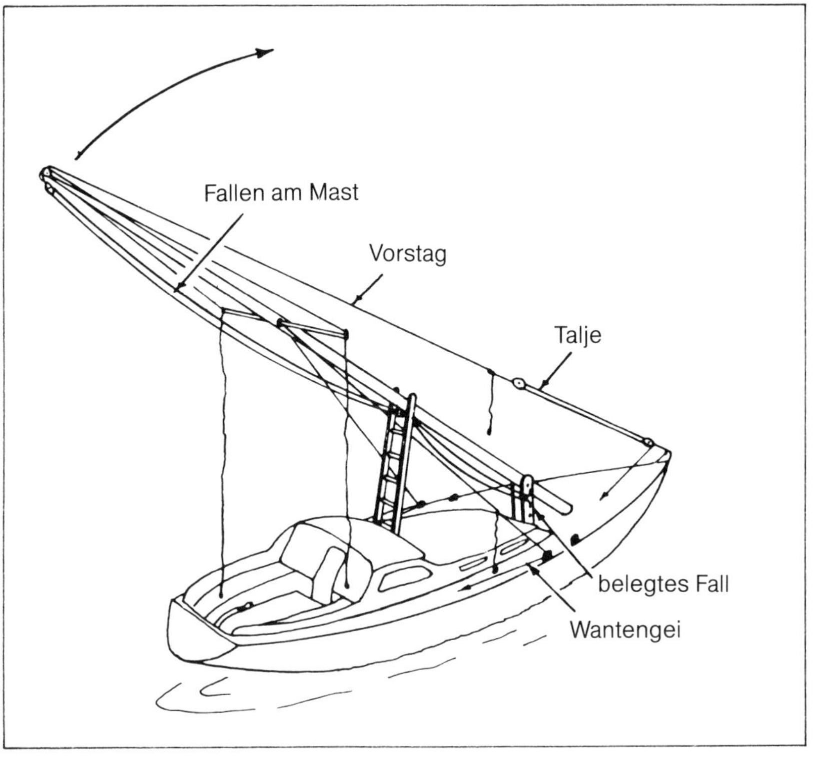

72 *Einfache Vorrichtung zum Setzen oder Legen eines leichten Masts*

gen. Dabei sollte man darauf achten, daß Wanten und Stage nicht frei herumhängen.

Jüttbäume
Bei der eben beschriebenen Methode wird es gefährlich, wenn ein schwerer Mast beinahe gelegt ist, ohne daß irgendeine Art von Jütt (Abbildung 73) dafür sorgt, daß der Winkel zwischen Vorstag und Mast groß genug bleibt. Boote, die regelmäßig unter Brücken hindurchfahren wollen, sollten eine gute Jüttvorrichtung an Bord haben. Für einen einmaligen Anlaß (wenn kein Kran vorhanden ist) kann man eine Jütt auch improvisieren, indem man eine der Wattstützen, den Spinnakerbaum oder bei einem leichteren Mast sogar den Slipwagen einer Jolle umfunktioniert. Seitenführung ist bei einer einbeinigen Jütt sehr wichtig, damit der Mast nicht seitwärts ausschert; die Geien müssen während des Mastsetzens immer bemannt sein und eventuell eingeholt oder gefiert werden.

Kielholen
Steckmasten gehen durch das Deck hindurch bis auf den Kiel. Will man sie setzen oder legen, braucht man einen Kran oder ein ziemlich langes Zweibein, wenn das Boot nicht für diesen Zweck flach auf die Seite gekrängt werden soll (sog. Kielholen, siehe Abbildung 74). Bei Jollen und anderen kleinen Booten ist dies allerdings eine einfache Prozedur.

Aufhängen des Masts
Bei den meisten Masten liegt der sicherste Punkt zum Aufhängen etwa auf halber Masthöhe, den Teil unter Deck mit eingeschlossen. Kann man sich einen passenden Stropp nicht leihen, so tut es auch eine doppelt genommene, dicke Leine. Man bringt den Stropp wie in Abbildung 75 (links) an, wobei an das obere Ende ein Marlschlag kommt. Das untere Ende wird an einer Fallklampe oder einer Winsch belegt. Der Marlschlag fällt leicht nach unten, sobald kein Zug mehr vorhanden ist; beim Legen eines

73 *Einfache Jüttvorrichtung*

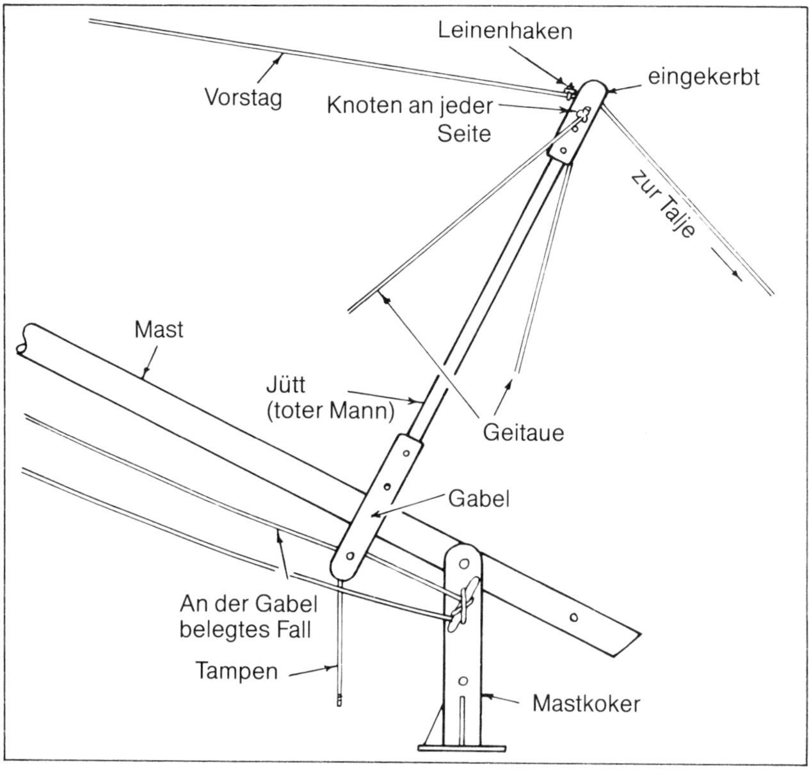

74 *Kielholen eines kleinen Segelbootes zum Mastlegen*

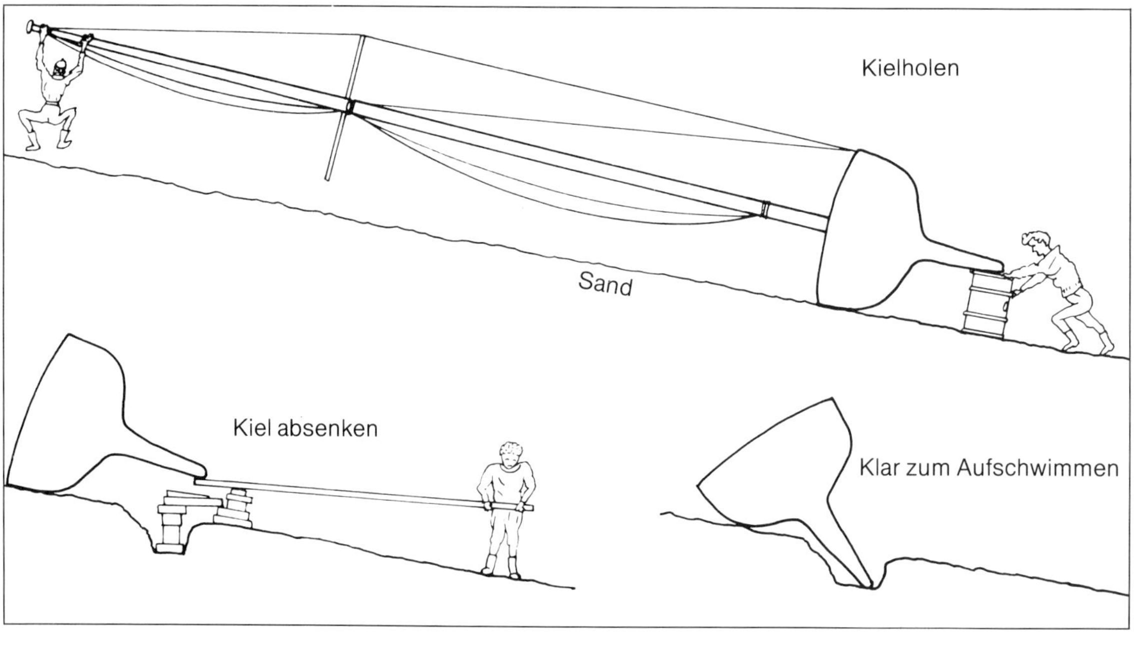

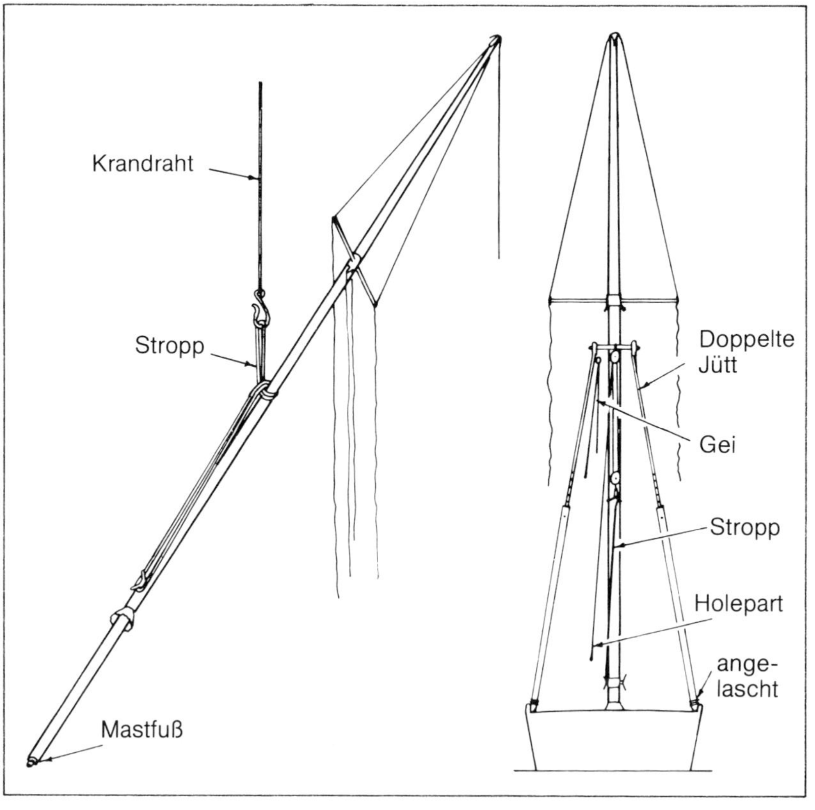

75 Links: *Schlinge, die sich nach dem Mastsetzen leicht entfernen läßt.* Rechts: *Zweibeinige Teleskop-Jütt aus Aluminium*

Masts rutscht der Stropp jedoch leichter nach oben, wenn er durch ein dünnes Bändsel am vorzeitigen Bekneifen gehindert wird.

Doppelte Jütt

Eine auf Deck stehende doppelte Jütt (Abbildung 75 rechts) mit Geitauen ist praktisch zum Ziehen kleinerer Masten; größere kann man damit nicht handhaben. Beim Abschätzen der benötigten Höhe zum Herausziehen des Masts rechne man die Scheibe und die Talje ebenso mit ein wie eine gewisse Höhe für den Mastfuß über Deck. Ohne Kran muß man sich auch gut überlegen, wie man einen gelegten Mast an Land befördern kann, falls er dorthin soll. Mit ein wenig Hilfe, Spieren und Tauwerk wird man es immer schaffen, aber es braucht Zeit.

Ladebaum

Beim Einsetzen oder Herausnehmen eines Mastes an abgelegenen Orten ist das Errichten eines behelfsmäßigen Ladebaums oft die beste Lösung (Abbildung 76 links). Dieser Ladebaum kann ein normaler Baumstamm, ein Telefonmast, ein anderer Mast oder ein Stück Wasserrohr aus Stahl sein. Steht sein Fuß in einem Loch im Boden, hält man die Krängung des Baums am leichtesten unter Kontrolle, und er kann sich, wenn der Mast an Land geholt wird, auch darin herumdrehen. Liegt man neben einem größeren Boot, so kann man mit Hilfe seines Mastes den eigenen setzen oder legen, indem man mit seinen Fallen eine Art Gaffel riggt (Abbildung 76 rechts). Am äußeren Ende wird die Schlinge angebracht; und beim Anheben der „Gaffel“ mit einer doppelt geschorenen Talje steigt der Mast nach oben.

Vorbereitung zum Mastsetzen

Beim Setzen eines Mastes muß man viel sorgfältiger als beim Legen sein. Nichts darf beschädigt werden. Schäkel, Lümmel und Bolzen müssen mit Draht gesichert sein; das laufende Gut muß in der richtigen

76 Links: *Ein selbstgebauter Ladebaum hebt jeden Mast heraus.* Rechts: *Improvisierte Gaffel als Ladebaum an einem größeren Segelboot*

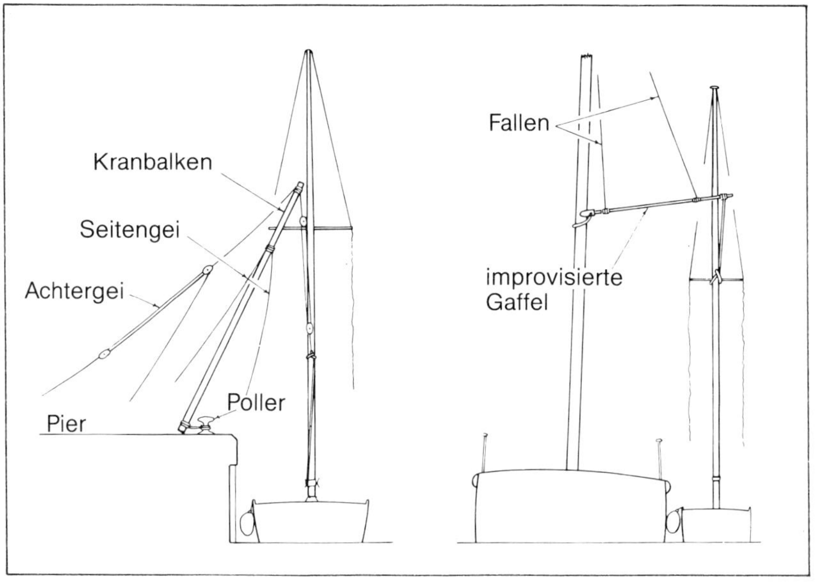

Richtung durch die Blöcke geschoren sein; alle Lichter und ihre Kabel müssen überprüft worden sein, Gewinde und Metallscheiben eingefettet. Ist der Mast bereit, bändselt man Wanten und Tauwerk dicht am Mast zusammen, am besten mit dünner Leine, die man leicht ausbrechen kann. Das achtere Wantenpaar kann man möglicherweise schon jetzt an den Püttings befestigen; sonst sollte es schnell geschehen, sobald der Mast steht.

Stromleitungen
Einige schwere Unfälle sind, wenn auch selten, schon dadurch passiert, daß Masten mit tiefhängenden Stromleitungen in Berührung kamen. Arbeitet man am Mast in einer nicht genau bekannten Umgebung, sollte man also gelegentlich einen Blick nach oben werfen.

Mastkeile

Wo ein Mast durch das Deck hindurchgeführt wird, wird das Mastloch auf verschiedene Weise abgedichtet, im allgemeinen durch speziell geformte Mastkeile aus Holz, die mit Segeltuch abgedeckt werden (einen sogenannten Mastkragen), durch Hartgummikeile oder einen speziellen Neoprendichtring, der dann noch mit einer Neoprengamasche abgedichtet wird. Müssen neue hölzerne Mastkeile angefertigt werden, schneidet man sie am besten aus Teak oder Iroko (die bei Feuchtigkeit weniger arbeiten) und formt dabei oben eine Art Haken (Abbildung 77a), damit sie nicht nach unten durchfallen. Bei einem runden Mast sind viele kleinere flache Keile beinahe genausogut wie wenige rundgeformte Keile. Hat man es mit Gummikeilen zu tun, zieht man den Mast zuerst am Rigg nach vorne, drückt die hinteren Keile hinein und wiederholt dann den Vorgang in umgekehrter Richtung. Hartholzkeile können einen Aluminiummast leicht einbeulen. Soll also der Kragen um einen Metallmast erneuert werden, wende man sich an den Mastenhersteller (sein Schild findet sich meist dicht über Decksniveau) oder, falls es sich um ein GFK-Serienboot handelt, an die Werft, die sicherlich Ersatz beschaffen kann.

Mastkragen
Ältere Mastkragen sind aus Segeltuch genäht, das mit Farbe behandelt wurde. Das Oberteil wird in Dichtmasse gebettet und mit Marlleine (Abbildung 77b) oder einem Streifen Blei, der mit Stiften gehalten wird, am Mast befestigt. Das Unterteil ist meist durch einen teilbaren, aufgeschraubten Metallring an Deck gesichert. Wird ein durchgehender Ring benutzt, darf man nicht vergessen, ihn vor dem Aufstellen des Masts in seine Position an Deck zu bringen.

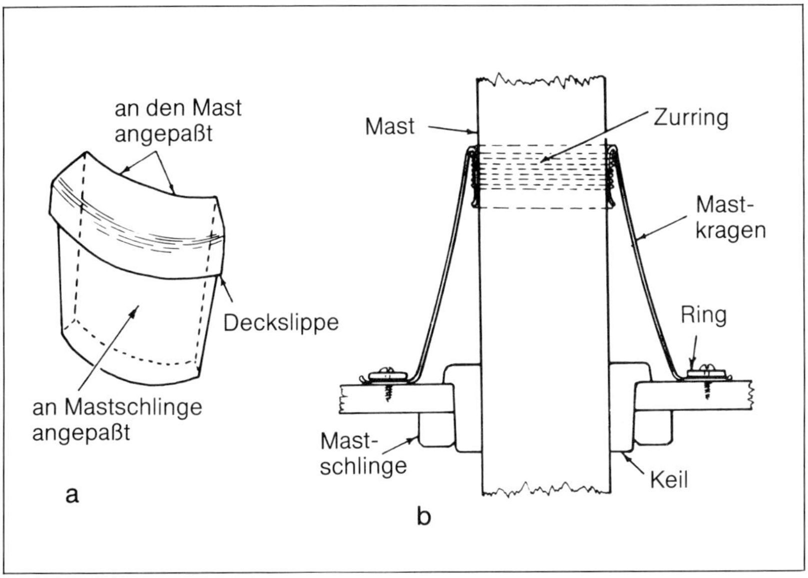

77 *Herkömmliche Decksdurchführung des Mastes:* **a** *Hölzerner Mastkeil.* **b** *Mastkragen aus Segeltuch*

Gamasche
Moderne Mastkragen oder Gamaschen kann man, wenn sie eingerissen sind, kurzzeitig mit gutem Klebeband flicken; aber wie bei so vielem modernen Gerät bedeutet auch hier Verlust oder Beschädigung Kauf eines neuen Teils. Bei vielen kleineren Fahrzeugen werden die Aluminiummasten in einen kleinen Fuß an Deck gestellt. Das verhindert Leckagen, und der Mast ist kürzer. Doch ohne einen ordentlichen Koker muß man einen solchen Mast mit einem Kran stellen oder legen.

Kontrolle der Spieren

Ein Mast sieht kahl und einfach aus, wenn er ohne Beschläge an Land liegt (siehe Kapitel 12). Man hat dann eine gute Gelegenheit, ihn auf Beschädigungen zu untersuchen. Manche Masten großer Yachten kommen nie an Land. In diesem Fall muß man jährlich einmal in den Mast steigen, um ihn zu untersuchen. Bäume, Gaffel und andere Spieren sind häufiger in Augenhöhe und deshalb ständig unter Beobachtung.

Scheibenkästen
Auf Jollen wie auf größeren Booten werden die Fallen oft im Mastinnern geführt. Im Topp und im Mastfuß müssen dann Scheiben eingebaut sein, die freilich häufig vernachläßigt werden. Scheiben und Umlenkrollen aus Metall müssen jährlich geölt werden; Scheiben aus Nylon oder Tufnol, die sich auf Bolzen aus rostfreiem Stahl drehen, sollen dagegen trocken laufen. Wenn man die in einem Scheibenkasten gelegene Scheibe entfernt, bindet man am besten ein Bändsel um die Nut, damit sie nicht nach innen fallen kann, wenn man den Achsbolzen herausnimmt (siehe auch Seite 134).
Auf kleineren Holzmasten ist die Scheibe im Topp meist in den Mast eingelassen, und die Bolzen gehen dann durch die Mastwände hindurch. Hat man sie entfernt, wird alles blanke Holz mit Lack behandelt, damit es kein Wasser aufnehmen kann. Auch bei Aluminiumspieren hat man gelegentlich integrierte Scheibenkästen mit herausnehmbaren Bolzen, aber häufiger ist der Scheibenkasten ein separates Stück, das nach dem Lösen einiger Schrauben herausgenommen werden kann. Einige Scheibenkästen besitzen internen Schamfilschutz aus Rollen, die nur teilweise sichtbar sind, aber dennoch geölt werden müssen.

Metallermüdung
Die Zuverlässigkeit jedes Masts hängt normalerweise von der Stärke der Metallbeschläge ab. Risse in Augen, Masttoppkran, Bändern oder Scheibenkästen-Ausschnitten können im frühen Stadium oft

78 *Vier Arten der Mastschiene:* **a** *Kastenschiene* **b** *T-Profilschiene* **c** *aufgenietete Schiene* **d** *integrierte Keep für das Vorliek*

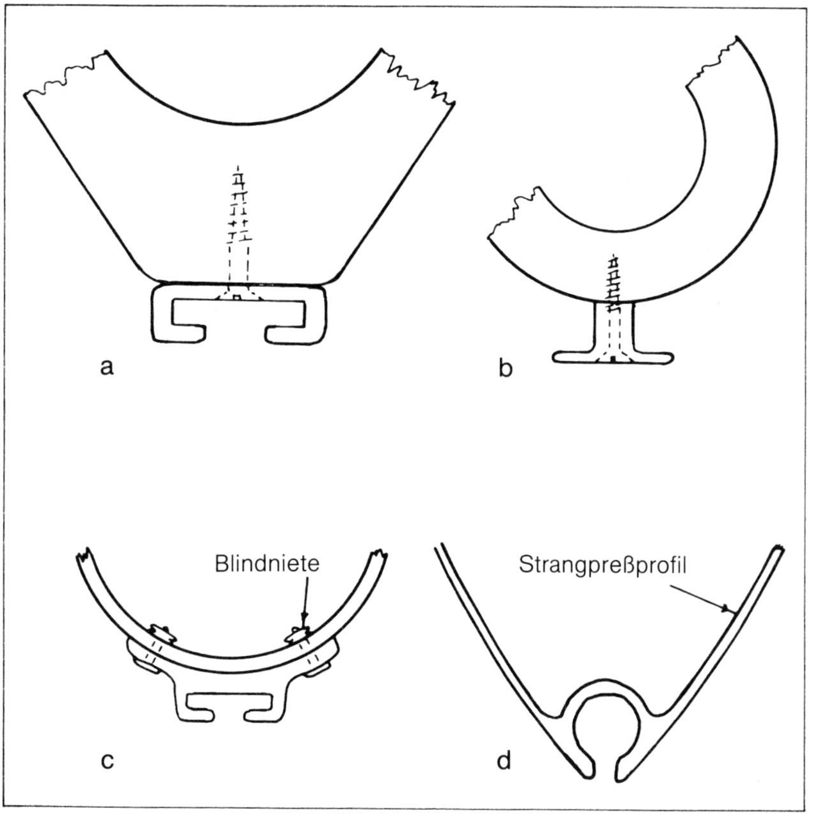

nur mit einem Vergrößerungsglas entdeckt werden; außerdem treten sie manchmal auch unter Beschlägen und Flanschen auf. Defekte wie durchgeschliffene Schäkelbolzen oder Korrosion sind leichter zu erkennen. Unterschiedliche Metallarten findet man an den meisten Aluminiumspieren. Zwar sind sie durch Unterlagen gegen galvanische Korrosion geschützt, aber das gilt nicht für die Befestigungen – da muß man also um so schärfer hinsehen!

Mastschiene

Lose Schrauben an Mastschienen mit innen oder außen laufenden Rutschern (Abbildung 78a und b) können ein Segel mit erschreckenden Folgen am Niederfallen hindern. Die außen aufgenietete Mastschiene (78c), wie man sie oft an Aluminiumspieren sieht, birgt nicht diese Gefahr; aber eine regelmäßige Überprüfung auf lose Befestigungen ist dennoch sinnvoll.

Längere Schrauben halten in Holz recht gut, wenn die Mastwände dick genug sind. Zu große Löcher kann man auffüllen, indem man Hartholzteilchen einleimt und bündig hobelt; dann kann man die alte Schraube wieder anbringen. Schrauben halten besser, wenn sie zuvor kurz in Lack getaucht werden. Loctite-Gewindedichtflüssigkeit hilft bei Metallschrauben, meist auch bei Gewindeschneidschrauben. Man kann auch durch eine Mastschiene zusätzliche Schraubenlöcher bohren, ohne sie entfernen zu müssen.

Beschädigungen der Mastschiene

Verbogene Lippen der Mastschiene lassen sich leicht reparieren, indem man aus weichem Metall einen in oder über die Schiene passenden kleinen „Amboß" sägt, ihn dann einführt und mit einem leichten Hammer die Schiene wieder ausrichtet. Muß ein kleineres Stück Schiene erneuert werden und sind passende Teile nicht zu erhalten, nimmt man ein Stück vom Masttopp ab und ersetzt es durch das alte

Stück. Alle geschnittenen Teile sollten etwas abgeschrägt werden, damit die Mastrutscher nicht so leicht an Unebenheiten hängenbleiben.

Schmieren der Mastschiene
Nur wenige Eigner schmieren oder ölen ihre Mastschiene jemals, da dies bei einem stehenden Mast recht schwierig ist. Wenn das Segel abgeschlagen wird, können die geölten Rutscher auch das Tuch verschmieren. Es gibt spezielle Schmiermittel, die man ohne Bootsmannsstuhl anbringen kann. Wo Metallrutscher in einer Hohlschiene am Mast laufen, schneidet man sich ein passendes Stück Schaumstoff zurecht, läßt es sich mit Schmiermittel vollsaugen und zieht es dann zwischen zwei Rutschern in der Keep auf und nieder. Schmierung ist nicht nötig, wenn Schiene oder Rutscher aus Kunststoff sind oder wenn das Liek direkt in einer Keep geführt wird (Abbildung 78d).

Geleimte Holzmasten
Aufgehende Leimfugen sind nicht selten, besonders an älteren Jollenmasten. Wenn man eine 1-mm-Tastlehre 15 cm oder weiter in der Leimfuge verschieben kann, dann spätestens muß etwas unternommen werden. Die halbverborgene Naht innerhalb der Keep muß man besonders genau untersuchen.

Leiminjektionen
Zunächst säubert man die Fuge von altem Leim – am besten mit einem dünnen Metallblatt der Tastlehre. Dann spritzt man mit einer Einwegspritze Epoxidkleber hinein, wobei man unter Umständen an der Fuge entlang kleine Löcher bohren muß, um die Nadel einführen zu können. In schlimmen Fällen muß man die Masthälften leicht mit Zwingen zusammenpressen. Bei einem runden oder birnenförmigen Mast schneidet man sich dazu Paßstücke aus Kiefernholz (Abbildung 79) zum Ansetzen der Zwingen zurecht. Manchmal ist es auch sinnvoll, quer zur Fuge einige (gut versenkte) Schrauben anzubringen.

Lose Beschläge
Wenn ein Beschlag an einem Mast oder einer anderen Spiere lose kommt, erhöht sich die Belastung für seine Befestigungen stark, so daß sofortiges Handeln nötig ist. Beschläge an Aluminiummasten werden auf Seite 93 behandelt. Der meiste Ärger tritt bei Holzspieren auf, wo Schrauben statt

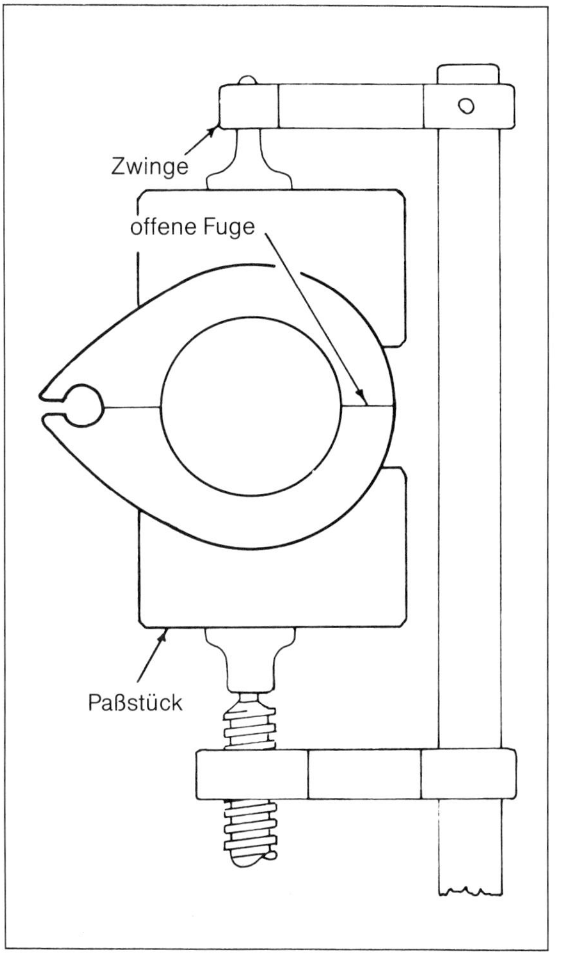

79 *Zusammendrücken eines kleinen Masts nach der Injektion von Leim*

der Durchbolzungen verwendet wurden. Geschraubte Belegklampen sind am häufigsten betroffen. Eine Neubefestigung erfolgt hier besser mit dickeren als mit längeren Schrauben des gleichen Durchmessers.

Mastbeschichtung
Ein schwach gewordener Voll- oder Hohlmast kann noch einmal gerettet werden, indem man ihn ganz oder teilweise mit GFK beschichtet. Wenn man nicht Kevlar oder Kohlefaser verwendet, braucht man wenigstens vier Lagen Glasgewebeband, das

spiralförmig in unterschiedlichen Richtungen um den Mast gelegt wird. Ein großer Mast kann leicht zehn Lagen benötigen.

Vorüberlegungen
Benutzt man pigmentiertes Harz oder streicht man den Mast zum Schluß, muß das Ergebnis nicht allzu schlecht aussehen; aber mit den notwendigen Änderungen der Metallbeschläge sind die Kosten für eine Beschichtung oft höher als für einen neuen Mast. Außerdem ist das zusätzliche Gewicht im Rigg sehr unwillkommen. Will man einen Mast mit integrierter Keep beschichten, sägt man diesen Teil zuvor ab und ersetzt ihn dann durch eine aufgeschraubte Mastschiene. Man kann die Beschichtung aber auch über die Keep hinweg verkleben, dann einsägen und sauber schleifen.
Mehr über die Beschichtung mit Kunststoff steht in Kapitel 5.

Surfbrettmast
Neuere Surfbretter sind oft mit Kunststoffmasten ausgerüstet. Eine Reparatur durch Beschichtung vermindert sicherlich ihre Biegefähigkeit, vor allem im oberen Teil. Die übliche Bruchstelle sitzt an der Gabelbaumbefestigung. Die Reparatur erfolgt meist dadurch, daß man ein etwa 60 cm langes Kunststoffrohr über einer Pappform anfertigt und in den Hohlmast schiebt. Wenn es gut verklebt und die Bruchstelle mit Zwei-Komponenten-Spachtel geglättet ist, laminiert man außen drei Lagen Glasgewebeband auf.

Schäden an Vollholzspieren

Längsrisse findet man häufig an Vollholzspieren, besonders wenn der Lack eine Zeitlang nicht erneuert wurde. Solche Risse beeinträchtigen die Stärke des Masts oder der Spiere normalerweise nicht; doch können Querrisse ohne Vorwarnung zum Bruch führen.

Kitt
Harmlose Risse füllt man am gelegten Mast mit Leinölfirnis; man kann sie aber auch mit elastischem Kitt füllen und dann überlackieren. Eine unterschiedliche Tönung gleicht man mit etwas Farbe aus. Möglich ist auch das Kalfatern mit synthetischen Gummiprodukten (siehe Kapitel 3), die dann ebenfalls mit Farbe leicht überarbeitet werden müssen.

Einsetzen neuer Teile
Kleinere, aber tiefe Risse und Löcher werden auf lackierten Spieren – und anderen Holzteilen des Bootes – gewöhnlich durch das Einsetzen eines rautenförmigen Stücks gleicher Holzart ausgebessert (Abbildung 80). Außer an den Kanten ist das Einsetzen an einem quadratischen Mast leicht. Zuerst fertigt man das neue Stück Holz an, legt es dann auf die zu reparierende Stelle und reißt die Kanten mit einem scharfen Messer an. Dann hebt man die Fläche etwa 3 mm tief mit einem Beitel aus, leimt den Flicken ein und schleift tags darauf bündig. An gerundeten Flächen hebt man zuerst die Vertiefung aus und fertigt dann aus fester Pappe eine passende Schablone, nach der man das einzusetzende Stück formt. Die Schablone hebt man am besten mit einem kurzen aufgenagelten oder aufgeklebten Stückchen

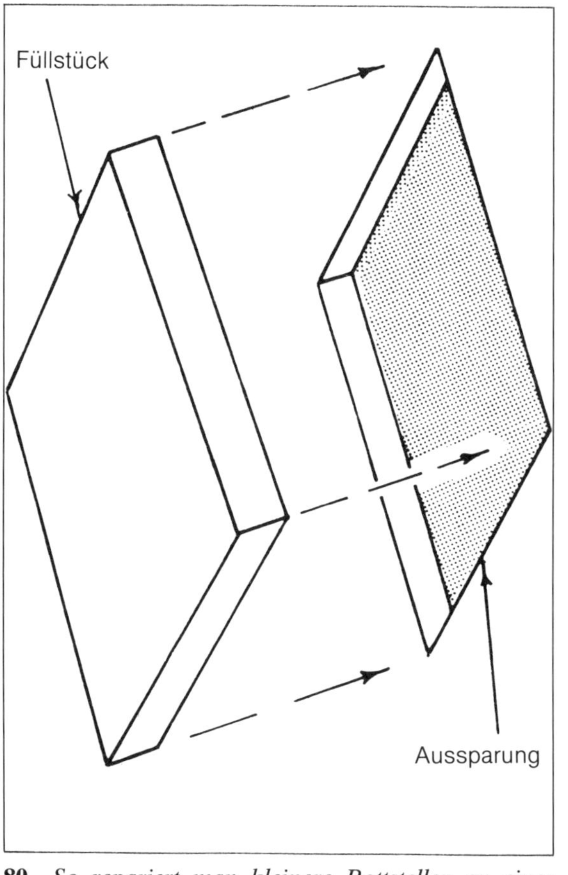

80 *So repariert man kleinere Rottstellen an einer lackierten Spiere.*

Holz aus der Form. Leicht abgeschrägte Kanten an dem Einsatzstück sorgen für eine gute Schmiege. Wenn kein farblich genau passendes Stück Holz zu finden ist, paßt man es der Farbe des Masts mit ein wenig Beize an.

Fäulnisstellen

Gut gewartete hohle Spruce-Masten widerstehen der Holzfäule ausgezeichnet. Bei einem Vollholzmast mit Gaffelrigg muß man besonders gut aufpassen, vor allem hinter den Mastkälbern (Abbildung 81), auf die die Wanten aufgelegt werden. Fäulnis kann überall entstehen, wo Regenwasser nicht gleich abfließt. Auch der Mastfuß auf dem Kiel kann rotten, wenn Wasser im Spurlager nicht ordentlich abfließen kann (Abbildung 82).

Überprüfung des Kerns

Der Kern einer Vollholzspiere kann faulen, obwohl das Äußere noch gut aussieht. Wenn man die ganze

81 *Teure Beschläge aus rostfreiem Stahl sind für die Takelage eines Gaffelmasts nicht nötig.*

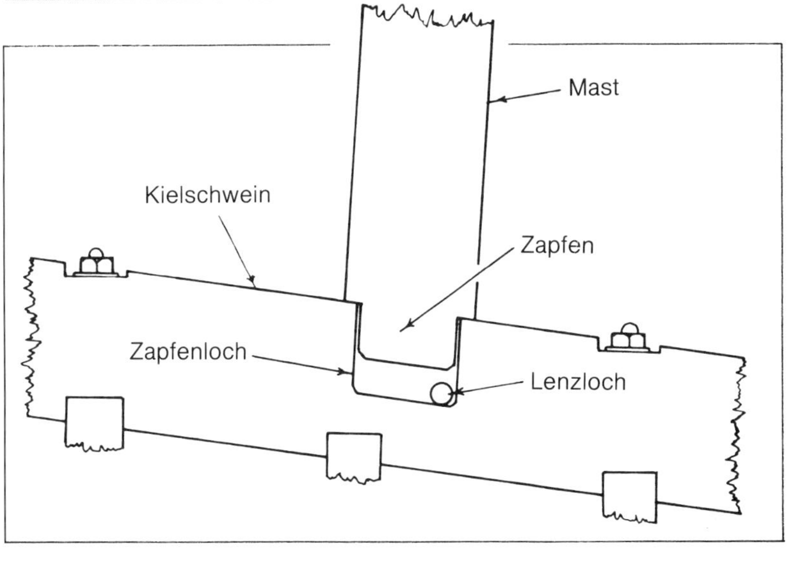

82 *Eine traditionelle Mastspur muß einen Wasserablauf haben.*

Spiere von oben bis unten mit einem Holzhammer abklopft, erkennt man am dumpferen Klang jene Stellen, an denen sich Fäulnis gebildet hat. Telefonmasten werden manchmal mit einem Spezialwerkzeug getestet, mit dem man bis in den Kern hinein eine kleine Probe ausbohrt. Kann man sich dieses Gerät nicht ausleihen, bohrt man mit einem 7-mm-Bohrer ein tiefes Loch. Mit einem dünnen Schraubendreher kann man dann weiche Stellen leicht ausfindig machen. Die Bohrlöcher muß man natürlich mit passenden Dübeln (siehe Seite 230) auffüllen.

Hervorstehende Äste

Ein gewachsener Vollholzmast hat viel mehr sichtbare Äste als ein gebauter Mast. Wenn die Äste vorstehen, kann dies bedeuten, daß der Mast oft abgekratzt worden und dadurch bereits geschwächt ist. Möglicherweise erneuert man dann besser den

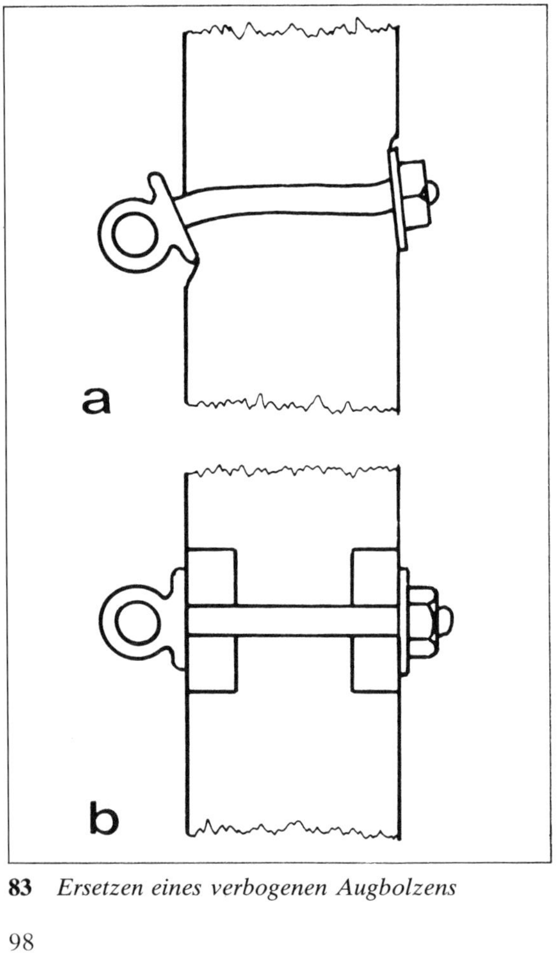

83 *Ersetzen eines verbogenen Augbolzens*

gesamten Mast, statt sich mit dem Glatthobeln der Astansätze abzumühen.

Augbolzen

Augbolzen, die man vor allem an Vollholzmasten findet, verbiegen sich oft im Holz und drücken es ein (Abbildung 83a). Dann entfernt man den Bolzen am besten und versenkt an beiden Seiten eine Tufnolbuchse (83b). Man darf jedoch nicht ein ganzes Tufnolrohr durch den Mast hindurchführen, weil er dadurch zu stark geschwächt würde.

Mastbänder

Plastikmaterialien, mit denen man Holzschäden reparieren und aufbauen kann, sind auch in solchen Fällen brauchbar, wenn ein loses Mastband das Holz eines Mastes beschädigt hat. In schlimmen Fällen entfernt man das Band, füllt die Druckstellen mit Epoxidspachtel und beschichtet die Stelle ringsherum mit Glasgewebeband und Epoxidharz. Man sollte jedoch bedenken, daß man den geschwächten Mast damit nicht etwa stärkt.

Metallbeschläge

Die üblichen Mastbeschläge haben eine Lebensdauer von ungefähr 25 Jahren. Länger hält die Galvanisierung bestimmt nicht, und dünnere Beschläge aus rostfreiem Stahl leiden an Korrosion oder bilden Risse, weil sie schwach geworden sind. Bronze und Aluminium sollten länger halten, während dünnere kadmierte Stahlbeschläge gewöhnlich schon nach etwa zehn Jahren ersetzt werden müssen.

Neu galvanisieren

Über die meisten Werften und viele Ausrüster kann man Mastbeschläge und Püttings zum Galvanisieren schicken. Schneller geht es, wenn man am Ort eine Firma findet, die diese Teile sandstrahlt und in entsprechender Dicke (0,12 mm) spritzverzinkt. Wenn es korrekt ausgeführt wird, erreicht man damit etwa die gleiche Lebensdauer wie mit Galvanisieren.

Befestigungen auf Holz

Wenn man die Beschläge an Masten und Spieren wieder anbringt, sollte man alle Teile ersetzen, die einem verdächtig erscheinen. Mit Hilfe eines Werftfachmanns kann man die Art der Materialien identifizieren oder sich über den Wechsel zu anderen Materialien beraten lassen. Schrauben aus rostfreiem

Stahl sind durchaus ihren höheren Preis wert. Besonders in salzhaltiger Luft kann Korrosion durch Elektrolyse zwischen unterschiedlichen Metallen sehr rasch auftreten; über die galvanische Spannungsreihe der verschiedenen Metalle gibt Tabelle 6 Auskunft.

Gewinde
Wenn man keine galvanisierten Bolzen einer bestimmten Größe bekommen kann, läßt man sich normale Stahlbolzen galvanisch oder feuerverzinken. Zuvor jedoch sollte man mit einem Gewindeschneider die Gewinde so nachschneiden, daß die Muttern nach dem Zinkauftrag noch passen. Das gleiche gilt, wenn man sich Bolzen aus den leichter erhältlichen Gewindestangen selbst herstellt. Muttern aus galvanisiertem oder rostfreiem Stahl erhält man in den meisten Häfen oder Marinas.

Befestigungen an Metallspieren
Ein loses Popniet (Blindniet) bedeutet gewöhnlich noch keine Gefahr, aber größere Fehler läßt man besser vom Hersteller bearbeiten. Popnieten aus Monel lassen sich relativ leicht ersetzen, wenn man sich eine passende Nietzange für 4- oder 6-mm-Nieten leihen kann. Von alten Nieten bohrt man den Kopf ab und stößt dann den Rest nach innen.

Salinge
Jeder kleine Defekt an einer Saling (oder ihrem Beschlag) muß sogleich beseitigt werden. Das gilt vor allem für Salinge aus Metallprofil – sie verlieren ihre Steifheit, wenn sie auch nur leicht eingedrückt oder verbogen sind, was schnell zum Bruch des Mastes führen kann. Auf die Schamfilprobleme an der Salingsnock wird auf Seite 105 eingegangen.

Reinigen von Aluminium
Eloxierte Spieren müssen gelegentlich mit Seifenwasser abgewaschen werden, besonders nach der Lagerung an Land. Bei nicht eloxiertem Aluminium nimmt man mit Seifenwasser vollgesogene Bronzewolle, wie man sie auch im Haushalt benutzt, und viel Wasser. Nach dem Trocknen trägt man am besten eine Schicht Bootswachs auf.

Gold-Auffrischung
Wenn die Goldeloxierung stellenweise abgescheuert ist, hilft gewöhnlich eine Mixtur aus Aluminiumfarbe und Nitrogoldfarbe (die man in Heimwerkerläden findet); sie wird mit einem kleinen Malerpinsel aufgetragen. Ähnliche Arbeiten an klarlackierten Holzspieren werden auf Seite 58 beschrieben.

Vermessungsmarken
An den Nocks der Spieren mancher Regattayachten findet man schwarze Bänder von der Vermessung. Beim Überholen einer solchen Spiere sollte man die Maße auf dem Untergrund festhalten und später neue Bänder anbringen.

Masttrimm

Sobald der Mast steht, kann mit dem ordentlichen Durchsetzen des stehenden Guts begonnen werden. Diese Arbeit ist normalerweise erst nach dem ersten Segeltag zu beenden. Gleich am Anfang aber muß der Mast, von vorn gesehen, senkrecht auf Deck stehen. Zur Kontrolle kann man das Großfall als eine Art Maßband benutzen (Abbildung 84), indem man mit ihm zu zwei genau gegenüberliegenden Punkten auf der Backbord- und Steuerbordreling einen Kreis schlägt.

Wantenspanner
Wanten und Stage werden vor allem durch Wantenspanner (auch Spannschrauben genannt) an Deck gespannt, Jump- und Diamantstage durch Spanner oben im Mast. Offene Wantenspanner (Abbildung 85a) sind heute gewöhnlich aus rostfreiem Stahl, Bronze oder galvanisiertem Stahl gefertigt. Wegen der Gefahr elektrolytischer Korrosion suche man sich den zu den übrigen Materialien passenden Typ aus. Alle Wantenspanner sollten in der gleichen Art angesetzt werden – für Rechtshänder normalerweise mit dem Linksgewinde nach oben –, so daß die Hülsen sich zum Spannen in die gleiche Richtung drehen. Die billigen Spanner aus galvanisiertem Stahl (Zeichnung 85c) werden in einem modernen, stark beanspruchten Rigg nicht verwendet.

Spannung
Einige Regattamasten müssen biegsam sein (oder haben sogar einen gebogenen Masttopp), doch normalerweise ist die Spannung des stehenden Guts richtig, wenn die Mastschiene beim harten Segeln noch gerade bleibt. Die Oberwanten werden gewöhnlich stärker gespannt als die Unterwanten und ein Vorstag straffer als ein Achterstag. Ein inneres Vorstag (Babystag) ist üblicherweise fester gespannt

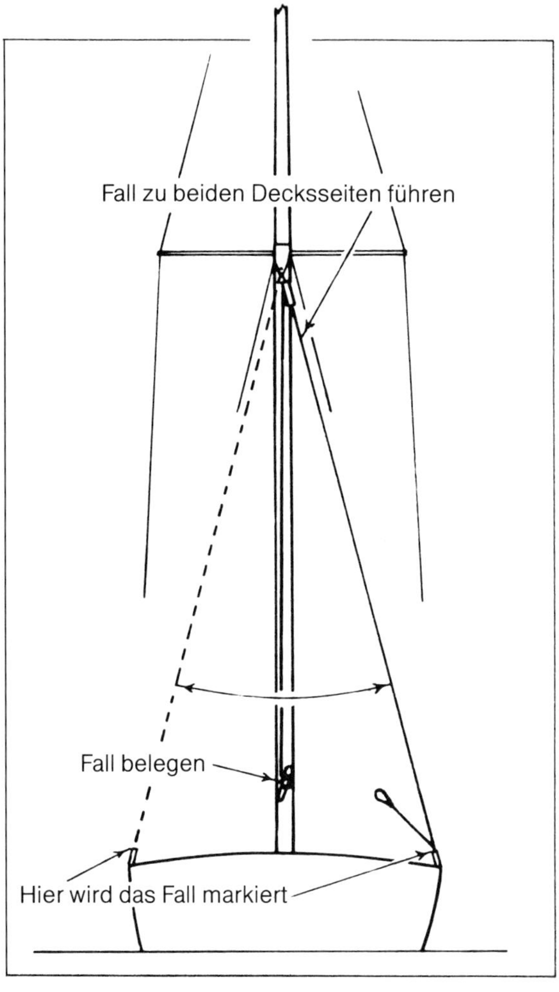

84 *Fall als Zirkelmaß für den senkrechten Stand des Masts*

als ein zum Masttopp führendes Vorstag. Takler haben manchmal Instrumente, die auf die Wanten geklemmt werden und mit denen man die Spannung von komplizierten Verstagungen genau einstellen kann. Außer bei einem Gaffelrigg müssen Wantenspanner stärker angezogen werden, als es mit der Hand allein geht. Auf einen normalerweise teuren Achterstagstrecker kann man verzichten, wenn man am unteren Ende eine zweipartige Hahnepot anbringt, die zum Spannen mit einer horizontalen Talje zusammengezogen wird.

Jungfern und Taljereeps

Traditionelle Gaffelsegler haben anstelle der Wantenspanner Jungfern und Taljereeps (Abbildung 86) zum Durchsetzen der Wanten. Die gleiche Idee findet man noch auf einigen Jollen mit Gunter-Rigg, die ihre Wanten mit einem Taljereep zwischen Wantkausch und Decksauge durchsetzen.

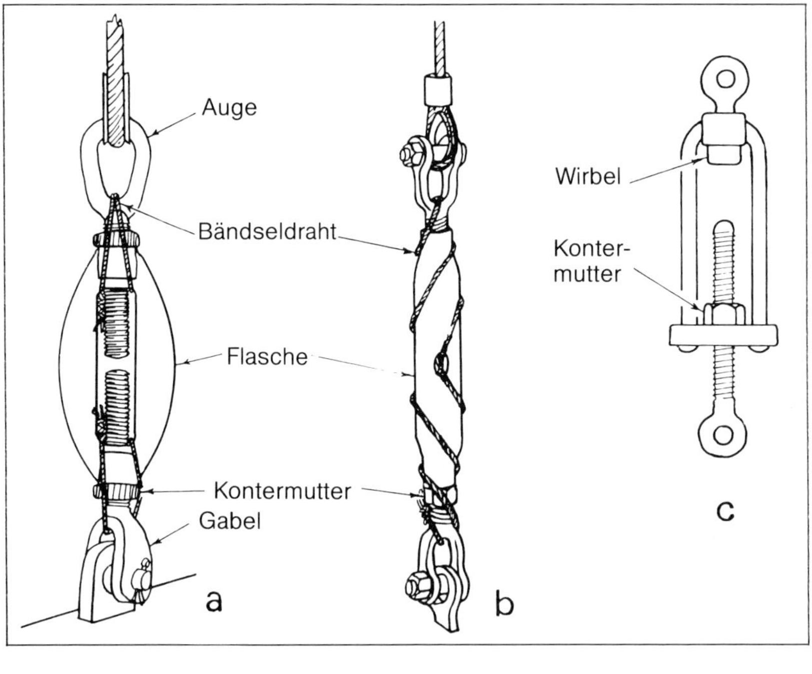

85 **a** offener und **b** *geschlossener Wantenspanner.* **c** *Billige, für Boote ungeeignete Spannschraube*

86 *Jungfern und Taljereeps sieht man heute eigentlich nur noch auf alten Gaffelseglern.*

Drahtsicherung
Ist das stehende Gut korrekt gespannt, sichert man die Wantenspanner nicht nur mit Kontermuttern, sondern unbedingt auch noch mit einer Drahtmusing, wie es in Abbildung 85a und b gezeigt wird. Will man sie mit schwarzem PVC-Klebeband vor Schmutz und Korrosion schützen, beginnt man damit am besten unten. Das Band liegt dann wie Schindeln auf dem Dach übereinander.

Antenne
Auf vielen Fahrzeugen wird ein isoliertes Stag als Radioempfangsantenne benutzt. Oft werden auch die anderen Stage und Wanten sowie die Seereling isoliert, damit der Funkpeiler ungestört arbeiten kann. Isolatoren müssen, wenn sie Risse haben oder sonstwie beschädigt sind, zwar ersetzt werden, doch für ihre Haltekraft bedeutet das keine Gefahr, weil eine innere Sicherung plötzliches Auseinanderbrechen verhindert.

Püttings
Püttingaugen, die nicht in Flucht mit dem zugehörigen Wantenspanner sind oder auf die die Gabel des Wantenspanners nicht paßt (Abbildung 87a), sind leider häufig anzutreffen. Etwas muß sich verbiegen, besonders wenn starker Zug auf dem Rigg steht. In solchen Fällen setzt man eine Togge (Kreuzgelenk, Abbildung 88) dazwischen. Will man die Püttings in den richtigen Winkel biegen, muß man sie erst vom Rumpf abnehmen. Ein kaltes Verbiegen ist fast im-

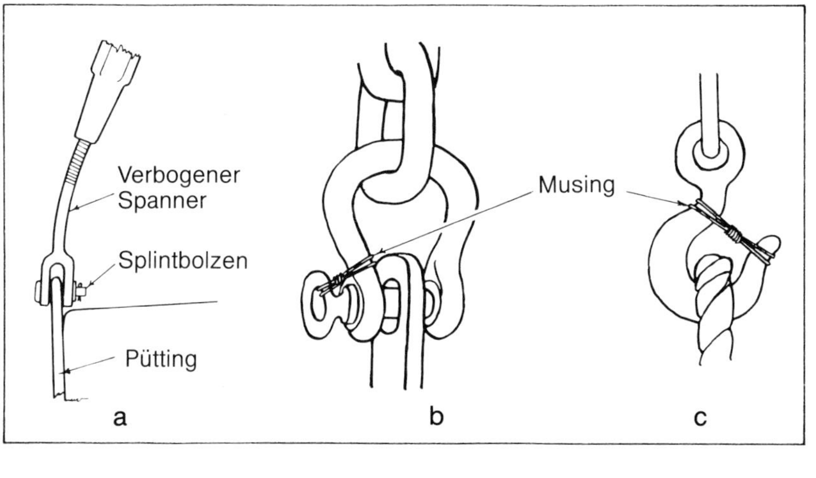

87 *Sicherungsmaßnahmen:* **a** *Ohne Kreuzgelenk (Togge), etwas muß nachgeben.* **b** *Schäkelbolzen, durch eine Musing gesichert.* **c** *Ein einfacher Haken muß selbst bei kurzzeitiger Benutzung durch eine Musing gesichert werden.*

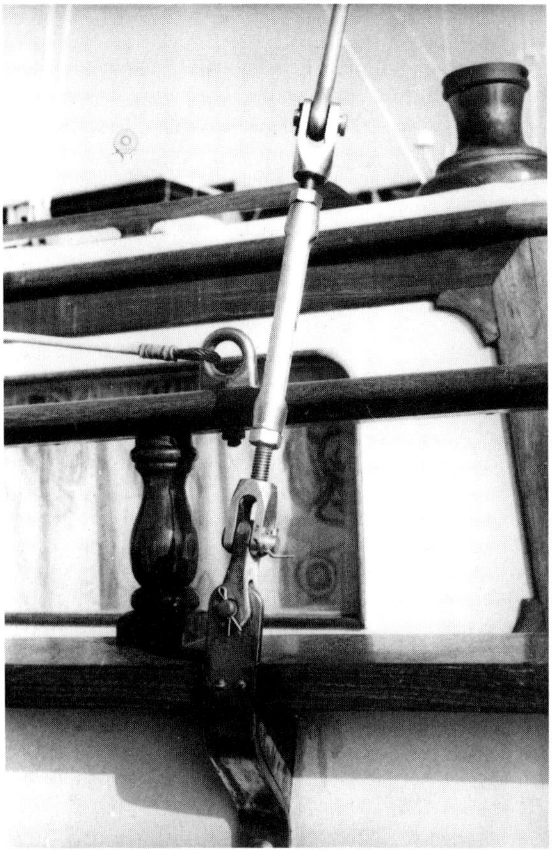

88 *Ein Kreuzgelenk (Togge) zwischen Pütting und Wantenspanner gleicht unterschiedliche Zugrichtungen aus.*

mer besser als Warmmachen, besonders bei Bronze und ähnlichen Metallen. Weniger häufig treten solche Probleme im Masttopp auf, wenn die Mastbeschläge nicht in Linie mit den Stagen stehen.

Schäkel im Rigg
Für jeden Schäkeldurchmesser gibt es bis zu acht verschiedene Formen in wenigstens drei verschiedenen Metallen. Aber Schäkel, die sich – besonders im Masttopp – nicht gelegentlich verklemmen, müssen noch erfunden werden. Meist erzielt man schon eine Verbesserung, wenn man von galvanisiertem Stahl auf die bei gleicher Festigkeit dünneren Schäkel aus rostfreiem Stahl übergeht. Ein enger Schraubschäkel in D-Form ist besser als ein weiter; ein verdrehter Schäkel ist meist günstiger als zwei D-Schäkel hintereinander. Wieder vermeide man das Zusammenbringen unterschiedlicher Metalle.

Bemusen
Durch Vibrationen im Rigg können sich Schäkelbolzen lösen. Eine Musing mit Draht ist einfach, wenn der Bolzen ein Auge hat (Abbildung 87b). Mit Loctite-Schraubenfest kann man Gewindebolzen sichern, die nur einen Schlitz zum Eindrehen haben; das Öffnen erfordert jedoch sehr viel Kraft. Splinte, mit denen manche Bolzen gesichert werden, brauchen keine Musing, doch sollte man die scharfen, umgebogenen Enden mit Klebeband abdecken. Ein normaler Haken sollte wie in Abbildung 87c bemust werden. Ein Sicherheitshaken ist wie ein Schnappschäkel oder ein Karabinerhaken mit einer gefederten Öffnung versehen, die ebenfalls keine Musing erfordert.

Stehendes Gut

Außer wenn Haarrisse entstehen, die zu plötzlichem Bruch führen, haben Drahttauwerk oder Stangenwanten aus rostfreiem Stahl eine Lebensdauer von rund 30 Jahren. Galvanisierter Stahldraht kann zehn Jahre halten, wenn er gut gewartet wird, während dasselbe Material mit PVC-Beschichtung rund 15 Jahre hält. Das stärkste Drahttauwerk (mit geringster Flexibilität) ist 1 × 19. Für kleinere Yachten und für Backstage ist der flexiblere 7 × 7-Draht besser geeignet.

Lebensverlängerung
Wanten aus galvanisiertem Stahldraht beginnen zuerst im unteren Teil zu rosten. Sind die Terminals oben und unten identisch, dreht man das Want nach einigen Jahren um. Damit verlängert man seine Lebensdauer beträchtlich. Drahttauwerk aus wenigen dicken Drähten (1 × 19) widersteht der Korrosion besser als das flexiblere Tauwerk, bei dem jedes Kardeel aus mehreren Drähten besteht.

Wartung
Früher hielt das stehende Gut kommerziell genutzter Gaffelsegler unendlich lange, weil es sich mit gekochtem Leinöl vollsaugen konnte, anschließend mit Teer gestrichen, von oben bis unten mit Segeltuchstreifen gesmartet und durchgehend gemarlt

wurde. Dieser Vorgang wird im nächsten Kapitel beschrieben. Heute ist die beste Behandlung für Drahttauwerk aus galvanisiertem Stahl das jährliche Einschmieren mit wasserfreiem Lanolin, das man in Drogerien und Apotheken erhält. Am besten bringt man es mit Handschuhen auf. Zuvor aber untersucht man den Draht auf gebrochene Litzen, indem man mit einem zusammengeknüllten Papiertaschentuch daran entlangfährt.

Endbeschläge
Gespleißte Augen passen am besten zu einem Gaffelrigg; wer sich etwas Mühe gibt, wird den Trick bald raushaben. Im modernen Rigg werden meist sogenannte Walzterminals verwendet; sehr populär sind auch Schraubterminals (siehe nächstes Kapitel).

Traditionelles
Alte Gaffelsegler sehen unvollständig aus ohne die traditionelle Spreetlatten (die die Taljereeps daran hindern, sich zu verdrehen) und ohne Webeleinen zwischen den Wanten (Abbildung 89). Letztere eignen sich auch als Leiter für den Ausguck, der aber schmale Füße haben muß, wenn er bis zur Saling klettern will. Webeleinen aus Tauwerk sehen besser aus als die aus Holz (siehe Kapitel 7); sie schamfilen auch weniger.

In den Mast
Nur wenige Segler haben noch nie erlebt, daß ihnen ein Fall aus der Hand glitt und nach oben ausrauschte. Ein athletischer Mensch kann einen Mast bis etwa 15 cm Durchmesser vielleicht erklettern, indem er die Beine darum schlingt und mit den Händen ein Fall faßt. Sicherer ist zweifellos ein Bootsmannsstuhl (Abbildung 90), einfacher sind Maststufen (Abbildung 91), die an zwei gegenüberliegenden Seiten angebracht werden. Neuerdings sind auch Leitern auf dem Markt, die in die Mastnut oder -schiene eingeführt und mit dem Fall nach oben gezogen werden. Auf großen Gaffelseglern kann man über die Mastringe bis auf Salinghöhe gelan-

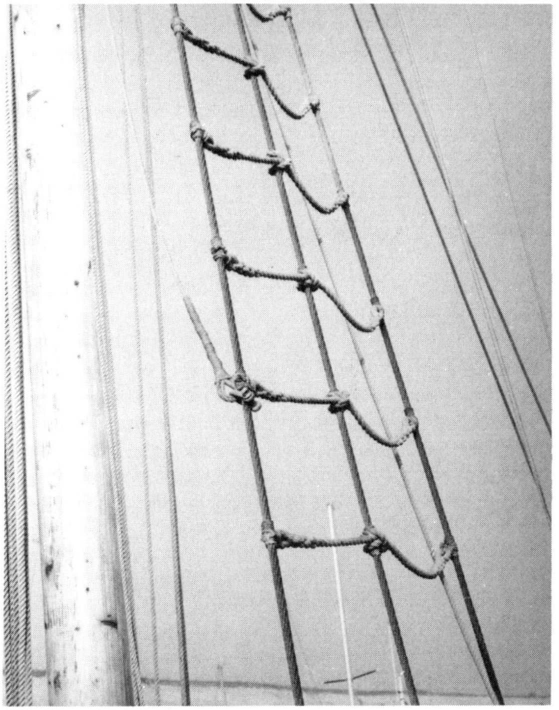

89 *Auf Webeleinen zwischen den Wanten kann man auch bei Krängung schnell eine günstige Ausguckhöhe erreichen, was in manchen Gewässern wichtig ist.*

90 *Arbeiten im Mast mit einem Bootsmannsstuhl. Wenn das Boot im Seegang rollt, ist das keine angenehme Arbeit.*

91 *Läuft das Großsegel in einer Mastschiene, lassen sich rechts und links Maststufen anbringen.*

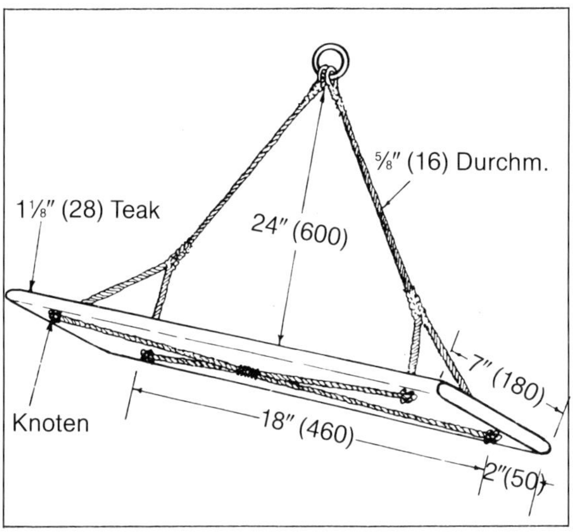

92 *Selbstgemachter Bootsmannsstuhl (Millimeter in Klammern)*

gen. Stehen alle diese Hilfsmittel nicht zur Verfügung, muß man das Boot am Strand krängen und dann eine Leiter ansetzen oder den Masttopp an einen hohen Kai oder eine hohe Mauer heranziehen.

Bootsmannsstuhl

Will man keinen der üblichen Bootsmannsstühle aus Segeltuch kaufen, kann man sich aus Holz relativ rasch auch selbst einen bauen (Abbildung 92). Die Ecken werden gut abgerundet, ebenso die Löcher für das Tauwerk, damit es nicht daran schamfilt. Zwar kann man sich auch selbst an einem Fall nach oben ziehen, aber es ist gefährlich, und mit einem Helfer geht es bestimmt leichter. Ein Sicherheitsgurt mit einer um den Mast geführten Sorgleine verhindert, daß man im Bootsmannsstuhl frei herumschwingt.

Schamfilen

Mit einigen Stücken Tausendfuß an Dirk und Backstagen litten die Segel alter Gaffelboote wenig unter Schamfilen. Heute scheuern Großsegel, wenn sie weit gefiert sind, an der Saling, und überlappende Vorsegel kommen ständig mit der Seereling und den Wanten in Kontakt. Da bedarf das Problem näherer Betrachtung.

Fockschot-Abweiser

Beim Wenden verfängt sich die Fockschot oft hinter Klampen und Winschen, während das Schothorn dagegenschlägt. Zwei Preventerleinen, die wie in Abbildung 93 geriggt werden (oder eine einzelne zentrale Leine, wenn es auf dem Vordeck einen passenden Beschlag zum Festmachen gibt) verhindern das im allgemeinen – was besonders beim Einhandsegeln nützlich ist. Die Klampen auf dem Vordeck füllt man am besten mit einigen Tauwerktörns, oder man macht sich ein Holzformstück, das unter die Hörner paßt und mit Gummi gesichert wird.

Wantenschutz

Wantenrollen aus Tufnol oder weißem Kunststoffrohr (Abbildung 94) sind heute üblich beim Anbringen neuer Stage, an denen Segel schamfilen können. Auf das bereits stehende Rigg kann man geschlitzte Plastikschläuche oder Spiralen aufbringen. Am unteren Ende sollte man eine Kunststoffscheibe unterlegen, damit sich das Ganze frei um das Want drehen kann.

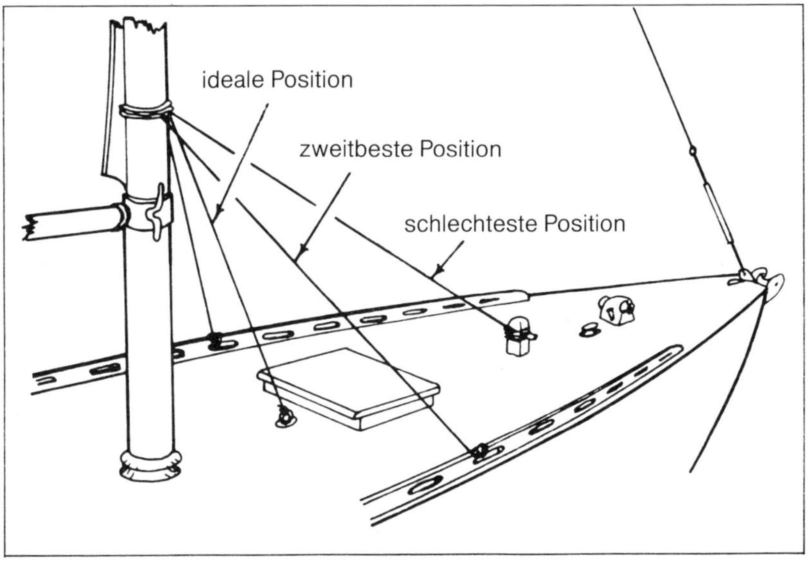

93 *Positionen für die Preventerleinen zum Abhalten der Fock beim Kreuzen*

94 *Wantenrollen reduzieren das Schamfilen überlappender Vorsegel.*

Tausendfuß

Der Tausendfuß paßt natürlich auf altmodische Boote am besten und bietet wirksamen Schutz davor, daß Tauwerk oder Segel an Wanten schamfilen. Zu seiner Herstellung dreht man die drei Kardeele einer alten, ca. 18 mm dicken Leine auseinander, schneidet sie in 10 cm lange Stücke und windet diese, wie in Abbildung 95 gezeigt, zwischen zwei geteerte Marlleinen. Die eingedrehten Teile drückt man beim Voranschreiten der Arbeit fest aneinander, und schließlich dreht man das Ganze um das Stag (die wollige Seite nach außen) und bändselt die Enden fest.

Salingkappen

Ein aufgeschnittener Tennisball oder eine Bandage aus Segeltuch auf der Salingsnock verhindert Schamfilen relativ wirkungsvoll. Heute gibt es aber auch besondere Kunststoffscheiben, die sich auf dem

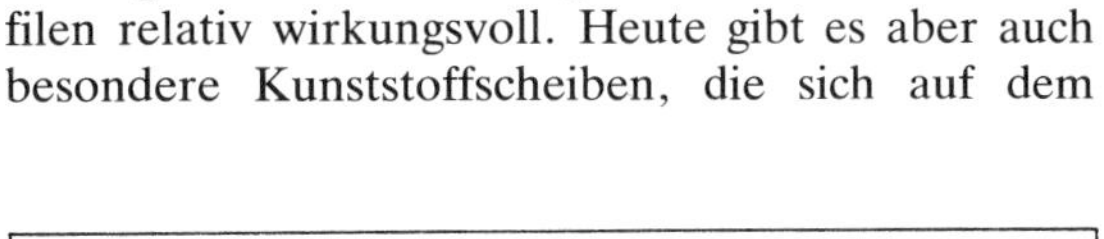

95 *Anfertigen eines Tausendfußes*

Want drehen und das Segeltuch von den scharfen Kanten abweisen. Mit einer beweglichen Saling ist man besser dran – wenn das weit aufgefierte Großsegel dagegendrückt, weicht sie aus, da das Leewant wenig oder gar nicht unter Zug steht.

Backstage

Das lose Backstag kann beim Kreuzen leicht gegen das Segel schlagen. Da hilft ein Gummistropp, der das Leestag ruhig hält. Segelt man mit kleiner Besatzung, ist ein Stück dünnes Bändsel besser: Muß man das Stag plötzlich durchsetzen, läßt sich das Bändsel leichter ausreißen.

Gummistropps

Beim Yachtausrüster findet man sie üblicherweise in drei Durchmessern, dazu Kunststoffhaken, mit denen man die in passende Länge geschnittenen Stropps an den Enden bestücken kann. Die Zugstärke der Gummistropps muß zu dem jeweiligen Zweck passen. Gegen Metallmasten schlagende Fallen gehören zur üblichen nächtlichen Belästigung in einer Marina: mit Gummistropps (Abbildung 96) kann man sie mühelos an die Wanten ziehen.

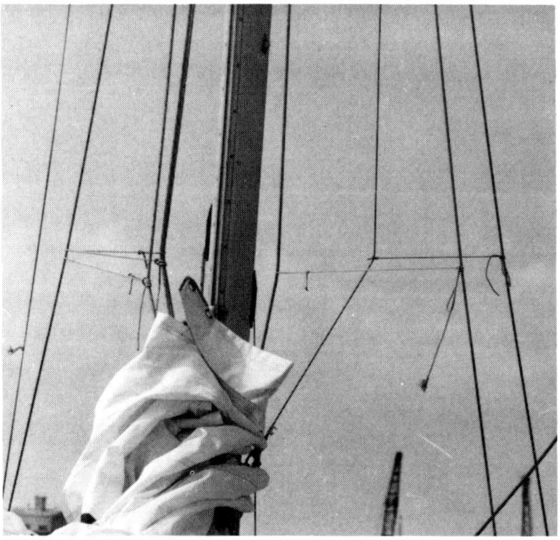

96 *Gummistropps verhindern das lästige Klappern der Fallen am Mast, wofür die Stegnachbarn besonders nachts dankbar sind.*

Radarreflektor

Auf einer Ketsch findet man leicht einen sicheren Platz für einen Radarreflektor aus Metall (Abbildung 97); auf einem Einmaster ist es nicht so einfach, wenn man Schamfilen vermeiden will, außer im Masttopp, der aber im allgemeinen schon überfüllt ist. Bei einer guten Crew kann man den Radarreflektor nach Kurswechsel jeweils an eine günstigere Stelle bringen: Mit der Flaggleine an der Luvsaling läßt er sich gut heißen; doch besser bringt man dann noch ein Bändsel um das Toppwant an, damit der Reflektor nicht verlorengeht, wenn die Flaggleine durchscheuert. Nur wenige Reflektoren werden in der richtigen „Regenfänger"-Weise montiert. Wenn man auf dem Radar eines großen Schiffes tatsächlich gesehen werden will, muß man schon einen Reflektor von 45 cm Durchmesser nehmen. Die viel teureren zylindrischen Reflektoren (Abbildung 98) stellen eine nicht so große Schamfilgefahr dar. Zu einem Zehntel der Kosten eines echten Radars signalisiert der Radardetektor das Vorhandensein von Fahrzeugen mit Radar in der Nähe, was besonders bei Nebel beruhigend ist.

97 *An einem Besanmast kann der Radarreflektor ohne Gefährdung von Segel und Tauwerk fest angebracht werden.*

98 *Ein zylindrischer Radarreflektor verursacht keine Schäden an den Segeln.*

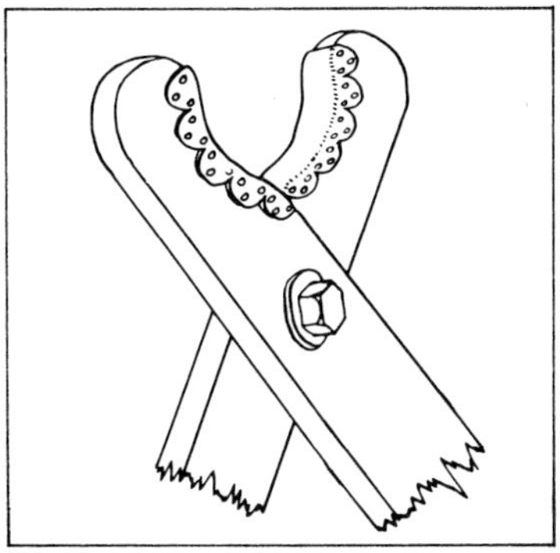

99 *Mit Leder bezogene Backen einer Baumschere*

Verwendung von Leder

Beim Gaffel-, Gunter- und Luggerrigg schamfilt die Spiere am Mast; wenn sie nicht durch Leder oder ähnliches Material geschützt wird, scheuert sie den Mast blank. Besteht die Gaffelklau aus Stahl, wird das Leder mit einer daruntergelegten Polsterung aus Segeltuch oder Filz um die Kanten genäht. Auf Holz befestigt man es mit Kupferstiften, die aber nicht auf der Arbeitsfläche sitzen dürfen (Abbildung 99). Wenn man das Leder zuvor in Wasser legt, wird es weich und schrumpft dann beim Austrocknen etwas.

Lederpflege

Wenn man Leder ausreichend mit Klauenfett (wie man es auch für das Zaumzeug von Pferden benutzt) oder mit Talg einreibt, kann es 20 Jahre oder länger halten. Das Leder für Bootsarbeiten sollte etwas weniger als 3 mm dick sein. Kann man es in einer Werft oder bei einem Ausrüster nicht bekommen, versuche man es bei einem Schuhmacher. Das Leder der Segelmacher ist meist zu dünn.

Schamfilen von Tauwerk

Besonders auf langen Ozeanreisen kann das Schamfilen des laufenden Guts gefährlich werden. Oft sind die Umlenkscheiben zu schmal, zumal für Groß- und Fockschot, und die Stellen, an denen das Schamfilen auftritt, lassen sich nicht einfach verändern. Auch Fallen aus flexiblem Drahttauwerk schamfilen immer an der gleichen Stelle und müssen dann gekürzt oder umgedreht werden. Auf den meisten Yachten ist es nicht möglich, im Bereich der Rollen und Scheiben Stücke dünner Kette einzuspleißen.

Kupferblech

Für bestimmte Stellen, an denen Schamfilen an Spieren auftritt, erweist sich dünnes Kupferblech (0,5 mm) oft als bessere Alternative zu Leder, weniger auf modernen Fahrzeugen; doch wenn eine Gaffelklau stark scheuert – und auch unter Wantaugen wie in Abbildung 81 –, ist das Beschlagen mit Kupfer sinnvoll. Riemen aus Spruce sollten eine Kappe aus dickerem Kupferbeschlag haben (0,8 mm). Ist dies nicht machbar, lege man ein Band aus dem gleichen Material um das Blatt, unmittelbar hinter der Spitze.

Laufendes Gut

Außer wenn man eine Rah fährt oder ein Dschunkenrigg hat, besteht das laufende Gut der meisten Segelboote nur aus Fallen, Schoten und Dirken, dazu kommt das Tauwerk für den Spinnakerbaum, kommen Reffeinrichtungen, Backstage und Niederholer. Auf kleineren Booten ist alles aus Fastertauwerk. Auf mittelgroßen Booten sind Drahtfallen mit Tauvorläufern üblich. Je größer die Boote werden, um so eher findet man Fallen ganz aus Draht, die dann permanent auf einer Fallwindentrommel bleiben.

Fasertauwerk
Synthetisches Tauwerk verrottet nicht und quillt auch nicht auf, muß aber oft dicker als nötig genommen werden, damit man es noch gut greifen kann. Leicht geteertes Sisal- oder Manilatauwerk paßt zu einem Gaffelboot ohne Winschen – doch darf man dann nicht vergessen, Fallen, Dirken und Großschot etwas Lose zu geben, wenn man das Boot verläßt, weil diese Art Tauwerk bei Nässe leicht schrumpft und dann Schaden entstehen kann.

Die Wahl des Tauwerks
Vorgerecktes Tauwerk aus Polyester oder Kevlar ist im Augenblick das beste für Fallen (siehe Kapitel 7), während geflochtenes Chemiefasertauwerk sich ideal für Schoten eignet. Nylontauwerk ist zu elastisch für das laufende Gut außer für Baumachterholer, Niederholer und Dirken. Nylon ist gut für Festmacheleinen und, da schwerer als Wasser, für Ankerleinen. Die billigen Polypropylenleinen werden üblicherweise als Festmacher genommen.

Schamfilen bei Tauwerk
Die Lebensdauer des laufenden Guts kann man verdoppeln, indem man es gelegentlich umdreht oder am Augspleiß kürzt, damit es nicht immer mit der gleichen Stelle an den Scheiben und Rollen schamfilt. Bei einem Drahtfall mit Tauspleiß muß das Drahtteil eine genaue Länge haben, falls der Spleiß nicht durch die Scheiben geht. Das kann bedeuten, daß man auch das Drahtteil erneuert, wenn die Leine aufgebraucht ist.

Schoten
Der Zug, der in dichtgeholtem Zustand an Blöcken und Rohrklemmen entsteht, verursacht bei Schoten die meisten Schäden, bei einer Großschot allerdings weniger. Letztere ist üblicherweise auch lang genug bemessen, daß man sie kürzen oder wenden kann. Ein ökonomisch denkender Segler macht sich für Backbord und Steuerbord separate Schoten (Abbildung 100a). Bei einer durchgehenden Schot (100b) kann das gezeigte Auge nur ein paarmal verändert werden und auch dann nur, wenn die Stelle in der Kausch nicht beschädigt worden ist. Anstelle von Rohrklemmen werden heute oft Hebelklemmen (Abbildung 101) benutzt; sie sind weniger schädlich für das Tauwerk. Außerdem kann man damit mehrere Leinen über eine Winsch führen.

Dirk
Wenn keine Reffvorrichtung vorhanden ist oder wenn der feste Baumniederholer stark genug ist, braucht man nicht unbedingt eine Dirk. Auf kleinen Familienslups ist oft ein Ende Draht am Achterstag angespleißt, an das die Baumnock gehängt wird (Abbildung 102). Allerdings kann man dann nur reffen, wenn das Segel genau mittschiffs steht. Auf einem sehr langen Schlag nimmt man eine über den Masttopp geführte Dirk besser ab, damit sie nicht ständig gegen das Großsegel schlägt. Eine einfache Dirk muß bei einem Gaffelrigg höher ansetzen als der Block des Piekfalls, damit beim Segelsetzen kein Durcheinander entsteht. Eine doppelte Dirk kann an der Saling ansetzen und führt dann das Segel zwischen beiden Leinen. Wird immer die Luvdirk durchgesetzt, während die Leedirk Lose hat, läßt sich das Gaffelgroßsegel reffen, ohne daß man in

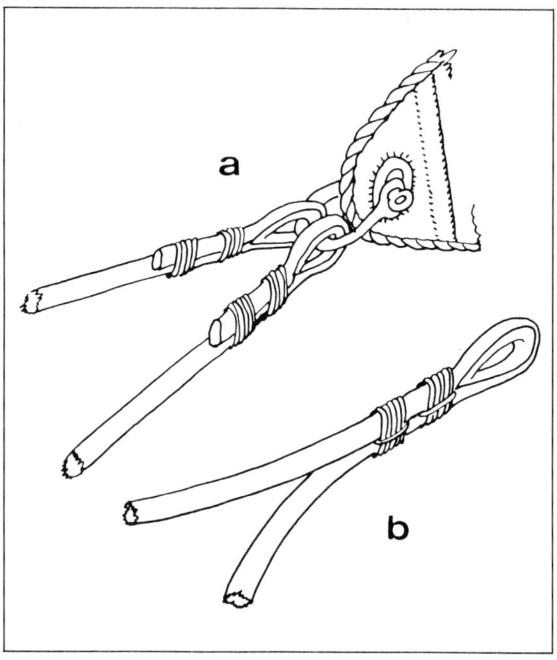

100 *Fockschot-Augen:* **a** *Separate Schoten können gekürzt oder umgedreht werden, wenn sie durchzuscheuern drohen.* **b** *Eine um die Kausch laufende Schot ist bald ruiniert, wenn sie schamfilt.*

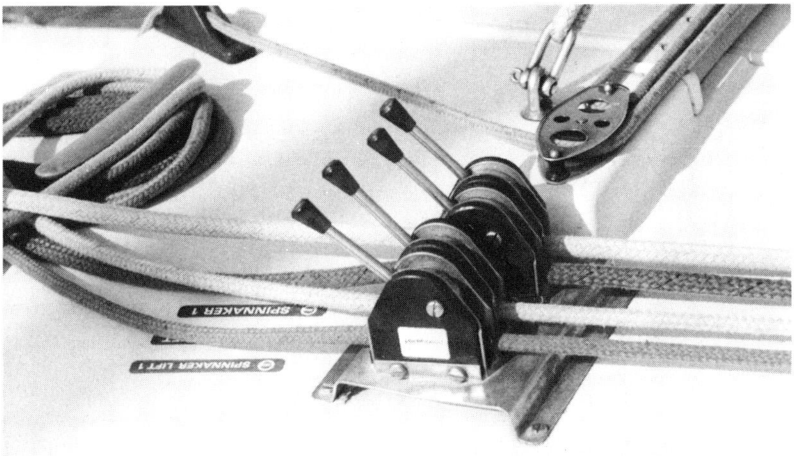

101 *Beim Einsatz von Hebelklemmen können mehrere Leinen über eine Winsch geführt werden.*

102 *Eine am Achterstag angebrachte Dirk hält den Baum im Hafen auch ohne hinderliche Baumstütze.*

den Wind gehen muß; dabei tritt dann kein Schamfilen auf.

Vereinfachungen
Eine Dirk, die am Mast oder Mastfuß belegt wird, kommt normalerweise ohne Winsch oder Talje aus; im Notfall kann man sie auch als Reservefall oder Reservewant benutzen. Bei einem Bindereff und einem losen Unterliek am Großsegel kann man die Dirk auch im Masttopp festmachen und dann über eine Scheibe an der Baumnock zu einer Talje unter dem Baum führen; damit hat man an Deck mehr Platz am Mast. Manche Fahrzeuge fahren eine feste Dirk, die vom Masttopp zur Baumnock führt und bei gesetztem Segel ausreichend Lose hat. Bei einigen Rollreff-Focks rotiert das Fall mit dem Segel; es wird dann zum Fuß des Profilrohrs zurückgeführt. All diese Systeme tragen dazu bei, das Gewirr von Tauwerk und Klampen am Mastfuß zu verringern.

Baumstützen
Bei einer festen Dirk sind Baumschere (Abbildung 103a), Baumgalgen (103b) oder eine einfache Baumstütze (103c) unbedingt notwendig. Aufklotzungen auf einem Decks- oder Ruderhaus (103d) sind eine gute Alternative zu einem Baumgalgen. Eine Baumschere muß am Fuß wie an der Baumnock immer gut befestigt sein, wenn sie nicht über Bord gehen soll, falls die Großschot lose kommt oder die feuchte Dirk schrumpft.

Flexibles Drahttauwerk
Flexibles Drahttauwerk kann ohne Vorwarnung brechen – besonders wenn es über zu kleine Scheiben läuft oder wenn man den nicht zu vergebenden Fehler gemacht hat, es auf einer Klampe zu belegen.

Gaffelrack
Oft vernachlässigt wird das Ende, mit dem die Gaffelklau am Mast festgehalten wird. Flexibles Draht-

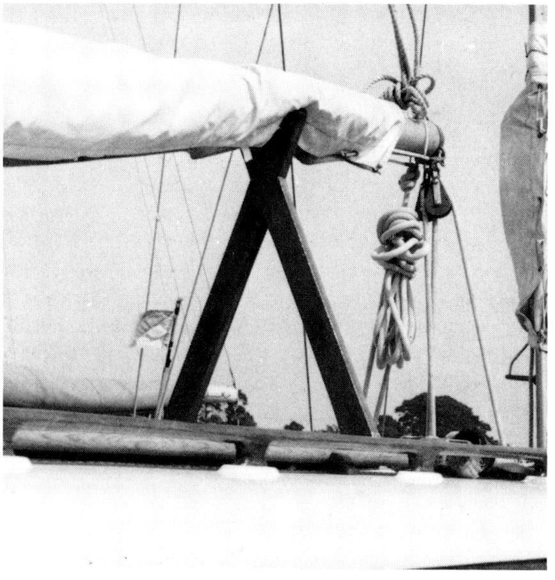
a

b

c

d

103 *Baumstützen:* **a** *Baumschere* **b** *Galgen* **c** *einfache Stütze* **d** *Lager auf dem Deckshaus* tau ist für große Fahrzeuge geeignet; doch wo Fasertauwerk benutzt wird, sollte man die Korallen mit Knoten oder Lederstückchen sichern, damit sie beim Brechen des Racks nicht verlorengehen.

Sicherheitsleinen
Flexibles Drahttauwerk, gewöhnlich mit Kunststoff unmantelt, wird meist als Relingsdurchzug und für das Strecktau der Sicherheitsgurte verwendet. Beschläge und Terminals sollten regelmäßig überprüft werden. Am besten wird das Strecktau mit dem Latchwaysystem, einer Art Klappblock, versehen, an dem die Sorgleine des Gurts eingepickt wird; mit ihm kann man ohne neues Einpicken über die Befestigungspunkte am Boot gelangen. Sollen die Relingsdurchzüge erneuert werden, darf man die Isolatoren nicht vergessen; sonst arbeitet das Peilgerät vielleicht nicht korrekt. Sind kleine Kinder an Bord, bringt man zur Sicherheit ein Relingsnetz an.

Verbesserungen
Die meisten Takelagen kann man auf die eine oder andere Weise verbessern; auch wenn man dabei erst einmal experimentieren muß, gehört dies doch zur Bootswartung. Will man sein Boot viele Jahre behalten, führt man am besten Buch über alle Veränderungen und Neuerungen am laufenden Gut. Auch das Eintragen von Tauwerksmarken, Längen, Durchmessern und Terminals erweist sich als nützlich.

Lose Tampen
Den Achtknoten am Ende einer Schot, damit sie nicht ausrauschen kann, lernt der Segelanfänger mit als erstes. Fallen rauschen im allgemeinen nicht aus, weil sie auf Klampen oder Winschen belegt werden. Schäkelt man jedoch den Kopf eines Segels ab, sollte man unbedingt dieses Ende des Falls sofort sichern. Auch die Flaggleinen muß man gelegentlich überprüfen. Muß man unterwegs eine neue Flaggleine einscheren, näht man sie an die alte an und zieht sie damit durch den Block. Für die alte Leine gibt es an Bord immer Verwendungsmöglichkeiten.

Ankergeschirr

Auf jedes Boot gehört das passende Ankergeschirr, auch wenn es keine Vorschriften dafür gibt. Viele Fahrzeuge sind schon jahrelang auf dem Wasser, ohne jemals geankert zu haben. Manche Yachten fahren außerdem Anker, die keineswegs die notwendige Größe und das notwendige Gewicht haben. Zum Glück brauchen Anker, Ketten und Ankerwinden wenig Wartung; ihre Lebensdauer beträgt im allgemeinen wenigstens 20 Jahre.

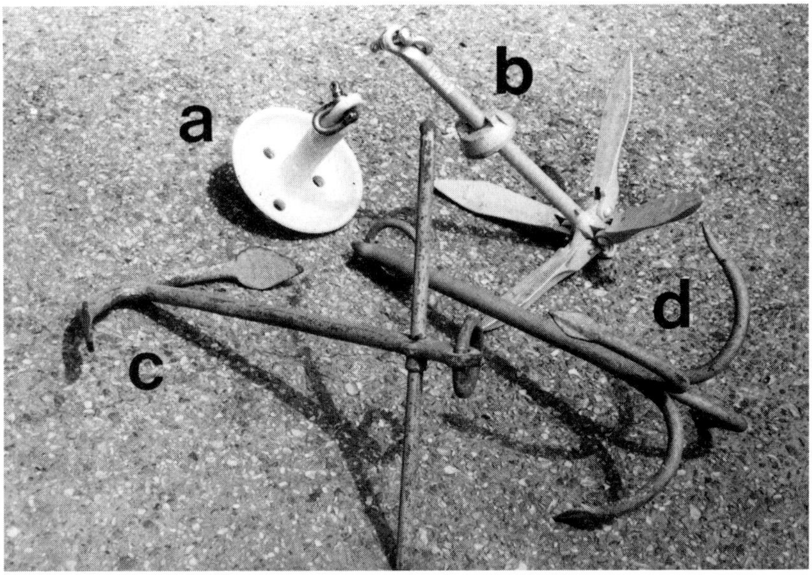

104 *Anker für Jollen und Beiboote:* **a** *Pilzanker* **b** *Faltbarer Schirmanker* **c** *Stockanker in kleiner Ausführung* **d** *Draggen*

105 *Übliche Yachtanker:* **a** *Bruce-Anker* **b** *Stockloser Patentanker* **c** *Danforth* **d** *CQR- oder Pflugscharanker*

a

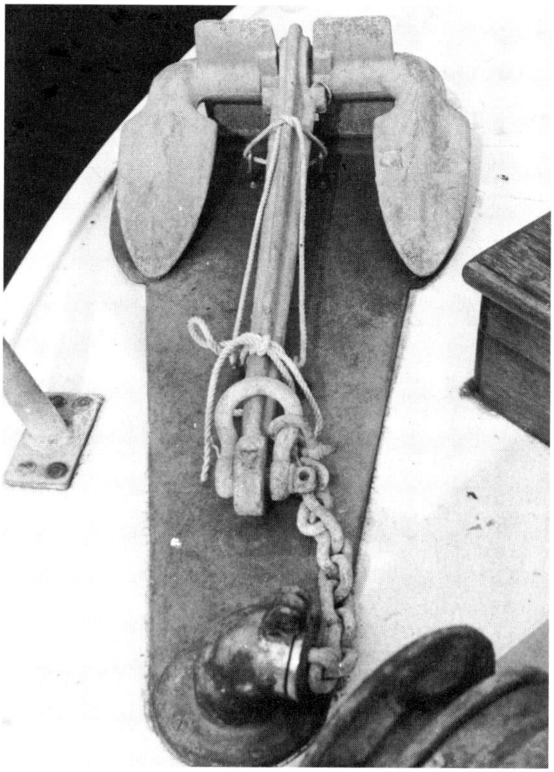

b

c

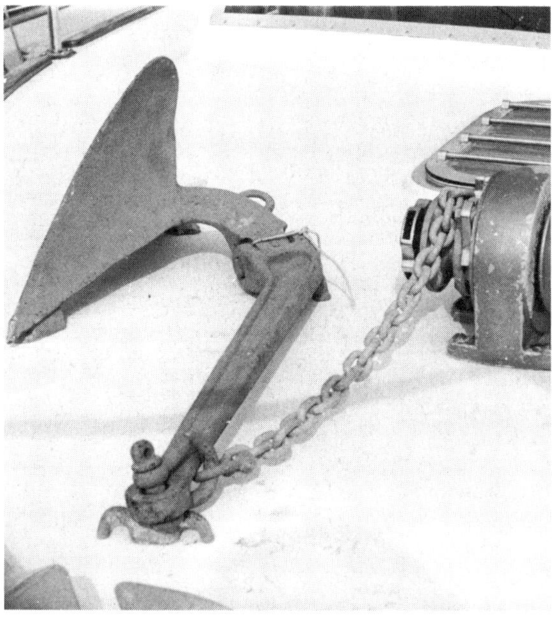

d

Kleine Anker
Neue und modifizierte traditionelle Ankertypen kommen immer wieder auf den Markt. Auch manche kleine Anker sind nach dem Vorbild ihrer größeren Brüder gebaut; doch die in Abbildung 104 gezeigten gibt es gewöhnlich nur in kleinen Größen.

Große Anker
Der traditionelle Stockanker (Abbildung 104c) ist heute nur schwer in großen Abmessungen zu bekommen, da moderne Anker mit dem halben Gewicht (Abbildung 105) die gleiche Haltekraft entwickeln. Den Stockanker sollte man nur mit gesichertem Stock benutzen. Der Patent- oder Navy-Anker (Abbildung 105b) wirkt am besten, wenn er sehr schwer ist; meistens ist er in den Klüsenrohren von großen Motoryachten und Passagierschiffen zu sehen.

Ankerlager
Zum Verstauen der meisten Anker an Bord kann man spezielle Halterungen kaufen, oft versehen mit Augen zum Festlaschen. Für einen Stockanker macht man sich dieses Lager am besten selbst (aus Hartholzresten).

Warpanker
Soll ein Boot zum Beispiel von einer Schlickbank heruntergezogen werden, braucht man dazu einen Warpanker, der gewöhnlich nur halb so schwer ist wie der Buganker. Er wird normalerweise unter Deck verstaut und mit einer langen Nylontrosse verwendet. Sehr große Fahrzeuge fahren häufig zwei Buganker, weil sie öfter ankern; auf ungeschützten Ankerplätzen bedeutet das Ausbringen von zwei Ankern außerdem größere Sicherheit. Auf kleineren Booten kann man den Warpanker für diesen Zweck benutzen. Beim Warpen wird der Warpanker inklusive Trosse wiederholt mit dem Beiboot ausgebracht und das Boot daran herangezogen.

Rost
Ein paar Schichten Aluminiumfarbe pro Jahr verdecken den Rost auf Anker und Kette für lange Zeit. Neue Anker sind recht teuer; es zahlt sich also aus, wenn man einen verbogenen Anker in einer Schmiede oder in der Werft geradebiegen und neu galvanisieren läßt. Die Kette rostet natürlich am ehesten in der Nähe des Ankers; gegebenenfalls dreht man sie um. Eine neue Galvanisierung lohnt sich selten – besser verkauft man die alte Kette für Murings oder ähnliche Zwecke und legt sich eine neue zu. Die neue Kette muß allerdings genau auf die Kettennuß der Ankerwinde passen.

Kette
Ist man besonders sorgfältig, so untersucht man die Kette einmal im Jahr auf abgenützte oder langgezogene Glieder, gibt den Längenmarkierungen etwas neue Farbe und säubert den Kettenkasten. Alle fünf Jahre sollte man die Kette auf ihre Festigkeit prüfen lassen. Bei Booten, die selten ankern, ist dies nur alle 20 Jahre erforderlich.

Kettenschäkel
Dünnere Ketten müssen am Ende ein größeres Kettenglied haben, damit normale Schäkelbolzen der erforderlichen Stärke hindurchpassen. Allerdings gibt es auch spezielle Kettenschäkel mit ovalen Bolzen, die sich besser in das Kettenglied einpassen. Das bootswärtige Ende einer Kette wird üblicherweise im Kettenkasten an einem Augbolzen gesichert; allerdings ist eine Verbindung mit Kunstfasertauwerk entsprechender Stärke hier besser, weil man sie, wenn die Kette im Notfall geslippt werden soll, leichter durchschneiden kann. Ist dies einmal nötig, sollte man auf alle Fälle eine Boje oder einen Fender an Kette oder Trosse bändseln, damit man sein Gerät später leichter wiederfindet.

Ketten-Notglieder
Neue Fahrtenyachten haben selten genug Kette an Bord, um in allen Situationen sicher ankern zu können. Das Anstecken einer neuen Kettenlänge ist jedoch einfach, wenn man galvanisierte Notglieder verwendet, wie in Abbildung 106 gezeigt. Mit ihnen lassen sich auch angerostete oder beschädigte Teile der Kette auswechseln. Vernietete Ketten-Notglieder (106a) haben nicht ganz die volle Stärke der Kette, sind aber nützlich für kurzfristige Reparaturen oder auf ruhigen Gewässern. Alle Notglieder müssen mindestens von gleichem Durchmesser sein wie die Kette selbst.

Längenmarkierung
In Tidengewässern sollte man immer genau wissen, wieviel Kette man gesteckt hat. Am besten spritzt man alle 5 m einige Kettenglieder in jeweils unterschiedlicher Farbe aus der Sprühdose (Abbildung 107); das hält etwa drei Jahre. Auf den ersten

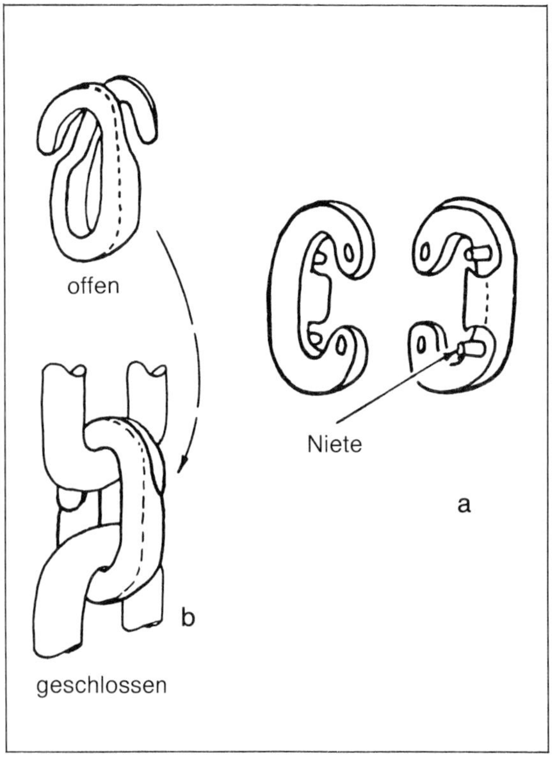

106 *Notkettenglieder:* **a** *zum Nieten* **b** *zum Biegen*

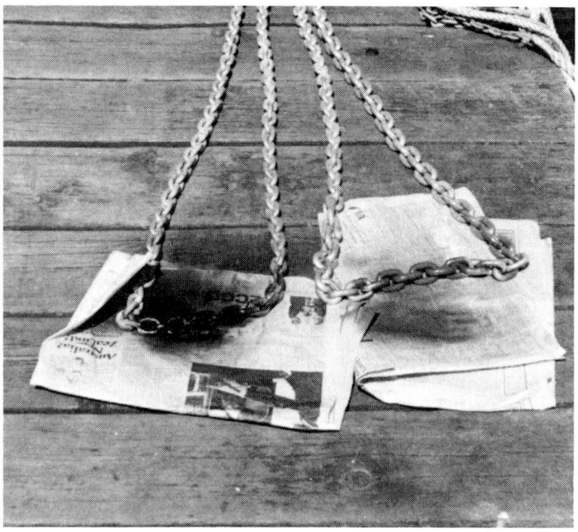

107 *Eine Farbmarkierung alle 5 m zeigt an, wieviel Kette ausgerauscht ist.*

15 m macht man einen Strich, auf den zweiten zwei und auf den dritten drei Striche. Bei der Farbgebung empfiehlt sich eine einprägsame Reihenfolge, etwa schwarz-rot-gelb.

Kettenstopper
Der durch ein schnelles Motorboot erzeugte Wellenschlag kann eine Kette oder Trosse brechen lassen oder ihre Befestigung an Deck beschädigen. Spezielle Metallfedern sind zu den Kettenstärken passend erhältlich und werden als Dämpfer mit einer Teufelsklaue an der Kette angesetzt. Gummistopper (siehe Kapitel 12) sind im allgemeinen an Tauwerksfestmachern zu sehen. Statt dessen kann man die Kette auch mit einem Nylontau dichtholen, das dann die gesamte Zugkraft des Ankers aufnimmt. Hierbei bleibt die Kette auf der Ankerwinde belegt. Mit diesem System verhindert man auch das Poltern der Kette, das vor allem nachts sehr störend ist. Bei dem beschriebenen Stoppertau achte man auf Schamfilen.

Ankergewicht
Ein Ankergewicht, das auf Kette oder Trosse reitet, ist eine weitere gute Möglichkeit, ein Einrucken zu verhindern. Das Gewicht gleitet mit einem Schäkel auf der Kette; an einer dünnen Leine läßt man es daran herunter (Abbildung 108). Das schwerste Gewicht, das man in dieser Position handhaben kann, ist etwa 25 kg – es paßt für eine Kette von 12 mm oder mehr. Ein Gewicht von 6 kg reicht normalerweise für eine Kette von 6 mm Stärke.

Nylonleinen
Nylon eignet sich bei kleineren Fahrzeugen gut als Ankerleine, da es sehr dehnbar ist und nicht schwimmt. Allerdings sollte man zum Anker hin einen Kettenvorlauf anbringen, der den Zug am Anker horizontal hält und beim Schwojen vor scharfen Hindernissen auf dem Grund schützt. Der Kettenvorlauf muß bei Ankern bis zu 3 kg Gewicht wenigstens 2 m lang sein, bei Ankern bis zu 10 kg 4 m und bei 25 kg wenigstens 6 m.

Draht
Für sehr tiefe Ankergründe ist Draht als Ankertrosse (auf einem besonderen Spill an Bord) oft geeigneter als Kette. Wie bei Nylon muß man sehr darauf achten, daß sich keine Kinken bilden, und zum Anker hin einen Kettenvorlauf anbringen.

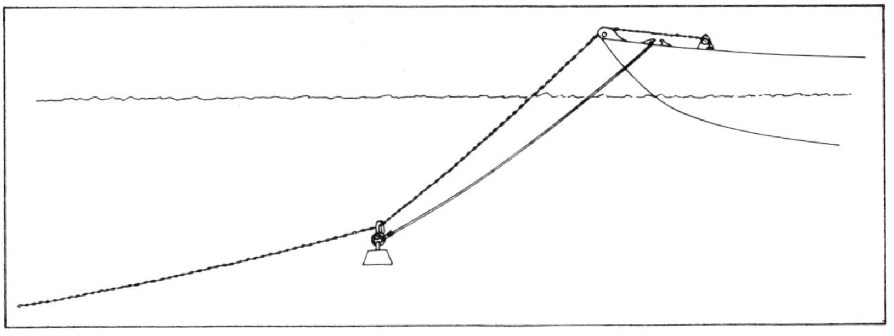

108 *Das Ankergewicht reitet, durch eine Trippleine gesichert, auf der Kette nach unten.*

109 *Eine Pallklinke am Bugbeschlag über der Bugrolle vereinfacht das Ankeraufnehmen ohne Ankerwinde.*

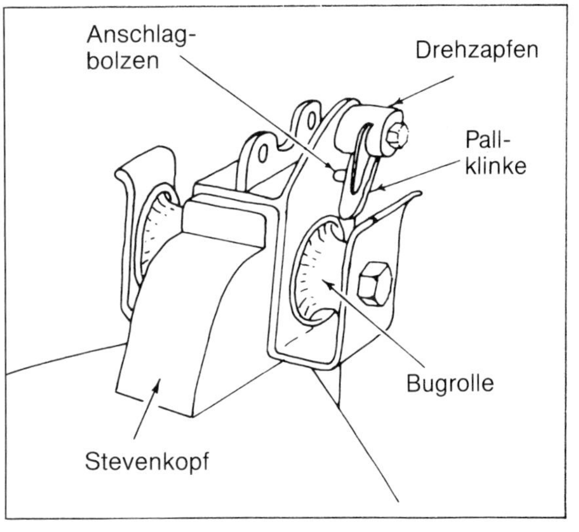

Trippleine
Wenn man nicht weiß, ob der Ankergrund frei von Steinen und alten Ketten ist, sollte man nur mit Trippleine und Ankerboje ankern. Die Trippleine wird am Kreuz des Ankers angesteckt, so daß er damit unter eventuellen Hindernissen hervorgezogen werden kann. Damit niemand die Ankerboje mit einer freien Muringboje verwechselt, führt man die Leine am besten zurück an Bord. Wenn man eine schwimmende Leine benutzt, sollte man etwa im Abstand von 6 m vom Bug ein Reitgewicht auf der Leine anbringen, so daß kreuzende Boote nicht mit dem Propeller hineingeraten.

Stevenrolle
Eine große Ankerrolle am Bug (oder sogar zwei) ist beim Ankern sehr nützlich, besonders auf großen Fahrzeugen. Allzuoft vergißt man jedoch, diese Stevenrolle zu ölen. Hat sie sich festgefressen, mag mehrfaches Einsprühen mit Rostlöser und eine große Rohrzange helfen. Bekommt man so den Bolzen nicht heraus, wird dies durch längeres Erhitzen mit einer Lötlampe gelingen; allerdings wird dabei die Galvanisierung beschädigt. Moderne Boote haben zumeist einen solchen Bugbeschlag aus rostfreiem Stahl. Der muß geölt werden, wird sich aber kaum festfressen.

Pallklinke
Auf kleinen Booten holt man die Ankerleine, bis eine bestimmte Zugkraft erreicht wird, lieber mit der Hand ein, weil es schneller geht als mit einer Ankerwinde. Eine Kette sollte jedoch auch in einem solchen Fall durch eine Pallklinke geführt werden, wie sie Abbildung 109 an einem Bugbeschlag zeigt. Dann läuft die Kette nicht jedesmal ein Stück zurück, wenn man umgreift. Eine große Kammklemme hat bei einer Nylonleine die gleiche Wirkung. Sie darf allerdings nicht zum Belegen der Ankerleine benutzt werden.

Ankerwinde
Eine gute Ankerwinde mit Spillkopf auf dem Vordeck ist ebenso nützlich für das Warpen wie für das normale Ankern. Kettennuß und Kettenglieder müssen zusammenpassen, und von der Nuß sollte die Kette gleich durch die Kettenklüse in den Kettenkasten laufen. Ankerwinden sollten monatlich geölt und gefettet werden, wobei man die Winde dreht. Manche Winden haben eine Anzeige für die gefierte Kettenlänge; manchmal kann man auch eine solche Anzeige nachträglich einbauen. Eine Lekkage im Ölbad einer Ankerwinde (Abbildung 110) bemerkt man spätestens dann, wenn häufig Öl nachgefüllt werden muß – wenn nicht schon an den Ölspuren an Deck. Alle drei Jahre empfiehlt sich eine Säuberung des Ölsumpfs; dabei kann man dann zu-

110 *Oft wird die Überprüfung des Ölstands und des Inneren einer gekapselten Ankerwinde vergessen.*

gleich alle Feuchtigkeit entfernen und nach eventuell gebrochenen Zähnen auf den Zahnrädern suchen.

Schotwinden

Um Schot- und Fallwinden (auch Winschen genannt) stets in gutem Zustand zu erhalten, richtet man sich am besten nach den Herstellerempfehlungen. Alle guten Winden lassen sich leicht auseinandernehmen, was man wenigstens einmal im Jahr tun sollte. Sie brauchen das richtige Schmiermittel, damit die Sperrklinken nicht klemmen und im Salzwasser nicht korrodieren.

Andere Winden

Für die Bedienung von Mittel- und Seitenschwertern werden auf manchen flachgehenden Booten statt Taljen Winden gefahren. Auch sie müssen häufig gefettet werden, und ihre Pallen und Zahnräder brauchen Wartung, wenn das Schwert nicht plötzlich ausrauschen soll. Eine Schwertwinde mit Schneckengetriebe ist weniger anfällig, muß aber ebenso gefettet werden. Das gleiche gilt natürlich für teleskopartige Baumniederholer und Backstagstrecker.

Alles über Tauwerk

7

Der Anfänger, der sich ein neues Boot kauft, hält es vielleicht nicht für nötig, sich das gesamte seemännische Wissen über Tauwerk und den Umgang damit anzueignen; und doch kann schon ein falsch gebundener Knoten, der sich entweder bekneift oder losekommt, Gefahr bedeuten. Wer unfähig ist, einen Spleiß anzufertigen, kann sich zumindest einen schönen Nachmittagstörn mit der Familie verderben. Mit nur wenig Know-how läßt sich die Lebensdauer des Tauwerks verlängern; viele sonst recht teure Dinge können selbst angefertigt werden.

Verschmutztes Tauwerk

In allzu vielen Häfen schwimmen dicke, schwarze Ölschichten auf dem Wasser, die die Festmacher verschmutzen. Wäschereien und Reinigungsbetriebe nehmen Tauwerk im allgemeinen nicht an, und gute Leinen sind teuer. Also wird man schließlich selbst an Land stehen und das Tauwerk in einer Pütz oder Balje mit jenen im 2. Kapitel bereits erwähnten Super-Lösungsmitteln, danach mit klarem Wasser und Spülmittel säubern.

Knoten-Praxis

Viele Segler lassen sich von Tauwerksarbeiten faszinieren und zeigen stolz jedem, der ihnen zuschauen will, daß sie einen Palstek bei geschlossenen Augen mit einer Hand anfertigen können. Es geht durchaus. Zu lernen, wie ein einfacher oder ein doppelter Palstek gemacht wird, wie ein Kreuzknoten, ein Schotstek, ein Webeleinstek, ein Stopperstek oder ein Fischerstek, ist schließlich nicht nur wichtig, sondern auch befriedigend für alle, die sich aufs Wasser wagen wollen. Pfadfinder lernen das in jugendlichem Alter in der Praxis, was sicherlich leichter ist, als sich durch ein Knotenbuch zu wühlen. Doch auch damit geht es, und die erste Routine kann man sich leicht zu Hause mit ein paar Enden unterschiedlicher Stärke aneignen. Auch seltener gebrauchte Knoten wie Roringstek, Trossenstek und lange Trompete haben ihren Sinn und sind im Grunde einfach anzufertigen.

Fancywork
Die wesentlichen Spleiße werden später beschrieben; hat man aber Lust dazu, eine Affenfaust, einen türkischen Bund oder ähnliches nützliches „Fancywork" anzufertigen, so wird es sicher lohnen, ein Spezialbuch anzuschaffen.

Tauwerkskosten

Die Verwendungsmöglichkeiten unterschiedlicher Arten von Faser- und Drahttauwerk in der Takelage waren bereits Thema in Kapitel 6. Tabelle 4 gibt einen Überblick über Kosten, Bruchgrenzen und Verwendung der gebräuchlichsten Tauwerksarten in der meistverbreiteten Stärke von 12 mm Durchmesser.

Tabelle 4 **Modernes und traditionelles Fasertauwerk**

Art des Tauwerks	Ungefähre Kosten per 10 m für einen Tauwerksdurchmesser von 12 mm DM	Bruchlast kg	Typische Verwendungsmöglichkeiten bei verschiedenen Durchmessern
Kevlar-Seele	ab 90	4000	Auf Winschen geführte Fallen und Schoten
Doppelt geflochtenes Polyester	48	3000	Schoten, Flaggleinen
Nylon (meiste Sorten)	29	3000	Ankertrosse, Muringtrosse, Schlepptrosse
Dreikardeeliges Polyester	29	2800	Fallen, Taljen
Polypropylen	13	2000	Muringleinen, Festmacher
Manila	14	1700	Gaffelrigg (fast alle Bereiche)
Sisal	8	1300	Warpen, Muring, kleinere Arbeiten
Kokos	6	900	Fender, Festmacher

Arbeitslast

Als sichere Arbeitsbelastung von Chemiefasertauwerk nimmt man am besten ein Sechstel der Bruchlast. Die Hersteller modernen Tauwerks geben auch Daten darüber heraus, aber für Hanftau zum Beispiel sind solche Daten kaum zu bekommen. Will man die sichere Arbeitslast von Naturfasertauwerk in Kilogramm errechnen, so nehme man den Durchmesser in Millimeter zum Quadrat und multipliziere dann bei Manila und Hanf mit 1,0, bei Sisal mit 0,8 und bei Kokosfaser mit 0,5.

Auswahl des Tauwerks

Geht es um die Stärke des Tauwerks, so wird der Kostenunterschied zwischen synthetischem und Hanftauwerk geringer; geht es um die zu erwartende Lebensdauer, so verringert sich der Unterschied weiter. Dünnes Tauwerk läßt sich nur schwer mit der Hand bedienen. Ideal ist ein Durchmesser von 25 mm: Solches Tauwerk eignet sich für die Fallen eines 30-m-Schoners. Führt das Tauwerk direkt auf Winschen, so sind die dünnen und starken Materialien am besten. Fäulnis, Schimmel und Chemikalien können Hanftauwerk schwächen, ohne daß man es erkennt. Synthetisches Tauwerk kann sich unter der Einwirkung von Sonnenlicht versteifen oder brechen, obwohl es schon moderne Tauwerksarten gibt, die dagegen geschützt sind. Synthetisches Tauwerk kann bei zu starker Reibungshitze schmelzen.

Aufbau des Tauwerks

Tauwerk ist entweder geschlagen (Abbildung 111) oder geflochten (112). Die drei Kardeele des geschlagenen Tauwerks sind fast immer rechtsherum umeinandergedreht (rechtsgeschlagen) – im Uhrzeigersinn, wenn man am Tau entlangschaut. Im Wantschlag geschlagenes Tauwerk (heute kaum noch zu sehen) hat vier Kardeele. Das dickste Tauwerk wird im Kabelschlag hergestellt, wobei drei dreikardeelige, rechtsgeschlagene Leinen zu einer einzigen linksgeschlagenen Trosse vereinigt werden. Manchmal sind die drei dreikardeeligen Leinen miteinander verflochten, was die Elastizität erhöht.

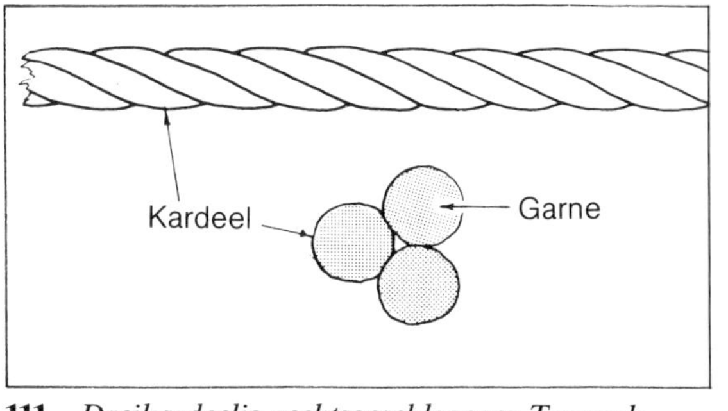

111 *Dreikardeelig rechtsgeschlagenes Tauwerk*

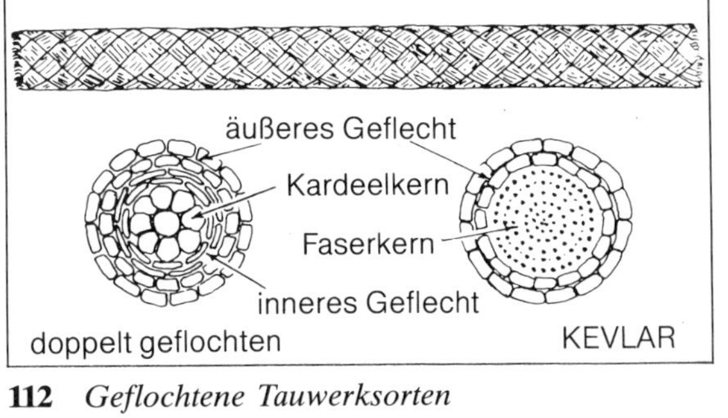

112 *Geflochtene Tauwerksorten*

Geflochtenes Tauwerk hat eine geflochtene Seele und ebensolchen Mantel. Bei Kevlar und anderem wenig dehnbaren Tauwerk besteht die Seele aus den wenig dehnbaren, parallelen Garnen. Dieses Tauwerk ist für den Gebrauch auf Winschen gedacht. Das Belegen auf einer Klampe könnte den Kern knicken und das Tauwerk damit schwächen.

Unterschiede bei Chemiefasern
Nylon- und geschlagenes Polyestertauwerk ist im allgemeinen weiß. Geflochtenes Polyestertauwerk gibt es in Weiß, Rot, Blau und Gelb, was zur leichteren Identifizierung in einer komplizierten Takelage beitragen soll. Polypropylentauwerk (welches schwimmt) ist zum Lichtschutz oft gefärbt. Bei anderem Tauwerk läuft in einem Kardeel ein einziges dunkleres Garn entlang, Kennfaden genannt. Kevlar- und vorgerecktes Polyestertauwerk (mit minimaler Elastizität) ist ideal für über Winschen geführte Fallen und für Schoten auf Regattayachten.

Naturfasertauwerk
In einer modernen Marina mit rund 200 Booten ist wahrscheinlich auf keinem einzigen mehr Naturfasertauwerk in Gebrauch. Man kann dieses Tauwerk aber noch kaufen, und im allgemeinen sind hier die Preise stabiler als die für synthetisches Tauwerk, das im Prinzip aus Erdöl hergestellt wird. Die wichtigsten Fasern sind Hanf (Manila, europäischer Hanf und Sisal), Kokosfaser und Baumwolle. Leinen wird vor allem für die traditionellen einfachen und gewachsten Garne und Zwirne verwendet.

Behandlung
Hanftauwerk sollte gegen Fäulnis behandelt oder leicht geteert sein, wodurch es sein nußbraunes Aussehen erhält. Neues Hanftauwerk sollte vor der Verwendung gereckt werden, damit es seine Steifheit verliert und weniger zur Kinkenbildung neigt. Zu diesem Zweck spannt man es mehrere Tage lang im Freien um zwei Pfähle und setzt mehrfach nach, begießt es mit Wasser oder beschwert es in der Mitte mit Gewichten.

Webeleinen
Für Webeleinen (siehe Seite 103) sieht weißes Tauwerk nicht so gut aus, besser wählt man geteerten Hanf. Sie dürfen nicht straff durchgesetzt werden. Nimmt man Webeleinsteks, bändselt man die losen Tampen zur stehenden Part; auch um die Wanten und jeden Stek legt man ein Bändsel, damit die Webeleinen nicht nach unten rutschen.

Besondere Sorgfalt
Naturfasertauwerk muß trocken verstaut werden, damit nicht Fäulnis, Pilzbefall oder unangehme Gerüche entstehen. Kokosfaser fault jedoch nicht. Besonders wenn das Boot ins Winterlager kommt, muß Tauwerk, das auf See benutzt wurde, vor dem Trocknen und Verstauen mit Süßwasser gespült werden. Hanf und Baumwolle schrumpfen, wenn sie naß werden, was eine Neueinstellung von Fallen und anderen Leinen nötig macht, damit sie nicht zu starke Spannung bekommen.

Tampen

Zerfaserte und ausgefranste Tampen sind nicht nur ärgerlich, sondern auch eine Verschwendung. Dünnere Chemiefaserleinen kann man mit Hilfe eines Feuerzeugs oder Lötkolbens durch Verschmelzen der Kardeele und Garne versiegeln; danach rollt man die Tampen unter dem Fuß oder (nach einer kurzen Pause) zwischen angefeuchtetem Daumen und Zeigefinger. Chemiefaser- und Hanf- oder Baumwoll-Taue lassen sich kaum noch auseinanderhalten, wenn sie alt sind. Zum Test brennt man den Tampen an: Chemiefasern schmelzen, Naturfasern schwelen.

Schutz
Manchmal findet man Plastiküberzüge auf den Tampen neuen Tauwerks. Die sind jedoch nicht dazu gedacht, einen ordentlichen Takling zu ersetzen. Es gibt auch dauerhaft aufzuschweißende Kunststoffmanschetten für alle Tauwerksgrößen. Sie werden an Ort und Stelle gesetzt und dann in kochendes Wasser getaucht (oder rundum über einer nicht zu starken Flamme erhitzt), wodurch sie dicht auf das Tau schrumpfen. Der Abstand dieses Kunststofftaklings vom Tampen sollte ebenso wie der eines echten Taklings den eineinhalbfachen Taudurchmesser betragen.

Takelgarn
Für Taklings ist gewachstes Kunststoffgarn in verschiedenen Stärken erhältlich. Will man sehr dickes Tauwerk betakeln, nimmt man besser dickere, geteerte Marlleine. Im Zweifelsfall sollte man lieber Garn verwenden, das für das zu betakelnde Tau zu

dünn scheint – ist nämlich das Takelgarn zu dick, löst sich der Takling leicht.

Gespleißte Tampen

Eine schnelle Methode, den Tampen eines drei- oder vierkardeeligen Endes zu sichern, ist der Rückspleiß, auch Spanischer Takling genannt (Abbildung 121). Der Umfang wird etwa doppelt so groß wie der der Leine, was den Rückspleiß für Tampen, die durch Augen und ähnliches geführt werden, untauglich macht; aber für Festmacher ist er geeignet.

Genähter Takling

Der sauberste und dauerhafteste Takling wird folgendermaßen hergestellt (siehe dazu auch Abbildung 113):

a Nadel und Garn werden durch eines der Kardeele hindurchgestochen; der Abstand vom Tampen beträgt rund ein Vierfaches des Taudurchmessers.

b Mit dem Garn legt man Rundtörns um das Ende, fest und gegen die Drehrichtung der Kardeele, und zwar auf den Tampen zu; das Garnende wird unter den Rundtörns bekniffen. Ein kleines Stück Kork auf der Nadelspitze verhindert derweil Verletzungen.

c Der Takling sollte etwa 14 Rundtörns umfassen – oder in der Breite eineinhalbmal den Durchmesser der Leine. Dann führt man die Nadel mit dem Garn unter einem Kardeel hindurch, immer gegen die Richtung der Kardeele.

d Das Garn wird jetzt schräg über den Takling zum Anfang zurückgeführt und folgt der Keep, aus der es zuletzt herausgekommen ist. Auf der anderen Seite des Taklings wird die Nadel wieder unter einem Kardeel hindurchgesteckt.

e Das Garn wird festgezogen und versinkt dabei in der Keep zwischen den Kardeelen. Auf diese Weise geht man ein- bis zweimal um die Leine herum, bis man wieder am Ausgangspunkt angekommen ist.

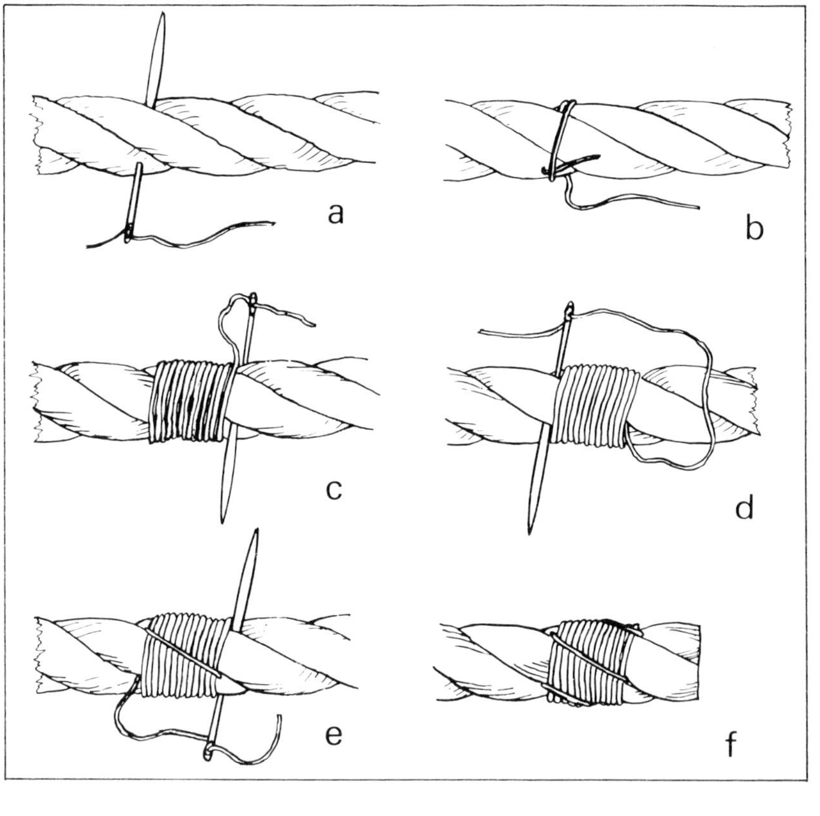

113 *Sechs Stadien beim Herstellen eines genähten Taklings*

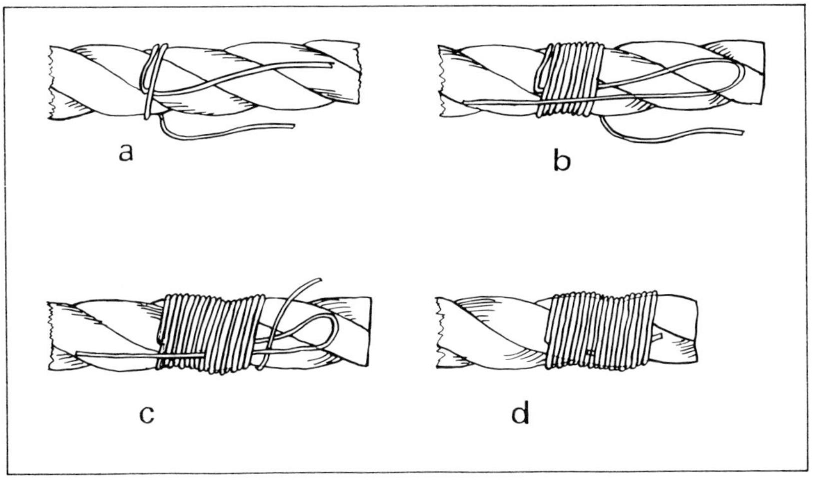

114 *Für einen Behelfstakling benötigt man keine Werkzeuge.*

f Zum Schluß näht man zweimal durch ein Kardeel hindurch und schneidet das Garn ab. Der Takling sieht jetzt aus wie in Abbildung 113f. – Etwas fester wird der Takling noch, wenn man am Anfang einen Knoten auf den Tampen schlägt und diesen in die Keep hineinzieht; ebenso kann man am Schluß um die letzte, schräg verlaufende Part einen halben Schlag legen und diesen fest in die Keep ziehen.

Einzelheiten über Segelnadeln, Segelhandschuh und anderes Werkzeug stehen in Kapitel 8.

Takling auf geflochtenem Tauwerk

Der genähte Takling eignet sich auch für geflochtenes Tauwerk; besser ist jedoch, wenn man mit dem Garn viermal quer über den Takling geht, und zwar jetzt in Längsrichtung der Leine. Geflochtenes Tauwerk ist weicher und biegsamer als geschlagenes, deshalb nimmt man hierfür dünneres Garn. Außerdem sind zwei kürzere Taklings (jeder nur so breit wie der Durchmesser des Taus und zwischen beiden der gleiche Abstand) besser als ein einziger längerer Takling.

Behelfstakling

Dieser Takling wird ganz ohne Nadel ausgeführt. Es gibt mindestens fünf verschiedene Arten, einen solchen Takling nur mit Garn und Fingern auf den Tampen einer Leine zu setzen. Die gebräuchlichste Methode zeigt Abbildung 114.

a Den Tampen des Takelgarns bekneift man mit fünf Rundtörns; von diesem Tampen müssen allerdings noch mindestens 15 cm lose heraushängen.

b Diesen freien Tampen zieht man vorsichtig an, bis der erste Rundtörn fest sitzt. Aus dem Tampen formt man eine Bucht, die man mit dem Daumen festhält; darüber legt man weitere Rundtörns.

c Die Rundtörns werden weiter über die Bucht gelegt und dabei fest angezogen. Ist der Takling breit genug, schneidet man das überflüssige Garn ab und zieht den Tampen durch die Bucht.

d Den letzten Rundtörn hält man fest und zieht die Bucht fest unter die Rundtörns. Das aus der Mitte des Taklings herausschauende Ende wird abgeschnitten.

Drahttampen

Die meisten Drahttampen haben ein gespleißtes Auge oder einen Terminal (siehe später). Offene Tampen werden am besten mit Kupferdraht betakelt und verschweißt (gelötet). Aufgeschweißte Manschetten oder Garntaklings, wie oben beschrieben, eignen sich nur für Drahtrollen, die gelagert werden sollen. Takler verhindern das Aufdrehen von Drahttampen, indem sie sie rotglühend erhitzen und dann zwischen zwei Zangen zusammendrücken.

Smarten und Kleeden

Das Smarten und Kleeden wird heute im wesentlichen nur noch bei Drahtspleißen und Stropps für traditionelle Holzblöcke angewandt. Das Ziel ist

Schutz vor Schamfilen, Schutz der Hände vor scharfen kleinen „Fleischhaken" und Schutz des Drahts vor eindringendem Wasser. Im Prinzip bringt aufgenähtes Leder ähnliche Ergebnisse.

Smarten
Üblicherweise wird zum Smarten in 10 cm breite Streifen geschnittenes Segeltuch verwendet; man kann aber genausogut schwarzes, selbstklebendes Leinen-Isolierband nehmen. Das Smarten erhöht den Schutz gegen Feuchtigkeit und gibt außerdem eine gleichmäßigere Unterlage für das Kleeden. Die Smarting wird fest mit dem Schlag der Kardeele um das Drahttauwerk gewickelt (Abbildung 115a), wobei man an einem Want von unten nach oben arbeitet. Galvanisiertes Drahttauwerk wird zuvor mit wasserabstoßendem Fett (Lanolin oder Wasserpumpenfett) behandelt. Kunststoff-Tape ist nicht wasserfest, aber besser als nichts.

Trensen
Trensen ist das Auffüllen der Keepen zwischen den Kardeelen eines dickeren Drahttaus mit Garn

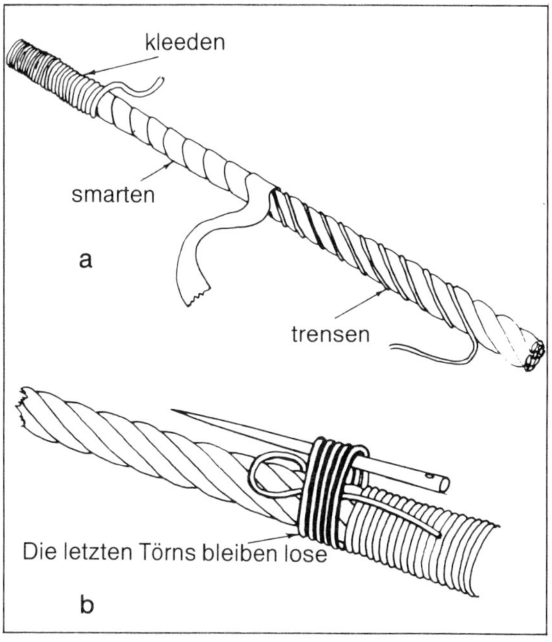

115 *Smarten und Kleeden von Drahttauwerk:* **a** *Vor dem Kleeden kommt das Trensen und Smarten.* **b** *Der Tampen wird unter die letzten Rundtörns gesteckt.*

(115a), um für das nachfolgende Smarten und Kleeden eine glattere Oberfläche zu bekommen. Geteertes Hanfgarn ist dazu am besten geeignet; für größere Keepen muß man zwei oder drei Längen zusammendrehen. Beim Trensen und Smarten arbeitet man mit dem Schlag der Kardeele, beim Kleeden wie beim Takling entgegengesetzt.

Marlleine
Obgleich die Kleedung schließlich wie ein verlängerter Takling aussieht, nimmt man für das Kleeden dreimal dickeres Garn als für den Takling. Dünnes Synthetikgarn (wie für Flaggleinen) ist für dickeres Drahttauwerk zwar geeignet, doch unter schlechten Wetterbedingungen hat es, wenn es unbehandelt bleibt, möglicherweise nur eine Lebensdauer von drei Jahren. Marlleine aus geteertem Hanf ist geeignet für Drahttauwerk bis zu 9 mm Durchmesser.

Anfang und Ende
Wie beim üblichen Takling beginnt man auch das Kleeden damit, daß man den Tampen des Kleedgarns unter mehreren Rundtörns bekneift. Dabei muß der freie Tampen lang genug bleiben, so daß man ihn nach einigen Rundtörns festziehen kann; dann wird er abgeschnitten. Am anderen Ende der Kleedung geht man wie in Abbildung 115b vor: Die letzten fünf Rundtörns werden zusätzlich um einen Marlspieker herumgedreht, damit genug Raum bleibt, um den Tampen darunter zurückführen zu können. Dann nimmt man den Marlspieker heraus, holt die Rundtörns nacheinander dicht, zieht mit dem Tampen die Bucht unter die Rundtörns (wenn nötig unter Zuhilfenahme einer Zange) und schneidet den Tampen ab.

Bekleeden eines Spleißes
Beim Bekleeden eines Augspleißes beginnt man am dünnen Ende und arbeitet auf das Auge zu. Für den Schluß benutzt man entweder die eben beschriebene Methode, oder man zieht den Tampen dreimal durch die üblicherweise am Schwanz der Kausch vorhandene kleine Lücke und endet dann mit drei halben Schlägen auf einer Seite des Auges. Bei schwerem Drahttauwerk wird zum Bekleeden besser dünnerer Draht genommen, obgleich für Yachtarbeiten Fasertauwerk oder aufgenähtes Leder eher taugt. Beim Bekleeden mit Draht wird der Anfangstampen in der ganzen Länge unter der Bekleedung verborgen, so daß am Schluß beide Drahttampen

umeinander festgedreht und dann in der Lücke unter der Kausch verborgen werden können.

Kleedrolle

Die in Abbildung 116 dargestellte Kleedrolle ist für rasches Arbeiten ohne weitere Hilfe geeignet. Die Spule kann durch eine Flügelmutter auf unterschiedliche Reibung eingestellt werden. Für längere Arbeiten lohnt es sich, wenn man die Spule zum Füllen mit Marlleine auf einen langsam drehenden Elektrobohrer setzt. Muß man oben in der Takelage arbeiten, nimmt man Ersatzspulen mit.
Soll Drahttauwerk bekleedet werden, das noch nicht fest im Rigg sitzt, spannt man den Draht mit zwei Taljereeps.

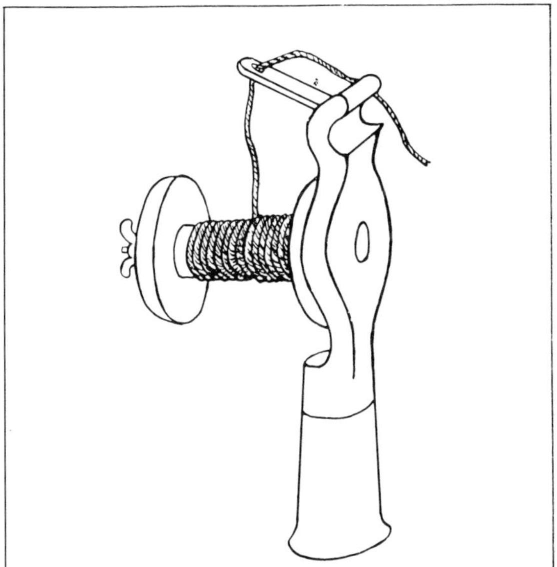

116 *Die Patent-Kleedrolle ermöglicht das Arbeiten ohne Helfer.*

Längen

Ärgerlich ist es, wenn das Kleedgarn kurz vor Schluß eines längeren Arbeitsganges ausgeht, obwohl man jederzeit die Tampen umeinander verdrehen und dann dieses Stück unter einigen Rundtörns verstecken kann. Will man sichergehen, daß man genug Kleedgarn hat, arbeitet man sich einige Zentimeter voran, dreht dann das Garn wieder ab und mißt es. Danach läßt sich ausrechnen, wieviel man für die gesamte Länge braucht.

Endbearbeitung

Eine Bekleedung ist normalerweise ziemlich steif. So kann man sie ohne weiteres mit zwei oder drei Lagen Klarlack überziehen; jedes Jahr kommt eine neue Lage hinzu. Man beachte jedoch, daß Klarlack auf einer Marlleine aus geteertem Hanf sehr viel Zeit zum Trocknen braucht.

Bändsel und Zurrings

Zum Verbinden zweier Leinen oder zweier Spieren in irgendeinem Winkel zueinander werden Bändsel und Zurrings aus Takelgarn oder Draht verwendet. Der Amateur begegnet dem nur, wenn beispielsweise wie in Abbildung 100b die Schot mit einem Auge für das Schothorn versehen werden soll. Auf manchen Gaffelbooten sind auch die Unterwanten am Mast paarweise aneinandergebändselt (siehe Abbildung 81), ebenso die Stropps von Holzblökken.

Auf Fasertauwerk

Zumeist ist für Bändsel und Zurrings die gleiche Garndicke geeignet wie für das Bekleeden; allerdings wird für Blöcke oft Kupferdraht oder einfacher Bändseldraht verwendet. Gewachstes Garn nimmt man für spezielle Zurrings, mit denen Rutscher oder Stagreiter am Segel festgebändselt werden (siehe Seite 146).

Auf Drahttauwerk

Der übliche weiche verzinkte Draht von 1,5 mm Durchmesser, der ein linksgeschlagenes Kardeel aus sieben dünnen Einzeldrähten ist, eignet sich für Zurrings auf galvanisiertem Drahttauwerk bis zu einem Durchmesser von 12 mm. Bei größeren Durchmessern ist galvanisierter Zaundraht besser, während man für große Holzspieren flexibles Drahttau nimmt. Auf bekleedetem Drahttauwerk sollten die Zurrings besser aus Marlleine bestehen. Draht aus rostfreiem Stahl ist im allgemeinen für diese Arbeiten überhaupt nicht geeignet; er ist nicht lehnig genug.

Rundbändsel

Für die meisten Zwecke ist das doppelte Rundbändsel ideal (siehe dazu auch Abbildung 117 links):

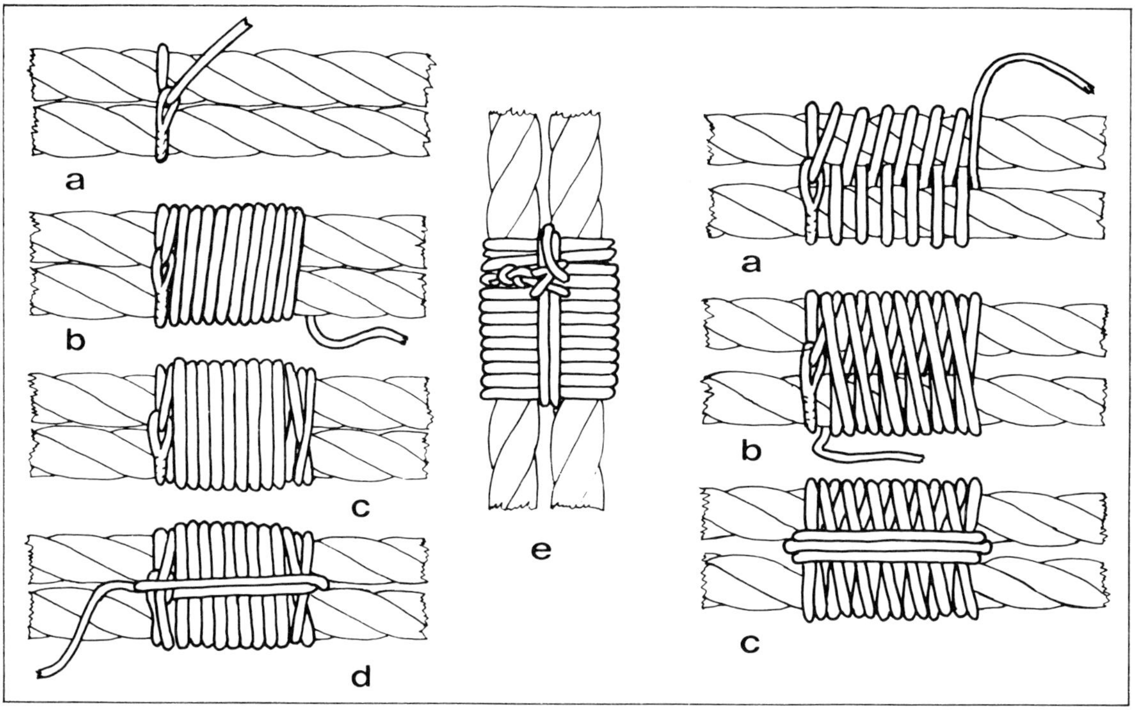

117 Links: *Ein einfaches Rundbändsel in fünf Stadien.* Rechts: *Eine Kreuzzurring hält große Zugkräfte aus.*

a In den Tampen des Bändsels macht man einen kleinen Augspleiß oder einen Palstek. Daraus formt man einen Laufknoten um beide Parten und zieht ihn fest.

b Von hier aus legt man ungefähr zwölf Rundtörns (oder dreimal den Taudurchmesser) eng und fest um beide Parten.

c Der letzte Rundtörn wird mit einem halben Schlag belegt; dann legt man auf die erste Lage Rundtörns eine zweite, nicht ganz so fest wie die erste Lage und um einen Rundtörn weniger.

d Das Ende zieht man durch das kleine Auge des Palsteks und legt es dann zweimal um alle Rundtörns herum, fest zwischen den beiden Parten hindurch, wie auf Abbildung 117 gezeigt.

e Auf der Rückseite endet man mit zwei halben Schlägen um die beiden Längstörns herum, die man zu diesem Zweck mit einem Marlspieker leicht anheben muß. Vor dem Abschneiden legt man einen Achtknoten auf den Tampen und zieht ihn dicht an den letzten halben Schlag heran.

Einfaches Flachbändsel

Für geringere Belastung reicht ein einfaches Bändsel. Der Vorgang gleicht dem eben beschriebenen, außer daß die zweite Lage Rundtörns entfällt. Ein solches Flachbändsel wird zum Beispiel für eine Musing an einem Haken verwendet (Abbildung 87), außerdem zum Anbändseln von Mastrutschern, Stagreitern oder Mastringen (siehe Kapitel 8).

Stops

Der Stop ist ein schnell anzufertigender Behelfstakling; er läßt sich auch durch scharfen Zug auf eine der zusammengebändselten Parten ausreißen. In diesem Fall wird nur dünnes Garn verwendet, und der Stek variiert dann von einem einzigen Rundtörn mit Kreuzknoten bis zu vier oder fünf Rundtörns, die auch in einem Slipstek enden können. Mit einem solchen Behelfstakling, der jederzeit ausgebrochen werden kann, wird zum Beispiel ein Toppsegel „in Stops" gesetzt; ein scharfer Zug an der Schot reicht dann zum Ausbrechen des Segels im Topp.

Kreuzbändsel

Steht sehr starker, ungleicher oder seitwärts gerichteter Zug auf beiden Parten des Tauwerks (oder der Spieren), so ist das Kreuzbändsel am besten geeignet (siehe dazu auch Abbildung 117 rechts):

a Man beginnt wie bei dem Rundbändsel, legt die Törns aber um eine Garnbreite auseinander, und zwar nicht um beide Parten herum, sondern in Achttörns zwischen ihnen hindurch.

b Die Achttörns zieht man so dicht wie möglich, arbeitet sich dann jedoch vom Ende her mit Rundtörns, die man in die Lücken zwischen den Garnen legt, wieder zum Anfang zurück.

c Das Ganze endet wieder mit halben Schlägen wie beim Rundbändsel. Da die Hauptparten nun etwas voneinander abstehen, ist gewöhnlich Platz für einige Schläge mehr.

Einbetten

Den meisten Tauarbeiten bekommt es gut, wenn man sie zum Schluß mit dem Hammer oder durch Rollen unter dem Fuß bearbeitet. Ein Gummihammer oder ein mit dickem Leder beschlagener Hammer ist für Bändsel und Zurrings aus Garn am besten geeignet, für solche aus Draht nimmt man einen Kupfer- oder Bleihammer.

Spleißen von Fasertauwerk

Das Spleißen normalen dreikardeeligen Tauwerks läßt sich aus Büchern leicht erlernen. Man beherrscht dann eine Arbeit, die einem viel Befriedigung verschafft. Für das Spleißen von geflochtenem Tauwerk geben die Hersteller oft Anweisungen heraus; dennoch halten es die meisten Segler für zu schwierig und begnügen sich lieber mit dem Zusammennähen beider Parten oder mit zwei oder drei Rundbändseln, wie sie Abbildung 100a zeigt.

Augspleiß

Ein Auge mit einer Kausch ist zum Beispiel am Tampen eines Falls, einer Schot oder einer Ankerleine nötig, durch die jeweils ein Schäkel durchgesteckt werden soll. Ein Auge ohne Kausch (wie in Abbildung 118) wird beispielsweise an der Fangleine eines Beiboots oder einer Pütz angebracht und folgendermaßen hergestellt:

a Zuerst werden die Kardeele auf ungefähr dem 20fachen Taudurchmesser aufgedreht. Dann formt man das Auge in der benötigten Größe, indem man zwei Kardeele auf die stehende Part

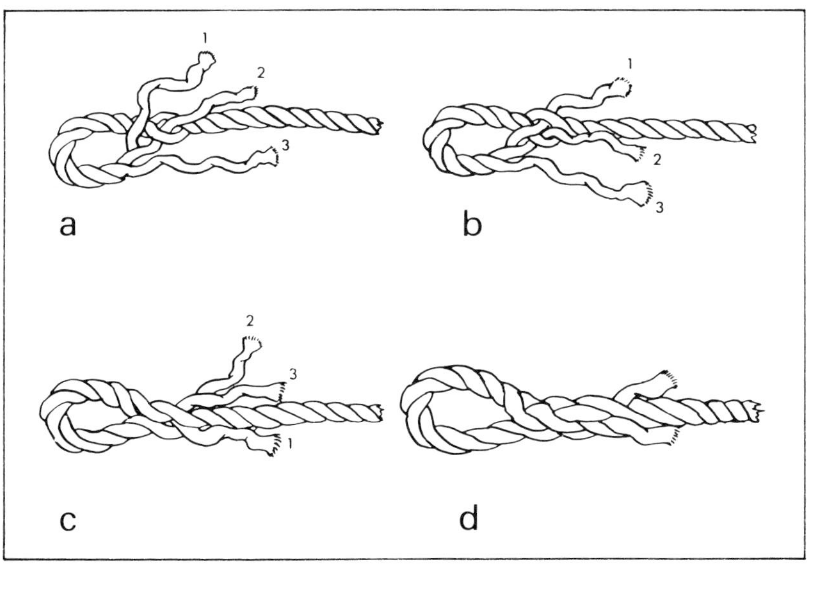

118 *So entsteht ein Augspleiß.*

legt und eines nach unten hängen läßt. Das Kardeel Nr. 2 wird als erstes entgegen dem Schlag unter dem Kardeel hindurchgezogen, auf dem es liegt.

b Das Kardeel Nr. 1 legt man jetzt über das eben benutzte Kardeel, unter dem das Kardeel Nr. 2 durchgezogen wurde, und zieht es unter dem nächsten Kardeel hindurch.

c Nun dreht man das Ganze um und zieht Kardeel Nr. 3 unter dem verbliebenen freien Kardeel der festen Part hindurch, aber unbedingt gegen den Schlag der Leine. Das erscheint zunächst schwierig, sieht aber schon besser aus, wenn man die losen Parten erst einmal festgezogen hat.

d Jetzt kommt die zweite Serie: Jede freie Part wird, beginnend nach Belieben, in Reihenfolge über das direkt unter ihr liegende Kardeel hinweg- und unter dem nächsten hindurchgezogen.

Bei Naturfasertauwerk reicht im allgemeinen dreimal Durchstecken, bei Chemiefasertauwerk sollte es viermal sein. Ein Spleiß sieht besser aus, wenn er verjüngt wird. Dazu schneidet man nach dem dritten Durchstecken ein Drittel der Garne jedes Kardeels weg und steckt es dann erneut durch. Das gleiche macht man noch einmal, indem man die restlichen Garne halbiert. Die Garne sollte man nicht zu dicht an der festen Part abschneiden; man kann sie später immer noch mit einer Schere stutzen oder bei Chemiefasern mit einer Flamme verschmelzen. Die verjüngten Kardeele lassen sich leichter durchstecken, wenn man sie mit Talg oder Vaseline einschmiert.

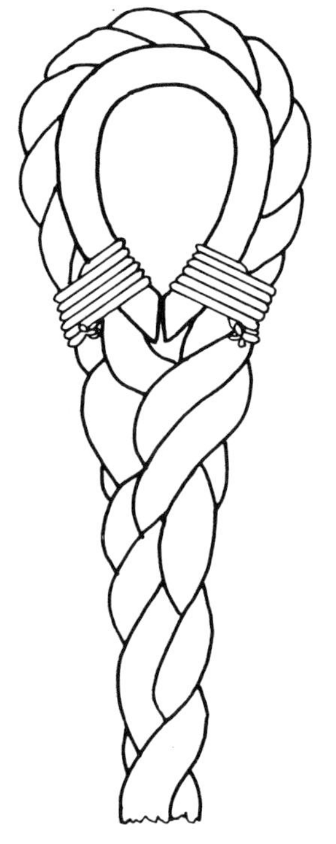

119 *Zum Sichern einer losen Kausch bringt man zwei Bändsel außerhalb des Belastungsbereichs an.*

Verdrehtes Auge

Es gibt einen guten Grund, das Durchstecken mit dem mittleren Kardeel, hier als Nr. 2 bezeichnet, zu beginnen. Beginnt man nämlich mit Nr. 1, so verdreht sich das Auge am Schluß. Allerdings passiert das nicht, wenn eine Kausch im Auge sitzt.

Kauschen

Takler gehen oft so vor, daß sie ein flexibles Auge mit Hilfe eines Hartholzpfriems ausreichend dehnen (Abbildung 120a) und dann die Kausch eintreiben. Anschließend wird der Spleiß gehämmert, damit alles dichtsitzt. Für den Amateur ist es wahrscheinlich einfacher, die Kausch nach dem ersten Durchstekken der Kardeele einzusetzen und dann jedes Kardeel einzeln nach außen und zur Kausch hin festzuziehen, bis sie sitzt.

Sichern der Tampen

Besonders bei starkem Tauwerk müssen die Tampen der Kardeele mit Garn oder Klebeband gesichert werden, damit sie sich nicht aufdrehen. Aus dem gleichen Grund sollte man die Kardeele beim Festziehen der einzelnen Spleiße leicht mit dem Schlag drehen, damit sie in sich wieder fester werden. Dadurch wird auch der Kardeeldurchmesser verkleinert und das Kardeel zugleich steifer. Sitzt die Kausch nach dem Einspleißen nicht fest im Auge, bekleedet man das Auge oder legt ein Bändsel um beide Enden der Kausch, wie es Abbildung 119 zeigt.

Werkzeuge

Bis zu etwa 12 mm Durchmesser läßt sich das meiste dreikardeelige Tauwerk nur mit Hilfe der Finger und eines Messers spleißen. Ein geringes Verwinden

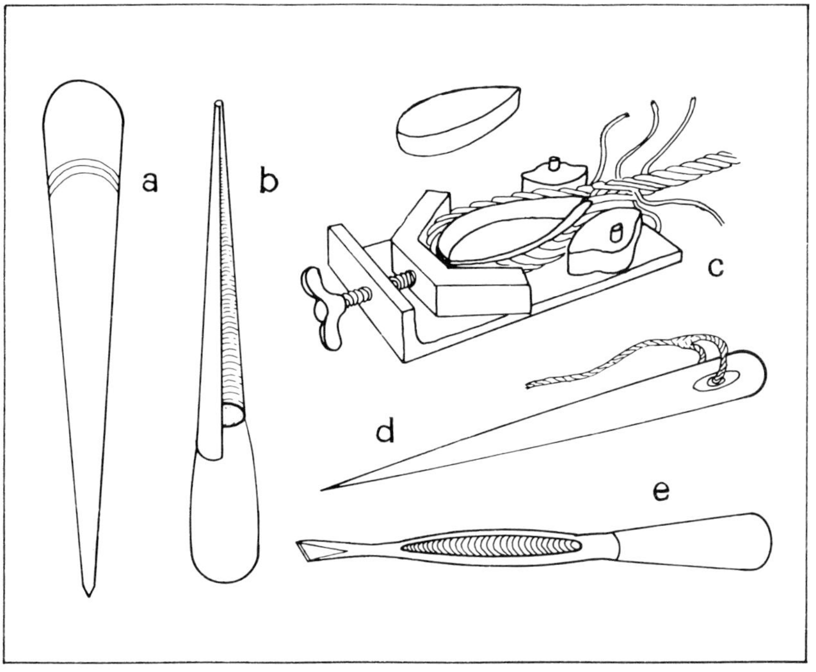

120 *Einige Werkzeuge für Tauwerksarbeiten:* **a** *Fitte aus Pockholz* **b** *Hohlspieker* **c** *Spleißzwinge* **d** *Pricker* **e** *Marlspieker für Drahttauwerk.*

des Endes gegen den Schlag schafft etwas Luft, so daß man mit dem Finger eine Öffnung machen kann, durch die man ein Kardeel der losen Part hindurchzieht. Ein nützliches Werkzeug ist dabei der schwedische Marlspieker (120b). Indem man ihn zwischen die Kardeele der festen Part steckt, kann man durch seine Höhlung die Kardeele der losen Part leicht hindurchziehen. Der Pfriem (120a) ist üblicherweise aus Hartholz und hat an seinem dikken Ende einen Durchmesser von bis zu 4 cm. Für das Spleißen dickeren Tauwerks braucht man ihn unbedingt, ebenso beim schon erwähnten Dehnen eines Außenspleißes. Zum Spleißen dünnerer Leinen nimmt man am besten einen 50 mm langen Drahtstift, um den Schlag zu öffnen.

Rückspleiß

Beim Rückspleiß beginnt man mit einer Art Krone (Abbildung 121c) und fährt dann wie bei einem normalen Augspleiß fort. Es ist nicht wichtig, wie oft man durchsteckt, da der Rückspleiß nie unter großer Last steht. Eine Krone plus einer Runde Durchstekken wird oft als kurzzeitiger Takling benutzt; man braucht dazu nicht länger als höchstens zwei Minuten. Dreimaliges Durchstecken zeigt Abbildung 121d.

Die Krone

Steckt man die freien Kardeele in eine Richtung umeinander, bekommt man einen Schauermannsknoten, bei dem die freien Tampen nach oben zeigen (121a). Werden sie anders durchgesteckt (121b), hängen die Tampen nach dem Zusammenziehen nach unten, wie es für einen Rückspleiß nötig ist. Dazu geht man wie in Abbildung 121b und c vor:

- **b** Im Sitzen klemmt man das Ende mit den Tampen nach oben zwischen die Knie. Kardeel Nr. 1 wird im rechten Winkel zum Tampen gelegt; dann legt man das Kardeel Nr. 2 im rechten Winkel über Nr. 1. Jetzt legt man Nr. 3 über Nr. 2 und steckt es nach unten durch das Loch, das von Kardeel Nr. 1 gebildet wird.
- **c** Dann zieht man alle drei Kardeele mit nicht allzuviel Kraft dicht. Ein zu starker Zug an einem der Kardeele kann die Krone zerstören. Stehen die Kardeele jetzt in gleichem Abstand voneinander (120 Grad) nach unten hervor, ist alles in Ordnung.

„Über-einen-unter-einen"

Um das in Abbildung 121 gezeigte Ergebnis zu erreichen, geht man jetzt wie beim Augspleiß vor. Dabei arbeitet man wiederum gegen den Schlag der Kar-

121 *So beginnt der Rückspleiß.*

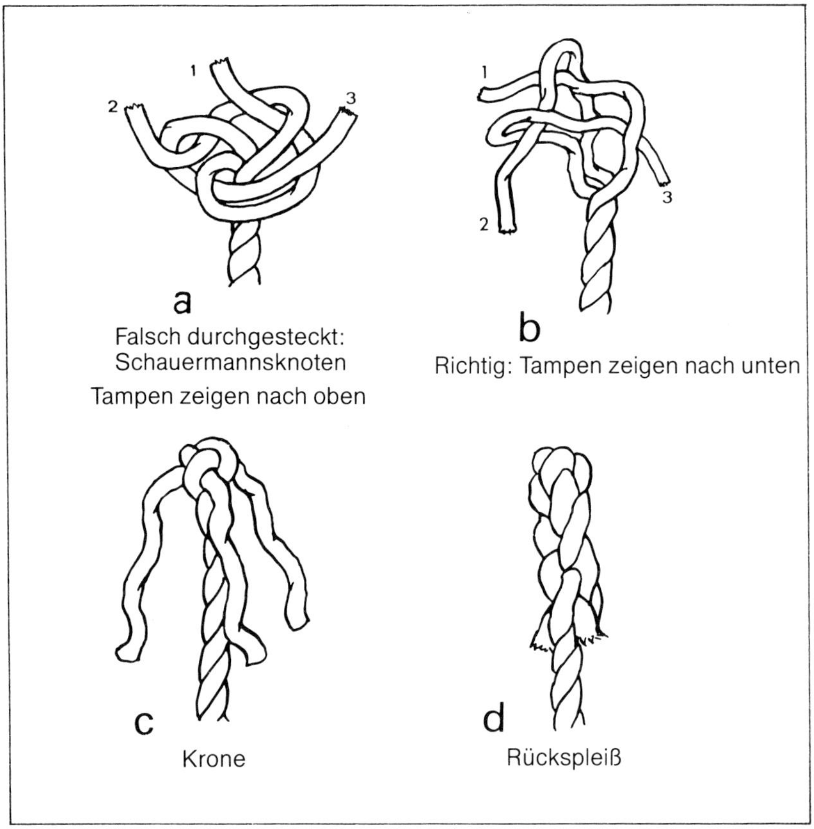

deele und steckt einen Tampen nach dem anderen über das nächste und unter das übernächste Kardeel. Ein Fehler ist daran zu erkennen, daß die freien Tampen nicht in gleichmäßigem Abstand mit jeweils 120 Grad zueinander herauskommen. Der Vorgang wird zwei- oder dreimal wiederholt. Natürlich kann man auch einen Rückspleiß verjüngen, obwohl es nicht üblich ist. Zum Schluß legt man den Rückspleiß auf den Boden und rollt ihn kräftig unter dem Fuß.

Kurzspleiß
Der Kurzspleiß ist ideal zum Verbinden zweier Enden ohne allzu großen Verlust an Festigkeit. Man braucht dafür nicht mehr Zeit als zum Anfertigen zweier Augspleiße. Dabei entsteht natürlich eine Verdickung (Abbildung 123), so daß der Kurzspleiß im laufenden Gut eigentlich keinen Platz hat.

Zunächst dreht man beide Tampen ebenso weit auf wie bei einem Augspleiß; dann geht man vor wie auf Abbildung 122:

a Die beiden Tampen mit den offenen Kardeelen drückt man so aneinander, daß die Kardeele wie gefaltete Finger umeinander liegen.

b Die drei Kardeele auf der linken Seite werden so mit Garn oder Klebeband gesichert, wie die Abbildung zeigt.

c Die offenen Kardeele auf der rechten Seite steckt man jetzt, beliebig beginnend, nacheinander über und unter den Kardeelen der festen Part hindurch.

d Nachdem man so oft wie beim Augspleiß durchgesteckt hat, macht man das gleiche auch mit der linken Seite, wobei man darauf achten sollte, daß die Kardeele rechts und links gleich oft durchgesteckt werden.

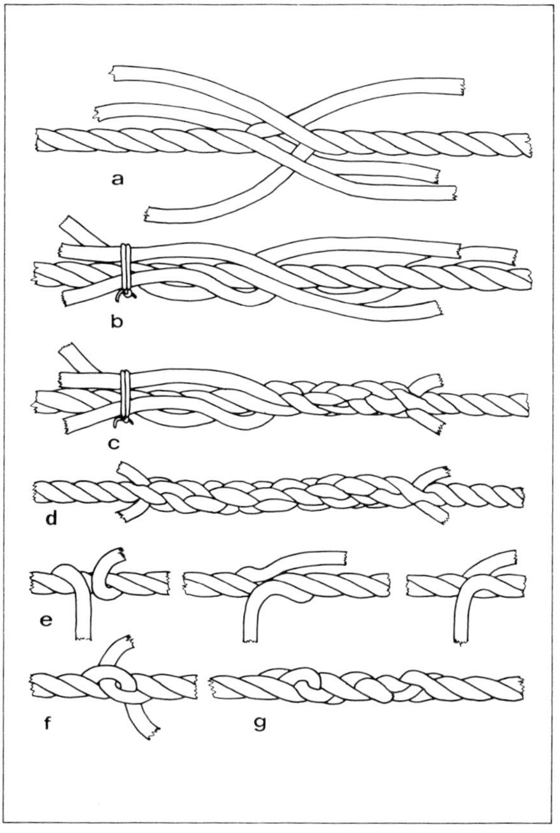

122 *So entsteht ein Kurzspleiß.*

123 *In der Länge gibt es keine Beschränkung für einen Ringstropp. Die durch den Kurzspleiß entstehende Verdickung ist kaum hinderlich.*

Langspleiß

Mit dem Langspleiß kann man zwei Enden so verbinden, daß die Spleißstelle kaum ins Auge fällt. Dabei geht viel Tauwerk verloren, außerdem ist es der schwächste aller Spleiße, aber immerhin nützlich zum Reparieren von Liektauen. Man beginnt damit, daß man jeden Tampen 10 bis 12 Törns aufdreht und die Kardeele (abwechselnd eins von jeder Seite) wie bei der Vorbereitung für einen Kurzspleiß zusammenführt. Dann wird eines der Kardeele weitere 7 Törns aufgedreht, wobei man gleichzeitig das entsprechende Kardeel des anderen Tampens auf dessen Platz legt. Der Vorgang wiederholt sich auf der anderen Seite, so daß die sechs Kardeele paarweise an drei Stellen zusammentreffen, mit einem gegenseitigen Abstand von etwa 7 Rundtörns. In der Mitte hängt ein langes Kardeelpaar herunter, rechts und links ein längeres und ein kürzeres Paar (122e).

Verstecken der Tampen

Das Sichern und Verstecken dieser Tampen macht den Langspleiß im Grunde erst aus. Jedes Kardeelpaar wird an der Leine mit einem halben Schlag verbunden (122f), dann spleißt man die Tampen wenigstens zweimal nach beiden Seiten ein. Dadurch könnte natürlich wieder eine kleine Verdikkung entstehen; die Takler verjüngen deshalb auch die Tampen, die man jetzt am besten etwas vernäht, damit sie nicht verrutschen. Auch dieser Spleiß sollte wieder gehämmert und gerollt werden; danach wird er leicht über alle Scheiben und Blöcke laufen, wenn sie nicht zu eng sind. Doch wie gesagt: Für stärkere Belastung ist der Langspleiß ungeeignet.

Spleißen von Drahttauwerk

Immer noch gibt es einzelne Enthusiasten, die aus Überzeugung – oder weil es billiger ist – Drahttauwerk spleißen (besonders an entlegenen Punkten der Welt). Die Arbeit ist interessant und, wenn man es kann, befriedigend. Sonst aber haben aufgepreßte Terminals den Handspleiß völlig verdrängt, der auch nur für eine beschränkte Anzahl von Drahttypen zu gebrauchen ist.

Möglichkeiten

Feste und flexible Augen werden wohl am häufigsten benötigt. Das Arbeiten mit lehnigem Drahttauwerk bis zu 9 mm ist nicht viel schwieriger als das Spleißen von Hanftauwerk. Der steifere 7×7-Draht des stehenden Guts macht schon viel mehr Mühe, und der 1×19-Draht ist ausschließlich für Schraub- und Walzterminals geeignet.

Alternativen

Statt der Augspleiße an den Jungfern eines Gaffelriggs (Abbildung 86) werden auch oft Drahtzurrings verwendet, wobei dann die nach oben stehenden Tampen mit Kappen oder Tape abgedeckt werden. Diese Zurrings müssen viermal, jeweils ein paar Zentimeter auseinanderliegend, aus starkem Draht angebracht werden. Die Methode kann man auch bei normalen Kauschen anwenden. Wo es nicht ums Aussehen geht, machen drei U-Klemmen (Abbildung 134) sogar ein noch besseres Auge, besonders wenn es wahrscheinlich ist, daß die Länge des Wants später verändert werden soll.

Bekleeden

In Drahttauwerk eingespleißte Kauschen werden am besten bekleedet oder in Leder eingenäht. Dazu sollte man den Teil des Drahts, der um die Kausch zu liegen kommt, vor dem Spleißen bekleeden oder mit Leder benähen, wobei man soviel Leder übrigläßt, daß später auch der Spleiß abgedeckt wird. Sogar dickes Tape ist besser als gar nichts. Verfügt man nicht über eine ordentliche Takelzwinge (Abbildung 120), bringt man drei Behelfstaklings an, die den Draht fest um die Kausch halten – denn den Draht kann man nicht dehnen, um die Kausch im nachhinein hineinzudrücken.

Vorbereitung

Der Drahttampen wird für einen Augspleiß minde-

124 *Augspleiß in flexiblem Drahttauwerk:* **a** *Vorderseite* **b** *Rückseite*

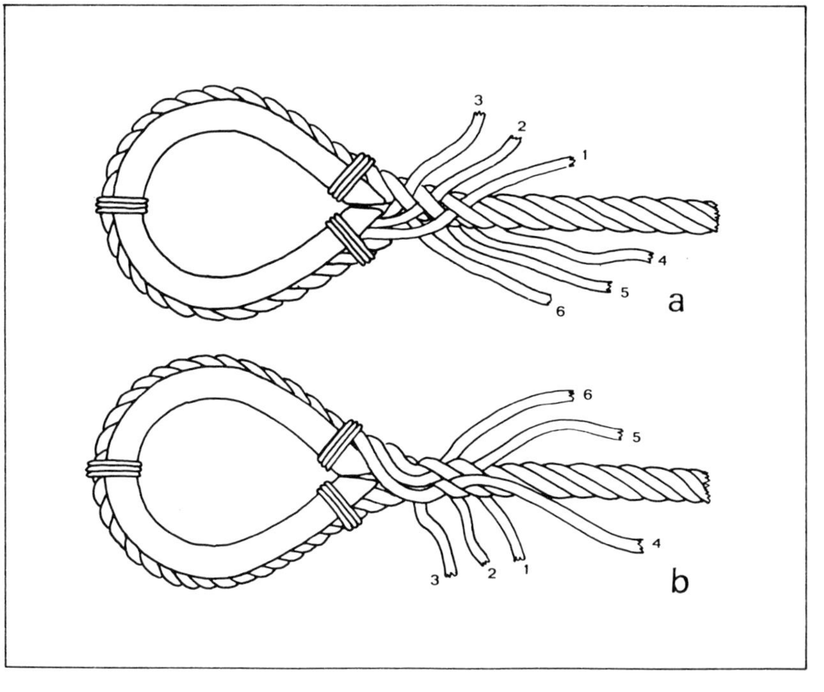

stens bis zum Dreißigfachen des Drahtdurchmessers aufgedreht; jedes einzelne Kardeel wird sofort mit einem Takling aus Segelgarn oder Klebeband gesichert. Takler erhitzen oft die Tampen der Kardeele und drehen sie dann zusammen, wie es auf Seite 121 beschrieben ist. Dann befestigt man den Draht mit drei kurzen Taklings (Abbildung 124a) um die Kausch, wenn man keine Takelzwinge hat, wobei bei einem Rechtshänder die stehende Part nach rechts zeigen sollte. Manche stellen den Spleiß aber auch lieber vertikal auf. Besonders bei einem flexiblen Auge (ohne Kausch) macht es sich jedoch bezahlt, wenn man vor dem Aufdrehen der Kardeele einen festen Takling an die Stelle setzt, von der ab der Draht nicht mehr aufgedreht werden soll.

Nützliches Werkzeug
Schraubendreher (bis hinunter zu einer Breite von 3 mm) sind zum Auseinanderdrücken der Kardeele beim Drahtspleißen nützlicher als Marlspieker (Zeichnung 120d). Das beste Werkzeug für diesen Zweck sieht an der Spitze wie ein Schraubendreher aus (120e) und weiter unten wie ein Marlspieker mit einer halbrunden Öffnung. Durch diese Höhlung kann man das Kardeel durchstecken. Seitenschneider sind brauchbar, doch am besten kappt man überstehende Drahttampen mit scharfem Meißel und Hammer, und zwar auf einem auf den Amboß gelegten Stück Weichmetall (vorzugsweise Messing). Auch Drahtzangen sind immer zu gebrauchen. Die in Abbildung 120c dargestellte einfache Takelzwinge kann man sich in einer Heimwerkstatt selbst herstellen. Zum Formen eines flexiblen Auges legt man das ebenfalls in der Abbildung gezeigte herzförmige Stück Metall zeitweilig ein.

Die ersten drei Kardeele
Bevor die sechs Kardeele durchgesteckt werden, schneidet man die Seele des Drahts heraus, die aus Hanf, Kunststoff oder ebenfalls aus Draht besteht. Wie in Abbildung 124a gezeigt, teilt man die sechs Kardeele in zwei Abteilungen, so daß die Kardeele 4, 5 und 6 hinter die stehende Part zu liegen kommen. Die Kardeele 1, 2, und 3 werden dann gegen den Schlag der festen Kardeele so durchgesteckt, wie es bereits bei Fasertauwerk beschrieben wurde.

Steifheit
Das Öffnen des festen Drahttaus zum Durchstecken ohne Beschädigung der Seele ist nicht immer leicht. Hat man das Werkzeug hindurchgedrückt, dreht man es gegen den Uhrzeigersinn, bis es im rechten Winkel zur festen Part liegt, wodurch für das freie Kardeel die größtmögliche Öffnung entsteht. Beim Durchstecken muß man darauf achten, daß sich keinerlei Kinken bilden; wenn nötig, zieht man das Kardeel mit einer Zange nach außen und so fest wie möglich zurück gegen die Kausch.

Die hinteren drei Kardeele
Jetzt dreht man die Kausch mit dem Draht in der Takelzwinge um 180 Grad, so daß die hinteren drei Kardeele Nr. 4, 5 und 6 nach oben zu liegen kommen, wie es Abbildung 124b zeigt. Wie beim Fasertauwerk ist dies der Teil der Arbeit, der schwierig und zudem leicht unansehnlich wird, da die Kardeele scharf gebogen werden müssen, um gegen den Schlag der Kardeele der festen Part durchgezogen werden zu können. Es gibt allerdings verschiedene Tricks, mit denen man dieses Problem bewältigen kann; dazu gehört auch, daß man Nr. 5 und 6 unter einem Kardeel kreuzt, eines gegen den Schlag und eines mit dem Schlag der festen Part. Am einfachsten ist es, wenn man Nr. 5 und 6 zusammen unter einem Kardeel durchsteckt, aber so, daß sie jeweils an ihrem richtigen Platz wieder zum Vorschein kommen, wie es Abbildung 124b zeigt. Jetzt kann man alle Kardeele fest anziehen, den Spleiß aus der Zwinge nehmen und mit einem Bleihammer rundklopfen, bevor man weiterarbeitet.

Die nächsten Runden durchstecken
Danach geht es weiter wie bei jedem normalen Spleiß. Die Kardeele müssen bei glattem rostfreiem Stahl wenigstens noch dreimal durchgesteckt werden, bei galvanisiertem Stahl wenigstens noch zweimal. Soll der Spleiß verjüngt werden, schneidet man danach zwei Kardeele ab und steckt die restlichen vier noch einmal durch. Dann schneidet man zwei weitere Kardeele ab und zieht die restlichen zwei noch einmal durch.

Herstellen von Ringstropps

Jeder wie ein Keilriemen durchgehende Tauwerkring wird als Stropp bezeichnet, wobei die kleineren Stropps auch Grummetstropps genannt werden. Die kleinsten Grummets werden – mit oder ohne Rundkausch – ins Segel genäht und bilden dort Augen, an denen Leinen befestigt werden können; sie sind fester als eingepreßte Kauschen. Große Stropps werden aus Fasertau oder Drahttau hergestellt, zum Heben von Lasten oder auch zum Einstroppen von Holzblöcken (siehe unten).

Gespleißte Stropps

Die meisten Stropps werden durch einen Kurzspleiß in passender Länge aus Faser- oder Drahttau hergestellt (Abbildung 123). Ein sauberer Langspleiß läßt sich normalerweise höchstens über eine Länge von 2 m herstellen und ist für Drahttau ungeeignet.

Grummet

Dafür nimmt man ein einzelnes Kardeel, das etwa viermal so lang wie der zu bildende Ring ist. Dieses Kardeel dreht man jetzt in den ursprünglichen Spiralwindungen umeinander (Abbildung 125), bis ein dreikardeeliges Ende vom ursprünglichen Leinendurchmesser entstanden ist. Die herausstehenden Enden schneidet man sauber ab, umwickelt sie mit Tape und deckt die Verbindungsstelle mit einem Takling ab. Stört eine kleine Verdickung nicht, läßt man den Grummetstropp wie einen Langspleiß enden – die Kardeele werden verjüngt, mit einem halben Schlag verbunden und dann zweimal durchgesteckt; damit erreicht man die größte Stärke.

125 *So beginnt man einen Grummetstropp.*

Grummet aus Draht

Dazu dreht man ein einzelnes Kardeel viermal ringförmig um sich selbst. Der Stropp hat dann zwar nur vier Kardeele – aber es scheint unmöglich zu sein, sechs Kardeele an ihren Platz zu drehen. Ein Grummet aus Draht soll immer gesmartet und gekleedet werden, also kann man die Tampen einfach abschneiden. Ein solcher Stropp ist um etwa 20 Prozent schwächer als das ursprüngliche Drahttau.

Garnstropp

Vor allem in kleineren Größen ist der Garnstropp aus Faser- oder Drahttauwerk für den Amateur leichter herzustellen als die anderen Arten. Er muß ringsherum gesmartet und bekleedet werden, wenn er gut aussehen soll. Wie er gemacht wird, zeigt Abbildung 126:

- **a** Auf ein Holzbrett schlägt man kreisförmig einige Nägel ein, die den Innenkreis des Stropps bilden.
- **b** Dann legt man synthetisches Takelgarn, Segelgarn, Bändseldraht, glatten Draht oder flexibles Drahttau mindestens zehnmal um die Nägel herum.
- **c)** Der Ring wird mit ein paar kurzen Bändseln zusammengehalten; dann zieht man die Nägel heraus.
- **d** Nun smartet man den gesamten Ring mit Isolierband und bekleedet ihn ringsherum.

Genähte Augen

Die gleiche Methode wendet man an, um auf Tuch genähte Augen zu verstärken, wie sie in Kapitel 8 beschrieben werden. Dazu legt man um die Fingerspitze einen dicken Ring aus Marlleine oder Segelgarn, zieht ihn vom Finger ab und sichert ihn mit vier Garnbändseln.

Marlschläge

Für große oder nur kurzzeitig benötigte Garnstropps (die nicht bekleedet werden sollen) hält man die Kardeele mit einer Reihe von Marlschlägen fest (Abbildung 127). Dies ähnelt dem Befestigen eines

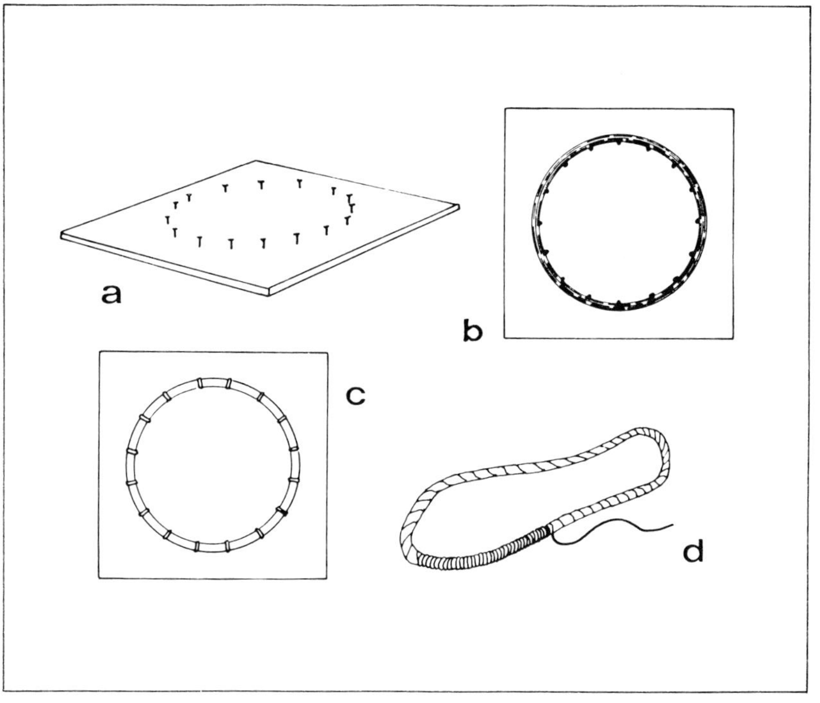

126 *Stadien beim Herstellen eines Garnstropps*

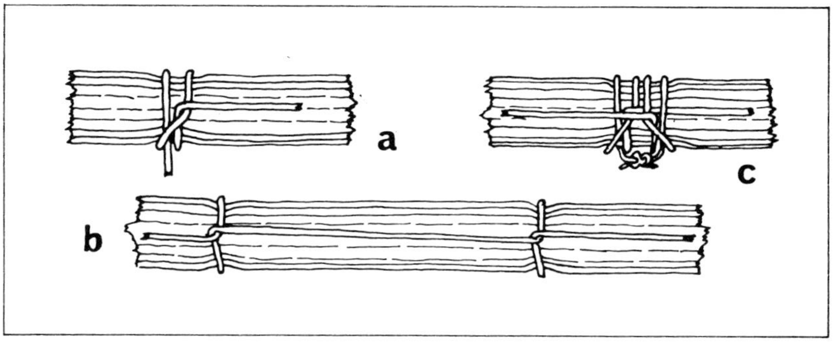

127 *Details des Marlschlags mit Anfang und Ende*

Segels oder Sonnensegels an einem Rundholz (siehe Kapitel 8). Man geht folgendermaßen vor:

a Man nimmt ein Knäuel starkes Segelgarn oder Marlleine und schlägt einen Webeleinenstek um den Stropp, der dabei am besten straffgezogen wird.

b Im Abstand von jeweils etwa 7 cm macht man um den Stropp und das Garn einen halben Schlag, welchen man gut dichtholt; es sieht besser aus, wenn der Abstand zwischen den halben Schlägen immer gleich bleibt.

c Man schließt mit einem Webeleinenstek dicht hinter dem ersten und verbindet beide Tampen mit einem Kreuzknoten.

Blockstropp

Ein einfacher Ringstropp aus Draht ist ein guter, fester Stropp für einen hölzernen Block (Abbildung 128), obgleich ein gespleißter Drahtstropp sich für diesen Zweck leichter formen läßt. Man sollte den Stropp anpassen, bevor er gesmartet und bekleedet wird; eine leichte Korrektur ist manchmal noch möglich, indem man die Größe oder Form der Kausch verändert. Wenn man die Parten des

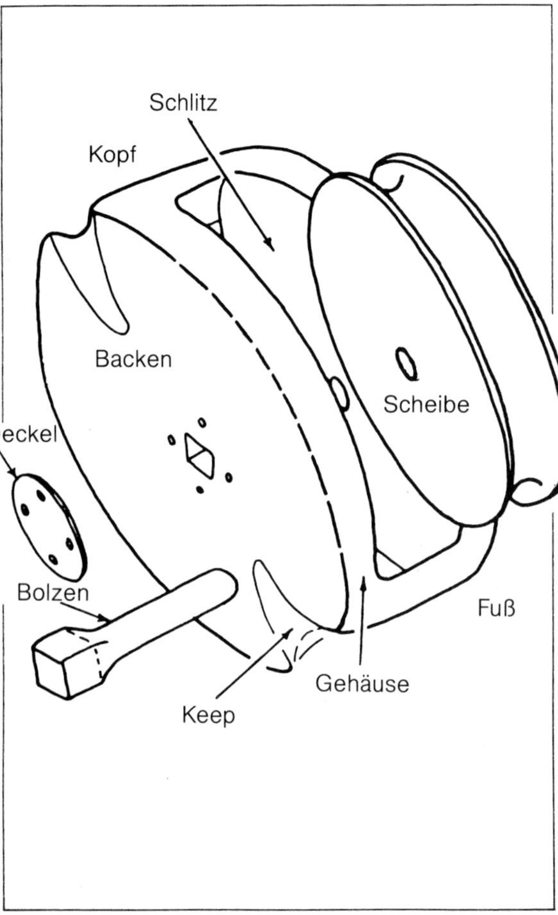

128 *Teile eines hölzernen Stroppblocks*

Stropps mit einer einfachen Zurring nicht ganz dicht zusammenbekommt, riggt man eine einfache spanische Winde (Abbildung 129) und dreht mit einem großen Nagel die Parten fest aneinander. Bei einem gespleißten Stropp legt man die Spleißung in die Keep an der Basis des Blockkörpers. Befindet sich an beiden Seiten des Blocks ein Auge (mit Kausch), so legt man den Spleiß an eine Seite des Blocks.

Pflege des Blocks

Vor dem Anbringen des Stropps schmiert man Bolzen und Scheibe des Blocks mit Graphitfett oder wasserfestem Fett. Ist die Scheibe herausgenommen, behandelt man den Block innen und außen mit Klarlack, ebenso die Kleedung des Stropps. Ist alles zusammengesetzt, geht man noch einmal mit Lack darüber, jetzt auch über die Zurrings. Nicht alle Holzblöcke benötigen Stropps. Modernere Holzblöcke haben einen Metallrahmen, an dem Bügel (Hundsfott) oder Auge sitzen. Blöcke aus Tufnol, Nylon und rostfreiem Stahl brauchen außer gelegentlichem Waschen keine Wartung; nicht einmal Ölen ist nötig, aber gelegentliches Sprayen mit Schmiermittel auf Silikonbasis verhindert das Quietschen.

Verspleißen von Faser- mit Drahttauwerk

Zur sauberen Verbindung eines Drahtfalls mit seinem Tausteert nimmt man bei geringerer Belastung einen Langspleiß. Dieser Spleiß, auch Steertspleiß

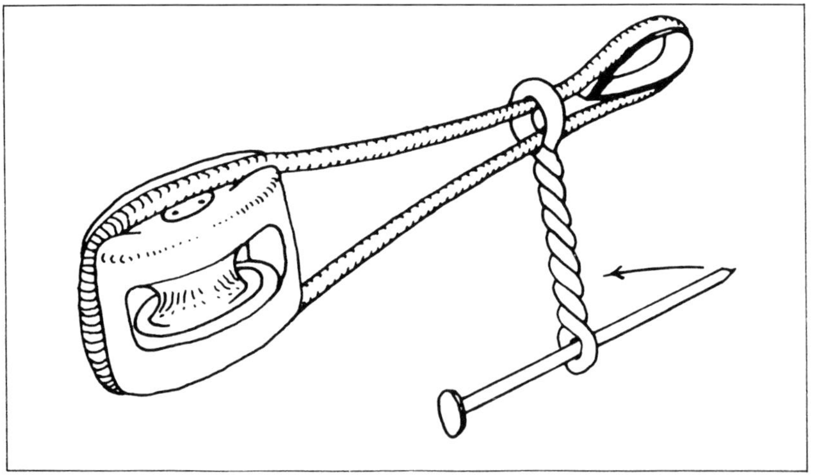

129 *Zusammenziehen des Blockstropps vor dem Anbringen der Zurring.*

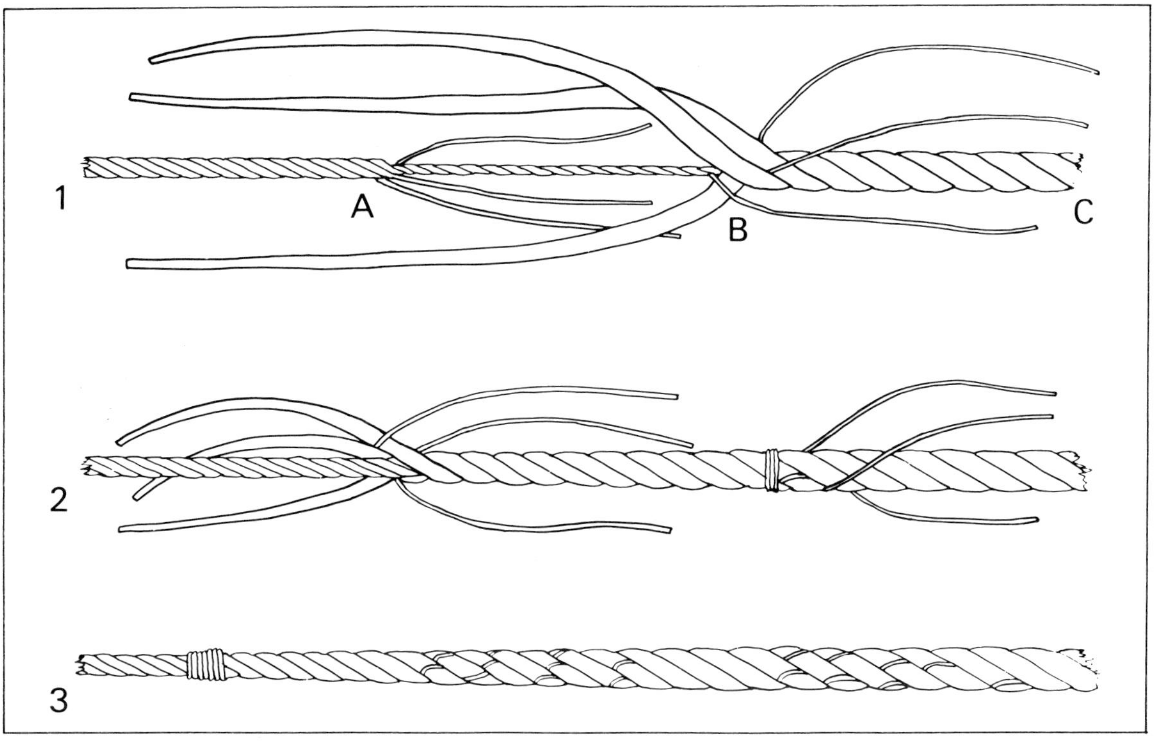

130 *Verspleißen von Faser- mit Drahttauwerk.*

genannt, muß gewöhnlich über keine Scheibe oder Rolle laufen. Siehe Seite 93 zum Herausnehmen von Scheiben und Seite 266 zum Einziehen eines neuen innenlaufenden Falls: Man näht das neue Fall Tampen an Tampen an das alte und zieht es dann durch die Scheibe.

Vorbereitung

Das Drahttauwerk dreht man auf einer Länge von etwa dem 120fachen seines Durchmessers auf; die Tampen aller sechs Kardeele werden mit Tape gesichert. Die Seele schneidet man heraus; dann dreht man alternierend drei Kardeele noch weiter auf, so daß sich das dreigeschlagene Drahttau bildet, das in Abbildung 130 zwischen den Punkten A und B zu sehen ist. Die Distanz sollte etwa dem 60fachen Durchmesser entsprechen. Punkt A und B werden mit Tape oder einem Takling gesichert. Dann dreht man das Fasertau um eine Länge auf, die etwa dem eineinhalbfachen Abstand zwischen A und B entspricht. Das letzte Drittel der aufgedrehten Kardeele wird verjüngt, so daß ihr Tampen nur noch ungefähr ein Viertel des vollen Durchmessers hat. Die Tampen werden gefettet, damit sie eine gute Form ergeben.

Das Spleißen

Die drei wesentlichen Stadien zeigt Abbildung 130, allerdings nicht maßstabgerecht; der Spleiß ist in Wirklichkeit etwa dreimal so lang.

1 Man beginnt wie bei einem Kurzspleiß, indem man bei Punkt B die drei Kardeele des Fasertauwerks in die des Drahttauwerks legt; die Verbindung wird kurz angezogen.

2 Nun dreht man die drei Kardeele des Fasertauwerks von B nach A um den Draht, so daß sie ihn ganz fest einhüllen; sie werden bei A festgezogen. Dann steckt man die Kardeele des Drahts von B nach C unter denen des Fasertauwerks durch, schließlich die restlichen drei Drahtkardeele von A nach B.

3 Dabei wendet man nicht die übliche Methode des

Spleißens – „Über-einen-unter-einen“ – an, sondern man dreht jedes Drahtkardeel in einer langen Spirale sechsmal um jedes Kardeel des Fasertauwerks; der überflüssige Draht wird abgeschnitten. Die Tampen vernäht man so im Fasertauwerk, daß die Drahtenden nicht hervorschauen. Die verjüngten Tampen des Fasertauwerks links von A dreht man jetzt um den Draht und sichert sie mit einem festen Takling.

Schnelle Terminals

Ist Zeit wichtiger als Geld, zieht man den gespleißten Augen gewöhnlich Walz- oder Gewindeterminals vor. Das Anbringen von Gabel- oder Augterminals nach der Norseman-Methode dürfte die Fähigkeiten von Amateuren nicht übersteigen: Takelbetriebe haben meist auch Geräte, mit denen Talurit- oder Nicopress-Muffen aufgepreßt werden können.

Zwei Schraubenschlüssel

Das Geheimnis des Gewindeterminals liegt in dem kleinen Konus, der die Kardeele im Innern des Terminals festdrückt. Eigentlich benötigt man für diese Arbeit nur zwei passende Schraubenschlüssel. Ein englischer Norseman-Terminal paßt immer nur auf die dazugehörende Drahtstärke. Die Mate-Terminals (USA) passen auf verschiedene Drahtstärken und sind auch für flexibles Drahttauwerk geeignet; dabei muß nur die Seele des Drahts soweit herausgeschnitten werden, daß sie beim Einsetzen des Konus nicht stört.

Norseman-Methode

Abbildung 131 zeigt Schritt für Schritt, wie ein Norseman-Terminal bei einem 1 × 19-Draht angebracht wird:

a Zunächst drückt man den Plastikmantel des Drahtes (wenn vorhanden) herunter und schiebt den Terminalkörper nach. Dann separiert man die äußeren zwölf Drähte von dem inneren Strang aus sieben Drähten.

b Nun preßt man den hohlen Konus hinein, wobei die zusammengedrehten inneren sieben Drähte durch die Bohrung hindurchgehen. Diese sollten etwa um einen Drahtdurchmesser über den Konus hinausstehen.

c Die zwölf äußeren Drähte biegt man über dem Konus nach innen.

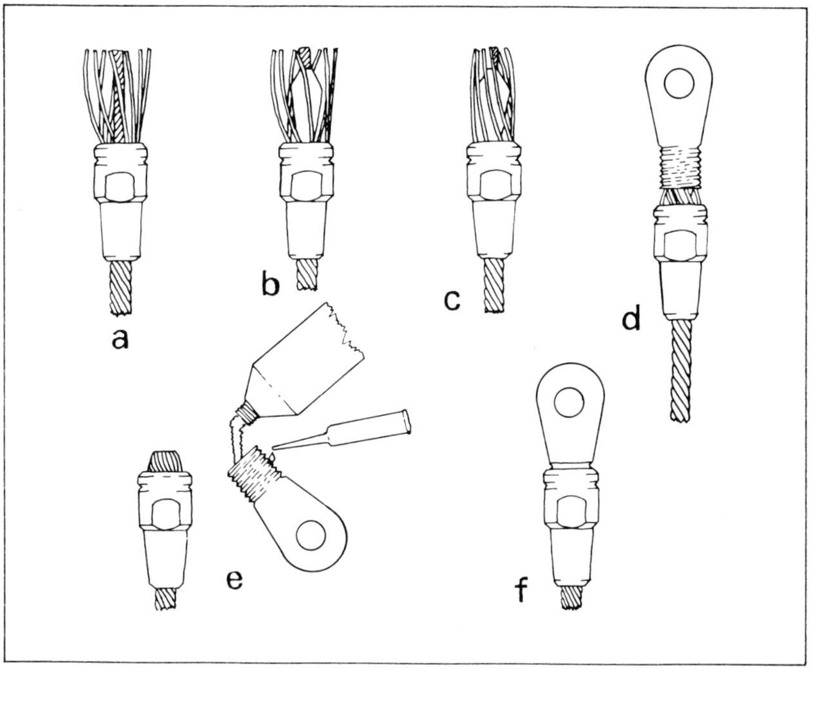

131 *Sechs Stadien beim Anbringen eines Norseman-Terminals*

d Jetzt schraubt man das Oberteil des Terminals auf das Unterteil, zieht es fest und schraubt es dann wieder heraus.

e Man kontrolliert nun, ob die Drähte gleichmäßig nebeneinander liegen und sich über dem Konus vollständig geschlossen haben. Das Unterteil füllt man dann mit dem mitgelieferten flüssigen Silikongummi.

f Das Gewinde wird mit flüssigem Loctite-Kleber bestrichen; dann dreht man das Oberteil des Terminals wieder fest auf. Jetzt kann man den Plastikmantel wieder über Draht und Terminal schieben und mit Wasserdampf aufschrumpfen.

Verschiedene Metalle

Terminals aus rostfreiem Stahl sollten für galvanisierten Stahldraht nicht verwendet werden. Norseman stellt auch für diesen Zweck Terminals her, ebenso für plastikgefülltes Drahttauwerk. Die Mate-Terminals gleichen den Norseman-Terminals, haben aber Sichtlöcher im Körper des Terminals, so daß man den Sitz der Drähte vor dem endgültigen Festziehen überprüfen kann.

Walzterminals

Aufgewalzte Terminals sehen, wie Abbildung 132 zeigt, wohl am besten aus. Das Aufwalzen ist Fabrikarbeit: man muß für Stage und Wanten präzise Längen angeben, wenn man sie bestellt. Für das stehende Gut kleiner Fahrzeuge sind dabei auch Ballterminals gebräuchlich; die Bälle (massive Kugeln) können einfach in den hohlen Mast ein- oder ausgehängt werden, was das Auf- und Abtakeln erheblich erleichtert. Das Anbringen von Terminals bei Stabwanten (Rod-Rigg) ist ebenfalls keine Arbeit für Amateure.

Preßterminals

Zum Aufpressen von Nicopress-Hülsen sind Pressen erhältlich, die man auch an Bord mitführen kann. Die Nicopress-Hülsen (Abbildung 133a) müssen in der Größe zur Drahtstärke passen; die Preßzange kann auch Draht sehr sauber schneiden. Eine Hülse vor dem Aufpressen zeigt Abbildung 133b. Achten muß man darauf, daß der Tampen des Drahts mit dem Loch der Hülse genau abschließt. Sitzt er zu weit innen, wird der Spleiß schwach; sitzt er zu weit außen, entsteht die Gefahr von Verletzungen und Korrosion. Nimmt man eine nicht zur Drahtstärke passende Hülse, kann das zum Ausreißen des Spleißes führen; also sollten auch diese Spleiße besser Fachleuten überlassen werden. Talurit nimmt Kupferhülsen für Drähte aus rostfreiem Stahl und Aluminiumhülsen für Drähte aus galvanisiertem Stahl; Nicopress hat universell einsetzbare, nickelplattierte Kupferhülsen. Für kunststoffüberzogenen Draht gibt es wieder besondere Hülsen.

132 *Im Aussehen kommt nichts dem fabrikmäßig aufgewalzten Terminal gleich.*

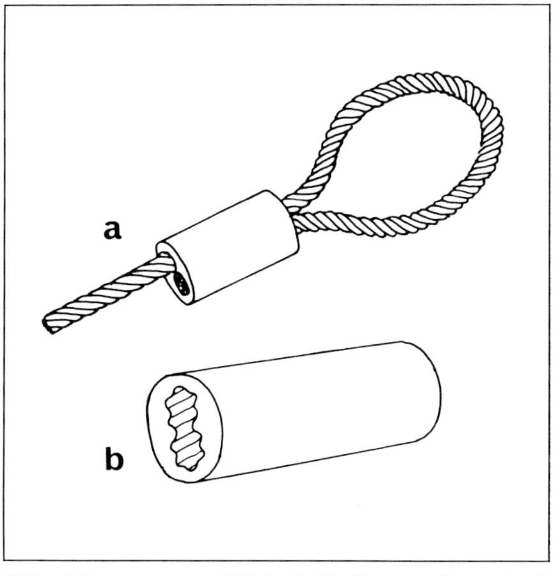

133 *Nicopress- und Talurit-Muffen werden mit einer starken Presse aufgewalzt.*

Klavierdraht
Stehendes Gut aus einem einzigen rostfreien Stahldraht (auch Klavierdraht genannt) wird schon seit über einem halben Jahrhundert erfolgreich auf Regattajollen eingesetzt. Ein einfaches, aber haltbares Auge wird oft wie in Abbildung 134 hergestellt. Die Hülse besteht aus 4 oder 6 mm dickem Kupferrohr. Man geht folgendermaßen vor:

a Man schlägt die Hülse mit dem Hammer oder drückt sie mit einer Zange ein wenig platt.
b Dann steckt man den Draht durch die Hülse, um die Kausch herum und wieder durch die Hülse zurück.
c Den überstehenden Draht biegt man um die Hülse herum zurück und zieht diese zur Kausch hin an.
d Dann drückt man die Hülse so weit platt, daß sie den Draht fest umfaßt.

Aufgelötete Hülse
Sauberer, fester, aber arbeitsintensiver ist die Methode, bei der man statt der plattgedrückten Kupferhülse eine Zurring aus Kupferdraht nimmt, die man dann mit Weichlot lötet. Am besten wird die Zurring anschließend bekleedet, damit keine scharfen Haken herausstehen.

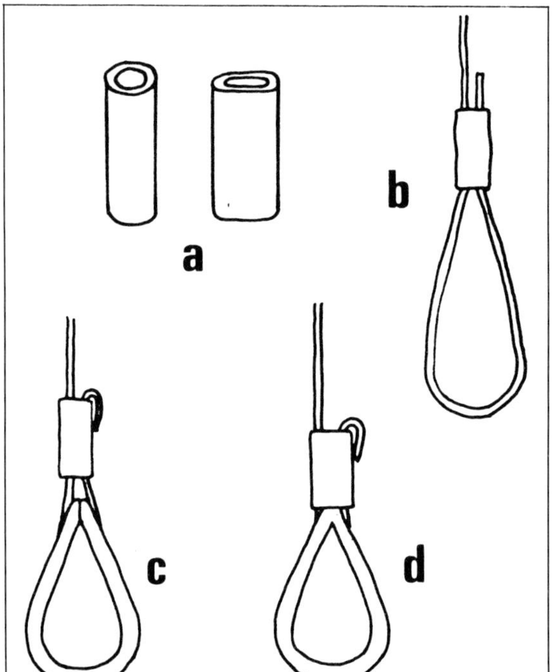

134 *Augspleiße in Klavierdraht für das Rigg von Regattajollen sind mit einem Stück Kupferrohr leicht anzufertigen.*

Seilklemmen
Gewöhnliche U-Klemmen und modernere Seilklemmen sehen zwar nicht so gut aus, sind aber zum Anfertigen von Augen mit oder ohne Kausch auf galvanisiertem Stahldraht bei Slipwinden und Kränen durchaus geeignet. Man nimmt stets drei Klemmen, etwa im Abstand des zehnfachen Drahtdurchmessers. Die Klemmen müssen so angebracht werden, daß die Formstücke auf der Seite der belasteten Part liegen, wie es Abbildung 135 zeigt. Die Klemmen müssen genau dem Durchmesser des Drahttauwerks entsprechen. Da sich mit diesen Klemmen sehr schnell arbeiten läßt, hat man sinnvollerweise immer einige davon an Bord; beim Riggen eines Notmasts und in anderen Notfällen wird man sie sicherlich gut brauchen können.

Wahl des Drahttauwerks

Tabelle 5 gibt einen Überblick über die verschiedenen Drahtarten und -stärken, wie sie für Yachten verwendet werden. Obgleich rostfreier Stahldraht nicht sehr viel stärker ist als galvanisierter Stahldraht, lohnt es sich, den letzteren immer eine Nummer stärker als eigentlich benötigt zu wählen; zumindest hat man damit eine Reserve für die irgendwann einmal auftretende versteckte Korrosion.

Kunststoffbeschichtung
Mit Kunststoff gefüllter, galvanisierter Stahldraht ist eine durchaus nützliche moderne Erfindung (nicht zu verwechseln mit kunststoffummanteltem Draht für Relingsdurchzüge). Jeder einzelne Draht ist hierbei in Plastik gebettet, was eine besonders lange Lebensdauer garantiert, wenn die Terminals ordentlich versiegelt sind. Der Windwiderstand ist stärker als bei gewöhnlichem Stahldraht, doch sind die Kosten nur halb so hoch wie für rostfreien Stahldraht, und damit wird diese Drahtart durchaus attraktiv für das stehende Gut einer Fahrtenyacht.

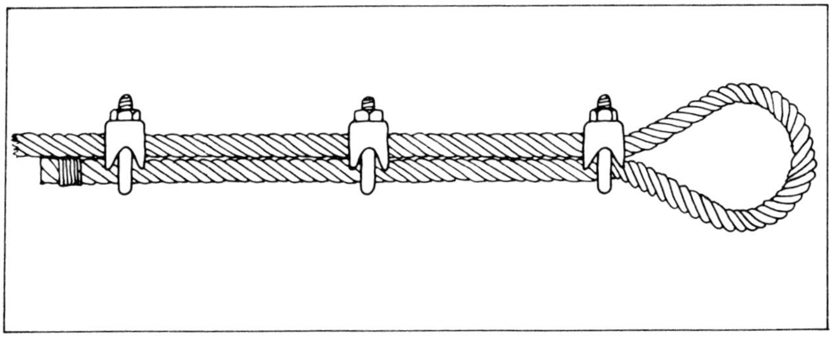

135 *So sollten Seilklemmen angebracht werden, damit die stehende Part nicht beschädigt wird.*

Tabelle 5 **Vergleich von Drahttauwerk**

Tauwerks-durchmesser	Rostfreier Stahl				Galvanisierter Stahl					
	1 × 19 stehendes Gut		7 × 19 laufendes Gut		1 × 19 stehendes Gut		6 × 19 laufendes Gut		7 × 7 Norselay plastik-imprägniert	
	Bruchlast kg	Kosten DM	Bruchlast kg	Kosten DM	Bruchlast kg	Kosten DM	Bruchlast kg	Kosten DM	Bruchlast kg	Kosten DM
3 mm	760	15	630	25	700	10	500	15	650	12
4 mm	1360	25	970	32	1300	15	800	20	1100	15
5 mm	2110	35	1520	43	2000	20	1110	25	1800	20
6 mm	3040	50	2180	56	3000	25	2100	30	2500	25
7 mm	4150	70	2970	77	4000	30	2700	35	3600	32
8 mm	5420	90	3880	88	5300	35	3300	40	4750	40

Alle Kostenangaben für Längen von 10 m; ohne Mehrwertsteuer.

Ratschlag

Drahttauwerk der richtigen Art und Stärke ist nicht in allen Teilen der Welt immer leicht zu bekommen. Hat man größere Fahrten vor, sollte man nicht nur Reservedraht mitnehmen, sondern sich vor Antritt der Reise von einem Hersteller Rat holen, wo man sein Fabrikat bekommt und wie man es am besten bearbeitet.

Segel und Segeltuche

8

Viel Sorgfalt ist nötig, um einen der verletzlichsten Teile des Segelboots – die Segel – immer in gutem Zustand zu halten. Sie sind eine wichtige Kraftquelle und zugleich von großer Bedeutung für die Sicherheit. Deshalb sollte sich jeder Segler soviel Wissen wie möglich zu diesem Thema aneignen. Bei einem Schönwettersegler kann ein Stell Segel mehr als zwölf Jahre halten, aber unter Hochsee- und Regattabedingungen sind fünf Jahre wahrscheinlicher.

Tucharten

Bis auf Spinnaker, die aus Nylon bestehen, und die teuren Segel aus Kevlar und Mylar sind Yachtsegel zumeist aus Polyestertuch hergestellt. Baumwolle ist nur noch für traditionelle Gaffelsegel gebräuchlich. Flachs, der früher für die schwersten Segel auf den großen Klippern und Küstenschonern verwendet wurde, ist heute nur noch selten zu sehen. Farbige Segeltuche, die dem Sonnenlicht besser widerstehen, sind ideal für Vorsegel an Rollreffanlagen oder die sogenannten „Opfer"-Bahnen an Unter- und Achterliek solcher Segel.

Vorteile von Polyester

Synthetische Materialien sind im allgemeinen glatter und luftundurchlässiger als Naturfasertuche, was besonders auf Kreuzkursen in der Regatta eine bessere Leistung bedeutet. Sie verrotten nicht, wenn man sie naß einpackt, und der Schimmel, der sich dabei bilden kann, beschädigt nicht die Struktur des Tuchs. Bei gleicher Stärke sind sowohl Polyester wie Nylon leichter als Baumwolle, und deshalb ziehen Segel aus synthetischen Tuchen besser bei leichtem Wind und lassen sich allgemein leichter handhaben. Neue Segel brauchen nicht gereckt zu werden und halten dennoch ihre Form besser. Das Trocknen vor dem Verstauen ist nicht nötig, wenn auch empfehlenswert.

Probleme bei Polyester

Im Vergleich mit Baumwolle ist Polyestertuch steif und schwer zu nähen – fast wie dickes Papier. Die Nähfäden liegen auf dem Tuch und sind deshalb durch Schamfilen leicht zu beschädigen. Andauernde starke Sonnenbestrahlung kann ein normales Kunststoffsegel in wenig mehr als zwei Jahren ruinieren; Tuch wie Nähfäden werden dadurch brüchig. Besonders in den Tropen müssen deshalb solche Segel, wenn sie nicht benutzt werden, immer abgeschlagen oder mit einer Persenning abgedeckt werden.

Nylontuch

Das dünne, aber starke Nylontuch wird – gleich ob mit der Hand oder der Maschine – nicht anders genäht als Kleidungsstücke, außer vielleicht bei den verschiedenen mehrlagigen Verstärkungen. Nylon schadet es nicht, wenn es beim Verstauen geknautscht wird, aber es reißt leicht und erfordert deshalb vorsichtige Behandlung. Klebeband oder aufgeklebte Reparaturflicken halten ebenso wie die Segelnummern gut auf diesem Tuch. Auch Segelsäcke aus diesem Material sind üblich.

Baumwollsegel

Baumwolle kann man heute gegen Stockflecken und Schimmel vorbehandeln und wasserabstoßend imprägnieren; dann sind Segel aus diesem Tuch immer noch für Motor- und Gaffelsegler geeignet, die vor

136 *Jollensegler lernen früh, ihre Segel nach einer Regatta auf See abzuspülen.*

allem raumschots und vor dem Wind segeln. Neue Baumwollsegel müssen gereckt werden (am besten zuerst nur bei leichter Brise), wobei das Vorliek (und beim Großsegel das Unterliek) über eine Zeit von wenigstens 20 Stunden allmählich immer straffer gespannt wird. Baumwolle ist insgesamt billiger, weil man alle üblichen Reparaturen leichter und einfacher selbst ausführen kann als bei Polyester.

Trocknen
Baumwollsegel sollten niemals naß verstaut werden. Hat man keine andere Wahl, trocknet man sie später – aber so bald wie möglich, spätestens am nächsten Tag. Salz ist sowohl für Kunststoff- wie für Baumwollsegel schädlich. Der Jollensegler spritzt nach einer Seeregatta Segel wie Rumpf mit Süßwasser ab (Abbildung 136). Der Fahrtensegler hat höchstwahrscheinlich nicht immer einen Schlauch und Süßwasser zur Hand, aber er kann die Segel an einem ruhigen Regentag auf natürliche Weise spülen lassen. Bevor sie für den Winter verstaut werden, sollen Jollensegel in der Wanne gewaschen und Fahrtensegel auf dem Rasen abgespritzt werden (siehe Kapitel 12).

Baumwollpersenninge
Imprägniertes weißes oder farbiges Baumwolltuch erhält man bei Zelt- oder Persenningmachern; das geeignete Gewicht für eine Segelpersenning liegt zwischen 400 und 500 g pro m^2. Mittel gegen Fäulnis, die man auf das Tuch aufpinselt oder -sprüht (wie für Zelte), müssen jedes Jahr neu aufgetragen werden. Bei einer gestrichenen Tuchpersenning bringt man das Fäulnismittel nur auf der Innenseite an.

PVC-beschichtete Tuche
Einige Persenningmacher verkleben die Kanten von PVC-beschichtetem Nylongewebe vor dem Nähen. Das verhindert Lecks an den Nähten und hält das Material beim Nähen besser zusammen. Heute wird dafür wie für alle anderen Tucharbeiten fast ausschließlich Polyester- oder Nylongarn genommen. Nachteilig sind bei PVC-beschichtetem Material die Steifheit bei kaltem Wetter und die Tendenz zum Schwitzen an der Innenseite. Deshalb ziehen viele Segler immer noch imprägniertes Baumwolltuch vor.

Anschlagen der Segel

Außer wenn ein Großsegel sehr groß ist, sollte es bei langen Liegezeiten immer abgeschlagen und unter Deck verstaut werden. (Früher wurden die Segel oft geloht, um ihre Lebensdauer zu erhöhen, wenn sie ständig Wind und Wetter ausgesetzt waren.) Eine gut sitzende Segelpersenning (die wegen der Luftzirkulation unten ein wenig offen sein muß) macht das Abschlagen eines großen Groß- oder Besansegels unnötig. Bei einem Gaffelmast mit Mastringen ist das Abschlagen auch ein langwieriger Prozeß. Das An- und Abschlagen von Focks, Genuas, Stagsegeln, Trysegeln und anderen Spezialsegeln muß dagegen immer rasch gehen, und dafür sind sie zumeist auch eingerichtet.

Moderne Großsegel
Bei ruhigem Wetter befestigt man zuerst das Unterliek (mit Rutschern oder in der Keep des Baums). Dann wird die Kausch des Segelhalses befestigt und der Ausholer des Schothorns angeschlagen und durchgesetzt. Jetzt kann man die Segellatten einsetzen, das Fall anschlagen und die Mastrutscher auf die Schiene oder das Vorliek in die Mastkeep schieben. An die Dirk braucht man erst zu denken, wenn man das Segel heißt.

Mastkeep
Eine Mastkeep, in der das Liektau eines Großsegels geführt wird (statt Schiene und Rutscher), bedeutet zwar geringeres Gewicht im Masttopp, ist aber eigentlich nur für Regattajollen und kleinere Katamarane ohne Reffvorrichtung geeignet. Der Nachteil einer Mastkeep auf größeren Segelbooten ist, daß das Segel meist nicht von allein unter seinem eigenen Gewicht nach unten fällt. Auch braucht man zwei Mann zum Setzen des Segels – einen am Fall, den anderen zum Einfädeln des Liektaus in die Keep. Man kann jedoch solch eine Keep in eine Mastschiene verwandeln, indem man zylindrische Rutscher verwendet, die dann allerdings an entsprechende Augen im Vorliek angebändselt werden müssen. Solche zylindrischen Rutscher kann man auch verwenden, wenn beispielsweise – nach dem Abschlagen des Rollreff-Vorsegels – in den beiden Keepen des Reffstags doppelte Vorsegel gesetzt werden sollen.

Segellatten
Durchgehende Segellatten sind seit je das Kennzeichen des sehr wirkungsvollen chinesischen Dschunkenriggs (Abbildung 137). Die kurzen, am Achterliek von modernen Groß- und Besansegeln einzusteckenden Latten dagegen können viel Ärger machen, denn sie befinden sich im aktivsten Bereich des Segels. Wenn die Latten nicht genau die richtige Länge, Breite und Stärke haben, beschädigen sie die

137 *Das Dschunkenrigg ist nicht nur sehr wirkungsvoll, sondern auch ideal fürs Einhandsegeln.*

Lattentaschen. Kürzen sollte man die Latte immer an ihrem steiferen Ende dicht am Achterliek. Das Segel sollte in der Umgebung der Lattentaschen regelmäßig auf Risse und schamfilte Nähte untersucht werden.

Gaffelsegel
Gaffelsegel haben keine Segellatten, und das ist einer ihrer Vorteile. Man hat immer wieder versucht, das Gaffelrigg zu modernisieren, indem man beispielsweise Schienen und Rutscher an Mast, Baum und Gaffel anbrachte. Das vereinfacht das Anschlagen des Segels; zugleich aber gehen einige der guten Eigenschaften des traditionellen Gaffel-Großsegels mit losem Unterliek verloren, zum Beispiel das

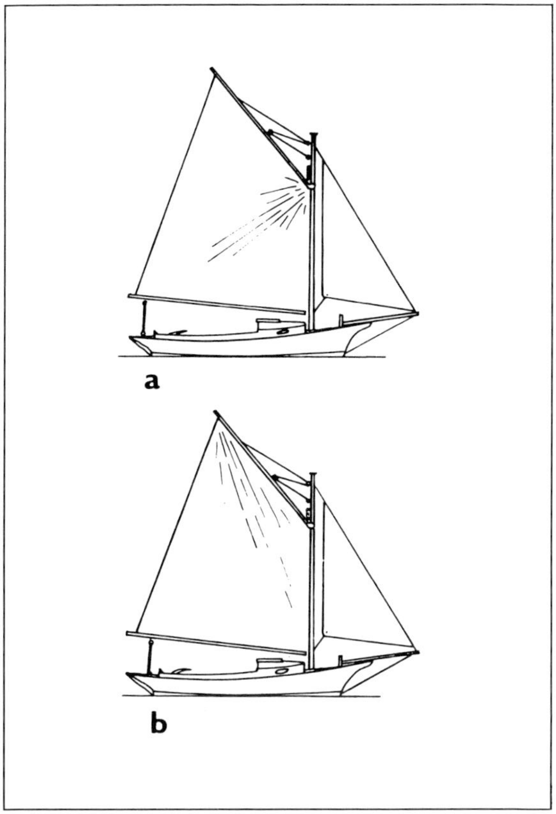

138 *Im Gaffel-Großsegel dürfen sich diese Falten nicht bilden:* **a** *Das Piekfall muß durchgesetzt werden.*
b *Das Klaufall stärker durchsetzen.*

schnelle Reffen durch Hochziehen des Segelhalses (bei den niederländischen Plattbodenschiffen „Katten" genannt) und das durch Mastringe oder Reihleine unterstützte schnelle Niederholen. Viele Gaffelsegel haben Lieken aus Hanf, die sich in nassem Zustand zusammenziehen, so daß man die Ausholer an Schothorn und Piek eventuell justieren muß.

Falten

Falscher Zug an Ausholer oder Fall verursacht Falten, wie man sie nicht nur an einem Bermuda-Groß, sondern vor allem an Gaffel-Großsegeln häufig sieht. Bilden sie sich zu oft, verzieht sich das Segel endgültig. Der übliche Fehler sind Falten von der Gaffelklau zum Schothorn (Abbildung 138a), die dadurch verursacht werden, daß das Piekfall nicht genug durchgesetzt ist. Die Falten in Abbildung 138b entstehen bei nicht ausreichend durchgesetztem Klaufall.

Anreihen

Üblicherweise reiht man ein Segel, ein Sonnensegel oder eine Persenning mit dem Marlschlag an eine Spiere – also mit einer Reihe von halben Schlägen, wie sie Abbildung 139a zeigt. Da man die Marl- oder Reihleine nicht im ganzen Knäuel durch die Gatchen stecken kann, dauert das Anreihen seine Zeit; besser steckt man zuerst die Mitte der Leine an und arbeitet dann in beide Richtungen, oder man nimmt einzelne Schlingen (139b), was auch das Abschlagen sehr beschleunigt.

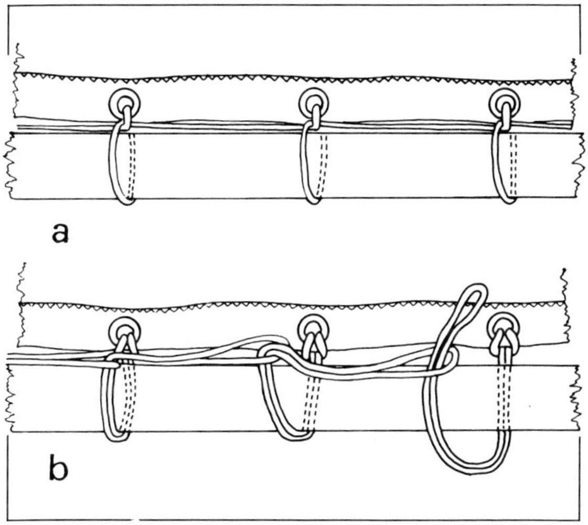

139 *Traditionelle Marling (a) und einzelne Schlingen (b).*

Sicherheitslaschings

Wenn die Marlleine an einer Stelle bricht, geht die ganze Lasching schnell auf. Ein Kreuzknoten an jedem einzelnen Gatchen bedeutet Sicherheit, ist aber mit einer langen Leine schwierig herzustellen; man kann die Marlleine dann auch nicht mehr Stück für Stück dichtholen. Einzelne Laschings an jedem Gatchen sind am sichersten, wobei die Leine zweimal

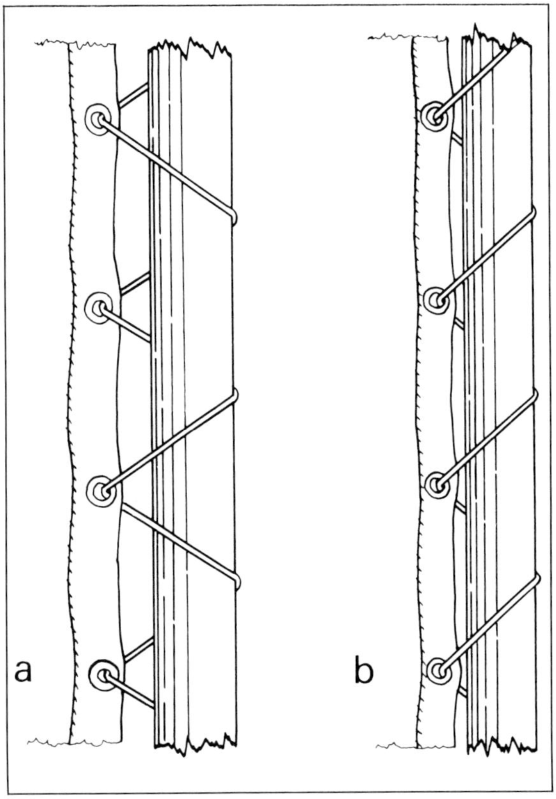

140 *Zwei Möglichkeiten, die Reihleine zu scheren*

durchgezogen und – wegen des besseren Aussehens – dicht am Liek mit einem Kreuzknoten gesichert wird. Die Tampen sollte man nicht zu kurz abschneiden, lieber versteckt man sie; so können sie leicht wieder geöffnet und viele Male neu verwendet werden.

Reihleine am Mast

Speziell beim Großsegel des Gunterriggs, aber auch bei Gaffelsegeln findet man statt der Schiene oder der Mastringe eine Reihleine am Großmast. Beide in Abbildung 140 gezeigten Systeme sind dafür geeignet; sie lassen für das Setzen und Bergen des Großsegels genug Lose. Für das Reffen mittels Rollreff am Großbaum lassen sich die unteren Rundtörns schnell öffnen; beim Bindereff brauchen sie nicht gelöst zu werden, weil sie sich sauber selbst stauen.

Anbändseln von Mastringen

Für ein Rollreff mit Mastringen müssen die untersten Ringe entweder durch eine Reihleine ersetzt oder mit schnell lösbaren Bändseln versehen werden. Alle anderen Ringe brauchen starke, permanente Bändsel zu den Gatchen oder Legeln des Vorlieks (Abbildung 141), für die man am besten Kunststoffleine oder Lederriemen nimmt. Die Bändsel zieht man so oft durch, wie es die Größe des Gatchens gestattet. Den Tampen sichert man mit halben Schlägen um die Rundtörns, die besser halten, wenn das Segel schlägt. Wenn man jedes Bändsel mit einem Palstek oder einem Augspleiß an seinem zugehörigen Gatchen befestigt, wird man es nicht verlieren und oft wieder einsetzen können. Es reicht aber auch, wenn jedes Bändsel mit seiner Mitte am Gatchen festgeknotet wird und dann mit beiden Tampen abwechselnd um den Ring und durch das Auge geht, wobei man das Ganze mit einem Kreuzknoten abschließt.

Verklemmte Mastringe

Einen Gaffelmast pflegt man in dem Teil, auf welchem die Ringe auf und nieder laufen, am besten, indem man ihn schleift und ölt. Ist er mit Lack gestrichen und werden die Ringe mit Leder vor Schamfilen geschützt, dann verursacht die Reibung – besonders beim Niederholen des Segels – leicht ein

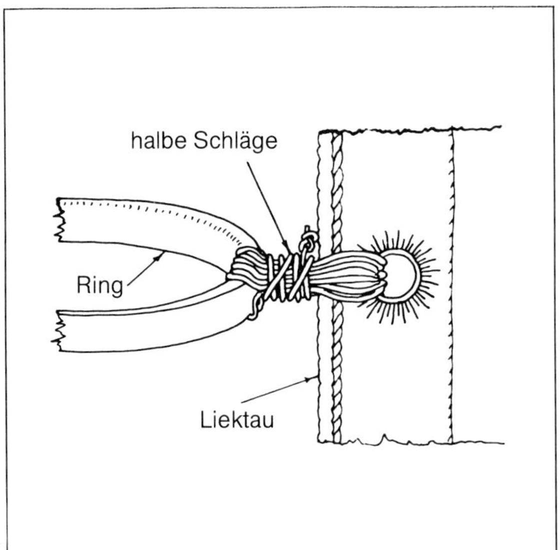

141 *Bändsel für den Mastring*

Verkanten und Verklemmen der Mastringe. Das gleiche kann passieren, wenn der Durchmesser der Ringe ein wenig zu klein ist. Herkömmlicherweise riggt man dann an der Vorderseite des Masts eine dünne Leine, die an jedem Ring mit einem Webleinenstek befestigt ist oder mit einem Stopperknoten an jeder Seite durch kleine Löcher in den Ringen läuft. Ein leichter Zug an dieser Leine wird dann beim Niederholen des Segels jeden verklemmten Ring sofort lösen.

Neue Mastringe

Über einen guten Yachtausrüster kann man auch heute noch Mastringe der gängigen Durchmesser bestellen. Das Anbringen dieser Ringe bedeutet jedoch das Abtakeln und Herausnehmen des Masts; wenn ein Ring rottet oder bricht, sollte man deshalb gleich alle Mastringe erneuern. Auf einigen größeren Fahrzeugen werden die Masten nie gelegt. In solchem Fall muß ein neuer Mastring um den stehenden Mast herum laminiert werden. Dazu baut man sich, wie es Abbildung 142a zeigt, eine Spannvorrichtung aus zwei vorhandenen Mastringen, indem man sie mit Holzstreifen und Keilen in gleichmäßigem Abstand vom Mast hält. Zwischen den Holzstreifen sollten Freiräume bleiben, durch die man die Laminatstreifen mit Bändseln oder Klampen an Ort und Stelle halten kann. Für die Mastreifen nimmt man Esche oder Nußbaum in der Originalstärke und schäftet die Enden an. Vor dem Biegen werden sie wenigstens zehn Minuten lang heißem Dampf oder kochendem Wasser ausgesetzt. Die Enden befestigt man (am besten mit zwei Kupfernieten) am folgenden Tag.

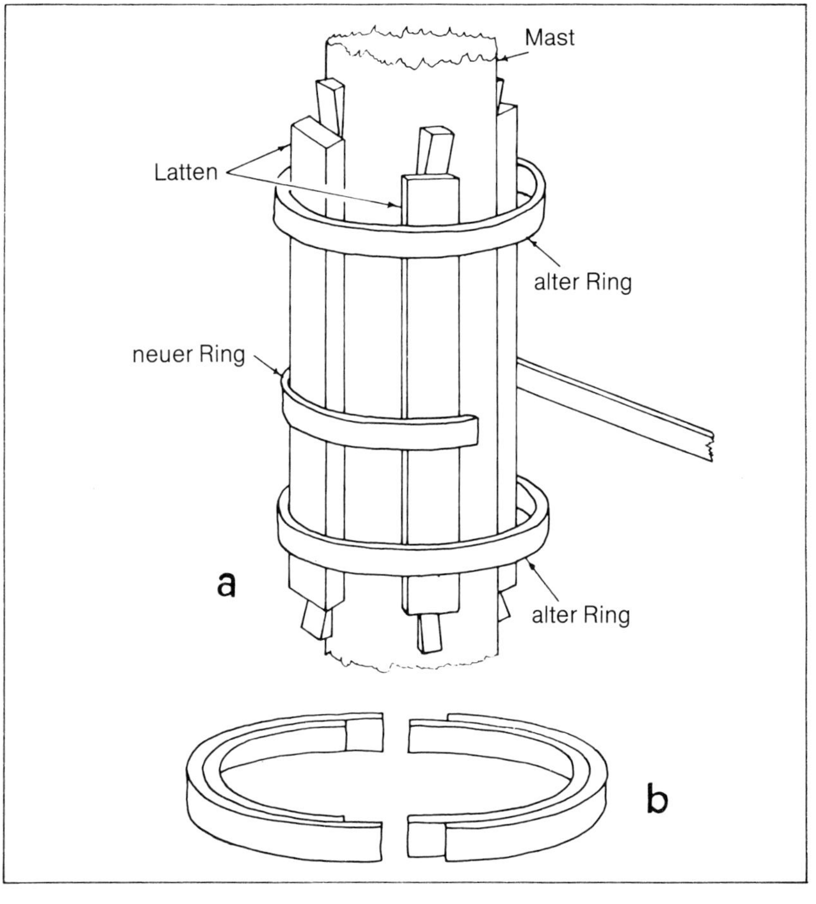

142 *Zwei Methoden für das Herstellen neuer Mastringe*

Auf der Werkbank
Wenn man den Ring nicht an Bord laminieren will, fertigt man ihn in zwei Hälften (Abbildung 142b) zu Hause vor. Nimmt man Epoxidkleber sowohl zum Laminieren wie für die Schäftungen beim Zusammensetzen um den Mast, ist dieser Ring ebenso fest wie ein traditioneller. Mit Holzschrauben preßt man die Verbindungen zusammen. Kleine Holzblöcke, in Form des Masts auf die Werkbank genagelt, ergeben eine Biegeschablone, doch müssen sie hoch genug sein, damit man die Laminate daran anklampen kann.

Anbändseln von Rutschern
Auf großen Fahrzeugen sind die Mastrutscher manchmal mit den Gatchen des Vorlieks über spezielle Schäkel verbunden. Meist jedoch werden Bändsel aus Segeltuchstreifen, Marlleine oder Lederstreifen benutzt, die das Liektau und die Nähte weniger leicht beschädigen. Polyestergarn ist ideal für Rutscher und Stagreiter der meisten Jollen. Nimmt man das Garn doppelt durch die Öse einer großen Nadel, so geht die Arbeit schneller vonstatten, besonders wenn jeder Rutscher wie in Abbildung 143 mit einer eigenen Rundkausch versehen ist. Man beachte, daß in diesem Fall das Garn in der Keep der Rundkausch liegen, nicht durch das Innere des Rings gehen soll.

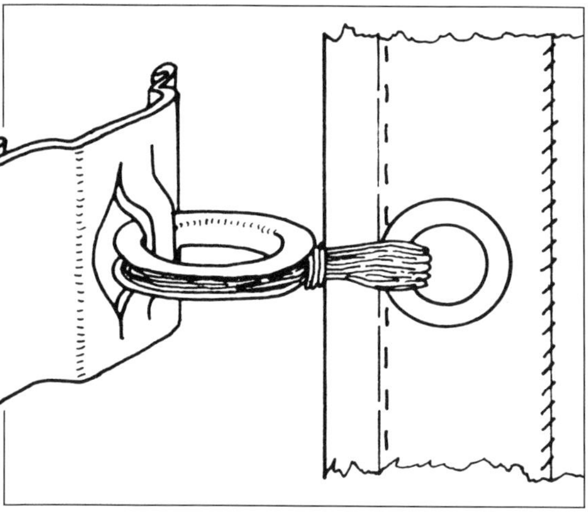

143 *Bändsel für einen leichten Mastrutscher*

Stagreiter
Müssen einzelne Rutscher oder Stagreiter neu befestigt werden, so bedient man sich der Einheitlichkeit wegen der Methode, die auch zuvor angewendet wurde – es sei denn, sie hat sich als ungeeignet erwiesen. Einige Kunststoffstagreiter, auch solche mit Verschluß und Feder, sind so ausgelegt, daß sie ohne Zurrings angebracht werden; andere werden mit Schrauben befestigt. Manche Stagreiter haben ein doppeltes Auge für zwei separate Zurrings.

Segelsetzen

Mit einiger Erfahrung findet man – besonders nachts – leicht heraus, welche Ecke des Segels Schothorn, Kopf oder Hals ist. Wenn man in Erinnerung behält, daß das Liektau an der Backbordseite des Segels angenäht wird und das Achterliek normalerweise kein Liektau hat, kann man die Ecken mit geschlossenen Augen sortieren.

Komplikationen
Außer vielleicht bei einem Spinnaker ohne Spinnakerschlauch ist das Setzen von Segeln in der Dunkelheit durchaus machbar, wenn man gelernt hat, die Fallen auseinanderzuhalten. Bei Segeln von Fahrtenyachten sind Schäden denkbar, wenn man das Großsegel setzt, ohne zuvor den Baum angedirkt zu haben, oder ein Vorsegel, ohne die Schoten klariert zu haben. Nach dem Setzen folgen die Schwierigkeiten des Trimms (besonders auf Regattayachten). Nur Sorgfalt und vorsichtiges Arbeiten können hierbei die Wartungskosten niedrig halten.

Strecktalje
Das richtige Durchsetzen des Vorlieks ist wichtig für die Wirksamkeit des Vorsegels. Ohne eine kräftige Winsch erreicht man das mit einer Strecktalje auf Decksniveau, die durchgesetzt wird, nachdem das Fall von Hand angezogen wurde. Das gleiche gilt auch für Großsegel, wenn der Lümmelbeschlag auf einer Schiene beweglich ist.

Vorsegel
Die Vielzahl moderner Vorsegel – Genua, Yankee, Big-Boy, Doppelfock, Sturmfock, Ghoster, Spinnaker und Rollfock – schafft Probleme, wenn man sie jeweils auf die beste Art setzen will. Die richtigen Schotholepunkte sind dabei sehr wichtig. Wenn ihre Leitösen auf Schienen montiert sind oder die Leit-

144 *Mit Löchern in der Fußreling kann man die Leitblöcke der Fock an der genau richtigen Stelle anschäkeln.*

blöcke mit Schnappschäkeln an verschiedenen Punkten der mit Löchern versehenen Fußreling (Abbildung 144) angeschlagen werden können, lassen sie sich leicht und schnell auf das jeweilige Segel einstellen.

Fockroller

Fockroller helfen vor allem kleinen Crews, das häufige Setzen und Bergen verschiedener Vorsegel zu vermeiden. Mit einem Profilstag ist auch präzises Reffen möglich, was den Zwang zum Segelwechsel vermindert. Gegen Wetterschäden haben solche Rollfocks oft breite „Opfer"-Streifen, Paneele an Vor- und Unterliek, die leicht erneuert werden können, bevor der Rest des Segels verschlissen ist. Bilden sich beim Reffen in der Mitte Falten, sollte der Segelmacher am Vorliek wurstförmige Verdikkungen aufnähen, die dies verhindern. Vor Anker oder im Hafen sollte man durch die Kausch des Schothorns ein Bändsel ziehen, das um das gesamte aufgerollte Segel geführt wird, damit es sich nicht selbständig aufdreht.

Fockbäume

Der Spaß beim Fockbaum ist das selbständige Übergehen des Segels ohne Gezerre an den Schoten. Ein Nachteil: Wenn das Schothorn nicht gelöst wird, bilden sich beim Setzen oder Niederholen Falten (Abbildung 145), die das Segel schließlich beschädigen. Der kürzere Fockbaum (Abbildung 146) ist nicht am Unterliek angereiht. Damit entfällt das Faltenproblem; er hat auch den Vorteil, daß das Segel voller steht, wenn er gefiert wird (Abbildung 147).

Doppelfocks mit zwei Bäumen sind das beste Rigg für lange Vormwindstrecken. Auch besteht die Möglichkeit der Selbststeuerung durch die über Umlenkrollen zur Pinne geführten Schoten. Die Fockbäume der Doppelfock sind üblicherweise länger als Spinnakerbäume, so daß sie am besten aufrecht am Mast gestaut werden. Zumeist fährt man die Vorlieken fliegend und die Hälse auf Augbolzen in Mastnähe.

Topp- und Trysegel

Schönwettersegel sind nicht selten am schwierigsten zu setzen. Ein Gaffel-Toppsegel, dessen Vorliek auf einem vom Deck zum Masttopp laufenden Draht-Jackstag gesetzt wird, sollte eigentlich leicht zu kontrollieren sein. Eine an das Vorliek angereihte Spiere ist, abgesehen vom Gewicht und vom Verstauproblem, vorteilhaft.

Zu den Schönwetter-Zusatzsegeln gehört auch das zwischen beiden Masten von Ketsch oder Schoner zu setzende Trysegel, ebenso Bonnets, die unter den

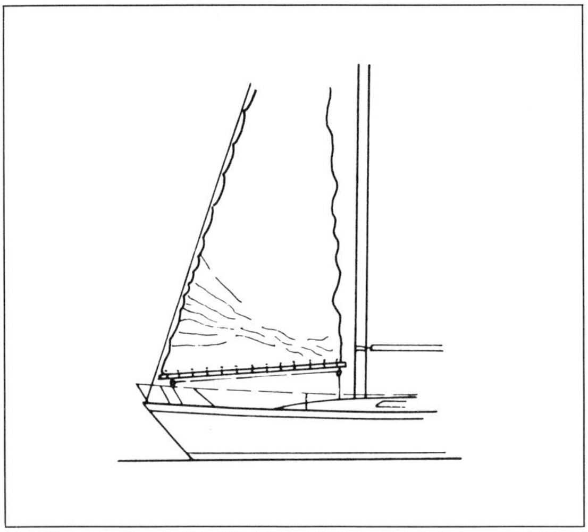

145 *Die Selbstwendefock mit langem Baum kann erst niedergeholt werden, wenn das Schothorn lose ist.*

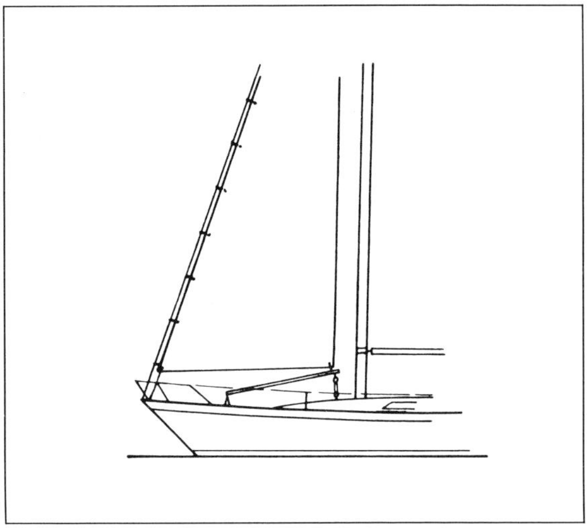

146 *Kurzer Selbstwendebaum an einer Fock*

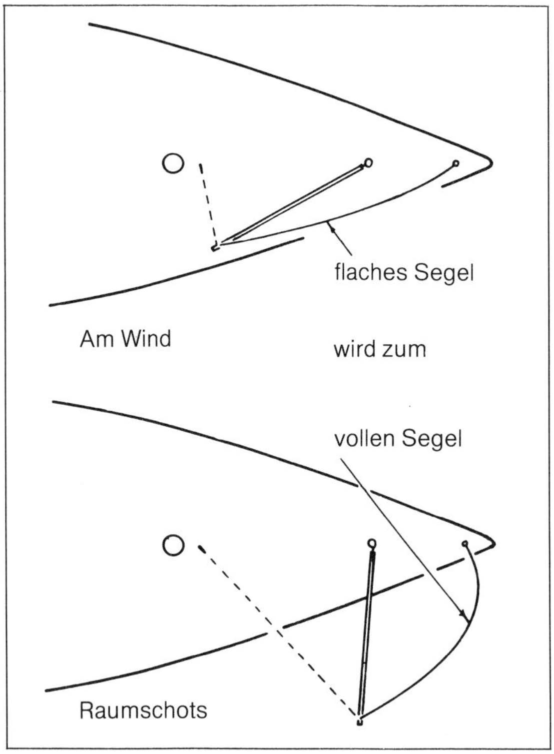

147 *Ein kurzer Fockbaum sorgt automatisch für die richtige Einstellung des Segels.*

vorhandenen Segeln gesetzt werden, sowie die großen Genuas und Spinnaker. Um letzteren zu zähmen, benutzt man Spinnakerschläuche verschiedener Art oder bei Rennjollen eine fest eingebaute Spinnaker-Trompete. Vom Bauch des Segels läuft in diesem Fall ein Einholer durch die Trompete nach achtern. Auf einem Fahrtensegler läßt sich der Spinnaker in ganzer Länge im Schlauch stauen, ohne daß er niedergeholt werden muß. Auch solches Zubehör kann den Verschleiß beträchtlich verringern.

Baumniederholer

Den Baumniederholer (Abbildung 148) kennt man vor allem von Regattajollen, wo er das Großsegel flach hält, indem er den Baum nach unten zieht. Auf größeren Segelyachten ist er indessen auch nicht mehr unbekannt; dort dient er dazu, Patenthalsen zu verhindern, aber auch zum Trimmen des Großsegels. Auf einer Spreizgaffelketsch kann man einen Niederholer ebenfalls einsetzen; er muß dann von der Nock der Spreizgaffel zum Besanmast verlaufen und hat den Zweck, die Tendenz des Segels zum Verdrehen zu reduzieren. Beim traditionellen Gaffelrigg wird diese Vorrichtung allerdings kaum gefahren.
Das Bindereff hat auf Regatta- und Tourenyachten das Rollreff weitgehend ersetzt, so daß der Baumniederholer jetzt keinen Schotring, der das eingerollte Segel so oft beschädigte, mehr braucht. Ein

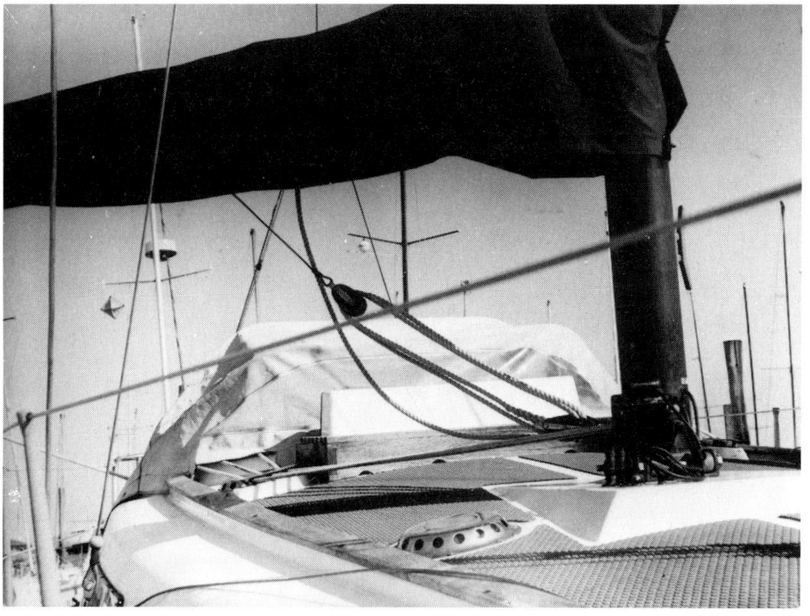

148 *Eingeführt wurden sie zuerst auf Regattabooten, doch schon lange sind Baumniederholer auch auf Seekreuzern eine Voraussetzung für den guten Stand des Großsegels.*

149 *Außer bei Surfbrettern hat die Spreizgaffel bis heute nicht die Popularität erreicht, die ihr eigentlich gebührt.*

hydraulischer oder schraubbarer Rohrniederholer, der so stark ist, daß er den Baum stützen kann, erübrigt schließlich sogar den Einsatz einer Dirk.

Segel bergen und auftuchen

Holt man ein Segel nieder, das auf einem Baum aufgetucht werden soll, so sollte man stets Zeisinge parat haben, damit man es schnell provisorisch befestigen kann, bevor es ausweht. Braucht man zum Niederholen Kraft, zieht man am Vorliek, nicht am Achterliek, das sich leicht verformen kann. Das Bergen eines Gaffel-Großsegels wird erleichtert durch eine doppelte Dirk, von der Fangleinen unter dem Baum hindurchgehen. Sie bilden dann eine Art Netz, in dem das Segel gehalten wird. Auch bei Spreizgaffeln (Abbildung 149) sind solche Fangleinen oder Faulenzer möglich. Vorsichtige und sorgfältige Behandlung verlängert auf jeden Fall die Lebensdauer des Segels.
Verklemmt sich das Großsegel beim Niederholen, löst man das Schothorn, rafft das ganze Segel zum Mast und bändselt es mit einem freien Fall fest. Passiert das gleiche bei einem Vorsegel, löst man die Schoten, rafft das Segel zum Stag und bändselt es unten mit ein paar Zeisingen fest, die oberen Teile mit einem freien Fall, notfalls sogar mit der Flaggleine.

Man rollt das Großsegel so gut wie möglich ein (wobei die Segellatten parallel zum Baum liegen müssen) und bändselt es mit ein paar Zeisingen fest. Gummizeisinge mit Plastikball und Auge (oder Plastikhaken und Auge), aber nicht mit Metallhaken, sind dafür besonders gut geeignet. Auf älteren Booten werden meist noch genähte Tuchstreifen mit Kauschen und eingespleißten Bändseln benutzt. Ist keine Segelpersenning vorhanden, lohnt es sich bei längerem Aufenthalt am Liegeplatz, das Segel unter Deck zu verstauen. Das ist meist jedoch nur bei Yachten bis zu etwa 12 m Länge praktikabel, da die Segel größerer Schiffe steifer, schwerer und unhandlicher, die Luks aber keineswegs größer sind.

Reffen des Großsegels

Das Roll- oder Patentreff (Abbildung 150), mit dem das Großsegel um den Baum gerollt wird, ist zwar einfach zu bedienen, hat aber seine Nachteile: Ein Baumniederholer ist nur mit Schotringen anzubringen, und das Segel steht im gerefften Zustand meist schlecht, wodurch falscher Zug auf das Tuch kommt. Nachteilig ist auch, daß sich das Vorliek am Mast zu einer dicken Bunsch aufrollt. Ist der Baum nicht konisch, das heißt nach achtern dicker geformt, senkt sich die Baumnock beim Aufrollen, was unerwünscht ist. Dem kann man begegnen, indem man keilförmig gehobelte Latten an der Baumnock anbringt oder Segelsäcke mit einrollt. Die Schnecke

150 *Das Rollreff am Großbaum ist zwar bequem, doch sieht man oft, daß das Segel nicht gut steht und der Baum an der Nock tiefer hängt.*

151 *Wenn es ordentlich eingebunden ist, sieht ein Bindereff gut aus. Großschot und Baumniederholer lassen sich bei diesem Reffsystem besser befestigen.*

wird selten so stark genutzt, daß sie leidet; also muß sie wahrscheinlich nur gelegentlich geölt werden.
Das Bindereff (Abbildung 151) ist bei ordentlicher Bedienung besser für das Segel. Seine modernere Version ist ein Schnellreff, bei dem eine permanent geriggte Reffleine zum vorderen Ende des Baums oder sogar von dort noch in die Plicht führt und dementsprechend leicht bedient werden kann. Das herkömmliche Smeerreep ist nicht ständig angeschlagen, muß also immer sorgfältig verstaut werden, damit es nicht verlorengeht oder zweckentfremdet wird. Rollreffs im Mast sind zwar ideal, aber teuer. Außerdem erfordern sie gewöhnlich einen speziellen Mast.

Reffbändsel
Ein einzelnes Reffbändsel ersetzt man nach dem vorhandenen Muster. Die Backbord- und Steuerbordreffbändsel bestehen normalerweise aus einem Stück, das durch ein Reffgatchen führt und durch ein (Abbildung 152a) eingenähtes Auge gehalten wird; statt des Festnähens kann man auch beiderseits dicht am Gatchen einen Achtknoten setzen. Gelegentlich sieht man auch einzelne Bändsel an jeder Seite, die mit kleeblattartigen Ringen (152b) aufgenäht sind.

Reffleine und -kauschen
Besonders elegant ist anstelle von Reffbändseln eine durchlaufende Reffleine, die durch Reffgatchen gefahren wird. Extra-Laschings müssen hier das gereffte Segel am Baum halten, um es zu schonen. Muß hier ein bloß eingestanztes Gatchen ersetzt werden, nimmt man ein genähtes, das in jedem Fall besser ist; das Gatchen wird dann mit einer rechtekkigen Verstärkung unterlegt. Die Belastungen der vorderen und achteren Reffkausch sind hierbei wesentlich höher. Wie man für sie Verstärkungen anbringt, wird auf Seite 166 beschrieben.

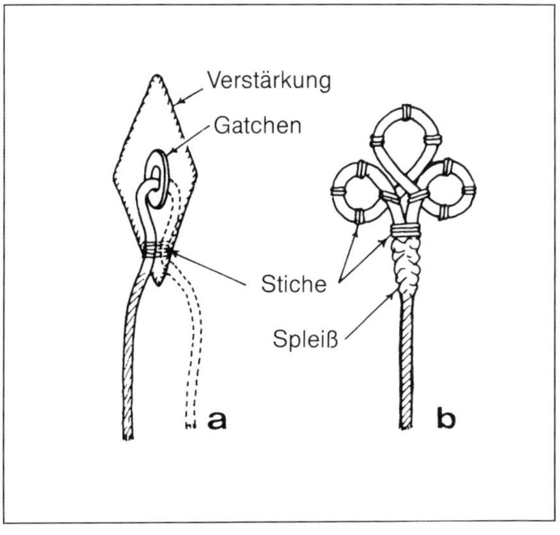

152 *Zwei Möglichkeiten, Reffbändsel am Segel anzubringen.*

Pflege und Reinigung

Segel sollen trocken verstaut werden. Außerdem sollte man sie – beispielsweise bei Flaute oder stärkerem Wind – nicht lange killen lassen. Leichtes Tuch darf nicht bei schwerem Wetter gefahren werden; die Segel sollten stets sauber sein, frei von Schamfilen, immer richtig gesetzt – so kann ein gutes Stell Segel zwölf Jahre halten, auch wenn mit der Zeit immer häufiger Reparaturen anfallen.

Kontrollen
An den Nähten treten bei den Segeln am häufigsten Schäden auf; deshalb sollte man sie, bevor das Boot für den Winter aufgelegt wird, genauestens kontrollieren. Professionelle Reparaturen müssen meistens vor Winterbeginn in Auftrag gegeben werden. Es dauert seine Zeit, jede einzelne Naht genau unter die Lupe zu nehmen. Besondere Aufmerksamkeit ist bei den Liektauen, bei den Verstärkungen an den Ecken, bei Lattentaschen und Verstärkungen an Reffleisten und Kauschen nötig. Alle Defekte markiert man am besten gleich mit Klebeband. Sieht eine Naht verdächtig aus, führt man eine Segelnadel unter das Garn und zieht daran, um sicherzugehen, daß kein Bruch vorliegt.

Segelverschleiß
Kleine Löcher in leichtem Tuch lassen sich leicht entdecken, indem man es von hinten mit einer starken Lampe anstrahlt. Segel, die in einer Keep sitzen, sind in diesem Bereich besonderem Verschleiß ausgesetzt; dies gilt übrigens auch bei bestimmten Rollreffanlagen. Verschmutzte Stellen im Segeltuch deuten oft auf Schamfilen hin. Bei einem tiefge-

schnittenen Vorsegel achte man besonders auf Verschleiß am Unterliek, ebenso bei jedem Vorsegel, das die Wanten überlappt. Geringer Verschleiß an einem verstärkten Schothorn ist nicht allzu bedeutsam, muß aber weiter beobachtet werden.

Metallteile
Das Verdrehen oder sogar der Bruch der Ringkausch am Schothorn, der Cunninghamkausch oder der Reffkausch ist durchaus möglich. Wird diese Kausch nicht sofort ersetzt, reißt das Tuch ein. Schnappschäkel und gefederte Stagreiter sollen mit leichtem Öl behandelt und dann gut abgerieben werden, damit das Segel nicht verschmutzt. Reißverschlüsse werden mit silikonfreiem Teflon-Gleitspray behandelt, das nicht schmiert und klebt. Werden Nieten am Kopfbrett locker, legt man einen flachen Hammer darunter und schlägt sie mit einem rundköpfigen Hammer wieder fest. Wenn das Draht-Vorliek eines Vorsegels zu rosten beginnt, macht es beim Setzen und Bergen ein „rostiges" Geräusch – lange bevor der Rost durch das Segeltuch dringt und sichtbar wird.

Entfernen von Schmutzflecken
Schmutzstellen im Segel werden am besten sofort behandelt, wenn sie auftreten – auf jeden Fall bevor man das ganze Segel mit Seife und warmem Wasser abschrubbt. Spezial-Reinigungsmittel haben keine magischen Kräfte, aber sie beschädigen das Material normalerweise nicht. Einige herkömmliche Bleichmittel wie Zitronensäure oder Kleesäure können freilich Schäden verursachen, wenn sie unverdünnt verwendet werden oder zu lange in Kontakt mit dem zu bleichenden Gegenstand bleiben. Im Zweifelsfall versuche man es erst mit einem milderen Reinigungsmittel, ehe man auf schärfere Chemikalien übergeht.

Rostflecke
Eine fünfprozentige, warme Lösung aus Wasser und Essigsäurekristallen wirkt gut, aber zuerst sollte man es mit milderen Mitteln versuchen. 15 g Kristalle in 300 ml warmem Wasser gelöst, das ist ungefähr die richtige Menge. Auch Grünspanflecken behandelt man damit.

Stockflecke
Stockflecke lassen sich kaum vollständig entfernen, besonders nicht aus Baumwolltuch. Zunächst versucht man es trocken mit einer festen Bürste. Salmiakgeist hilft möglicherweise auch. Sonst nimmt man gewöhnliche Haushaltsbleichmittel oder erkundigt sich im Yachtzubehörhandel nach den neuesten Produkten.

Fett und Öl
Chemische Lösungsmittel wie Trichloreäthylen, Toluen oder Tetrachlorkohlenwasserstoff lösen zwar sauberes Öl auf, sind aber kaum erfolgreich bei schmutzigen Fettflecken, ja sie drängen den Schmutz manchmal sogar tiefer in das Tuch hinein. Wirksamer sind da schon Handreinigungspasten, wie sie von Automechanikern verwendet werden. Man reibt die Paste kräftig in das Tuch, läßt sie etwa eine Stunde einwirken, reibt dann noch ein wenig und schrubbt sie anschließend mit warmem Wasser und Seife ab.

Farbflecke
Der passende Verdünner und danach etwas Handreinigungspaste werden in den meisten Fällen frische Farbe oder frischen Klarlack entfernen. Ist er erst einmal hart geworden, darf man auf keinen Fall mit Abbeizmitteln arbeiten, besser schon mit Nitro-Verdünnung oder Azeton – in dieser Reihenfolge. Man bedenke, daß gefärbtes Segeltuch durch die Verwendung von Bleichmitteln oder anderen starken Chemikalien verblaßt.

Blutflecke
Bürstet man das Tuch gleich mit Seife und kaltem Wasser, so verschwindet der Blutfleck gewöhnlich. Für ältere Blutflecken nimmt man kaltes Wasser, dem man ein biologisches Haushalts-Reinigungsmittel zusetzt. Wenn nötig, bearbeitet man die Stelle am Schluß noch mit einem milden Bleichmittel oder stark verdünnter Essigsäure.

Das Nähen von Segeltuch

Das Nähen von Segeltuch ist eine schnell erlernbare, meist befriedigende und gelegentlich sehr nützliche Kunst. Wahrscheinlich erreichen Sie nicht die Schnelligkeit und Präzision eines gelernten Segelmachers, aber das Ziel ist auch nicht so sehr Schönheit wie vielmehr Festigkeit der Naht.

Abstände
Soll eine Segelnaht von Hand repariert werden, so

können die vorhandenen Löcher als Maßstab für die Stichlänge dienen, auch wenn man vielleicht nur in jedes zweite Loch sticht. Ungleiche Stiche und krumme Nähte sehen amateurhaft aus; deshalb sollte man bei einer neuen Arbeit die Naht mit Lineal und Bleistift anreißen. Dann bleibt nur noch das Problem, alle Stiche im gleichen Winkel und mit gleicher Länge zu nähen. Das aber kommt mit der Praxis (siehe unten).

Nadeln

Da sie nicht sehr teuer sind, lohnt es sich, von allen üblichen Nadelstärken mehrere auf Vorrat zu halten: 4 Nadeln Nr. 19 (die kleinste Größe), 6 Nadeln Nr. 18, 4 Nadeln Nr. 17, 3 Nadeln Nr. 16, 2 Nadeln Nr. 14, eine Nadel Nr. 12 und ein Paket gewöhnlicher Haushaltsnadeln für Nylon und dünnes Dacron. Wie andere Nadeln hat auch eine Segelnadel ein Auge (Abbildung 153a), wird aber zur Spitze hin allmählich dreieckig. So wird das Gewebe beim Nähen auseinandergedrückt, ohne daß zu viele Fäden zerreißen.

Lagerung der Nadeln

Lagert man die Nadeln in einem Korken steckend, beginnen die Spitzen nach einiger Zeit zu rosten.

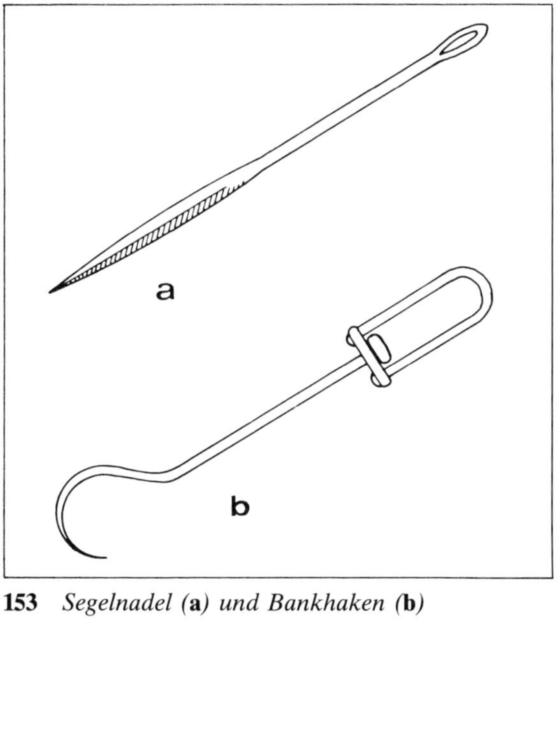

153 *Segelnadel (**a**) und Bankhaken (**b**)*

Besser ist ein flaches Tablettendöschen mit etwas Nähmaschinenöl. Das Einrollen in ein geöltes Tuch ist ebenfalls sinnvoll. Mit einem einfachen Vergrößerungsglas aus Kunststoff läßt sich die auf den Nadeln eingestanzte Größennummer ablesen.

Segelmacherhandschuh

Segelmacher benutzen einen speziellen Handschuh (Abbildung 154), um die Nadel durch dickes Tuch zu drücken. Er besteht aus einem Lederriemen mit Daumenöffnung, der um die Hand gelegt wird und vor dem Daumenballen eine eingearbeitete Metallplatte besitzt, die beim Einschieben der Nadel in das Tuch als Widerlager dient (auch für Linkshänder erhältlich). Für leichte Arbeiten kann man auch einen Fingerhut nehmen.

Andere Werkzeuge

Ein Bankhaken mit oder ohne Wirbel, wie ihn Abbildung 153b zeigt, ist billig und nützlich. Am Ende wird eine Leine oder Talje angesteckt, und der Haken wird dann in den bereits fertigen Teil der Naht gehakt, womit man das noch zu nähende Stück

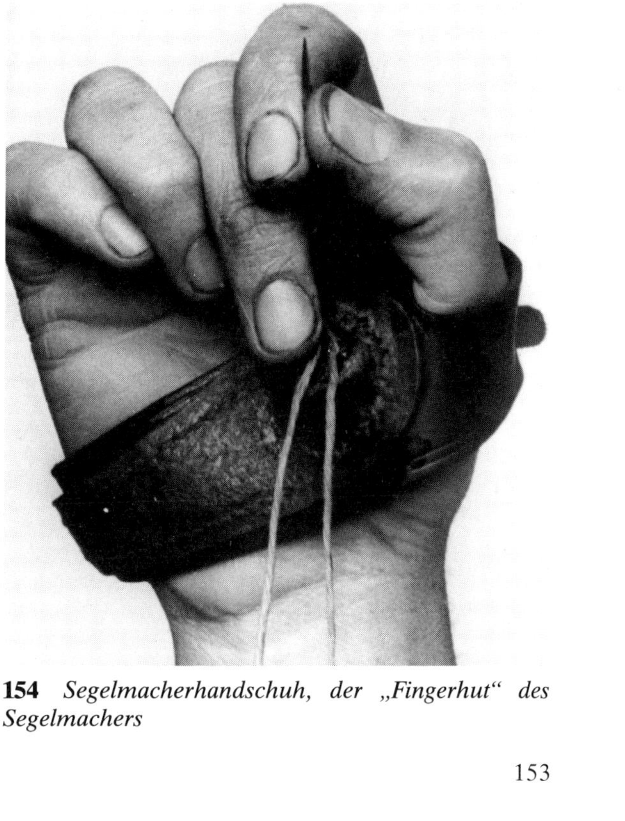

154 *Segelmacherhandschuh, der „Fingerhut" des Segelmachers*

155 *Flachnaht in Arbeit*

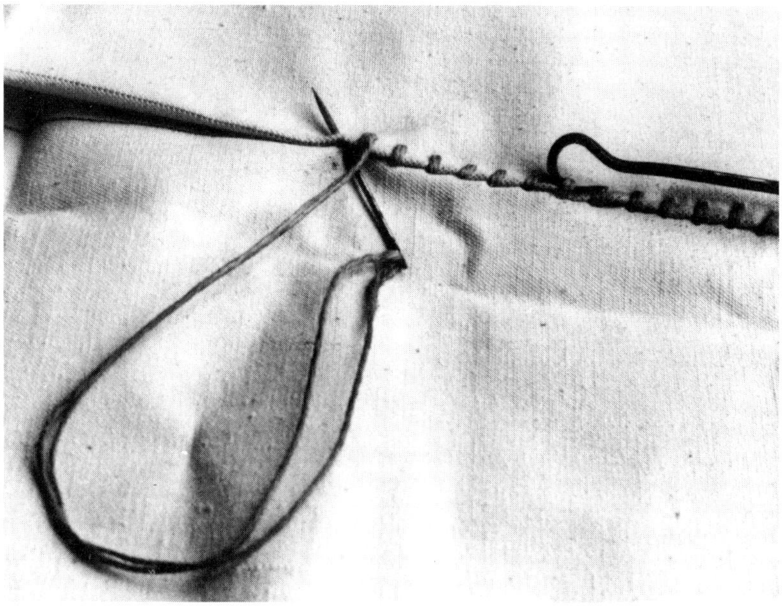

straffhält (Abbildung 155). Weiter braucht man ein Falteisen, mit dem man die eingeschlagenen Kanten des Segeltuchs glattstreichen kann; der Griff eines ausgedienten Tafellöffels ist dafür recht gut geeignet. Dann benötigt man noch ein scharfes Messer, eine gute Schere, ein Lineal, einen Bleistift, einen Marlspieker und ein paar Picker. Ein elektrischer Lötkolben ist nützlich zum Versiegeln der Schnittkanten von Polyestertuch.

Bienenwachs
Gewachstes Segelgarn läßt sich besser vernähen und sinkt auch tiefer ins Tuch ein. Zu diesem Zweck zieht man den Faden nach dem Einfädeln dreimal über einen Klumpen festes Bienenwachs. Kerzenwachs ist normalerweise zu hart, aber Talg, Seife oder Vaseline sind mögliche Alternativen. Ein wenig Talg auf der Nadel ist auch nützlich, wenn mehrere Tuchlagen durchstochen werden müssen.

Eingeschlagene Gatchen
Ist man mit Tucharbeiten erst einmal vertraut, lohnt es sich, einen Vorrat an Messinggatchen anzulegen. Beim Einstanzen geht man folgendermaßen vor (siehe dazu auch Abbildung 156):

a Mit einem Locheisen (oder einem Stück Rohr, das an einem Ende angeschärft wurde) schlägt man in das Tuch ein Loch, das gerade groß genug ist, um das erhabene Teil des Gatchens durchstecken zu können.
b Hat man kein Locheisen, macht man zwei Einschnitte im rechten Winkel zueinander. Die vier Ecken beschneidet man ein wenig, aber nicht zuviel.
c Jetzt drückt man das Gatchen von unten durch das Loch und legt die Scheibe so oben auf, daß das Tuch zwischen beiden eingeklemmt ist.
d Nun kann der Stanzer in die Öffnung des Gatchens eingeführt werden; unter dem Ganzen muß eine feste Eisenplatte liegen.
e Jetzt hämmert man leicht und so lange, bis der Rand des Gatchens fest über die Scheibe genietet ist (das ist dann die häßlichere Seite des Gatchens).

Eingenähte Gatchen
Eingestanzte Gatchen können unter starkem Zug und beim Hin- und Herschlagen des Segels leicht ausreißen. Die starken Augen, die man beim Segelmachen braucht, erhält man dadurch, daß – wie es

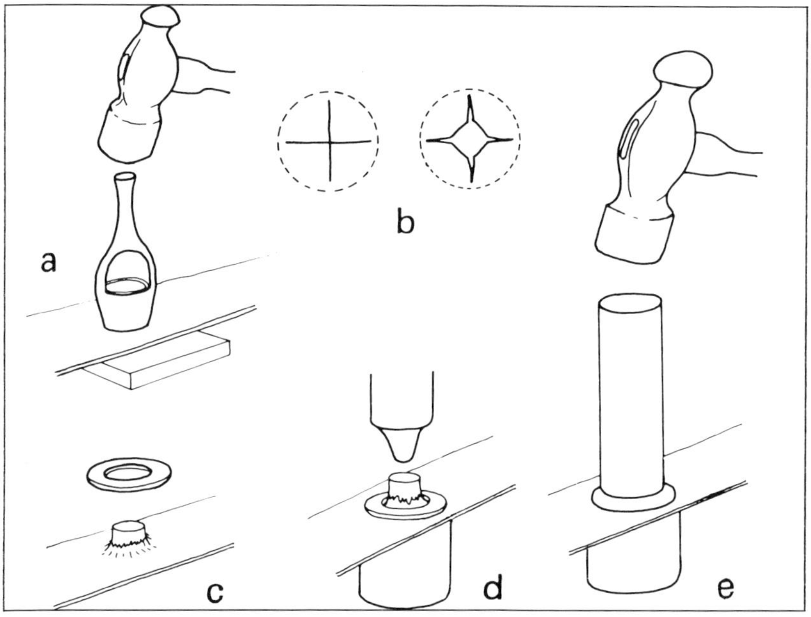

156 *Einstanzen eines Gatchens:* **a** *Ein Locheisen macht das Loch.* **b** *Mit Messer oder Schere hergestelltes Loch.* **c** *Die Öse in zwei Teilen.* **d** *Das Unterteil wird von unten durch das Loch gesteckt, der Ring liegt darüber.* **e** *Einstanzen*

157 *Annähen eines Gatchens*

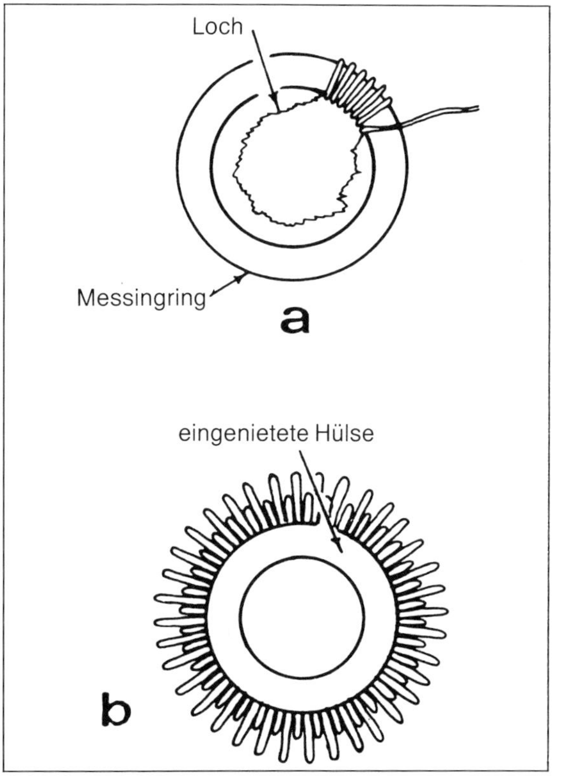

Abbildung 157a zeigt – der Metallring des Gatchens eingenäht wird. Man beachte dabei, daß das Gewebe besonders von Polyestertuch von der Nadel eher durchstochen als auseinandergedrückt wird, was einen geschwächten Ring ergibt. Um dies soweit wie möglich auszuschließen, nimmt man relativ dikkes Garn mit der dünnsten Nadel, durch die es gerade noch hindurchgeht – oder man sticht in wechselnder Tiefe durchs Tuch (157b). Abschließend wird das Gatchen wie beschrieben eingeschlagen. Ein großes genähtes Auge, auf dem später viel Kraft steht, ist zusätzlich mit einem umzustanzenden Ring versehen. Für das Stanzen braucht man dann aber Spezialwerkzeuge mit mehr Druck, so daß man diese Arbeit wohl besser dem Segelmacher überläßt.

Rundnaht
Für einen Saum mit einer einzigen Reihe von Stichen, die normalerweise nur von einer Seite sichtbar sind, nimmt man den schnellen und einfachen Rundstich (Abbildung 158a). Für Rechtshänder ist es dabei bequemer, von links nach rechts an der Kante entlangzunähen, so daß man die Nadel abwärts und weg vom Körper einstechen kann.

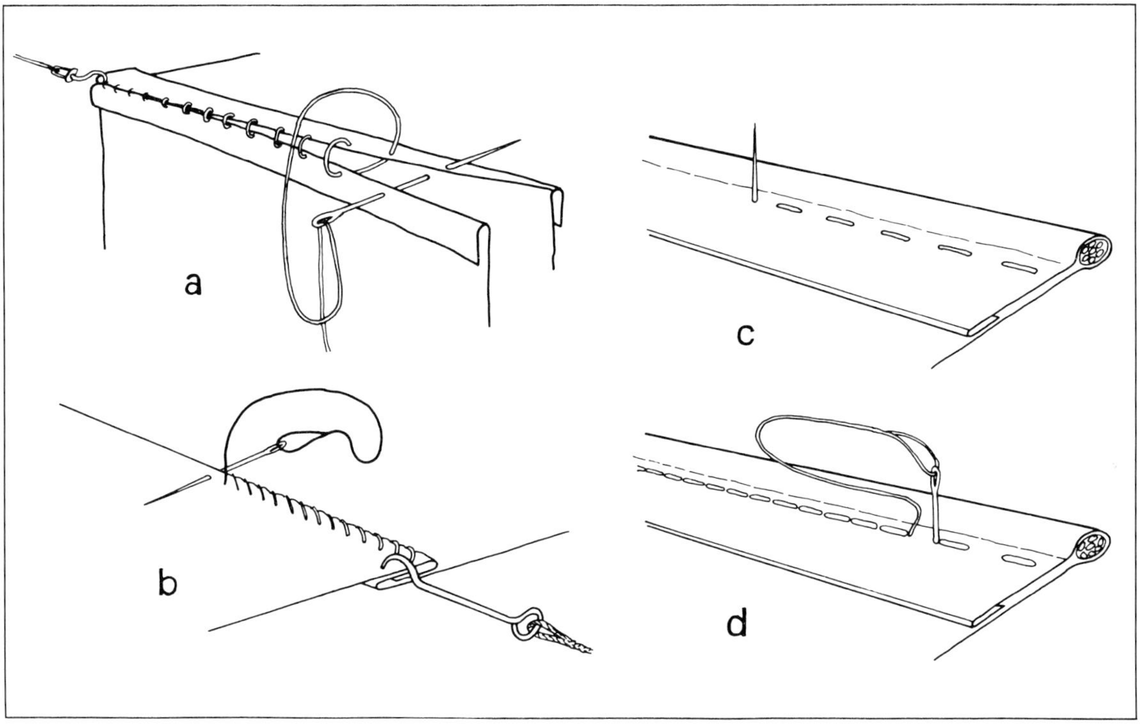

158 *Handnähte:* **a** *Rundsaum* **b** *Flachnaht* **c** *Geradstichnaht* **d** *Doppelte Geradstichnaht*

Flache Naht
Wenn man Tuchbahnen aneinander näht, wird der Flachstich verwendet. Das gleiche gilt, wenn man an der Liekkante eines Segels mehrere Lagen aufeinander näht oder an der Öffnung eines Segelsacks. Zeichnung 158b zeigt, wie eine Flachnaht angebracht wird, und zwar mit zwei Reihen von Stichen, die um die Überlappungsbreite auseinanderliegen. Wenn die geschnittene Kante umgefaltet wird, muß die Nadel durch drei Lagen Tuch gehen. Bei einer Webkante braucht man das Tuch normalerweise nicht umzuschlagen.

Ansatz der Nadel
Die Stiche einer runden oder flachen Naht müssen etwas schräg angesetzt sein, wie bei einem Gewinde. Amateure stechen die Nadel zumeist im rechten Winkel zur Naht durch. Die Stiche führen dann gerade durch die Naht, das Schräge liegt allein auf der Oberseite. Die Arbeit sieht jedoch besser aus, wenn man die Nadel im leichten Winkel durchsticht, so daß der Winkel auf beiden Seiten gleich ist. Profis (Rechtshänder) arbeiten immer von rechts nach links, wobei sie die Nadel, etwas nach links angewinkelt, auf sich zu durch das Tuch stechen.

Stichlänge
Bei feineren Arbeiten macht man ungefähr vier Stiche pro Zentimeter, in dickerem Tuch zwei Stiche. Am besten übt man zunächst an Tuchabfällen. Mit der Haushaltsnähmaschine im Zickzackstich kann man normalerweise nicht mehrlagiges dickes Tuch nähen. Will man diesen Stich per Hand nachahmen, muß man vor und zurück arbeiten und dabei die Nadel abwechselnd von vorne und von hinten durchstechen. Amateure arbeiten meist lieber so, wie es Abbildung 155 zeigt.

Schweres Tuch
Wenn man beim Nähen einer Flachnaht in normalem Tuch den Stoff leicht biegt, geht die Nadel durch zur Rückseite und durch die dritte Lage in einem

Zug wieder zur Vorderseite zurück. Bei schwerem Segeltuch arbeitet man am schnellsten, indem man das Tuch vertikal spannt und ein Helfer auf der Rückseite die Nadel annimmt und wieder durchsticht.

Umdrehen
Hat man an einem Flachsaum eine Reihe Stiche fertig (Abbildung 155), so dreht man das Tuch um und beginnt die zweite Reihe in genauer Wiederholung der ersten.

Gerade Naht
Neben Rund- und Flachnähten trifft man höchstwahrscheinlich nur noch auf die in Abbildung 158c gezeigte gerade Naht, vor allem an dem Saum der Fock, in dem der Liekdraht gehalten wird. Außerdem benutzt man sie noch beim Aufsetzen von Flikken, Verstärkungen und beim Einnähen des Kopfbretts. Bei letzterem führen die Stiche durch entsprechende Löcher im Brett. Besonders bei Kopfbrettern wiederholt man den Vorgang noch einmal in umgekehrter Richtung; dann entsteht eine doppelte Naht, wie sie Abbildung 158d zeigt.

Das Einfädeln
Man nehme immer die kleinste Nadelgröße, durch die das Garn gerade noch paßt. Zum Einfädeln wachst man den Tampen des Garns, flacht ihn dann zwischen den Fingern ab und steckt ihn durch das Nadelöhr. Man sollte das Garn stets doppelt nehmen, nicht aber am Ende verknoten. Eine Garnlänge von 2 m (etwas mehr, wenn man besonders lange Arme hat) ist ungefähr richtig, damit hat man zum Nähen einen Doppelfaden von 1 m zur Verfügung. Nach dem ersten Stich legt man die beiden Tampen an der Naht entlang und näht die nächsten drei Stiche über sie hinweg. Muß man an einer langen Naht die Nadel neu mit Segelgarn bestücken, dreht man die alten und neuen Enden umeinander und näht drei Stiche über sie hin. Am Ende einer Naht näht man zwei Stiche zurück und zieht den Faden unter drei weiteren Stichen hindurch, bevor man das Garn abschneidet.

Wie man die Nadel hält
Man hält die Nadel auf etwa zwei Drittel ihrer Länge vom Öhr entfernt zwischen Daumen und Zeigefinger; mit dem Mittelfinger führt man das Öhr zum Metallplättchen am Segelhandschuh (Abbildung 154). Wasserfestes Pflaster an den Kontaktstellen kann Wundwerden und Blasen auf empfindlichen Händen verhindern.

Nähmaschinen
Leichte Arbeiten an Jollensegeln und Spinnakern können mit einer normalen Haushaltsnähmaschine ausgeführt werden (auch unter Verzicht auf die Zickzacknaht); eine richtige Segelmachermaschine (mit langem Arm und Transporteur unter und über dem Tuch) ist natürlich optimal. Es gibt auch 12-Volt-Maschinen, die an die Bordbatterie angeschlossen werden können.

Tuchreparaturen

Das Aufsetzen von Flicken auf Risse, das Nachnähen von Nähten, das Reparieren durchgescheuerter Stellen an Schothörnern und Kopfbrettern und das neue Einlieken sind die üblichsten Segelreparaturen. Wie bei jeder praktischen Arbeit kann auch hier der sorgfältige Amateur ausgezeichnete Ergebnisse erzielen, selbst wenn er vielleicht zehnmal so lange braucht wie der Profi. Das Problem ist wohl eher, genau das gleiche Tuch zu bekommen, das ursprünglich verwendet wurde.

Bootsmannsnaht
Um die beiden Kanten eines geraden oder L-förmigen Risses, ohne daß sie sich überlappen, wieder aneinanderzunähen, ist die Bootsmannsnaht ideal. Man ziehe die Kanten keinesfalls mit einer Rundnaht aneinander, das verursacht mit Sicherheit Falten und reckt das umliegende Tuch unnötig. Besser als dies ist im Notfall ein Tape auf Gewebebasis. Es gibt verschiedene Arten der Bootsmannsnaht; die üblichste zeigt Abbildung 159. Abwechselnd längere und kürzere Stiche (159c) machen die Naht stärker; damit kommt man auch leichter um den Winkel eines L-förmigen Risses. Man näht immer nur von einer Seite. Am Ende des relativ dicken Garns macht man einen Überhandknoten und fährt dann folgendermaßen fort:

a Man führt die Nadel von oben in den Riß und dann von unten durch das Tuch auf die obere Seite.

b Dann zieht man das Garn rechtwinklig über den Riß und von oben durch das Tuch auf die Unterseite.

159 *Vernähen eines Risses im Segel mit der Bootsmannsnaht*

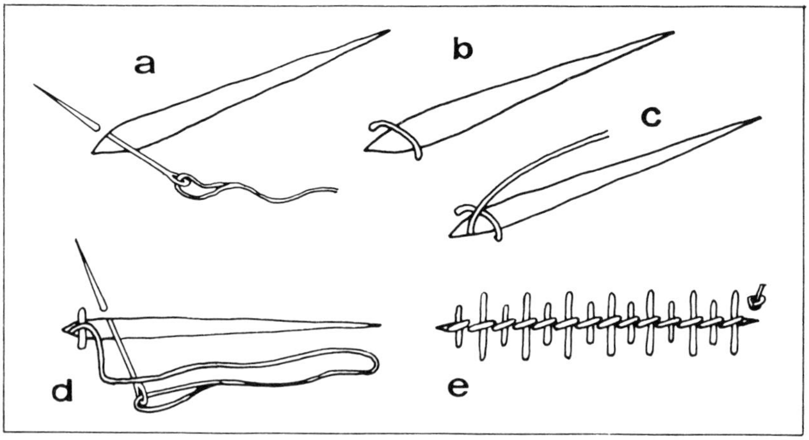

c Nun bringt man die Nadel durch den offenen Riß, links vom vorherigen Stich, wieder nach oben.

d Das Garn zieht man jetzt über den vorherigen Stich und führt die Nadel von oben in den Riß und dann von unten durch das Tuch auf der anderen Seite, womit man wieder bei Punkt a angelangt ist.

Dichtziehen

Jeden einzelnen Stich zieht man nur gerade soweit fest, daß der Riß beinahe geschlossen ist. Zieht man die Naht zu dicht, so gibt es mit Sicherheit Buckel oder Falten, wenn man das Tuch flach hinlegt. Zum Schluß macht man dicht am Tuch einen Kreuzknoten in das doppelte Garn und steckt vor dem Abschneiden die Tampen ein Stück unter die fertige Naht.

Stopfen

Auch Segel kann man auf die übliche Weise stopfen, zum Beispiel kleinere Brandlöcher bis zu etwa 10 mm Durchmesser und kleine Risse. Das Garn dafür sollte nur wenig dicker sein als das der angrenzenden Nähte.

Dünne Flicken

Fast jeder Riß kann durch Aufnähen eines Flickens repariert werden, ohne daß das Tuch geschwächt wird. Bei Jollensegeln kann man dabei mit einer normalen Nähmaschine arbeiten. Hat man die Kanten versorgt, näht man kreuz und quer über den ganzen Flicken, so daß die Flächen fest miteinander verbunden werden. Selbstklebendes Reparaturtuch, möglicherweise auf beiden Seiten des Tuches aufgebracht, hat oft eine lange Lebensdauer. Es läßt sich leicht zusätzlich festnähen. Selbstklebendes Gewebetape von 5 cm Breite und in vielen Farben findet man bei einem gut sortierten Yachtausrüster. Die beste Sorte hat auf der Klebeseite einen abziehbaren Schutzstreifen.

Einstreichen

Hat man ein passendes Stück Tuch (möglichst identisch mit dem Material des Segels) gefunden, so richtet man es nach Kette und Schuß des Segels aus und schneidet die Ecken wie in Abbildung 160a ab, damit die Kanten für das Annähen umgeschlagen werden können. Diese Umschläge werden mit einem Falteisen (einem Löffelstiel zum Beispiel) eingestrichen, damit sie sich nicht wieder öffnen. Um den Riß herum schneidet man ein Rechteck aus (160b); die Ecken werden eingeschnitten, so daß man etwas Tuch umschlagen kann – die Falten müssen wiederum eingestrichen werden. Dünnere Baumwolltuche kann man gut mit einem Bügeleisen einstreichen, synthetische Tuche vertragen jedoch keine große Hitze.

Hitzeversiegeln

Bei Polyestertuch braucht man die Kanten nicht umzulegen, wenn man das Tuch sauber mit einem Lötkolben mit Schneidspitze zertrennt, so daß es nicht ausfasern kann. Solch ein Flicken sieht besonders ordentlich aus, wenn er mit Zickzackstich, der die Kanten überlappt (160c), mit der Maschine aufgenäht wird.

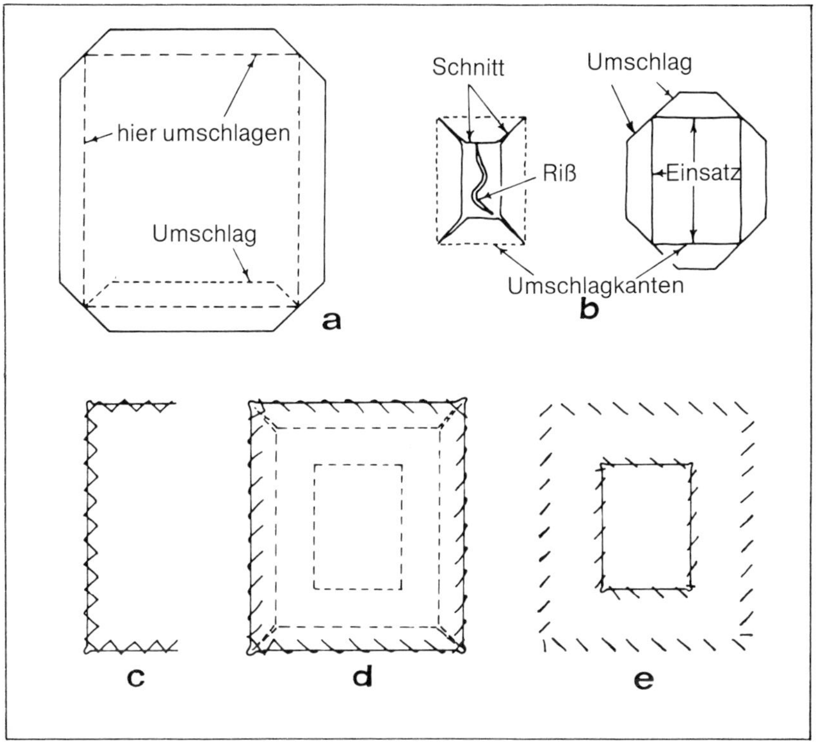

160 *Das Flickenaufsetzen im Segel*

Festhalten
Hält man den Flicken mit ein wenig Kontaktkleber an der richtigen Stelle, so erleichtert man sich das Nähen sehr. Doppelseitiges Klebeband geht ebensogut. Stecknadeln verursachen außer auf ganz leichtem Tuch unerwünschte Buckel.

Dicke Flicken
Flicken auf Fahrtensegel, Persenninge oder Sonnensegel setzt der Amateur am besten von Hand auf. Zuerst näht man die Kanten mit der Flachnaht an (160d), dann dreht man das Segel um (160e) und näht ebenso an den Innenkanten entlang. Heften zwischen den beiden Nähten sollte bei richtiger Größe des Flickens nicht erforderlich sein, besonders wenn man den Stoff mit einem Klebemittel zusammengehalten hat. Muß ein Flicken dicht am Liektau angebracht werden, legt man ihn um dieses herum bis auf die andere Seite des Segels.

Flicken einer Eckverstärkung
Wenn neu eingeliekt und eventuell auch noch die große Gatje erneuert werden muß, ist die Reparatur durchgescheuerter Segelecken eine schwierige Aufgabe für den Amateur. Am einfachsten ist es dann, auf beide Seiten des Segels Verstärkungsstücke aufzunähen, ohne Legel und Liektau zu beeinträchtigen. Ist kein Liektau im Weg, trennt man die alten Nähte auf und legt die Flicken mit unter, ehe man sie wieder zunäht. Dabei macht man den einen Flikken ein wenig größer als den auf der anderen Seite, damit die Flachnähte nicht aufeinanderliegen. Bei Geradstichnähten oder bei Nähen mit der Maschine ist Durchnähen möglich. Reihen von geraden Nähten, die radial vom Auge ausgehen, sind an diesen Stellen üblich.

Säume
Ein schmales aufgesteptes Band kann in vielen Fällen eingerissene Saumnähte wieder fixieren; zum Nähen hält man es mit dopppelseitigem Klebeband fest. Schäden am Achterliek müssen, zumindest im Bereich der Lattentaschen, von Hand ausgebessert werden. Gleich ob mit oder ohne Liektau, oft ist die bessere Methode, die ganze Segelkante mit einem breiten Tuchband einzufassen, wie es Abbildung 161

zeigt. Näht man mit der Hand, macht man an den Tuchkanten Flachnähte und nahe am Liektau eine Geradstichnaht. Augen und Gatchen, die unter dem neuen Tuch liegen, schneidet man heraus und versetzt die neuen ein wenig. Ist am Achterliek eine Trimmleine angebracht, darf man sie natürlich nicht festnähen.

Liektaue

Normalerweise hält ein Liektau so lange wie das Segel selbst; aber Schamfilen und kleine Beschädigungen machen manchmal das Einspleißen einer kurzen Leine nötig. Vorliektaue aus galvanisiertem Stahldraht rosten vor allem in der Nähe des Segelhalses (siehe Seite 152). Das Ummanteln der gefährdeten Stellen mit Leder oder Tuch ist eine nützliche Schutzmaßnahme.

Vorbereitung
Wie man an fast jedem Segel sehen kann, überlappt der umgeschlagene Saum des Segels das Liektau etwa bis zu einem Drittel von dessen Umfang, wobei jeder Stich das Tuch in die Keep zwischen den Kardeelen einbettet. Zur Vorbereitung streckt man das Liektau horizontal vor sich aus: das Segel hängt dahinter herunter. Die Stiche werden wie in Abbildung 162 angesetzt, wobei man die Nadel gegen den Schlag von sich weg zwischen den Kardeelen und durch die Tuchlagen hindurch drückt.

Recken
Soll ein längeres Stück neu eingeliekt werden, reckt man das Liektau und das Segel gemeinsam und markiert dann im Abstand von etwa 15 cm quer über Tau und Tuch hinweg ihre Lage zueinander. Liegt beim Zusammennähen die Taumarkierung vor der auf dem Tuch, so sind die Stiche zu fest. Im umgekehrten Fall hält man bei jedem Stich etwas Tuch ein. Will man sichergehen, daß das Liektau immer im gleichen Abstand von der Tuchkante liegt, markiert man am entspannten Liektau mit einer durchgehenden Bleistiftlinie die Lage des Saumes.

Verjüngte Tampen
Starke aufgenähte Gurtbänder nehmen bei Spinnakern und einigen anderen leichten Segeln die Stelle der Liektaue ein. Mit den entsprechenden Rutschern kann auch ein Gurtliek in einem Mast mit Keep laufen. Bei den Segeln kleinerer Boote ist das Achterliek zumeist nicht eingeliekt – das Liektau reicht dann nur ein wenig um Kopf und Schothorn herum und verjüngt sich am Achterliek allmählich. Eine solche Verjüngung formt man, wie beim Spleißen auf Seite 135 beschrieben: Man dreht das Tau auf, verjüngt die einzelnen Kardeele, fettet sie ein und dreht sie wieder in ihrer alten Lage zusammen.

161 *Ausbessern einer durchgescheuerten Lieknaht*

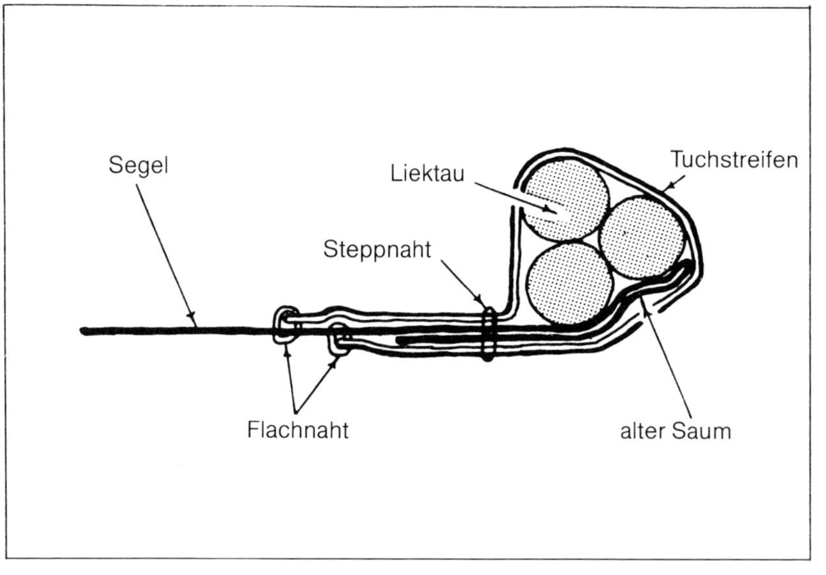

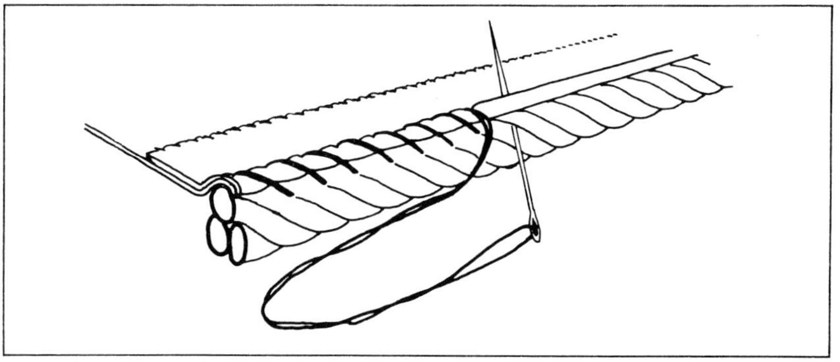

162 *So wird das Liektau ans Segel genäht.*

Den verjüngten Tampen näht man mit sich verengenden und verkleinernden Rundstichen an die Kante des Saumes.

Eingenähtes Liektau
Drahtlieks liegen innerhalb der Saumdopplung; dicht neben dem Draht verläuft eine Geradstichnaht, die ihn daran hindert, sich seitwärts zu bewegen. Liektaue werden gelegentlich in einen breiten Tuchstreifen gelegt (siehe Abbildung 161). Dabei sichert man zuerst das Liektau mit einer engen Naht und legt dann die Kante des Segels (in diesem Fall meist ohne es umzuschlagen) zwischen die beiden Tuchlagen; dann erst wird der Tuchstreifen, am besten mit einer Zickzacknaht, mit dem Segel vernäht.

Drahtliek
Die Erneuerung eines rostigen Drahtlieks hat schon manchem Vorsegel ein zweites Leben beschert. Am Segelhals rostet der Draht unweigerlich zuerst. Am einfachsten ist es dann, wenn man die Nähte am Saum ein wenig auftrennt und ein neues Stück Draht anspleißt. Muß das gesamte Drahtliek erneuert werden, braucht man nur die gerade Naht zu öffnen, die den Draht innerhalb der Saumdopplung festhält. An dem alten Draht befestigt man dann einen Vorläufer und zieht mit ihm den neuen Draht hinein. Ist die Saumdopplung zu eng für das Drahtauge, spleißt man es später ein, wobei man dann allerdings die Nähte am Saum ein wenig öffnen muß, um Platz für den Spleiß zu haben.
Für das Vorliek von Vorsegeln gibt es auch speziellen kunststoffbeschichteten Draht, der innerhalb des Saumes nicht rutscht. Unbeschichteten Draht bekleedet man mit PVC-Tape oder mit Streifen dünnen Segeltuchs, die mit Segelgarn gemarlt werden.

Spleiße
Werden kurze Längen Liektau mit Hilfe von Langspleißen (siehe Kapitel 7) erneuert, so bedeutet das sicher eine Schwächung, andererseits aber auch weniger als die Hälfte der Arbeit, die bei einer vollständigen Erneuerung des Liektaus anfiele. Oft braucht man nur ein einzelnes Kardeel zu erneuern; die Tampen behandelt man dann wie bei einem normalen Langspleiß.

Tucharbeiten

Wie beim Reparieren von Segeln und Persenningen kann man auch dann viel Geld sparen, wenn man die vielen anderen aus Tuch hergestellten Dinge, die auf jedem guten Boot zu finden sind, selbst anfertigt. Die meisten dieser Arbeiten eignen sich für die langen Winterabende zu Hause.

Fender
Luftgefüllte Fender aus Kunststoff sind teuer. Die altmodischen mit Korkgranulat, Kapok oder Schaumgummi gefüllten Tuchfender (Abbildung 163 oben) wirken genausogut und sind leicht selbst herzustellen. Die Fender von Yachten sollten zylindrisch sein, damit sie an der Bordwand entlangrollen und nicht scheuern. Kissenfender, wie sie Abbildung 163 unten zeigt, sind auf Beibooten und manchen Jollen recht nützlich (siehe Seite 238). Korkgranulat (zerschnittene Korken) bekommt man manchmal bei Wein- oder Fruchtgroßhändlern umsonst, während Kapok oder Schaumstoff bei Polsterern zu erhalten ist.

Deckel
Zum Ausschneiden der Deckel zieht man auf dem Stoff mit Bleistift einen Kreis (beispielsweise mit

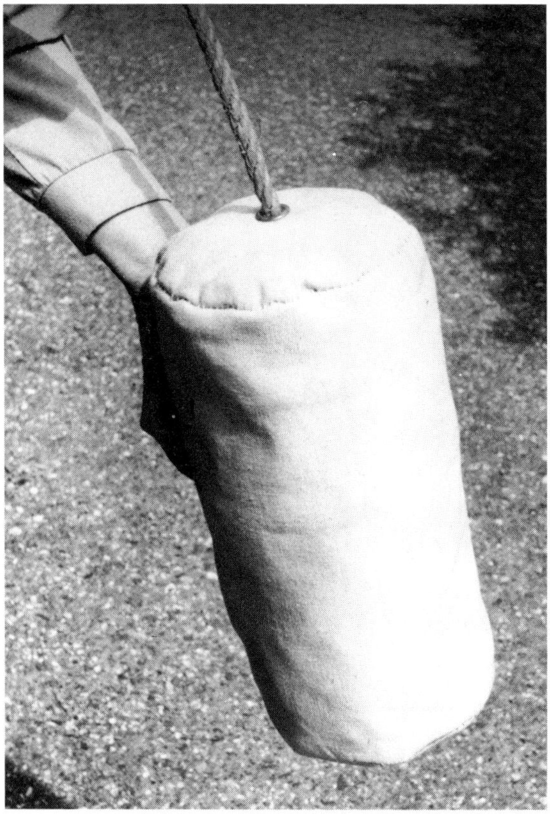

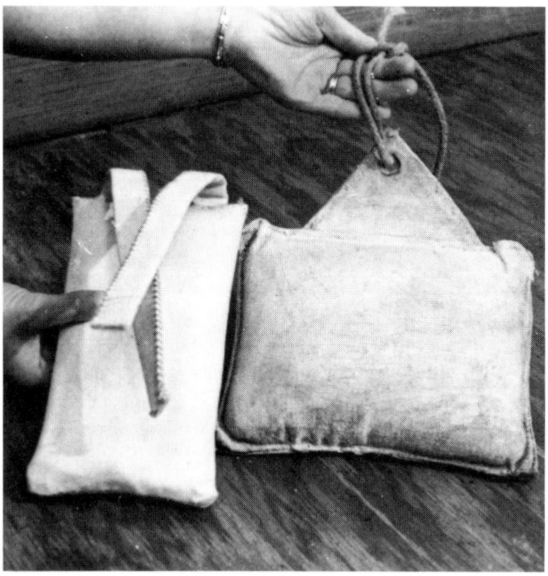

einem kleinen Topf), der die Naht anzeigt, gibt ringsherum aber noch 25 mm hinzu. In die Mitte der Deckel kommt jeweils ein Gatchen, durch das die Fenderleine gerade hindurchpaßt (Abbildung 164a).

Seitenteil
Den Umfang des Bleistiftkreises mißt man mit Garn aus; das ergibt die Breite des Seitenstücks. Die Höhe wählt man nach Bedarf. Breite und Höhe ergeben ein Rechteck, das man jetzt auf das Tuch zeichnen kann, wobei man wiederum an allen vier Kanten 25 mm zugibt (164b).

Nähen
Sind die Nähte eingestrichen, kann man jetzt (das Innere nach außen) den oberen Deckel aufnähen, und zwar am besten mit einer Rundnaht. Danach nimmt man die senkrechte Naht in Angriff (164c).

Füllung
Jetzt heftet man den Bodendeckel mit Stecknadeln, Tacker oder Klebeband an, wobei man den eingestrichenen Saum eventuell noch verändern muß. Nachdem man den Deckel zu zwei Drittel aufgenäht hat, zieht man die Fenderhülle durch das verbleibende Loch nach außen, bringt innen die Fenderleine an und füllt den Fender schließlich. Das letzte Stück wird von außen mit einer Rundnaht zugenäht (164d).

Tuchpütz
Die einfachste Form der Pütz besteht aus einer Tuchwand, die (eingebettet in etwas Dichtungsmasse) an einen Holzboden genagelt wird. Besser geeignet zum Deckswaschen, zum Tragen von Proviant oder Werkzeug ist eine Pütz mit Tuchboden (ähnlich dem Bodendeckel des Tuchfenders). Beide Typen haben am Rand zur Verstärkung einen Saum. Der Griff wird mit einer Rundnaht wie in Abbildung 165a genäht, dann umgestülpt und an den Seiten der Pütz angenäht. Einen steiferen Rand erhält man, indem man rundum ein dickes Tau aufnäht, in das man als Griff einen Tampen einspleißt.

163 *Selbstgemachte Fender: Oben ein zylindrischer Fender mit Fenderleine. Unten: Kissenfender für das Beiboot*

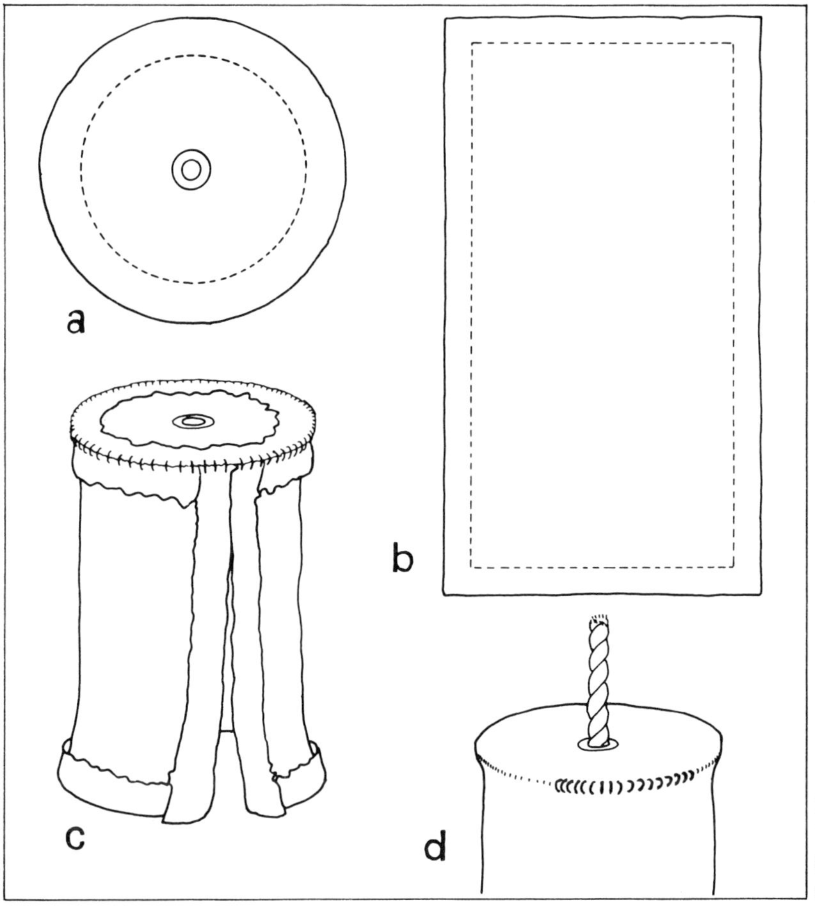

164 *Vier Stadien beim Herstellen eines Tuchfenders*

165 **a** *Handgriff für eine Tuchpütz (von links)* **b** *Verstärkungsstreifen am Ring eines Leesegels*

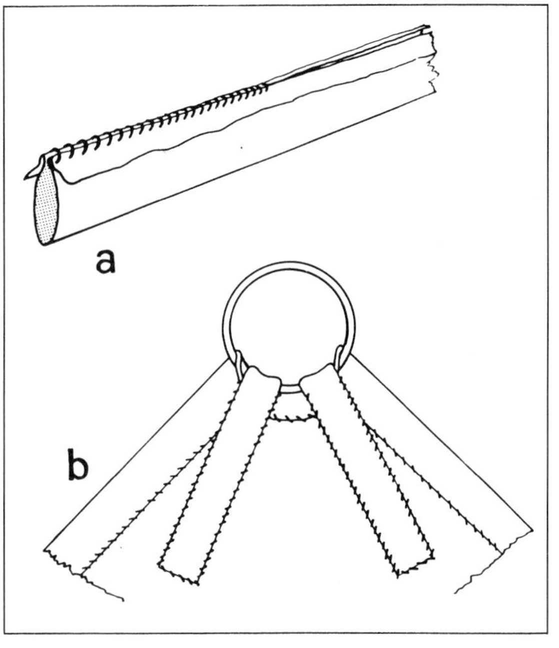

Werkzeugtasche

Eine Werkzeugtasche wird genauso hergestellt wie eine Tuchpütz, aber höher und schmaler; sie muß eine Handsäge (in Tuch eingewickelt), einen Handbohrer und den längsten Schraubendreher aufnehmen können. In der Mitte jeder Längsseite näht man am besten eine zusätzliche Handschlaufe an, so daß man die Tasche beim Suchen nach Werkzeugen weit aufziehen kann. Eine an die Innenseite gesteppte Tasche ist nützlich zum Unterbringen kleinerer Teile.

Innen sauber

Anders als Fender haben manche Gegenstände ein sichtbares Innenleben. Am einfachsten ist es, wenn man entlang jeder Naht das überstehende Tuch bis auf einen halben cm abschneidet und abkettelt. Man kann diese Kanten aber auch sauber mit einem Bügeleisen einstreichen, nach innen umnähen und mit einem feinen Faden am Tuch festnähen.

Andere Gegenstände

Auf die gleiche Weise wie Fender und Pützen kann man herstellen: Segelsäcke, Behälter für gerollte Seekarten, Abdeckungen für Luken, Skylights, Lüfter und Ferngläser. Bei manchen wird ein Gummiband oder ein Band zum Zusammenziehen eingenäht. Druckknöpfe lassen sich ebenfalls leicht anbringen oder erneuern, doch sollten sie ebenso wie Reißverschlüsse mit Talkum oder ähnlichem behandelt werden.

Große Tucharbeiten

Manche Segler nehmen auch große Tucharbeiten wie die Anfertigung ganzer Segel, Sonnensegel, Beibootabdeckungen, Persenninge und Plichtpersenninge in Angriff. Dazu benötigt man viele Nähte und Gatchen, ebenso bei Relingskleidern, Kojensegeln, Windsäcken und Hängematten.

Kojensegel

Dreieckige oder trapezförmige Kojen- oder Leesegel sind besser als die herkömmlichen Leebretter, um bei Krängung Matratze und Schläfer in der Koje zu halten. Die Unterkante wird am besten unter einer festgebolzten Holzlatte eingeklemmt, damit das Leesegel für das jährliche Waschen leichter entfernt werden kann. Die Augen im Kopfteil (zum Anhängen ans Kajütdach) brauchen kräftige Verstärkungen. Ziemlich fest und sicher ist die Methode, die Abbildung 165b zeigt, bei der ein oder mehrere Bänder aus Polyestertuch durch das Auge genäht werden.

Sonnensegel

In den Tropen ist weißes Baumwolltuch für Sonnensegel am besten geeignet (Abbildung 166), da es die Hitze gut reflektiert und zugleich das Tageslicht durchläßt. Der Plichtschutz für Binnenboote besteht in mittleren Breiten oft aus blauem, orangefarbenem oder gestreiftem Tuch. Kleine, schabrackenartige Überhänge verdecken die Aufhängung für die Seitenpersenning (Abbildung 167). Die Kanten der Schabracke werden mit andersfarbigem schmalem Band eingefaßt.

Fenster

Eine Persenning oder ein Plichtzelt, das dem Baum aufliegt, gewinnt viel durch Fenster aus Kunststofffolie. Soll diese Folie glatt eingepaßt werden, legt man sie innen zwischen die Persenning und ein in der Größe passendes Stück gleichen Tuchs; dann näht man durch alle drei Lagen hindurch (wenigstens zwei Reihen), schneidet das Tuch auf beiden Seiten über der Folie aus (mit einer möglichst kleinen Schere, damit die Folie nicht beschädigt wird) und verwahrt die Kanten. Am besten ist es, wenn

166 *Bei tropischer Hitze oder kühlem, nassem Wetter erhöht ein Sonnensegel über Plicht oder Deck den Komfort im Hafen.*

167 *Ein kleines Motorboot mit Baldachin*

man alle Nähte verschweißt. Die Ecken sollten gut gerundet sein.

Tuchkleber
Der übliche Kontaktkleber eignet sich auch zum Zusammenkleben von Nähten, Flicken und Fenstern vor dem Vernähen. Gleiches gilt von Latexkleber, wie er bei Schuhreparaturen verwandt wird; bei einem Schuster kann man ihn sicherlich bekommen. Will man Silikonversiegelung benutzen, teste man sie erst an einem Reststück, um sich zu vergewissern, daß sie nicht durch das Tuch dringt und unansehnliche Flecken hinterläßt.

Relingskleid
Polyester-Segeltuch ist das beste Material für Relingskleider (Abbildung 20), die an die Seereling gebändselt werden. Relingskleider sind ein beliebter Platz für den Schiffsnamen, dessen Buchstaben dann meist aus selbstklebendem Material geschnitten werden, das eigentlich für Segelnummern gedacht ist. Faltbare Spritzverdecks über dem Niedergang oder der Plicht (Abbildung 213a) sind für den Amateur zwar schwierig, aber keineswegs unmöglich – wenn er Eile vermeidet und nach jeder Naht den genauen Sitz probiert.

Segelpersenning
Hat man eine alte Segelpersenning als Muster, entstehen wohl keine Probleme beim Anfertigen einer neuen. Ohne Muster kann es Schwierigkeiten vor allem im Mastbereich geben. Man muß besonders darauf achten, daß die Persenning groß genug ist, um auch ein nicht perfekt aufgetuchtes Segel vollständig zu umfassen. Unten muß für die Lüftung eine Öffnung bleiben. Anstelle normalen Segeltuchs, durch das Wasser sickern könnte, verwendet man besser PVC-beschichtetes Tuch, das wasserfest ist. Für einen Spinnakerschlauch, der (mit seinem eigenen, durchgehenden Fall bzw. Niederholer) das Segel ganz umfaßt, was das Setzen und Bergen sehr erleichtert, nimmt man Nylontuch.

Legel

Ein ordentlicher Legel ist ein Auge außerhalb des Liektaus (Abbildung 168d), hergestellt wie ein Grummetstropp, der durch zwei starke, eingenähte Gatchen im Saumumschlag des Segels geflochten wird. Da der Legel aus einem einzigen Kardeel angefertigt wird, reckt er sich viel stärker als ein Augspleiß. Möglicherweise muß man es deshalb mehrmals versuchen. Auch dann ist es oft noch besser, Grummetstropps und Kausch an der dem Segel zu-

168 *Herstellung eines Legels*

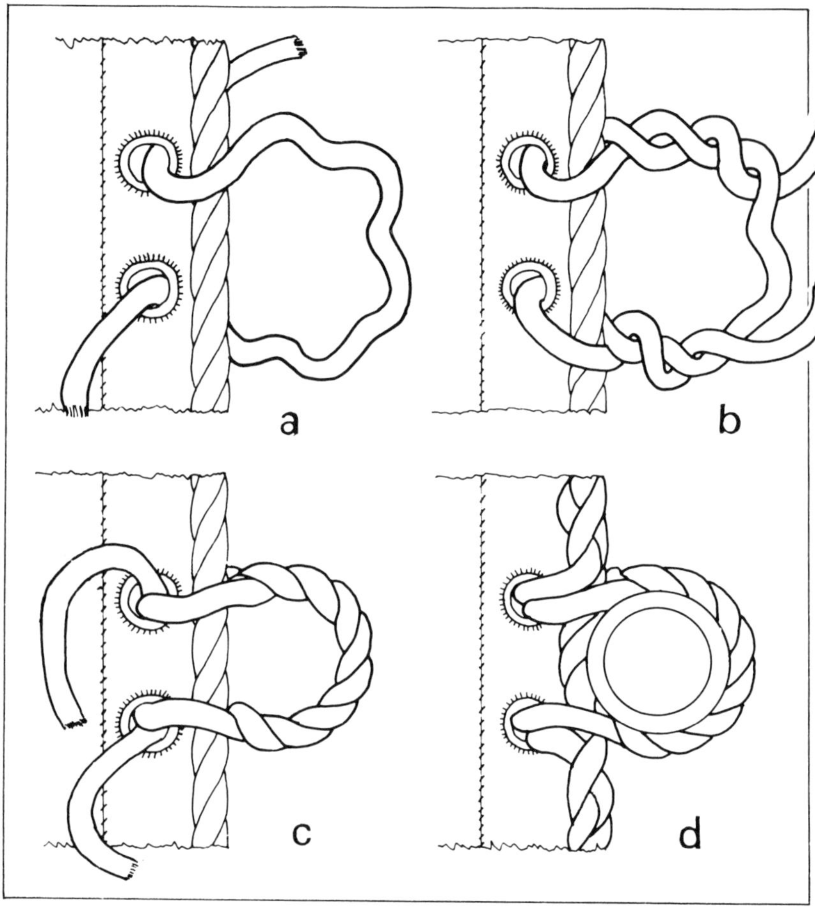

gewandten Seite mit Taklings zu befestigen. Letzteres empfiehlt sich auch dann, wenn die Kausch in einem vorhandenen Legel locker sitzt und herauszufallen droht.

So entsteht ein Legel (siehe dazu Abbildung 168):

a Den einen Tampen des Kardeels steckt man durch das obere Gatchen, den anderen durch das untere.

b Jetzt dreht man das Kardeel wie für einen üblichen dreikardeeligen Grummet umeinander (siehe Seite 132).

c Dann wird jeder Tampen erneut durch das Gatchen geführt und dreimal (gegen den Schlag) unter das Liektau gespleißt.

d Mit einem dicken Holzpfriem reckt man den Grummet, bis die Kausch hineinpaßt. – Einzelheiten über genähte Gatchen stehen auf Seite 154.

Umgang mit Segeln

Die meisten Eigner haben beim Verstauen der Segel bestimmte Vorlieben: Der eine tucht sie auf dem Baum auf, der andere verstaut sie im Segelsack. Besonders Spinnaker werden oft so eingesackt, daß Kopf und Schothörner fertig zum Einklinken herausschauen. Kommen neue Besatzungsmitglieder an Bord, mache man sie mit seiner Methode vertraut.

Auftuchen am Baum

Am besten sieht es aus, wenn das Segel wie in Abbildung 169a – mit den Rutschern am Mast – gefaltet wird. Dazu braucht man zwei Leute, einen am Fall, den anderen am Segel selbst. Eine andere Methode zeigt Abildung 169b: Das Achterliek wird ausgezogen, mehrfach übereinander auf dem Baum gefaltet

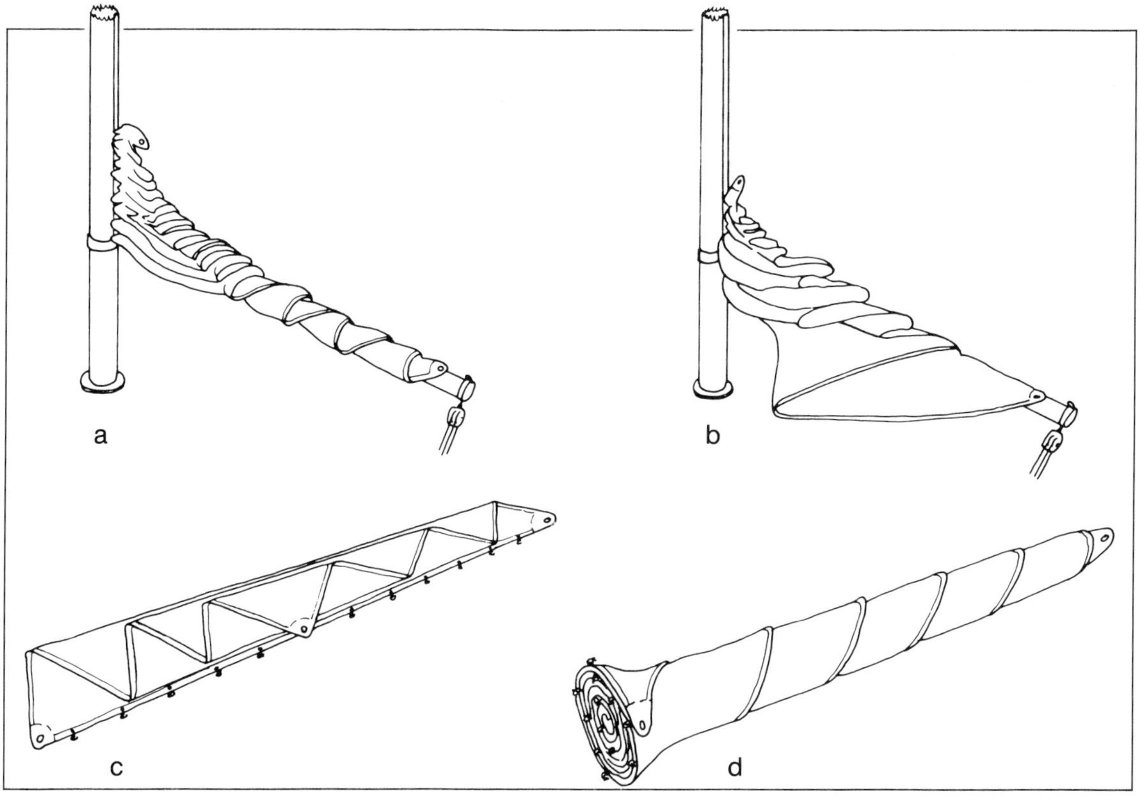

169 **a** *Auf dem Baum gefaltetes Großsegel* **b** *Gefaltetes und um den Baum zu rollendes Großsegel* **c** *Parallel zum Vorliek gefaltete Fock* **d** *Gerollte Fock, fertig zum Zusammenlegen in Längsrichtung*

und zum Schluß gerollt; dadurch wird unabsichtliches Hochziehen des Segels ausgeschlossen.

Zusammenlegen des Vorsegels

Viele Vorsegel sind zu lang, um sie – zumal bei Wind – sauber an Bord zusammenlegen zu können. Hat man aber Platz genug, faltet man ein Vorsegel entweder parallel zum Vorliek (Abbildung 169c) und rollt es dann vom Kopf her auf, oder man rollt das Segel am Vorliek auf (169d) und legt es dann vom Vorliek zum Schothorn hin zusammen.

Falten

Manche Polyestersegel knittern stark, wenn sie einfach in einen Segelsack gestopft werden. Legt man sie statt dessen auf die eben beschriebene Weise zusammen, passiert das kaum, zumal wenn man die Methode gelegentlich wechselt. Falten in leichten Arbeitssegeln verschwinden häufig auch dann nicht, wenn das Segel ausweht; besonders auf Rennyachten kann das nachteilig sein. Falten in Spinnakern schaden nicht; Nylontuch ist ohnehin nicht besonders anfällig für Falten.

Behandlung im Herbst

Die häufig benutzten Segel müssen, bevor sie in den Winterschlaf gehen, mit Süßwasser und Seife geschrubbt werden. Zu diesem Zweck breitet man sie besser auf einer Wiese als auf einem Zementboden aus und spült sie erst einmal ordentlich mit einem Schlauch ab. Zum Trocknen hängt man sie am besten – mit dem Kopf nach unten und mit Geitauen von irgendwelchen Hindernissen abgehalten – aus einem Fenster oder vom Dach eines Hauses auf. Lose Lagerung über Kisten oder Leinen in einem sauberen Raum ist besser als das Verstauen in Säkken. Könnten sich Mäuse oder andere Nagetiere an ihnen zu schaffen machen, so lagere man in der Nähe der Segel jede Menge Zeitungspapier: Die Nager mögen das lieber als Segel!

Der Motor und seine Aggregate

9

Selbst die erfahrensten Motorenschlosser verzichten ungern auf den Gebrauch des Werkstatthandbuchs und der Betriebsanleitung, wenn sie Arbeiten an einem Motor auszuführen haben. Und trotzdem gibt es viele Eigner, deren Motorenkenntnis sich auf Starten, Gasgeben und Ausschalten beschränkt. Es empfiehlt sich also zumindest für den kundigen Helfer, immer Kopien der wichtigsten Seiten aus der Wartungs- und Betriebsanleitung und des Werkstatthandbuchs in Klarsichthülle an Bord zu haben. Dies gilt ebenso für illustrierte Ersatzteillisten. Sie sind eine wertvolle Hilfe und Kontrolle, wenn man ein Getriebe, eine Pumpe oder eine Toilette demontieren muß. Die Kenntnis der Ersatzteilnummern kann viel Mühe und Zeit beim Bestellen ersparen.

Wellenanlagen

Welle und Wellenanlagen von Außenbordmotoren, Z-Antrieben, Sail- und Jetdrives (Strahlantrieb) werden durch Simmerringe abgedichtet. Bei Einbaumaschinen wird die Propellerwelle durch den Achtersteven geführt und dort durch eine Stopfbuchse gelagert und abgedichtet (Abbildung 176b). Modernere Anlagen verwenden auch hierzu Simmerringe.

Schmierung

Für die äußeren Lager der Propellerwellen werden heute meistens wassergeschmierte Gummi- oder

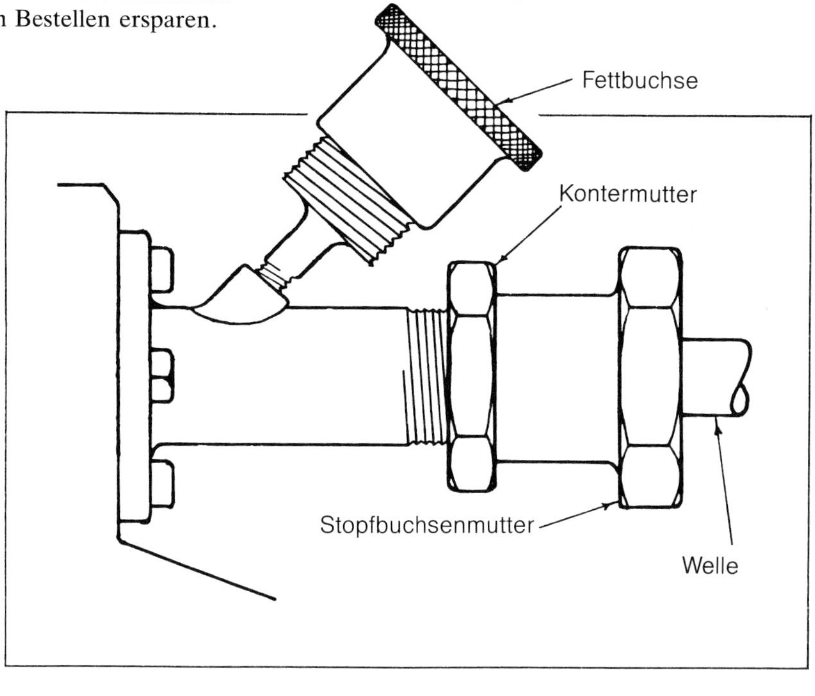

170 *Fettbuchse an einem Stevenrohr*

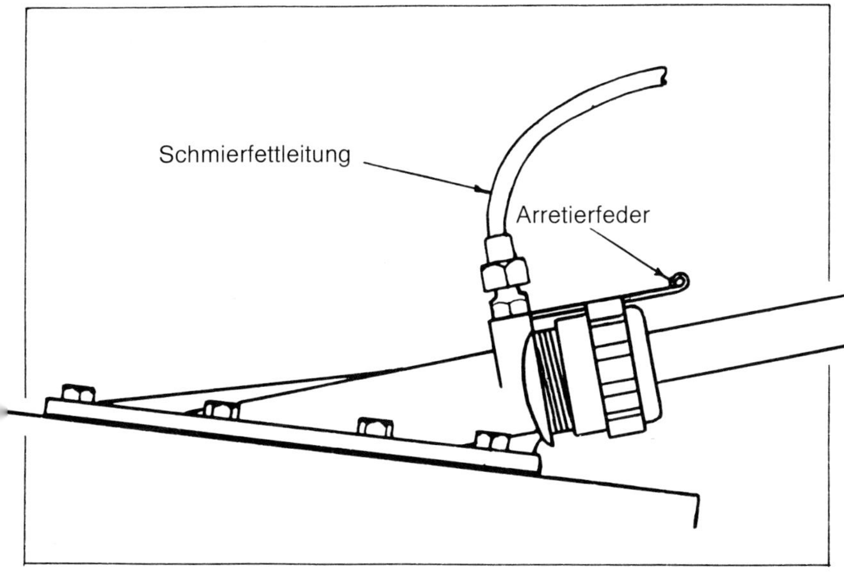

171 *Stevenrohr mit separat montierter Fettpresse*

Kunststofflager verwendet. Befindet sich das Gummilager am hinteren Ende des Stevenrohrs, so wird ihm durch kleine Bohrungen Wasser zugeführt; bei älteren Anlagen wird zu diesem Zweck manchmal Kühlwasser durchs Stevenrohr hinausgeleitet. Es ist ratsam, bei jeder sich bietenden Gelegenheit zu überprüfen, ob diese Bohrungen sich nicht zugesetzt haben. Das innere Wellenlager im Stevenrohr ist meist aus Metall; es wird häufig durch eine von Hand drehbare Fettbuchse (Abbildung 170) oder mit Hilfe einer separat montierten Fettpresse (Abbildung 171) geschmiert. Eine Faustregel für die Schmierintervalle: alle drei Betriebsstunden ihren Deckel drehen, bis man einen leichten Widerstand spürt (ca. ein bis zwei Umdrehungen). Besteht das äußere Stevenrohrlager ebenfalls aus Metall, so ist oft das gesamte Stevenrohr mit Fett gefüllt und wird wie das innere Lager versorgt.

Öldichtung
Moderne, mit Simmerringen abgedichtete Stevenrohre sind mit einem dickflüssigen Öl gefüllt. Hierbei werden Ölverluste über einen kleinen, gut oberhalb der Wasserlinie liegenden Gefälletank ausgeglichen. Bei Überprüfung und Austausch der Simmerringe halte man sich an die Herstellerangaben.

Lager
Bei Wellen bis zu ca. 40 mm Durchmesser kann man Lagerspiel noch von Hand feststellen. Zur Überprüfung des Spiels versucht man, die Welle bzw. den Propeller anzuheben. Bei einem intakten Wellenlager sollte nur geringes Spiel fühlbar sein. Muß man das äußere Wellenlager im Steven entfernen, so löst man zuerst seine Befestigungsbolzen. Läßt sich die Lagerbuchse nicht von der Welle abziehen, erwärmt man sie vorsichtig mit einem Brenner oder Heißluftgebläse, bis sie beweglich wird. Die Anfertigung eines neuen Lagers ist dann eine Arbeit für die Fachwerkstatt. Ein Gummilager (Abb. 172) kann man meist nach Entfernen der Sicherungsschraube mit einem passenden Dorn herausschlagen. Bei gezogener Welle läßt sich ein festsitzendes Gummilager auch durch Zerstörung mit Säge und Meißel entfernen. Ein Festfressen der Sicherungsschrauben verhindert man durch regelmäßiges Fetten. Sand und Schmutz im Wasser lassen ein Gummilager in etwa zwei Jahren auslaufen, so daß das Mitführen eines Reservelagers immer angebracht erscheint. Gutgeschmierte Metall-Lager haben eine Lebenserwartung von 20 Jahren.

Wellenbock
Längere, außen geführte Propellerwellen werden häufig durch ein- oder zweibeinige Wellenböcke abgestützt (Abb. 176a). Diese müssen bei jeder sich bietenden Gelegenheit auf Rißbildung und festen Sitz überprüft werden. Die Welle ist hier meist

172 *Querschnitt durch ein wassergeschmiertes Gummiwellenlager*

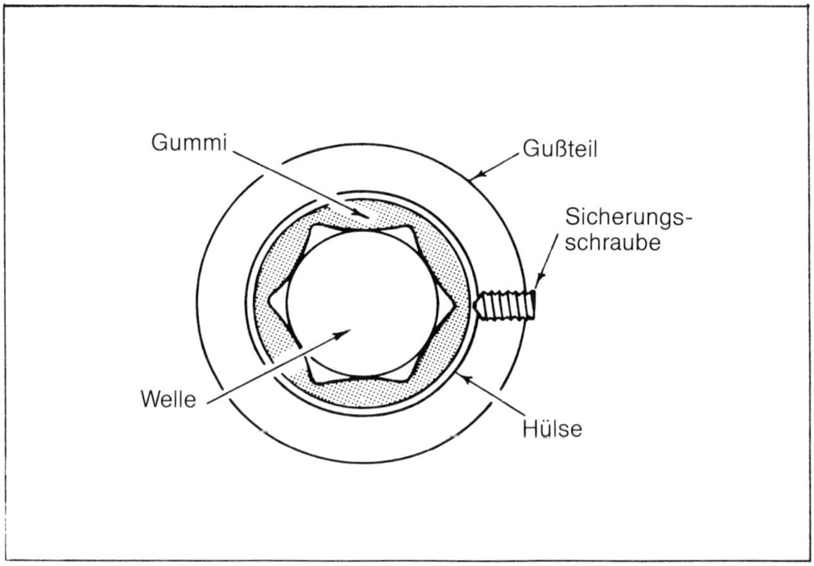

durch ein wassergeschmiertes Gummilager geführt. Muß man letzteres auswechseln, so kann man es nach Entfernung der Sicherungsschrauben und des Propellers meist ohne Ziehen der Welle herausschlagen. Um den Einbau des neuen Lagers zu erleichtern, bestreicht man dieses und die Welle mit Schmierseife. Diese Art Wellen werden auf der Antriebsseite meist mit einer beweglichen Stopfbuchse abgedichtet, die durch ein Gummirohr mit dem Stevenrohr verbunden wird. Diese Stopfbuchsen haben entweder ein langes oder zwei kurze, fettgeschmierte Metall-Lager.

Zwischenlager
Zur Vermeidung von Schwingungen unterstützt man längere Wellen im Boot durch ein Zwischenlager. Auch hier wird meist mit einer handbedienten Fettbuchse abgeschmiert. Alle drei Betriebsstunden sollte man sie zum Abschmieren ein bis zwei Umdrehungen nachziehen, bis man leichten Widerstand verspürt. Herausgepreßtes Fett entfernt man besser sofort, um eine Verschmutzung der Bilge zu verhindern. Um festzustellen, ob das Zwischenlager mit der Welle fluchtet, löst man seine Befestigungsbolzen. Wenn sich das Lager hierbei nicht bewegt und nur auf der Welle ein wenig nach vorn und achtern geschoben werden kann, dürfte alles in Ordnung sein.

Separate Drucklager
Moderne Getriebe enthalten ein Drucklager, das den Axialschub der Propellerwelle aufnimmt. Bei umgebauten Automotoren oder Keilriemen-Übersetzungen findet man jedoch ein separates Drucklager an der Propellerwelle. Dieses wirkt gleichzeitig als Wellen-Zwischenlager und wird auch genauso geschmiert.

Gelenkwellen
Nur selten differiert die Flucht von Motor-Kurbelwelle und Propellerwelle so stark, daß man Gelenkwellen verwenden muß. Geringe Fluchtunterschiede werden durch eine elastische Gummikupplung ausgeglichen, wie man sie auch bei flexiblen Motorlagerungen verwendet.

Heißgelaufene Lager
Wird im Betrieb ein Lager so warm, daß man es nicht mehr berühren kann, sollte man es sofort abschmieren und dann die Maschine stoppen. Die Ursache kann eine schlechte Ausrichtung der Wellenanlage sein, ein beschädigter Propeller oder nur eine zu fest gepackte Stopfbuchse. Letzteres läßt sich leicht beheben, indem man die Packung der Stopfbuchse erneuert. Doch alle anderen Fehler benötigen zu ihrer Beseitigung den Fachmann. Lose ge-

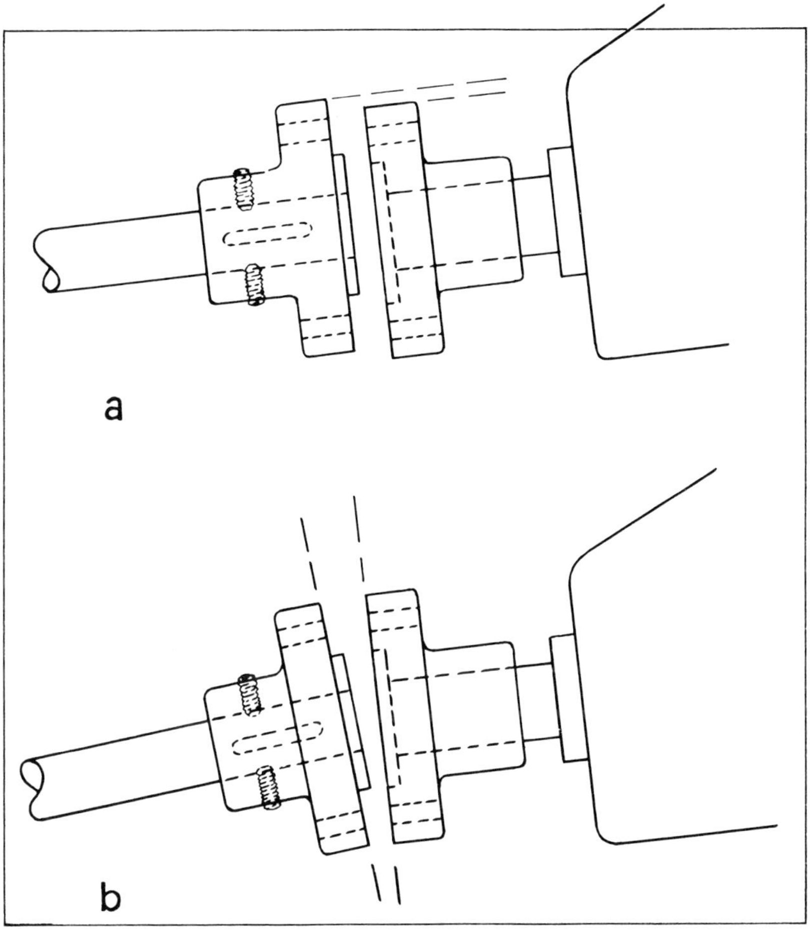

173 *Zwei typische Ausrichtfehler am Motor, demonstriert am Flansch der Propellerwelle.*

kommene Motorenfundamentbefestigungen können den gleichen Ärger bewirken.

Ausrichtung
Bei einem fest eingebauten Motor lassen sich Abweichungen in der Ausrichtung leicht feststellen. Man löst dazu die Wellenkupplungflansche (Abbildung 173) und überprüft mit einem kurzen Stahllineal ihre Flucht (Abbildung 173a) und mit einer Fühllehre (Abbildung 173b) ihre Parallelität. Aufgeslippt hängen die meisten Boote etwas durch, so daß man diese Überprüfung nur im Wasser vornehmen kann. Die Flansche sollten nicht mehr als 0,1 mm aus der Flucht sein. Man beachte auch, daß ein schwerer Kupplungsflansch am Ende einer langen Welle diese durch sein Gewicht nach dem Lösen etwas aus der Flucht rücken kann; zum Ausrichten muß man ihn also leicht unterstützen.

Paßscheiben
Der in Abbildung 173a gezeigte Fehler kann durch Schrumpfen der Motorenauflage hervorgerufen sein. Zur Behebung muß man den Motor ausreichend anheben und neue Paßbleche, die man sich aus dünnem Stahlblech mit einem Schlitz für den Fundamentbolzen ausschneidet, unterlegen. Um den Motor anheben zu können, muß man eventuell den Auspuff und andere Verbindungen lösen. Zur Beseitigung des in Abbildung 173b dargestellten Fehlers brauchen die vorderen Fundamentbolzen

des Motors dickere Paßscheiben als die achteren. Bis man eine gute Ausrichtung erreicht, wird man viel probieren müssen.

Fehlerhafte Wellenkupplung
Da die Befestigungsbolzen der Wellenkupplungen selten mit Sicherungsblechen montiert werden, können sie sich nach längerem Betrieb lösen, so daß ein gelegentliches Überprüfen angebracht ist. Da Flansch und Bolzen aus Stahl bestehen, sollte man eventuellen Rost mit Rostwandler und wasserfestem Fett eindämmen.

Flanschausbau
Um bei eingebautem Motor die Propellerwelle zu entfernen, muß man als erstes die Flanschkupplung abnehmen. Danach entfernt man die Stopfbuchsenpackung und kann dann die Welle nach achtern ziehen. Manche Ruder brauchen dazu nicht abgebaut zu werden; sie haben nahe ihrer Drehachse ein Loch oder eine Kerbe, durch welche bei Ruderhartlage die Welle gezogen werden kann. Einige Kupplungsflanschhälften werden durch Keile gesichert, andere durch Schrauben, es gibt auch solche, die mit Konus und Mutter wie ein Propeller aufgesetzt sind.

Welle
Eine verbogene Propellerwelle kann von Profis oft zur Hälfte der Kosten einer neuen Welle wieder gerichtet werden. An Stevenrohr und Stopfbuchse wird eine Welle meist am stärksten beansprucht; diese Schäden können oft durch Aufschweißen (Auftragen von Metall) und Schleifen wieder behoben werden. Schwerer Elektrolysefraß in dieser Umgebung hat jedoch schon dazu geführt, daß der Propeller abfiel!
Lochfraß ist möglich, wenn Wellen aus rostfreiem Stahl, die durch ein Gummilager gleiten, lange Zeit stilliegen. Wellen aus Kupfer-Nickel-Legierung (Monel) sind im allgemeinen am haltbarsten.

Zusatzeinrichtungen
Riemenscheiben, Zahnräder und Exzenter werden an der Welle angeflanscht, um Generatoren, Tiefkühlkompressoren oder Pumpen anzutreiben, und brauchen ihre spezielle Schmierung. Zum Vermeiden von Störungen beim Radioempfang findet man gelegentlich einen Schleifkontakt an der Welle, welcher über einen Draht an einer Zinkanode oder einem Kielbolzen „geerdet“ ist (siehe Kapitel 10). Gelegentlich trennt eine Spezialkupplung die Welle beim Segeln vom Getriebe. Bei anderen Yachten fixiert eine Wellenbremse die Welle mit einem zweiflügeligen Propeller so beim Segeln, daß er in Linie mit dem Achtersteven oder dem Skeg steht und geringeren Widerstand im Wasser verursacht.

Vibrationen
Ein beschädigter Propeller oder eine verbogene Welle sind auf kleinen Fahrzeugen meist die Ursache für Vibrationen. Hat mangelnde Vorsicht dazu geführt, daß sich die Motorhalterungen gelöst haben, können Paßstücke herausgefallen sein. Treten Schwingungen auf, ist oft eine Expertendiagnose nötig; denn Nachlässigkeit kann hierbei mit der Zeit ernsthafte Schäden verursachen. Hat man alle Bolzen (inklusive der am Stevenrohr) überprüft, ebenso die Ausrichtung von Motor und Welle, ist der nächste Schritt gewöhnlich das Austauschen oder zumindest das Auswuchten des Propellers.

Stopfbuchse
Konventionelle Packungsringe werden innerhalb der Stopfbuchse mit der Stopfbuchsenbrille zusammengepreßt (siehe Abbildung 174a); bei einem einfacheren System wird eine Überwurfmutter von großem Durchmesser aufgeschraubt (Abbildung 171). Bei manchen Pumpen ist Brille und Einstellmutter ein Stück, das wie beim Wasserhahn (siehe Abbildung 174b) in die Buchse gedreht wird.

Packungen
Bei einem Wasserhahn werden als Dichtung einfache Gummiringe oder Dichtungsbänder genommen, über die dann die Überwurfmutter aufgedreht wird. Bei einer Propellerwelle muß die Dichtung, hier Packung genannt, von quadratischem Querschnitt und genau passender Größe sein; sie wird dann, wie Abbildung 175 zeigt, in einzelne Ringe geschnitten und Ring für Ring mit gegeneinander versetzten Schnittstellen in die Buchse gestopft. Den Ringdurchmesser bekommt man schnell heraus, indem man Windung neben Windung um die Welle legt und dann zuschneidet. Diagonale Schnitte wie in 175a dichten besser als gerade. Letztere lassen sich jedoch leichter anfertigen, indem man den Strang straff um die Welle legt und durch beide (Abbildung 175b) zugleich schneidet. Am besten fertigt man gleich einen zusätzlichen Ring an, der gebraucht wird, wenn die Packung sich gesetzt hat.

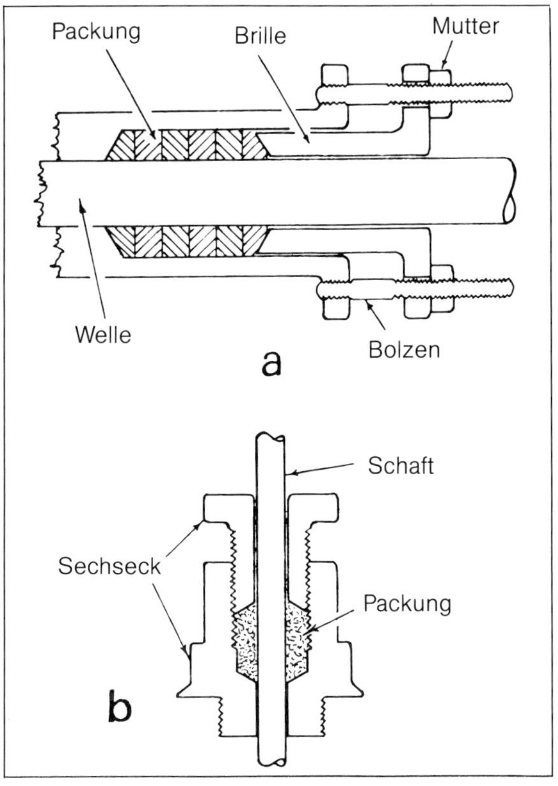

174 *Stopfbuchsenpackungen an einer Propellerwelle und einem Pumpenschaft*

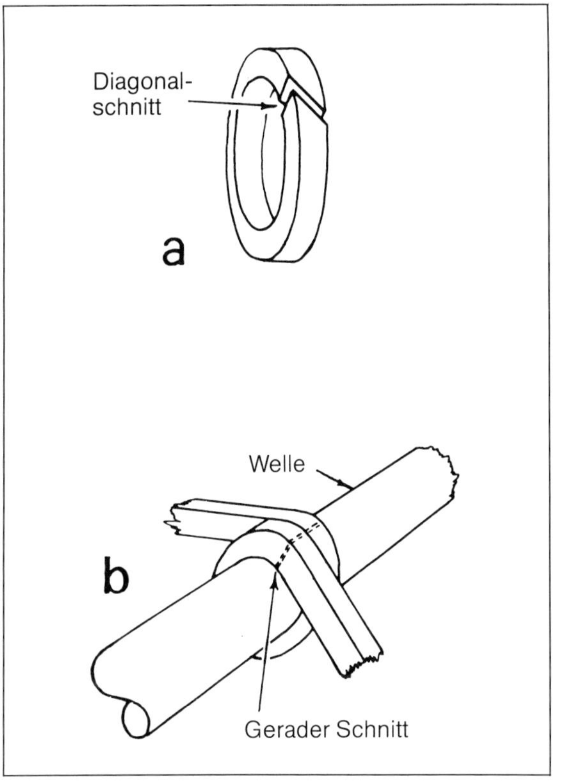

175 *So werden die Ringe der Stopfbuchsenpackung geschnitten.*

Passendes Material
Traditionelles Packungsmaterial gleicht einer steifen, quadratisch geflochtenen Leine, welche mit Talg imprägniert wird; aber heute ist ähnlich aussehendes weißes Teflon weit verbreitet. Die gebräuchlichsten Größenmaße sind 4, 5, 6 und 7,5 mm. Das richtige Maß findet man heraus, indem man mit einem genau hineinpassenden Spiralbohrerschaft den Abstand zwischen Welle und dem Innern des Stevenrohrs mißt. Das passende Material, das man nur in kleinen Mengen braucht, erhält man bei jedem guten Ausrüster, sonst auf einer Werft.

Herauskratzen
Das Einsetzen eines zusätzlichen Dichtungsrings auf eine stark zusammengepreßte alte Packung ist nur eine vorübergehende Lösung zum Stoppen von Lekkagen. Das Herauskratzen der alten Packung fällt leicht, wenn die Welle entfernt ist. Sonst braucht man einen schmalen und langen Schraubendreher, ein paar alte Dentistensonden und viel Geduld. Für die Packungsdicke von 6 mm gibt es auch bereits einen ins Stevenrohr schraubbaren Extraktor.

Ruderschaft
Auch bei Ruderschäften findet man ähnliche Stopfbuchsen mit Packungen. Gerade beim Ruderschaft mangelt es oft an ausreichender Schmierung. Das gilt natürlich nur für durch den Rumpf geführte Ruderschäfte, nicht für an den Spiegel gehängte Ruder.

Propeller

Die Konstruktion von Propellern ist ein Spezialgebiet. Nicht einmal Experten finden immer die richtige Formel, und so könnte die Leistung vieler Boote

a

b

c

176 *Propellerformen:* **a** *Zwei-Blatt-Propeller,* **b** *Vier-Blatt-Propeller,* **c** *Fünf-Blatt-Propeller mit Kort-Düse,* **d** *Verstellpropeller mit Segelstellung. Einen Drei-Blatt-Propeller zeigt Abb. 49, Faltpropeller sind in Abb. 179 und 193 zu sehen.*

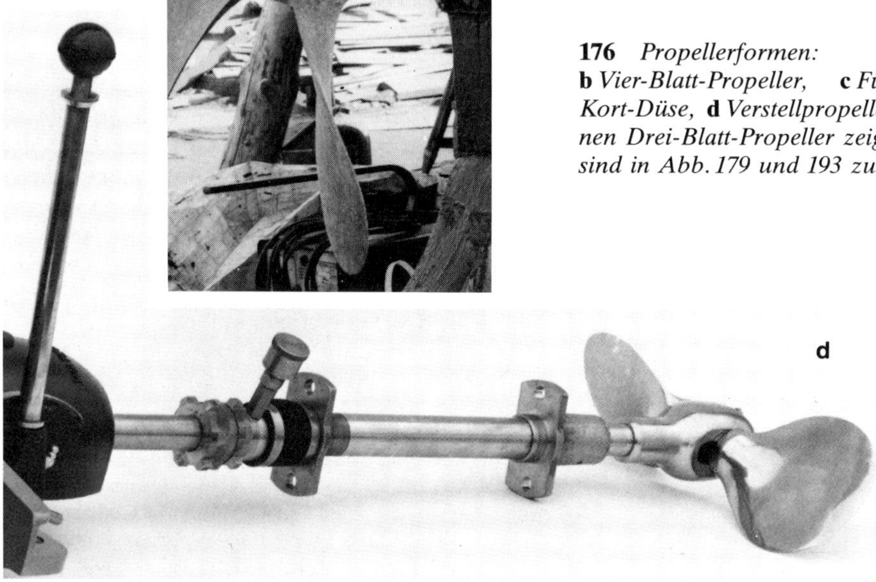

d

wahrscheinlich verbessert werden, wenn man für ihre Propeller den richtigen Durchmesser, die richtige Steigung, die passende Blattgröße und die richtige Zahl der Blätter finden würde. Abbildung 176 zeigt verschiedene Arten von Propellern. Es gibt Propeller mit zwei, drei oder vier Flügeln, auch Krautpropeller und solche für hohe oder niedrige Drehzahlen, sowie Falt- und Verstellpropeller.

Markierungen
Die Abmessungen des Propellers findet man normalerweise auf der Nabe eingestanzt. In englischsprachigen Ländern bedeutet beispielsweise „LH 17 × 12" einen linksdrehenden (left-handed) Propeller (gegen den Uhrzeigersinn, wenn man nach vorn schaut), 17 den Durchmesser und 12 die Steigung in Zoll. Andere Hersteller geben die Maße für Durchmesser und Steigung in mm an. Die Drehrichtung kann man mit einem Blick erkennen: Wie das Gewinde bei einem Bolzen zeigt bei einem linksdrehenden Propeller der untere Flügel, von beiden Seiten betrachtet, immer nach links (siehe Zeichnung 177). Die meisten Festpropeller von Segelyachten sind linksdrehend, da auch die Motoren (wie bei Automotoren) zumeist in dieser Richtung drehen. Doppelschrauben drehen meist gegenläufig.

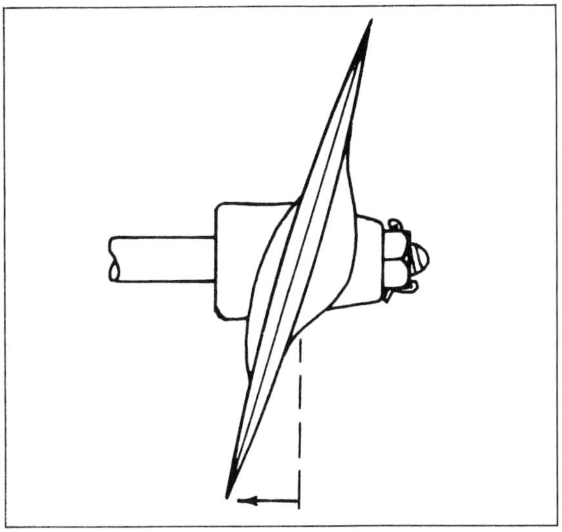

177 *Bei einem linksdrehenden Propeller zeigt die untere Blattspitze nach links.*

Metall
Obgleich der Bronzeguß für Propeller immer noch weit verbreitet ist, findet man auch Propeller aus Aluminiumlegierungen und aus Kunststoff. Soll ein korrodierter Bronzepropeller erneuert werden, befrage man Fachhändler nach alternativen Materialien, besonders wenn es in der Vergangenheit Ärger mit Elektrolyse gegeben hat (siehe Kapitel 10). Aluminiumpropeller werden schon jahrzehntelang erfolgreich an Außenbordern benutzt. Der große Vorteil von Bronze liegt in den verhältnismäßig billigen und leichten Reparaturen.

Blattspitzen
In felsigen oder flachen Gewässern, in denen regelmäßig Propellerschäden vorkommen, lohnt es sich, einen Ersatzpropeller mitzuführen. Außer bei Nylonpropellern lassen sich oberflächliche Schäden leicht durch Feilen und Hämmern an Ort und Stelle ausbessern; natürlich muß man dabei immer ein passendes Teil gegenhalten. Jeder bessere Propellerhersteller wird ernstere Schäden wie verbogene Flügel oder Korrosionsschäden beseitigen. Er kann auch die Steigung etwas verändern, wenn der Motor nicht auf seine Drehzahl kommt oder umgekehrt ohne Kraft durchdreht. Langsam drehende Propeller werden durch Bewuchs oder angeschlagene Flügelspitzen kaum behindert. Bei Hochgeschwindigkeitsbooten sind saubere und gerade Flügel allerdings Voraussetzung für Spitzenleistung.

Kavitation
Gute Bronze korridiert kaum, außer bei länger anhaltender Kavitation. Dabei verlieren die Flügel (besonders an den Spitzen) den Kontakt mit dem Wasser, und die entstehenden Hohlräume (Dampfbläschen) implodieren schlagartig. Viele Außenborder (Abbildung 182) haben deshalb über dem Propeller eine waagrechte Kavitationsplatte. Wirksamer ist eine Kort-Düse, wie sie Abbildung 176c zeigt. Schleifen und Polieren bedeutet auch für einen Propeller Lebensverlängerung; siehe dazu auch S. 201.

Abziehen
Manche Außenborder-Propeller sind durch einen Scherstift mit der Welle gekuppelt. Andere sitzen auf einem gut gefetteten Konus und sollten sich leicht abziehen lassen, wenn die Propellermutter gelöst ist, wie im Handbuch beschrieben. Das gleiche

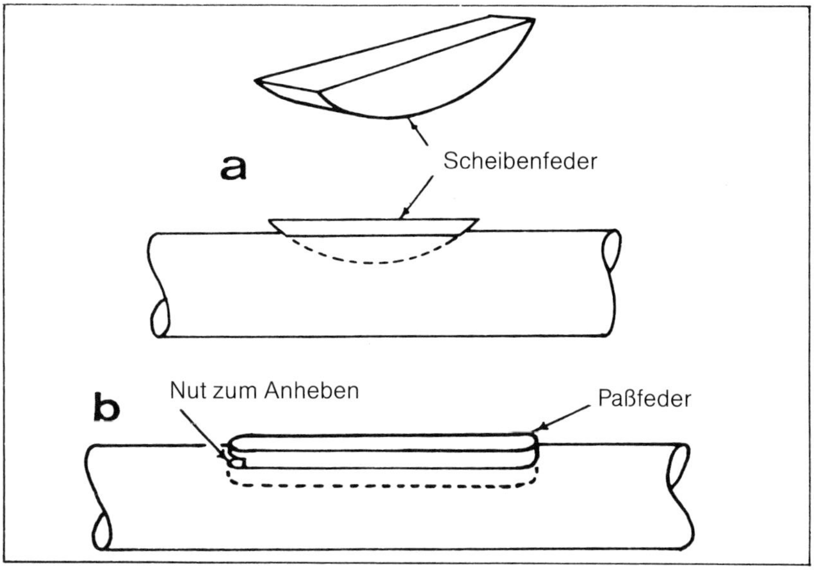

178 *Zwei Typen von Wellenkeilen:* **a** *Scheibenfeder,* **b** *Paßfeder*

gilt für Z-Trieb und Saildrive. Statt eines Scherstifts können diese Typen auch mit einer Rutschkupplung oder ähnlichen Vorrichtungen ausgerüstet sein, die beim Auflaufen Schaden verhindern. Für Außenborder-Propeller mit integriertem Auspuff gibt es spezielle Abziehvorrichtungen. Die meisten Propeller sitzen jedoch mit Keilen auf der Welle. Ist die Kontermutter gelöst, sind eventuell vorhandene Sicherungssplinte entfernt, so kann man nach einem kurzen Schlag auf die Nabe den Propeller meist leicht abziehen. Eine stromlinienförmige Kappe (wie in Abbildung 176b) hat oft Abflachungen zum Greifen; manche Kappen sind zugleich auch die Haltemuttern und müssen dann abgeschraubt werden.

Hammerschläge

Bei kleinen Propellern nimmt man einen Kupfer- oder Bleihammer. Eine Welle von weniger als 25 mm Durchmesser könnte man mit Hammerschlägen leicht verbiegen oder das Drucklager beschädigen; deshalb läßt man am besten von einem Helfer ein schweres Bleigewicht gegen das Wellenende halten und schlägt mit zwei Hämmern gleichzeitig. Muß man ohne Helfer auskommen, leiht man sich besser ein Abziehgerät, das bei zwei- und vierflügeligen Propellern zwei Klauen, bei dreiflügeligen Propellern drei Klauen hat. Ist das Gerät fest aufgeschraubt, benötigt man möglicherweise nicht einmal einen Hammer. Wenn bei einem großen Propeller ein schwerer Hammer benutzt wird, legt man immer Hartholzstücke (oder dicke Kupferstreifen) zwischen Propellernabe und Hammer.

Keilnut

Muß der Längskeil oder eine Scheibenfeder auf der Welle nicht ausgetauscht werden, bewahrt man sie mit Klebeband vor Verlust. Soll die Welle nach vorn herausgezogen werden, muß man den Keil natürlich entfernen. Eine Scheibenfeder ist schnell freigebrochen, indem man abwechselnd leicht auf beide Enden schlägt (siehe Zeichnung 178a). Ein flacher Paßkeil ist möglicherweise, besonders wenn er aus rostendem Stahl besteht, schwerer zu entfernen. Bevor man damit beginnt, markiert man jedenfalls seine Lage auf der Welle, damit man ihn richtig herum wieder einsetzt. Wenn Kriechöl, Hammer oder Zange nichts nützen, sägt man – wie in Zeichnung 178b – an einem Ende eine kleine Nut ein und hebelt ihn dann mit einem Schraubendreher heraus.

Sicherheit

Bronzepropeller sind begehrte Diebesbeute; deshalb zieht man sie besser ab, wenn das Boot an einem einsamen Platz im Winterlager steht. Zumindest sollte man ein solches Teil mit einem fest zusammengebundenen Sack verdecken. Für den Fall des Verlustes muß man sich die Propellermaße notieren. Auch die Selbststeueranlage bedarf übrigens unter solchen Umständen einer besonderen Sicherung.

Bootsantriebe

Zwar gleicht der Bootsmotor in fast allen Fällen immer noch dem des Autos, doch gibt es auch andere und spezialisierte Antriebseinheiten. Ventillose Zweitaktmotoren sind bereits bekannt, besonders bei Außenbordern, gelegentlich findet man auch Wankel-Motoren, Gasturbinen, Dampfmaschinen und Elektromotoren. Mit diesem Buch und einem Werkstatthandbuch sollte eigentlich auch der Amateur in der Lage sein, jeden beliebigen Motor ordentlich zu pflegen.

Kraftübertragung

Außenborder haben den Vorteil einer integrierten Kraftübertragung; doch das erhöht ihr Gewicht und macht sie in den größeren Einheiten schwer handhabbar; ungesichert werden sie leicht zur Diebesbeute. Der S- oder Saildrive (Abbildung 179) hat eine ähnliche Kraftübertragung wie der Außenborder, sitzt aber, mit dem Einbaumotor fest verbunden, permanent unter dem Rumpf. Ähnlich funktioniert der Z-Antrieb, allerdings montiert am Heck (Abbildung 5), wo er seitwärts eingeschlagen und hoch aus dem Wasser gekippt werden kann. Bei diesen Antriebseinheiten ist die Schmierung ganz

179 *Saildrives haben Kegelgetriebe wie Außenbordmotoren.*

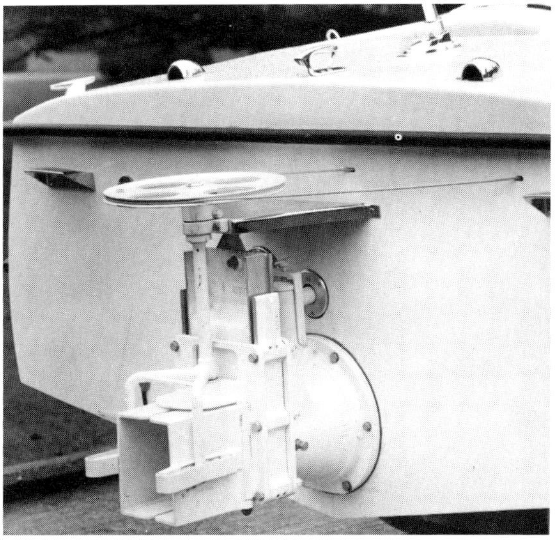

180 *Ein Jetantrieb ist ideal in flachem Wasser. Er rutscht über alles Kraut und ist ungefährlicher für Schwimmer.*

besonders wichtig, ebenso die Abwehr von Korrosion und die Überwachung aller Dichtungen. Beim hydraulischen Antrieb sind Motor und Propellereinheit über zwei Schläuche von oft beträchtlicher Länge miteinander verbunden. Der Strahlantrieb (Jet, Abbildung 180) hat keinen exponierten Propeller; er funktioniert ähnlich dem Bugstrahlruder bei großen Fahrzeugen.

Wellenantrieb

Der einfache, traditionelle Wellenantrieb vom Getriebe zum Propeller wird auch heute noch für die meisten Einbaumotoren benutzt. Wo der Motor nicht in Flucht mit dem Propeller stehen kann, sieht man gelegentlich Vielfachkeilriemen-Übertragungen, die gleichzeitig eine Untersetzung bewirken. Für V- oder U-Getriebe gibt es zum Umkehren der Wellenrichtung spezielle Wendegetriebe. In diesen Fällen stehen die Motoren ziemlich weit achtern, übertragen ihre Kraft nach vorne, und die Propellerwelle führt unter ihnen hindurch wiederum nach achtern. Man beachte, daß man einen Propeller beim Segeln nicht mitdrehen lassen sollte, wenn die Welle nicht ausgekuppelt werden kann; das Motorhandbuch sollte eigentlich darüber Auskunft geben.

Bauarten
Gleich ob mit Diesel, Benzin, Petroleum oder anderen Stoffen betrieben, sind bei den meisten Marine-Verbrennungsmotoren die Zylinder reihenförmig, in V-Form oder horizontal liegend angeordnet. Viele Einbaumotoren sind noch immer umgebaute Industriemotoren, Auto- oder Lkw-Motoren, zusätzlich ausgerüstet mit Wendegetriebe, Ölkühler, rostsicherer Ölwanne, wassergekühlter Auspuffanlage und vielleicht einer Handstartanlage. Luftgekühlte Motoren haben nicht die Probleme der Wasserkühlung, aber sie sind lauter, und eine effektive Luftzuführung läßt sich nicht immer leicht installieren. Weil sie bei gleicher Stärke beinahe nur halb so schwer sind wie Viertaktmotoren, sind für Außenborder (und manche kleine Einbaumotoren) Zweitakter beliebter. Der alte, langsam drehende und unverwüstliche Marinemotor (Abbildung 181) ist heute in Yachten kaum noch anzutreffen. Bei solch einer Maschine konnten mit Hilfe seitlicher Klappen im Motorblock sogar Pleuellager und Kolbenringe erneuert werden, ohne daß man die Maschine ausbauen mußte.

Bedienungselemente
Die einfachen Schubstangenübertragungen zum Wendegetriebe und Gasgeben sind heute meist durch komplizierte hydraulische Anlagen oder flexible Drähte ersetzt worden, die auf See kaum selbst repariert werden können. Solange man sich an die Wartungsanweisungen des Herstellers hält, besonders was Einstellung, Schmierung und Inspektionen angeht, sollte eigentlich alles funktionieren. Ähnliche Vorrichtungen dienen auch zur Verbindung zwischen Radsteuerung und Ruder bzw. Außenborder oder Trimmklappen. Andere Einrichtungen wie Choke und Motorstop können, wenn etwas bricht, im allgemeinen auch anders bedient werden. Was zu tun ist, wenn der Gashebel in der größten Stellung klemmt, ist ein Punkt, den man möglichst frühzeitig mit seiner Besatzung durchsprechen sollte, besonders bei veralteten Anlagen. Auch sollte man immer mal wieder kontrollieren, daß jeder Zug die Bewegungen auch auf das entfernte Ende richtig überträgt. Bei einem Wendegetriebe, das intern hydraulisch die Drehrichtung umschaltet, sollte der Motor nie mit eingelegtem Gang gestoppt werden. Das Einstellen der Kupplungsfernbedienung ist bei einigen mechanisch geschalteten Wendegetrieben besonders kritisch.

181 *Heute eine Antiquität: ein alter Bootsmotor – schwer und groß, aber leise und einfach zu reparieren*

Instrumentierung
Die einfachsten Marinemotoren haben weder Elektrik noch Instrumente. Bei teuren und komplizierten modernen Anlagen hilft eine ganze Reihe von Anzeigegeräten und -lichtern beim Erkennen von Problemen, bevor sie ernst werden. Neben dem Amperemeter gibt es Öldruckanzeiger und Temperaturanzeiger; größere Instrumentenbretter haben noch Drehzahlmesser, Ölstandsanzeiger, Temperaturfühler, Batteriekontrolle, Tankuhr, Betriebsstundenzähler, ja sogar Anzeigegeräte über Ladeleistung, für den Zustand des Ölfilters, für die Glühkerzen oder den Choke, Warnanzeigen für zu niedrigen Ölstand und für Wasser im Treibstoff.

Verdrahtung
Bei den an Bord üblichen geringen Voltzahlen ist Sauberkeit und Festigkeit aller Verbindungen und Kontakte ein unbedingtes Muß. Wegen der hier häufig starken Vibration sollte man alle Kabel, besonders am Instrumentenbrett und bei den Gebereinheiten, die Kabel zu Opferanoden – kurz, alle Kabel am Motor – in regelmäßigen Abständen überprüfen. Alle sollten gut verlegt sein und dabei keine heißen Teile berühren oder schamfilen können.

Ersatzteilausrüstung
Bei korrekter Installation arbeitet der eigentliche Motor meist zuverlässig. Fehler tauchen häufiger bei den umgebenden Aggregaten auf, bei den Bedienungselementen, der Elektrik, den Treibstoff- und Wassersystemen. Doppelte Maschinen brauchen jeweils einen eigenen Satz, während bei einem einzelnen Motor die Ersatzteile soweit wie möglich doppelt vorhanden sein sollten. Was Kontrolleitungen, Batterien und Treibstoffilter betrifft, ist das noch recht einfach, schwieriger wird es schon, wenn es um Kühlwasserpumpe, Zündeinrichtung und Starter geht. Ein kleiner Außenborder mit passender Halterung und entsprechender Schaftlänge ist auf vielen Motorbooten unter 9 m Länge als Notantrieb an Bord; bei größeren Booten hilft er wenig.

Ölmeßstäbe
Bei Schiffsmotoren ist der Ölstand stärker zu beachten als bei Automotoren. Oft gibt es mehrere Ölmeßstäbe: für die Maschine, das Wendegetriebe, die Einspritzpumpe und den Turbolader. Da die Ölwannen zum Ablassen des verbrauchten Öls meist nicht zugänglich sind, gibt es bei Bootsmotoren an einer Seite des Motorblocks oft Handpumpen zum Ölwechseln. Gelegentlich muß auch eine separate Pumpe mit einem Schlauch durch die Öffnung des Ölmeßstabs eingeführt werden. Das Säubern der Gazefilter des Kurbelwellengehäuselüfters wird oft genug über viele Jahre versäumt. Man beachte auch, daß manche Wendegetriebe eigene Lüfter und Filter haben, die ebenfalls gelegentlich gereinigt werden müssen. Für manche ist spezielles Hydrauliköl – kein Getriebeöl – erforderlich.

Luftfilter
Da die Luft auf dem Wasser vergleichsweise sauber ist, werden die Luftfilter normalerweise sehr vernachlässigt; doch ihr Salzgehalt kann sie beschädigen. Manche Motoren haben keine Luftfilter, sollten dann aber einen Flammschutz und einen Ansauggeräuschdämpfer besitzen. Veränderungen hängen davon ab, ob der Motor auch mit der durch den Filter leicht behinderten Luftzufuhr auskommen kann. Netze oder Fliegengitter über Ein- und Auslaß luftgekühlter Motoren müssen jährlich gesäubert werden; man sollte auch immer darauf achten, daß niemand den Ein- oder Auslaß mit einem Kissen oder ähnlichen Dingen verstopft.

Sauberer Treibstoff
Bei der ständigen Bewegung des Bootes werden Schmutz und Wasser im Treibstoff wahrscheinlich eher Ärger verursachen als an Land, während Lekkagen äußerst gefährlich sind. Das Reinigen der Treibstoffleitungen und das Austauschen der Filter ist auf See nicht gerade die angenehmste Arbeit. Die Sauberkeit des Treibstoffs ist bei Diesel besonders wichtig, da Luft im System immer eine komplizierte Entlüftung nach sich zieht, während Schmutz und Wasser die Einspritzpumpe beschädigen können. Niemals sollte man die Dieselzufuhr am Tank zudrehen, wenn sich Luftbläschen in der Leitung bilden.

Gelaufene Stunden
Hat man keine Möglichkeit, die Betriebsstunden des Motors zu notieren, so führe man über den Treibstoffverbrauch Buch. Die meisten Eigner wissen, wieviel Treibstoff ihr Motor durchschnittlich pro Stunde verbraucht. Die Handbücher bezeichnen die Wartungsintervalle oft nach gelaufenen Stunden und empfehlen auch Ersatz bestimmter Teile nach diesem Maß. Um dem zu erwartenden Ärger immer einen Schritt voraus zu sein, führt man die notwendigen Ersatzteile an Bord mit, besonders wenn man in abgelegenen Revieren segelt. Ein Betriebsstundenzähler kann aber an jeder Maschine angebracht werden.
Das Entrußen und Nachschleifen der Ventile ist echte Winterarbeit, wobei man dem vorgeschriebenen Intervall am besten zuvorkommt.

Leistungskontrolle
Um seine volle Leistung zu entwickeln, muß ein Motor die richtige Umdrehungszahl erreichen. Das kann er nicht, wenn der Propeller zuviel Steigung hat. Hat er zu wenig Steigung, dreht der Motor zu hoch, wiederum ohne seine volle Kraft entfalten zu können. Am besten ist hier ein fest installierter

Drehzahlmesser, es gibt auch portable Geräte, mit denen man die Umdrehungen direkt am Motor mesen kann; dabei muß das Boot in Fahrt sein. Das Anbringen eines Faltpropellers oder eines zweiflügeligen Propellers, der beim Segeln mit dem Achtersteven in Linie steht, wird manchem Boot zu besseren Segeleigenschaften verhelfen.

Außenbordmotoren

Wenn sie immer in bestem Zustand gehalten werden (und nicht über Bord fallen), sind Außenbordmotoren sehr zuverlässig und für einen weiten Einsatzbereich auf Motor- und Segelbooten brauchbar. Yachtsegler kommen wohl kaum je in Berührung mit den großen Diesel-Außenbordern, die Kähne bis zu 300 t Gewicht antreiben; schon eher zu tun haben sie mit den kleineren Modellen, vom Einzylinder-Seagull (den man in weniger als einer Stunde ganz auseinandernehmen kann) über die kleinen, elektrisch startbaren Modelle mit Fernbedienung bis zu den kräftigen Mehrzylinder-Typen, wie sie auf Speedbooten und Wasserskibooten zum Einsatz kommen.

Treibstoff
Alle Zweitakt-Außenborder brauchen ein Gemisch aus Schmieröl und Benzin. Da das richtige Mischungsverhältnis wichtig ist (und nicht für alle Marken gleich), muß man die Herstellerangaben sorgfältig beachten. Moderne Outborder mischen das Öl aus einem separaten Tank lastabhängig und selbständig. Untergemischtes Selbstmischöl bleibt gut gelöst, doch sollte man den Treibstofftank vor dem Starten schütteln, wenn der Motor längere Zeit nicht benutzt wurde.

Treibstofftank
Bei einem Falltank schließt man vor dem Stoppen des Motors den Hahn am Tank (ebenso wie die Luftschraube oben auf dem Tankdeckel) und läßt den Motor den restlichen Treibstoff in Vergaser und Leitung verbrennen. Dann kann kein Öl in den Vergaserdüsen dickflüssig werden und kein Treibstoff auslaufen, wenn man den Motor ankippt oder flach lagert. Ein Treibstofftank muß immer fest gestaut werden. Auch sollte man darauf achten, daß die Zuleitungen nicht gequetscht werden.

Lagerung
Zu Hause oder an Bord sollte ein Außenborder aufrecht gelagert werden; das verhindert Beschädigungen, Leckagen und Korrosion. Jede Art von Abdeckung ist vorteilhaft. Bleibt er am Heck, sollte man ihn so ankippen, daß der Propeller aus dem Wasser kommt, und den Motorkopf mit einer wasserfesten Persenning schützen.
Ein Sicherheitsschloß ist heute wichtig geworden. Dicke, mit einem Schloß versehene Stahlplatten über den Klemmschrauben behindern auch Diebe mit einem Bolzenschneider – was bei einer Kettensicherung nicht unbedingt der Fall ist. Außer wenn man den Treibstofftank entfernt, hat man oft kein vernünftiges Mittel, um Diebe daran zu hindern, mit dem gesamten Boot wegzufahren. Das Entfernen der Zündkerzen ist noch eine gute Methode, wenn diese durch Attrappen ersetzt werden, die nicht ohne Spezialgerät herausgedreht werden können. Eine Durchbolzung zusätzlich zu den Klemmschrauben ist brauchbar, wenn der Motor die ganze Saison am Spiegel bleibt.

Transportbock
Ein Bock für einen Außenborder ist leicht selbst anzufertigen (siehe Abbildung 26); er ist nützlich für Wartungsarbeiten wie zur Lagerung. Wenn der Motor für längere Zeit stillgelegt wird, läßt man allen Treibstoff ab und lädt die Batterie auf. Kapitel 12 beschreibt die Winterlagerung.

Bewuchs
Wo das Ankippen nicht ausreicht, um den Motor vollständig aus dem Wasser zu holen (was besonders bei Z-Antrieben vorkommt), kann rasch Bewuchs auftreten, der sogar zu Lackschäden führt. Hat man nicht allzu lange gewartet, reicht meist ein Abwaschen mit einer Lösung aus Phenol und Wasser. Bei stärkerem Bewuchs nimmt man Bürste und Algenentferner. Tritt der Bewuchs immer wieder auf, muß man mit einem kupferfreien Antifouling arbeiten.

Ins Wasser gefallen
Kurzzeitiges Eintauchen des ganzen Motors in Wasser ist nicht unbedingt eine Katastrophe. Es sind Fälle bekannt, in denen der Motor sofort danach wieder startete; aber besser ist es jedenfalls, wenn man den Treibstoff aus Leitungen und Vergaser ablaufen läßt, die Zündkerzen entfernt und den Motor von Hand dreht, während man ihn auf den Kopf und

in viele andere Lagen stellt. Wenn nötig, wäscht man ihn mit Süßwasser. Danach läßt man den Motor längere Zeit unter Last laufen. Ist ein Schwungrad-Magnet vorhanden, können Startschwierigkeiten auf Wasser in diesem Teil hindeuten. Dann wäscht man diesen Bereich mit Spiritus oder Tetrachlorkohlenwasserstoff aus (dessen Dämpfe man nicht einatmen darf) und bläst das Ganze mit Luft durch. Ein anschließendes Einsprühen mit Starthilfe ist meist sinnvoll. Eine Sorgleine am Motor kann vielleicht zufälliges Eintauchen nicht verhindern, mit Sicherheit aber den Totalverlust.
Es sind Fälle bekannt, in denen eine zu scharfe Wende den Außenborder ganz vom Heck gerissen hat. Ob er nun läuft oder nicht, wenn man ihn wieder aus dem Wasser geholt hat, muß der Motor nach einem längeren Eintauchen (besonders in Seewasser) ganz auseinandergenommen werden. Das Salzwasser entfernt man, indem man den Motor in Süßwasser eingetaucht durchdreht – falls eine Verzögerung bis zum Auseinandernehmen und Reinigen wahrscheinlich ist. Wasserpumpe und Zylindermantel werden ausgespült, bis Salz, Schmutz oder Sand ganz entfernt sind. Nach dem Reinigen und Trocknen und vor dem Zusammensetzen müssen alle Teile gründlich geölt werden.

Ersatzteile
Sind keine Ausrüster in leicht erreichbarer Nähe, sollte man genug Ersatzteile mitführen. Die meisten Hersteller halten Ersatzteilsätze bereit. Das Minimum umfaßt normalerweise Zündkerzen, Scherstift, Startleine und zugehörige Werkzeuge. Eine gute Versicherung gegen Unvorhergesehenes sind auch ein Ersatz-Rückhol-Starter (wenn nötig), Unterbrecherkontakte, Kondensator und ein Satz Dichtungen. Der Amateurmechaniker sollte auch nie ohne das Werkstatthandbuch und eine illustrierte Ersatzteilliste starten.

Ärger
Zweitaktmotoren sind als schlechte Starter bekannt, wenn sie ein wenig älter werden – oder wenn eines der Teile nicht bestens arbeitet. Der Vergaser macht am wenigsten Ärger, die Zündkerzen am meisten (außer jenen mit Gleitfunkenstrecke), und zwar wenn sie verrußen und von Treibstoff feucht werden. Schwache Kompression, die durch schlechte Kopfdichtung oder defekte Kolbenringe verursacht wird, ist ruinös. Zuviel Öl im Kurbelgehäuse kann ebenfalls Ärger verursachen; manche Einbau-Zweitakter haben sogar kleine Verschlußstopfen, durch welche man das überflüssige Öl ablassen kann. Nach längerer Betriebspause kann ein wenig Öl auf den Kolben die Kompression verbessern. Falsche Unterbrecherkontaktabstände oder verbrannte Kontakte verhindern leichtes Starten; ein kontaktloses elektronisches Zündsystem hat in dieser Hinsicht viele Vorteile.

Unverhofftes Stehenbleiben
Sollte das Wartungshandbuch keine Tafel für die Fehlersuche enthalten, kann man davon ausgehen, daß in einem der drei folgenden Bereiche der Fehler liegt, wenn der Motor nach kurzem Laufen (etwa eine Minute) von allein stehenbleibt:

a Das Kühlsystem ist defekt;
b der Kondensator der Zündanlage ist defekt; oder
c das Auspuffsystem ist verrußt – ein häufiges Problem bei Motoren, die mit einem fetten Ölgemisch fahren.

Solch ein Motor startet vielleicht wieder, wenn er abgekühlt ist; aber der Fehler wird immer wieder auftreten.

Entrußen
Bei den meisten Zweitaktern muß nach etwa 200 Arbeitsstunden hart gewordener Ruß von Kolben, Zylinderkopf und Auspuffkanälen abgekratzt werden. Automotoren und Diesel laufen gewöhnlich mindestens 2000 Stunden, bis diese größere Wartungsarbeit nötig wird. Will man sie selbst erledigen, hält man vor allem die nötigen Dichtungen parat. Ist der Zylinderkopf abnehmbar, braucht man nicht allzu lange dafür. Bei einem integrierten Kopf muß der ganze Zylinderblock ausgebaut werden. Dann kann man auch die Kanäle besser säubern und gebrochene Kolbenringe entdecken. Nimmt man zum Reinigen eines solchen Blocks eine Bohrmaschine mit Topfbürste, braucht man wahrscheinlich eine flexible Wellenverlängerung. Auf jeden Fall vermeide man Kratzer am Metall, indem man etwa mit alten Schraubendrehern daran herumkratzt. Zum Schluß schleift man mit mittelstarkem Schmirgelleinen, das in dünnflüssiges Öl getaucht ist und vielleicht an einen kurzen Stock genagelt werden muß, damit man alle Winkel erreicht.

Zerlegen
Zum vollständigen Auseinandernehmen des Außen-

borders braucht man auf jeden Fall ein Werkstatthandbuch und wahrscheinlich auch Spezialwerkzeuge zum Abziehen und Aufpressen von Schwungscheibe, Lager und Kurbelwelle. Dichtungen und ähnliche Teile müssen schon vor Beginn der Arbeit parat liegen. Sollen Teile ersetzt werden, läßt man sich von einer erfahrenen Werkstatt beraten. Sie wird auch über Geräte verfügen, mit denen man Verschleiß an den Zylinderbohrungen messen und eventuell neue Kolbenringe aufziehen kann.

Kolbenringe

Bevor neue Kolbenringe aufgezogen werden, müssen die Kolbenringnuten frei von Ruß sein. Den Verschleiß der Ringe mißt man, indem man einen alten Ring mit einem neuen vergleicht oder beide abwechselnd mit einem Kolben ein Stück weit in die Zylinderbohrungen drückt und den Spalt mit einer Tastlehre mißt. Verschleiß zeigt auch eine Wulst am oberen Ende der Laufbuchse; beim Honen wird dieser Wulst abgeschliffen; ein größerer Kolben mit neuen Kolbenringen wird dann eingebaut. Man beachte, daß einige der Kolbenringnuten Zapfen haben, welche bewirken, daß die Lücken in den Ringen nicht mit den Zylinderöffnungen zusammentreffen. Für das Aufziehen der Ringe kann man sich eine Kolbenringzange leihen; vor dem Einsetzen (nur von unten) müssen Zylinderbohrung und Kolben geschmiert werden.

Vergaser

Außenborder sind nicht gerade für sparsamen Brennstoffverbrauch bekannt; doch ihre einfachen Vergaser sind im allgemeinen narrensicher – bis auf die feinen Düsen, die verstopfen können. Einige Typen haben enge Durchlässe, die sich manchmal zusetzen – besonders wenn durch Wasser Korrosion entstanden ist. Die richtige Justierung einer Leerlauf-Gemischschraube ist eine delikate Arbeit; die Einstellung – nach Anweisung des Handbuchs – darf nur vorgenommen werden, wenn der Motor warm ist.

Eine Überflutung der Schwimmerkammer wird entweder durch ein Lecken des Schwimmers oder ein beschädigtes oder verschmutztes Schwimmerventil verursacht. Schmutz kann man durch Tippen (Fluten der Schwimmerkammer), falls ein „Tipper" vorhanden ist, entfernen. Bei Schmutz im Treibstofftank kann sich das Filtersieb sehr schnell zusetzen. Dann spült man den Tank mit sauberem Benzin aus und reinigt darin auch den Filter; schneller geht es, wenn man einen Reservefilter einsetzt.

Kühlung

Der Kühlwassereintritt erfolgt meist über Öffnun-

182 *Fünf flache Hutzen an jeder Seite des Schaftes sind der Kühlwassereinlaß bei diesem Außenbordmotor.*

gen in der Nähe des Getriebes (siehe Abbildung 182); diese Öffnungen verstopfen leicht und müssen deshalb regelmäßig inspiziert werden. Wenn kein Kühlwasser mehr aus den Kontrollöchern am Schaft kommt, muß man den Motor sofort stoppen und den Wassereinlaß überprüfen. Ist er nicht verstopft, muß die Wasserpumpe untersucht werden.

Getriebe
Wenn man immer das richtige Öl benutzt, machen auch Schaltgetriebe mit Kupplung wenig Ärger. Der Ölwechsel im Getriebe wird oft vergessen; doch er gehört zu den jährlichen Wartungsarbeiten, bei denen man zugleich feststellen kann, ob Wasser (gibt dem Öl ein milchiges Aussehen), Schlamm oder Metallspäne im Getriebe sind. Im allgemeinen wird das Auffüllen von Öl in der Saison nach jeweils 25 Betriebsstunden empfohlen. Auf jeden Fall folge man auch beim Ölnachfüllen den Anweisungen im Handbuch.
Alles hier Gesagte gilt gleichermaßen für Z-Antriebe und Saildrives. Das Zerlegen eines Getriebes ist normalerweise keine Sache für Amateure.

Flexible Steuerkabel
Ihre Langlebigkeit und leichte Handhabung ist gesichert, wenn der Mantel der flexiblen Kabel mit Schmiernippeln versehen ist. Abgeschmiert wird mit dünnflüssigem graphithaltigem Kabel-Schmierfett. Sobald das Fett an einem Ende austritt, bindet man dieses Ende mit Tape und Bändsel ab und pumpt so lange weiter, bis auch am anderen Ende Fett austritt. Ist kein Schmiernippel vorhanden, füllt man den Gummiball einer Pipette halb mit dem flüssigen Fett, bindet ihn über das Mantelende und drückt sacht zu.

Kabelenden
Manche Terminals lassen sich abnehmen, so daß man die Seele herausziehen und einfetten kann. Ein geknicktes Kabel läßt sich jedoch möglicherweise nicht wieder einfädeln; also sollte man wissen, wo man ein neues bekommt. Kupplungen und Splinte müssen regelmäßig geölt, alle exponierten Metalle gefettet oder mit Schutzöl eingesprüht werden.

Viertaktmotoren

Die meisten Einbaumotoren sind Viertakter mit Ein- und Auslaßventilen. Zwischen größeren Überholarbeiten sind Laufzeiten von mehr als 1000 Stunden durchaus üblich, doch nach längeren Ruhezeiten können die Ventile kleben und die Lager zu rosten beginnen. Andererseits gibt es Vorwarnungen, die auf nichtschließende Ventile, auf Verschleiß an den Zylindern oder Fehler am Lager hinweisen.

Zylinder-Verschleiß
Kolbenklappern, starker Ölverbrauch und Rauch aus der Öleinfüllkappe oder aus der Gehäuseentlüftung deuten darauf hin, daß Laufbuchse oder Kolbenringe verschlissen sind. Motoren mit Ventilen vertragen einen gewissen Verschleiß am Zylinder, obgleich Diesel zum Starten gute Kompression brauchen, besonders wenn sie nicht mit Vorglüh- oder Dekompressionseinrichtungen ausgerüstet sind. Auch wenn ein elektrischer Anlasser vorhanden ist, nützt eine Handstartvorrichtung beim Überprüfen auf gleichmäßige Kompression an jedem Zylinder; während langer Ruhezeiten kann man damit auch den Motor gelegentlich durchdrehen. In den Zylinder gespritztes Öl mag die Kompression kurzzeitig verbessern, aber ohne Dekompressionseinrichtung kann schon ein wenig zuviel Öl im Zylinder eines Dieselmotors wegen der hohen Verdichtungskräfte einen Kolben zerstören.

Lager-Verschleiß
Die Hauptlager der Kurbelwelle haben unter normalen Bedingungen eine Lebensdauer von mehr als 4000 Stunden, während Pleuellager wenigstens 2000 Stunden halten sollten. Noch bevor Nebengeräusche zu hören sind oder der Öldruck abfällt, sollten diese Teile erneuert werden.

Öldruck
Verschleiß der Lager ist die übliche Ursache für zu geringen Öldruck; es kann aber auch an der Ölpumpe, einem Ventil oder einem verstopften Filter im Ölkreislauf liegen. Letzteres passiert gewöhnlich, wenn man Reinigungsöl nachgießt, während vorher reines Mineralöl verwendet wurde – was man übrigens schon beim Kauf des Bootes in Erfahrung bringen sollte. Bei Dieseln sollte überhaupt nur Spezialöl verwendet werden.

Öl-Lecks
Alte Motoren verlieren oft Öl – hoffentlich in eine ordentliche Wanne statt in die Bilge! Solch eine

Leckage ist nicht immer leicht zu reparieren, wenn das Nachziehen der Bolzen an Ölwanne, Montageöffnungen und anderen Teilen nicht hilft. Leckende Dichtungen an Kurbelgehäuse und Getriebe erfordern möglicherweise größere Wartungsarbeiten; wenn solche Leckagen auftreten, sollte man die Ölmeßstäbe jedenfalls in kürzeren Abständen befragen. Überhaupt ist das gelegentliche Abwischen der gesamten Motoranlage nicht nur deshalb sinnvoll, weil man damit Schmutz und üble Gerüche verhindert, sondern auch, weil man dabei solche Leckagen leichter entdecken kann.

Nebengeräusche
Man braucht schon viel Erfahrung, wenn man die Ursache von Nebengeräuschen am laufenden Motor genau bestimmen will. Den Unterschied zwischen dem normalen Schlagen des Diesels und einer gebrochenen Pleuellagerschale, zwischen dem sogenannten Klingeln und einem ausgeschlagenen Kolben oder zwischen losen Lagerbolzen und schlakkernden Stößeln findet ein Amateur nur selten heraus. Mit Hilfe eines Stücks Metall (es reicht schon ein langer Schraubendreher) kann man die Geräusche besser lokalisieren. Auf das eine Ende drückt man den Daumen und an den Daumennagel das Ohr; dann hält man das andere Ende wie ein Stethoskop an die verdächtigen Teile des Motors.

Ventilstößel
Hydraulische Stößel brauchen nicht eingestellt zu werden und funktionieren auch noch, wenn sie so weit verschlissen sind, daß sie Geräusche machen. Einstellbare Ventilstößel sollte man nach jeweils 250 Betriebsstunden überprüfen. Einen lauten Stößel identifiziert man, indem man bei jedem Ventil nacheinander zwischen Kipphebel und Stange ein 0,15 mm dickes Toleranzplättchen legt, während der Motor im Leerlauf arbeitet. Das müßte das Geräusch an dem lauten Stößel sogleich abstellen. Beim Einstellen des Ventils folge man unbedingt dem Werkstattbuch, wobei es auch darauf ankommt, ob die Justierung bei kaltem oder warmem Motor vorgenommen werden muß. Ist das Geräusch auch nach verkleinerten Abständen immer noch zu hören, sind Stößel oder Ventil unregelmäßig abgeschliffen. Hat man den Motor geöffnet, müssen immer neue Dichtungen angebracht und nicht die alten noch einmal verwendet werden. Mit herausgedrehten Glühkerzen oder Einspritzdüsen läßt sich ein Motor meist leicht von Hand drehen.

Zylinderkopfüberholung

Das Abnehmen des Zylinderkopfes zum Entrußen und Nachschleifen der Ventile ist außer bei sehr großen Maschinen und bei einer obenliegenden Nockenwelle relativ einfach. Liegen die Ventile seitlich, muß die meiste Arbeit an Bord verrichtet werden. Doch bei modernen Motoren kann man den Kopf mit den Ventilen mit nach Hause (oder in eine Werkstatt) nehmen, so daß an Bord nur noch die Oberflächen der Kolben gereinigt werden müssen. Die Zylinderbohrungen muß man sorgfältig auf Kratzer oder Schleifspuren untersuchen, die auf gebrochene Kolbenringe hindeuten. Man vergesse jedoch nicht, vor dem Abnehmen des Zylinderkopfes alles Kühlwasser ablaufen zu lassen!

Abnehmen des Zylinderkopfes
Ältere Schiffsmotoren haben Hebebolzen, mit denen man die Dichtung losbrechen kann, sobald alle Zylinderkopfmuttern entfernt sind. An ihnen kann man den Kopf von den Bolzen abziehen. Ohne solche Hilfe drückt man Kriechöl an die Bolzen und schlägt mit einem Bleihammer (oder mit einem Fäustel mit untergelegtem Hartholzteil) leicht gegen den Zylinderkopf; dann dreht man den Motor vorsichtig von Hand und hofft, daß der Druck der Kompression die Verbindung löst. An manchen Zylinderköpfen findet man Nuten oder Nasen, an denen man einen Hebel ansetzen kann. Sitzt zwischen Zylinderkopf und Motorblock eine Dichtung aus Kupferasbest, so kann man vorsichtig einen alten Schraubendreher als Keil in die Dichtung treiben; nach jedem Schlag versetzt man ihn etwas und benutzt ihn dabei als eine Art Hebel. Den Zylinderkopf eines größeren Motors wird man wahrscheinlich nur mit Hilfe eines Kettenzugs, der am Baum oder an einem Mastenzug befestigt ist, herausheben können.

Reinigung
Von allen flüssigen Reinigungsmitteln, mit denen man das Innere des Motors von Ruß (wie auch sein Äußeres) reinigen kann, ist Petroleum am wenigsten

schädlich; auch dünnes Heizöl ist verwendbar. Es schadet auch nicht der Haut und ist nicht so leicht entzündbar. Ist kein ordentliches Reinigungsbad mit Pumpe und Filter vorhanden, braucht man zwei Behälter, von denen der eine die relativ saubere Flüssigkeit für die Schlußreinigung enthält. Im ersten Behälter nimmt man zur Reinigung alte Zahnbürsten, Flaschenbürsten und Farbpinsel. Auf dicken Lagen Zeitungspapier läßt man die Reinigungsflüssigkeit von den Teilen ablaufen, bevor man sie mit sauberen Tüchern trocknet. Man achte darauf, daß vergossene Motor-Reinigungsmittel unter Umständen ein GFK-Deck beschädigen können.

Auseinandernehmen
Die Kipphebel einer obenliegenden Nockenwelle lassen sich in wenigen Minuten lösen und die Ventilstößel in Sekunden herausziehen. Nach dem Reinigen lagert man letztere in der richtigen Reihenfolge, wie es weiter unten für die Ventile beschrieben wird. Mit der passenden (geliehenen oder gekauften) Ventilfederzange ist auch das Herausnehmen der Ventilfedern nicht schwierig, besonders wenn man die kleinen Sicherungssplinte mit einem magnetischen Schraubendreher entfernt. Sind Kühlwassereintrittsleitung und Auspuffsammelleitung abgenommen, hat man jetzt Gelegenheit, die Ventilöffnungen und alle Kolben zu entrußen.

Kühlmantel
Es ist wichtig, alles Salz aus dem Kühlmantel zu waschen, wobei man am besten mit einem Hochdruckreiniger arbeitet. Harter Kesselstein muß mit milden Säuren gelöst werden, wie sie auch zum Reinigen von Wasserkesseln und Zentralheizungen verwendet werden.

Frostpfropfen
Im Kühlmantel des Motorblocks sind üblicherweise Löcher eingegossen und mit scheiben- oder tassenförmigen Pfropfen abgedichtet (die auch Frostpfropfen heißen, weil sie beim Einfrieren des Kühlwassers herausbrechen). Ersetzt man einen leckenden Pfropfen dieser Art (der nicht aus rostfreiem Stahl ist) und entdeckt dabei an der Innenseite starken Rost, muß man alle erneuern. Damit hat man zugleich eine Inspektionsmöglichkeit für das Innere des Kühlmantels. In jeder Werkstatt kann man sich übrigens diesen Arbeitsvorgang erklären lassen. Kühlmäntel von Bootsmotoren sind meist mit Zinkanoden vor Korrosion geschützt. Sind sie angenagt, sollten sie erneuert werden.

Ventile
Wenn sich Ventilsitz und -teller nicht in zehn Minuten sauberschleifen lassen, überlasse man die Arbeit besser einem Fachmann. Ein verbranntes oder angefressenes Ventil muß man immer ersetzen. Spezialfirmen können manchmal die Einsätze für die Ventilsitze, die schon zu oft geschliffen wurden, erneuern. Ärger mit integrierten Ventilsitzen bedeutet meist, daß man einen ganzen Zylinderkopf neu kaufen muß – oder einen guten gebrauchten. Die Ventile schleift man kurz mit grober Schleifpaste, bis sie – natürlich nach dem Abwischen – ein mattes und glattes Aussehen haben. Zum Schluß nimmt man noch zweimal feinste Schleifpaste, wobei wiederum zwischendurch sauber abgewischt wird. Ist man mit dem Vorgang nicht vertraut, kann man ihn sich in einer Werkstatt erläutern lassen: Man läßt das Ventil mit den Fingern am Schaft auf der Paste rotieren und hebt es dabei immer wieder etwas an.

Ventilführung
Nach dem Schleifen steckt man den Ventilschaft wieder in seine Führung und überprüft ihn auf Verschleiß. Schon die leichteste Seitwärtsbewegung ist unzulässig. Die besonders geformten Preßhülsen, mit denen man alte Ventilführungen aus ihrem Sitz herausziehen und neue mit Hilfe eines Feingewindebolzens hineindrücken kann, werden normalerweise im Werkstatthandbuch beschrieben. Solche Preßhülsen kann man sich, wenn es nötig ist, auch selbst auf einer kleinen Drehbank herstellen.

Ventilfedern
Eine gebrochene Ventilfeder kann auf See höchst gefährlich werden; deshalb sollte man jede einzelne sorgfältig unter einem Vergrößerungsglas auf Risse untersuchen. Die Gruppe der Federn für Ein- bzw. Auslaßventil müssen von gleicher Länge sein und fast die Länge von neuen Federn haben. In den Reparatursätzen befinden sich auch immer neue Öldichtungen oder O-Ringe für die Ventilschäfte; sie müssen besonders sorgfältig eingesetzt werden, damit kein Öl in die Zylinder kriecht.

Markierungen
Alle kleineren Teile bewahrt man am besten in beschrifteten Döschen auf. Die Ventile dürfen nicht

vertauscht werden; deshalb steckt man sie in einen durchbohrten Holzblock oder in eine durchlöcherte Pappschachtel mit numerierten Löchern. Sobald der Zylinderkopf abgenommen ist, verschließt man alle Öffnungen gegen das Eindringen von Schmutz und Ruß. Die Öffnungen der Einspritzdüsen und ähnliche Teile sollten an den offenliegenden Seiten mit Tape abgedichtet werden.

Dichtungsmittel
Verbundmittel wie „Hermetite“ in Großbritannien oder „Permatex“ in den USA dürfen am Zylinderkopf oder an anderen Teilen nur verwendet werden, wenn deutlich ist, daß die Metalloberflächen leicht verzogen sind. In manchen Werkstätten wird die Dichtung auf den Kipphebelkasten gelegt und die andere Seite eingefettet, damit man die Dichtung zum Beispiel zum Einstellen der Ventile auch später wieder öffnen kann, ohne sie zu zerstören. Es gibt auch Spezialpasten für die Verbindung von Aluminium und Eisen (oder Stahl).

Zusammensetzen
Die Oberflächen aller Metallteile, die beim Zusammensetzen aufeinander liegen, müssen sorgfältig gesäubert werden. Mit einem Kratzer oder einem alten Holzbeitel entfernt man Reste von Dichtungen schadlos von Teilen aus Gußstahl; doch bei Aluminium dürfen keinerlei Kratzer entstehen. Zum Schluß schleift man alle Flächen mit Schleifpapier von 240er Körnung, das in Petroleum getaucht und um einen Schleifblock aus Kork gefaltet wird. Beim Reinigen der Oberfläche des Zylinderblocks stopft man Tücher in alle Öffnungen (wobei die Kolben in einer Höhe stehen sollten) und wischt am Schluß die Bohrungen sorgfältig aus. Auch zum Entrußen darf man keinerlei scharfe oder spitze Werkzeuge benutzen; die Kolben bestehen fast immer aus weichem Aluminium.

Motor-Generalüberholung

Nach dem Abnehmen des Zylinderkopfs untersucht man die Bohrungen auf Kratzer oder Schleifspuren. Eine erkennbare lippenartige Abnutzung im Oberteil ist meist der erste Hinweis darauf, daß der Zylinderkopf bald neu aufgebohrt werden muß oder neue Kolbenringe braucht. Anders als Automotoren können Bootsmotoren nicht jederzeit repariert werden. Die Überholungsarbeiten müssen außerhalb der Saison vorgenommen werden und bevor sich die Fehler bemerkbar machen. Wenn der Motor ausgebaut wird, sollte man sich alle Verbindungen gut notieren, auch die Lage aller Paßstücke an den Fundamenten. Oft muß man auch einige Holzteile abbauen, vielleicht sogar das Dach des Steuerhauses oder ein spezielles, dafür vorgesehenes Teil im Kajütdach.

Motorbock
Eine Generalüberholung geht zu Hause leichter und sicherer von der Hand, wenn man sich aus Eisen oder Holz einen passenden Bock für den Motor baut (siehe Abbildung 27); dabei muß der Motor in bequemer Arbeitshöhe stehen, gedreht und in jeder Position festgehalten werden können. Sind Zylinderkopf, Getriebe und Anlasser abgebaut, kann man einen Motor unter 100 PS im allgemeinen auch auf einer breiten Werkbank gut handhaben.

Ölsumpf
Sobald der Motor von den Fundamenten gelöst und ein wenig angehoben ist, sollte man die Gelegenheit nutzen, die Ölwanne abzunehmen und von dem sich dort ansammelnden Schlamm zu reinigen, ebenso alle Filter. Jetzt kommt man an die unteren Pleuellager, welche man dann gleich auf Verschleiß untersuchen kann. Kleine Metallspäne im Ölsumpf oder im Ölfilter weisen unmißverständlich darauf hin, daß wenigstens ein Lager gebrochen ist. Wird die Ölwanne wieder eingesetzt, muß diese mit einer unbeschädigten neuen Dichtung angebracht werden, bei der alle Löcher mit den Bolzen übereinstimmen; vor dem Zusammensetzen schmiert man Öl auf die offenliegende Oberfläche der Dichtung. Zum Zusammensetzen benutzt man einen Drehmomentschlüssel, der nach den Angaben im Werkstatthandbuch eingesetzt wird; besonders bei einem Kurbelgehäuse aus Aluminium besteht Gefahr, die Bolzen zu überdrehen.

Pleuelstangenlager
Die halbkreisförmigen Lagerschalen, in denen die Pleuellager sitzen, sind einfach und nicht teuer zu ersetzen, ohne daß man die Kolben ausbauen muß. Üblicherweise haben sie kleine Nuten, so daß man sie nicht falsch einsetzen und damit den Ölfluß behindern kann. Um an sie heranzukommen, muß man vielleicht eine Ölleitung abnehmen. Stark zer-

schlissene Lagerschalen sind oft auch zerkratzt und zerlöchert und zeigen eine kupferfarbene Oberfläche (vom Lagermetall). Wenn die Lagerschalen nicht numeriert sind, markiert man sie vor dem Herausnehmen. Vor dem Zusammensetzen muß man die Oberflächen der Lager immer ölen. Mit Ölrückständen zugesetzte Ölleitungslöcher reinigt man mit mehreren zusammengebundenen Pfeifenreinigern, was besonders dann nötig ist, wenn der auseinandergenommene Motor eine Zeitlang unabgedeckt herumgestanden hat oder wenn in der Nähe geschmirgelt oder geschliffen wurde.

Hauptlager
Die Kurbelwelle muß entfernt werden, um die Hauptlager vollständig freizulegen. Es lassen sich jedoch leicht einige Lagerschalen abnehmen, um die unteren Hälften der Lager zu untersuchen, die am stärksten beansprucht sind. Das Entfernen der Kurbelwelle bedeutet, daß jede einzelne Öldichtung erneuert werden muß. Beim Zusammensetzen muß dann der Nockenwellenantrieb ganz genau nach Anweisung des Werkstatthandbuchs eingebaut werden. Fachfirmen, die eine Nockenwelle nachschleifen, können auch die passenden neuen Lager liefern.

Spezialwerkzeuge
Wenn das Boot für den Winter aufliegt, muß die Arbeit nicht schnell von der Hand gehen; man hat also Zeit, sich Spezialwerkzeuge zu leihen. Das reicht von besonders dünnen oder besonders großen Maulschlüsseln über Bolzenzieher und Sicherungsringzange bis zu Geräten, mit denen man Kolbenringe neu aufziehen kann.

Zusammensetzen
Zwar haben Amateure bei Motorreparaturen schon teure Fehler gemacht, doch kann man sehr viel Geld sparen, indem man nur die arbeitsintensiven Vorgänge wie das Abnehmen des Zylinderkopfes, das Säubern und das Zusammenbauen selbst erledigt. Alle Bolzen inklusive der Glühkerzengewinde schmiert man mit Graphitfett ein, damit sie nicht rosten und späteres Auseinandernehmen erleichtert wird. Alle angerosteten Muttern, Bolzen und Unterlegscheiben ersetzt man durch neue, ebenso alle Teile, die einem verdächtig vorkommen. Ist zum Beispiel auf einem Thermostat die Öffnungstemperatur eingestanzt, so testet man ihn in einem Topf mit heißem Wasser, in das man zugleich ein Küchenthermometer stellt.

Abschlußarbeiten
Das Malen geht sicherlich am schnellsten, wenn man einen Einbaumotor nach dem Zusammensetzen mit der Farbsprühdose bearbeitet; aber bestimmt sieht das Ergebnis noch besser aus, wenn man einzelne Teile wie Kappen, Kontrollöffnungen, Verdrahtung, Filter und Pumpen abklebt und anschließend mit kontrastierender Farbe streicht. Man muß dafür hitzefeste Farbe verwenden. Einer gut aussehenden Maschine widmet man sicherlich mehr Aufmerksamkeit als einem alten Schrotthaufen, der oben rostet und unten ölverschmiert ist! Eine gelegentliche Behandlung mit Korrosionsschutzöl hält den Rost über lange Zeit in Grenzen.

Spezialisten
Auch Profiwerkstätten benötigen die Hilfe von Spezialfirmen, wenn beispielsweise der Zylinderkopf neu aufgebohrt, die Nockenwelle nachgeschliffen, eine Einspritzpumpe, eine Lichtmaschine, ein Anlasser oder ein Turbogebläse repariert werden muß. Der Nicht-Fachmann braucht meist auch zu der Reparatur des Getriebes und dem Testen von Kerzen und Einspritzdüsen, dem Einstellen des Nockenwellenantriebs und der Zündung sowie der Beurteilung von Lagerabnutzung die Hilfe von Spezialisten; und die sollte er auch annehmen, da Fehler an komplizierteren Teilen der Maschine immer teuer werden können.

Einfahren
Eine neue oder eine grundüberholte Maschine sollte man erst mit relativ langsamen Umdrehungen einfahren. Nur wenn der Hersteller anderes sagt, darf man in den ersten 20 Betriebsstunden den Motor mit mehr als einem Drittel der Maximaldrehzahl fahren. Nach den ersten zehn Stunden sollte kurzes Hochdrehen keinen Schaden mehr anrichten.

Vorsichtsmaßnahmen
Ziel des Eigners sollte es sein, an Bord allmählich ein gutes Ersatzteillager zusammenzutragen, gleich ob man es selbst einbauen kann oder nicht; das gilt natürlich besonders für längere Hochseereisen. Manche Motorhersteller haben ganze Ersatzteilkisten in ihrem Angebot; doch bestimmt braucht man zumindest ein Sortiment Bolzen, Zünd- oder Glüh-

kerzen, Kontakte, Schläuche, Kupferleitungen, Schlauchschellen, Filter, Ersatzteile für die Treibstoffpumpe, Kohlebürsten für Lichtmaschine und Anlasser, Dichtungen und genug Öl. Weitere Teile benötigt man natürlich für andere Geräte im Maschinenraum wie Akku-Ladeeinrichtung, Pumpen, Heizungen, Entlüftungs- und Kühlanlagen. Die im Winter möglichen Arbeiten werden in Kapitel 12 beschrieben.

Treibstoffanlage

Bei guter Wartung sollte eigentlich immer sauberer Treibstoff vom Tank zum Motor fließen können; doch manche Kraftstoffanlagen haben eingebaute Fehler, die ein potentielles Risiko sind. Legt man sich ein neues Boot zu, sollte man deshalb diese Anlage – wie auch andere Installationen – von einem Fachmann überprüfen lassen.

Tankmaterialien

Für Diesel sollten die Tanks aus Stahl, rostfreiem Stahl oder Kunststoff bestehen; der Stahl darf innen nicht galvanisiert oder gestrichen werden. Im Winter müssen diese Tanks voll sein, damit sich innen keine Feuchtigkeit bilden kann. Benzintanks aus Messing verursachen in Leitungsrohren und Filtern schleimige Ablagerungen (Gum); Tanks aus verzinntem oder rostfreiem Stahl sind besser. Ein Messing- oder Kupfertank wird im Winter immer geleert, damit keine Gum-Bildung auftritt.

Tankarmaturen

Manche kleine Falltanks haben nur die notwendigsten Armaturen: einen Abflußanschluß und eine Füllkappe mit Luftloch. Wie Abbildung 183 zeigt, haben gute Tanks jedoch folgende Anschlüsse:

a Einen dichten Schraubverschluß
b Ein hochgeführtes Lüftungsrohr mit Schwanenhals, dessen nach unten gerichtete Öffnung mit einem Gazefilter versehen ist.
c Einen Sumpf mit Ablaßventil, mit dem angesammeltes Wasser und Schmutz entfernt werden können.
d Ein Entnehmerrohr, das vom Absperrventil bis über den Sumpf hinauf reicht, gelegentlich noch mit einem Gazefilter.
e Einen geeichten Meßstab, den man sich aus einem runden Holzstab selbst herstellen kann.

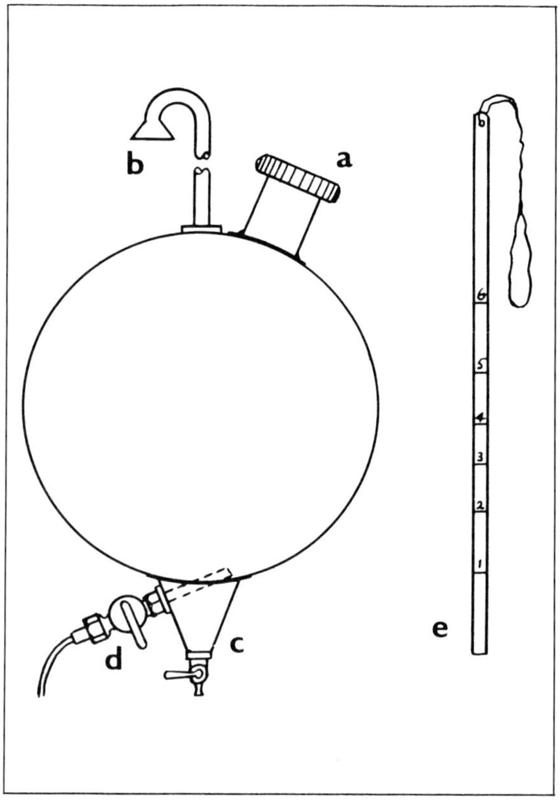

183 *Die Beschläge an einem kleinen Brennstofftank*

Große Tanks

Einige der zusätzlichen Anschlüsse, die man an größeren Tanks findet, zeigt die Abbildung 184:

a Eine Rohrverbindung mit der Decksverschraubung (lecksicher).
b Lüftungsrohr mit Schwanenhals, der in das Süll eingebaut ist. (Auf einem seegängigen Fahrzeug sollte der Schwanenhals mit einem Rückschlagventil vor dem Eindringen von Wasser gesichert sein.)
c Füllstandsanzeige, bestehend aus einem transparenten, vertikalen Schauglas. Es muß oben und unten mit einem Absperrventil ausgerüstet sein, damit man bei Beschädigung des Rohrs ein Kraftstoffauslaufen verhindern kann. Im allgemeinen wird aber ein elektrischer Füllstandsanzeiger bevorzugt; dann gibt es noch einen uhrartigen Anzeiger, der magnetisch von einem im Tank angebrachten Schwimmer gesteuert wird.

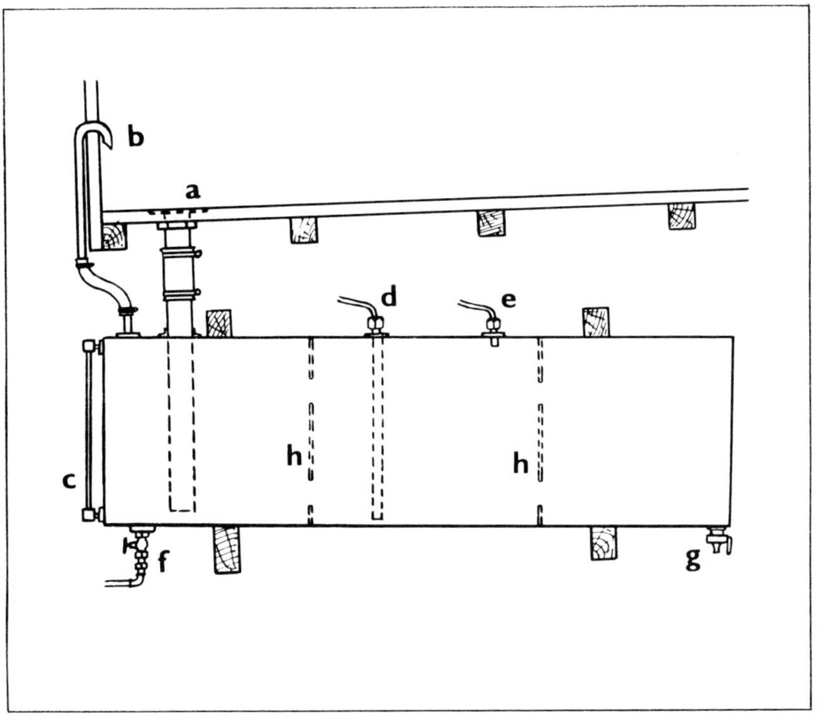

184 *Typischer Dieseltank eines großen Fahrzeugs*

d Die Saugleitung führt zur Treibstoffpumpe am Motor. Ist sie auf dem Tankdeckel angebracht, entfällt eine mögliche Leckstelle.

e Anschluß für die Rücklaufleitung von der Kraftstoffpumpe und den Einspritzdüsen am Dieselmotor.

f Anschluß für die Verbindungsleitung zu einem anderen Tank.

g Ablaßhahn; der Tank ist mit leichter Neigung zu diesem Punkt hin montiert.

h Schwallbleche im Innern des Tanks, die das Hin- und Herschwappen des Kraftstoffs im Seegang vermindern.

Außerdem gibt es an größeren Tanks immer noch ein oder mehrere aufgebolzte Inspektionsluken.

Brennstoffleitungen

Transparente Kraftstoffleitungen können nicht rosten, und man erkennt in ihnen Luftbläschen; aber sie können durchscheuern und brennen. Stahl ist für Dieselkraftstoff am besten, obwohl häufiger Kupferleitungen zu finden sind, die nicht korrodieren. Längere Rohrstücke sollten etwa alle 30 cm mit Rohrschellen befestigt werden. Diese Schellen müssen jährlich auf festen Sitz überprüft werden.

Vibration

Ein kurzes Stück flexible Schlauchleitung nahe der Maschine verhindert, daß in der restlichen Metalleitung durch Vibrationen Ermüdungserscheinungen auftreten. Ganzmetalleitungen werden deshalb an einer geeigneten Stelle spiralförmig verlegt, wobei

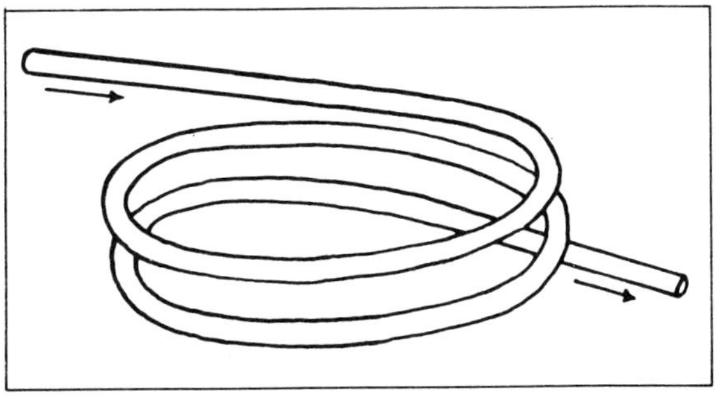

185 *Eine zur Vibrationsdämpfung in Doppelschleife gelegte Brennstoffleitung aus Metall*

die Spirale einen möglichst großen Durchmesser haben muß (Zeichnung 185); ein so verlegtes Rohr kann Vibrationen und andere Spannungen ausgleichen. Bei Kupferrohren ist es bekannte Praxis, sie etwa alle zwei Jahre zu tempern (weich zu machen), wobei die ganze Leitung mit Ausnahme der Enden und Verbindungsstücke mittelrotglühend erhitzt wird. In einer Werkstatt geschieht dies auf einem Schmiedefeuer mit anschließender kontrollierter Abkühlung. Zu Hause geht man langsam mit einer Lötlampe am Rohr entlang, ohne es anschließend abzukühlen. Der Arbeitsplatz ist am besten halb abgedunkelt, damit man ungleiches Glühen gut erkennen kann; dabei sieht man auch besser, ob das Metall nicht bis zum unerwünschten hellen Orange geglüht wird.

Gum-Entfernen

Mit Nitroverdünnung oder mit Azeton löst man am besten Treibstoff-Gum in Tanks, Leitungen und Vergasern. Dabei verschließt man die Leitung an einem Ende, steckt am anderen einen kurzen Gummischlauch hinein, durch den man dann über einen Trichter das Lösungsmittel hineingießen kann. Vor dem Ablaufen läßt man es mehrere Stunden einwirken; dann bläst man die Leitung mit Luft durch. Sicherheitshalber wiederholt man die Prozedur noch einmal. Am besten macht man dies vor und nach dem Tempern. Man beachte auch, daß normaler Dieselkraftstoff für sehr kaltes Wetter nicht geeignet ist: Dann flockt in ihm Paraffin aus, das alle Leitungen und Filter zusetzt. Für solche Betriebsbedingungen gibt es Spezialzusätze oder Winterdiesel.

Entlüften

Bei Vergasermotoren sind Luftbläschen in der Kraftstoffleitung leicht zu beseitigen, indem man die Leitung abnimmt und etwas Treibstoff ablaufen läßt (mit dem Pumpball bei Außenbordern, mit dem Handhebel an der Treibstoffpumpe bei Einbaumotoren) oder indem man den Motor, nachdem die Schwimmerkammer von Hand gefüllt wurde, kurz überlaufen läßt. Zieht die Pumpe nicht, dreht man den Motor von Hand um eine Umdrehung und versucht es noch einmal. Bei Motoren mit Einspritzpumpe wird die Entlüftungsprozedur in jedem Wartungshandbuch vollständig beschrieben; wenn eine solche Maschine nicht funktioniert, ist Entlüften die allererste Maßnahme. Sind keine speziellen Entlüftungsschrauben vorhanden (wenn es kein automatisches Entlüftungssystem gibt), löst man eine nach der anderen alle Verbindungen in Fließrichtung des Kraftstoffs, pumpt von Hand, bis Kraftstoff ohne Luftbläschen fließt und zieht sie beim Pumpen wieder fest. Den ausfließenden Kraftstoff muß man natürlich auffangen. Wenn die Kraftstoffpumpe am Motor selbst entlüftet und dabei der Motor von Hand gedreht wird, muß man Vollgas geben und der Stopphebel auf Fahrtstellung stehen. Die Entlüftungsschrauben dürfen nicht zu fest angezogen werden; andererseits dürfen sie natürlich nicht lecken, wenn der Motor läuft.

Kraftstoff-Filter

Damit hier keine Luftbläschen durchkommen, muß der Filter so tief sitzen, daß die Kraftstoffleitungen in beiden Richtungen leicht ansteigen. Wenn ein Filter gereinigt oder erneuert wurde, muß immer entlüftet werden. Es gibt Filter mit Gaze- und Papiereinsätzen, aber auch Filter, welche mit einem angebrachten Handgriff mechanisch gereinigt werden können und dann über eine Ablaßschraube den anfallenden Schmutz und das Wasser ablassen. Bei großen Dieseln verwendet man umschaltbare Doppelfilter, so daß auch während des Betriebes einer gereinigt werden kann, während der andere in Gebrauch ist. Kraftstoffverunreinigungen sind auf Booten nicht selten; dies entdeckt man am besten frühzeitig beim regelmäßigen Überprüfen der Filter im Hafen. Für Diesel ist das Entfernen von Wasser besonders wichtig.

Einspritzung

Verschmutzter Dieselkraftstoff kann Verschleiß an Einspritzpumpen und Fehlfunktionen der Einspritzdüsen verursachen, was an schwarzen Auspuffgasen erkennbar wird. Rauch kann aber auch durch falschen Kraftstoff, Motorverschleiß, zuviel eingespritzten Treibstoff oder einen verschmutzten Luftansaugfilter verursacht werden. Nur selten findet man an Bord Einspritzdüsen oder gar eine Ersatzeinspritzpumpe. Jede Werkstatt oder Garage, die auf Dieselmotoren spezialisiert ist, kann Öffnungsdruck sowie den Absprühwinkel überprüfen. Testet man die Düse selbst, achte man darauf, daß die Haut dem Einspritzstrahl nicht zu nahe kommt, er durchschlägt sie leicht. Man kann eine Düse herausziehen und den Motor selbst als Testeinheit benutzen, doch müssen dabei die Leitungen an den anderen Düsen gelöst werden, damit der Motor nicht anspringen kann. Am besten läßt man sämtliche Einspritzdüsen alle 400 Betriebsstunden überprüfen. Beim Erneuern der Düsen müssen auch neue Kupferdichtungen eingesetzt werden, und die Muttern sind gleichmäßig anzuziehen. Einspritzpumpen läßt man am besten alle 1500 Betriebsstunden überprüfen; wenn Reparaturen anfallen oder die Pumpe gar ausgetauscht werden muß, mache man sich auf erhebliche Kosten gefaßt.

Fehlersuche
Ob eine Zündkerze defekt ist, stellt man fest, indem man nacheinander an jeder Kerze das Zündkabel abzieht, während der Motor im Leerlauf dreht. Auf ähnliche Weise kann man auch bei einem Dieselmotor manchmal eine fehlerhafte Einspritzdüse identifizieren: Während der Motor im Leerlauf dreht, löst man eine Einspritzleitung nach der anderen und lauscht, bis man jene findet, bei der es keinen Unterschied zur Leerlaufgeschwindigkeit gibt; dies ist die defekte. Oder man beobachtet, ob der Qualm im Abgas weniger wird. Treibstoffverlust aus den Leckkraftstoffleitungen der Einspritzdüsen ist eine bekannte Erscheinung, da insbesondere die flexiblen Verbindungen an den Rohrleitungen durch die Motorschwingungen losekommen können. Auch das muß man prüfen, bevor man auf See geht.

Turbolader
Im allgemeinen braucht ein Turbolader an einem Dieselmotor wenig Pflege; doch wird üblicherweise empfohlen, die Turbinenschaufeln alle 500 Betriebsstunden zu reinigen. Ein Turbolader hat ein eigenes Schmiersystem mit Filter und Meßstab, das man im Auge behalten muß.

Motorkühlung

Direkte Seewasserkühlung mit einer vom Motor angetriebenen Pumpe funktioniert bei Außenbordern gut und wird auch für kleinere Einbaumotoren (siehe Abbildung 186) benutzt. Doch die Kühlmäntel an Zylinder und Auspuff korrodieren dann und können sich mit Salzablagerungen zusetzen, was Überhitzung verursacht. Das Salz löst man mit verdünnter Salzsäure, wobei allerdings gut mit heißem Süßwasser nachgespült werden muß. Bei solchen Wartungsarbeiten darf man den Wärmetauscher am Ölkühler, wenn vorhanden, nicht vergessen. Bevor man die verdünnte Salzsäure eingießt, muß man in

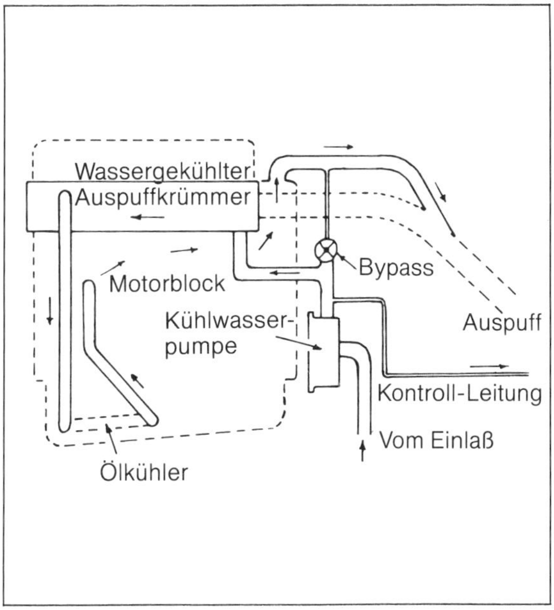

186 *Schema einer Direktkühlung mit Seewasser*

den Kühlmänteln alle Zinkanoden entfernen; falls Motorblock oder Zylinderkopf aus Aluminium sind, muß man sich vor einer solchen Behandlung erst mit dem Hersteller beraten.

Seewasserfilter
Außer wenn ein Motor einen doppelten Kühlwassereinlauf mit einem Umschaltventil hat, sollte der Seewasserfilter in einem Standrohr eingebaut sein, das bis über die Wasseroberfläche reicht. Dann kann man den Filter reinigen, ohne das Kühlwasser absperren zu müssen (Abbildung 187).

Temperatur
Viele direktgekühlte Motoren erreichen nie ihre optimale Arbeitstemperatur, was unnötigen Verschleiß nach sich zieht. Um das festzustellen, befestigt man mit Klebeband ein Thermometer am Kühlwasserablaufrohr; dann kann man schnell ablesen, ob die vom Hersteller empfohlene Temperatur (meistens 77° C) überhaupt erreicht wird. Vielleicht muß man nur einfach ein Bypass-Ventil neu einstellen oder einen Thermostaten erneuern. Bei manchen Kühlanlagen ist ein solcher Bypass (siehe Abb. 186) nicht vorgesehen; dann ist ein kleiner Umbau angesagt.

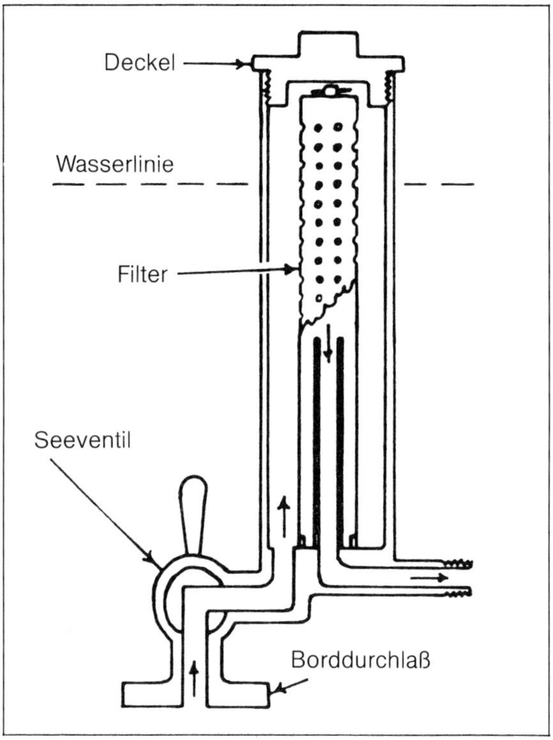

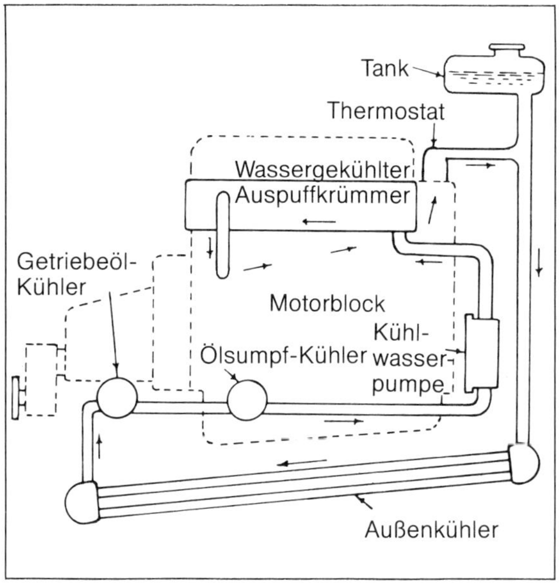

188 *Geschlossener Kühlkreislauf mit Wärmeaustauscher am Bootsboden*

187 *Einen guten Kühlwasser-Einlaßfilter kann man auch unterwegs reinigen.*

Thermostaten sind zuverlässig und verursachen eher zu niedrige Temperatur als zu hohe. Bei luftgekühlten Motoren hängt die Motortemperatur auch von der Lufttemperatur ab, wenn nicht Regler in den Ansaugkanälen eingebaut sind.

Spion

Wenn das Kühlwasser über den Auspuff abgeleitet wird, kann man nicht bei allen Booten zur Kontrolle der Kühlung leicht überwachen, ob Wasser am Auspuff herauskommt. Dann wird hinter der Kühlwasserpumpe ein dünnes Abflußröhrchen so eingebaut (Abb. 186), daß eine visuelle Prüfung leichter fällt; eine solche Änderung kann man gut selbst vornehmen.

Notfälle

Eine zusätzliche Komplikation bedeutet ein Umschaltventil vor dem Seewasser-Einlaßfilter, über das man die Kühlwasserpumpe zugleich als Lenzpumpe für die Bilge benutzen kann. Bei stark lekkenden alten Booten (oder in Notfällen) ist das sicher nützlich; aber wenn dieses Ventil einmal in der falschen Stellung stehen bleibt, kann das Totalschaden am Motor bedeuten. Das Einlaßventil wird am besten zugedreht, wenn das Fahrzeug nicht bemannt ist (was sich eigentlich für alle Seeventile versteht); doch darf man nicht vergessen, es wieder zu öffnen, bevor man den Motor startet. Funktioniert die Wasserpumpe einmal nicht, kann man den Wasserzulauf vielleicht über kurze Schläuche mit einer elektrischen Bilgepumpe verbinden. Im Notfall reicht es auch schon, wenn ein Mann vom Deck aus mit einem Schlauch dem Motor Kühlwasser zuführt.

Geschlossener Kühlkreislauf

Wenn (wie beim Auto) immer das gleiche Wasser durch das Kühlsystem läuft, werden Ablagerungen im Motor verhindert, kann Aluminiumguß angewendet und dem Kühlwasser Rost- und Frostzusatz beigegeben werden. Die einfachste Form eines geschlossenen Kühlkreislaufs ist eine Kielkühlung (siehe Abbildungen 48 und 188) mit einem kleinen

Falltank. Da eine Kielkühlung leicht beschädigt werden kann, ist der doppelte Kühlwasserkreislauf beliebt, bei dem über eine zweite Wasserpumpe ein Seewasserkreislauf einen inneren Kühlwasserkreislauf über einen Wärmetauscher runterkühlt.

Routinewartung
Bei fast jedem Kühlsystem werden Schläuche verwendet; sie müssen regelmäßig auf Lecks und Risse untersucht werden. Deshalb sollte man auch immer passende Ersatzschläuche an Bord haben; verrostete Schlauchschellen werden durch neue aus rostfreiem Stahl ersetzt. Mit Isolierband kann man nur eine Notreparatur an den Schläuchen vornehmen. Bevor der Motor angelassen wird, schmiert man die Wasserpumpe, wobei austretendes Schmierfett immer abgewischt werden muß. Der Keilriemen muß so fest sitzen, daß er keinen Schlupf hat; natürlich hat man immer einen Ersatzriemen an Bord. Ein zu straff sitzender Keilriemen kann jedoch die Lager beschädigen. Der Seewasserfilter könnte bei unzureichender Wartung verstopfen, es kann sich aber auch ein Plastikbeutel vor die Einlaßöffnung setzen. Mit einem langen dünnen Draht läßt sich das Hindernis meist von innen abstoßen, aber der Draht muß durch ein eventuell vorhandenes Eintrittssieb passen. Wartung beim Aufliegen beschreibt Kapitel 12.

Auspuffanlage

Das kleinste Leck in der Auspuffanlage kann auf einem geschlossenen Boot schlimme Folgen für die Gesundheit der Besatzung haben. Ablagerungen, herausgedrückte Dichtungen, abblätternder Rost, ein zusammengedrückter Schalldämpfer oder überhitzte Schlauchteile können Ursachen dafür sein. Deshalb sollte man die Auspuffanlage – je nach Material und Betriebsdauer – in etwa fünfjährigen Intervallen zerlegen und überprüfen.

Materialien
Stahl wird normalerweise für Diesel-Auspuffanlagen verwendet, Kupfer für andere Typen. Flexibilität wird durch wassergekühlte Schlauchstücke erreicht oder bei einem trockenen Auspuffsystem durch ein flexibles Rohr aus rostfreiem Stahl. Messingbolzen an Flanschen können sich durch die Motorvibration lösen und müssen vor dem Einschrauben mit Graphitfett behandelt werden.

Hitzeentwicklung
Ein trockener Auspuff (wie er bei luftgekühlten Motoren vorkommt) muß zur Verminderung der Hitzeabstrahlung, gegen Brandgefahr und zur Verhinderung von Verletzungen gut isoliert werden. Auch das kurze heiße Teil eines nassen Auspuffs wird oft mit Asbest isoliert. Unter der Isolierung kann man die Auspuffrohre nicht inspirieren. Sie absorbiert auch Feuchtigkeit, die nach dem Anlassen verdampft und manchmal fälschlicherweise für eine Leckage im Auspuff gehalten wird. Vorgeformte Rohrisolierungen halten meist der Auspuffhitze nicht stand. Asbestwolle gilt heutzutage als Gesundheitsrisiko, aber auch eine Isolierung aus Mineralwolle (mit einer Außenlage Glasgewebe, das an Ort und Stelle aufgenäht wird) hat eine lange Lebensdauer.

Geräuschdämmung
Wasserkühlung reduziert den Lärm durch Kühlung der Abgase und ermöglicht die Montage eines Schalldämpfers aus Neopren (Abbildung 189). Ein wassergekühlter Auspuffkrümmer rostet leicht und muß deshalb jährlich kontrolliert werden. Ein Kühlwasserthermometer warnt rechtzeitig bei Fehlern im Kühlwasserkreislauf. Ein nasser Schalldämpfer sollte am niedrigsten Punkt des Kühlkreislaufs und

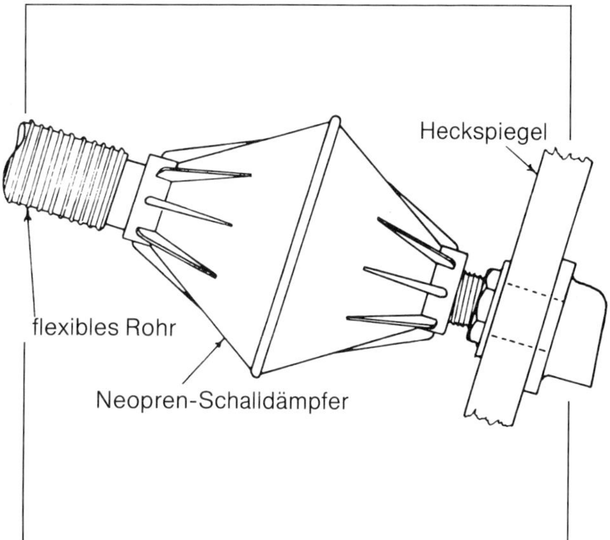

189 *Gummischalldämpfer an einer wassergekühlten Auspuffleitung*

unterhalb der Wasserlinie eingebaut werden. Alle anderen Arten von Schalldämpfern müssen so hoch wie möglich liegen. Die meisten trockenen Schalldämpfer bestehen aus einem durchgehenden perforierten Rohr und sind innen mit Mineralwolle gefüllt; Bootsschalldämpfer benötigen keinerlei Wartung, bis sie vor Altersschwäche auseinanderbrechen. Werden sie jedoch an Zweitaktmotoren (siehe Seite 181) verwendet, kann starke Rußbildung sie schon nach weniger als 1000 Betriebsstunden zusetzen.

Rücklauf
Unbedingt muß man überprüfen, ob Wasser von außen in die Auspuffleitung und vielleicht sogar bis in den Motor zurücklaufen kann. Ein Schwanenhals direkt vor dem Austritt des Auspuffs arbeitet gut (Abbildung 190), doch wenn dafür nicht genügend Platz vorhanden ist, muß man ein Seeventil oder außen ein Rückschlagventil anbringen. Manche Eigner verstopfen den Auspuff, wenn der Motor nicht läuft, mit einem Lappen oder einem Holzpfropfen.

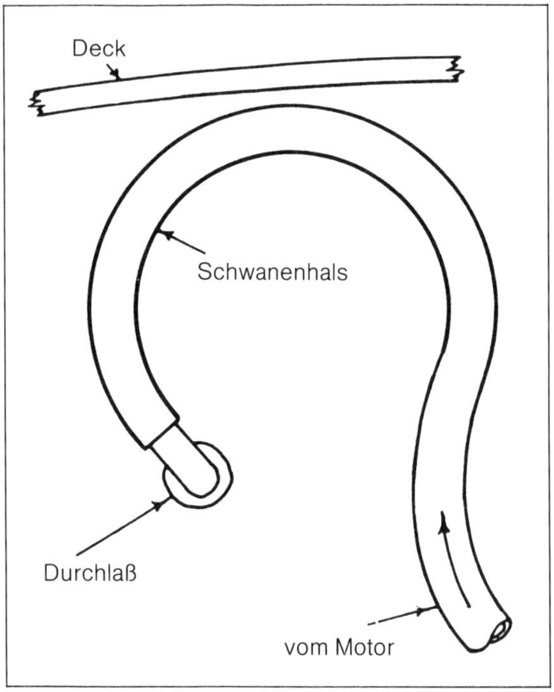

190 *Ein Schwanenhals im Auspuffrohr verhindert Wasserrücklauf zum Motor.*

Wenn man das Boot verläßt, ist das recht sinnvoll; doch während des Betriebs ist es umständlich.

Ablassen
Um Frostschäden zu vermeiden, läßt man bei einem nassen Auspuff das Wasser ab. Gibt es keinen Ablaßhahn am untersten Punkt – unterhalb des Schalldämpfers –, läßt man die Maschine wenige Minuten bei zugesperrtem Einlaßventil laufen, was natürlich nur für Direktkühlung gilt. Außer der Möglichkeit von Frostschäden besteht bei einer nassen Auspuffanlage im Winterlager auch Korrosionsgefahr.

Zündung

Das Problem von Feuchtigkeit in der Zündanlage ist bei modernen elektronischen Anlagen überwunden; aber man kann sie nicht wie die konventionellen Systeme mit geringen Kosten selbst warten. Bei letzteren müssen Zündkerzen, Kondensator, Unterbrecherkontakte und Kabel immer in bestem Zustand sein. Ein wasserabweisendes Aerosolspray ist sicher nützlich, doch es mag vorkommen, daß man alle feucht gewordenen Teile über dem Kocher trocknen muß, bevor man den Motor zum Anspringen überreden kann!

Zündkabel
Manchmal werden die Zündkabel durch Rohre gezogen. Das kann bei Feuchtigkeit Ärger geben; es bleibt dann nichts anderes übrig, als alles herauszureißen. Alte Kabel erneuert man besser, bevor der Ärger beginnt. Beim Ersatz muß man allerdings darauf achten, daß man die gleichen Kabel nimmt – wahrscheinlich eher solche mit Kupfer- als mit Kohlefaserkern –, die auch zuvor installiert waren. Isolierungsfehler sind nicht immer leicht zu erkennen. Im Zweifelsfall ersetzt man die Zündkabel besser zu früh als zu spät und kann dann auch sicher sein, daß alle Anschlüsse fest sitzen.

Entstörung
Motoren mit Zündkerzen sind bekannt für Radiostörungen und unerwünschte Magnetfelder. Ein Amateur kommt damit oft nicht zurecht, doch jeder Elektronikfachmann kann das Problem schnell lösen. Neue Motoren und die meisten Diesel sind in dieser Hinsicht problemlos, doch auf älteren Booten können Veränderungen an der Zündanlage und den Entstöreinrichtungen Ärger mit sich bringen.

Verteiler
Startschwierigkeiten (oder unrunder Lauf) werden manchmal durch kaum sichtbare Risse in der Verteilerkappe verursacht. Deshalb führt man am besten Ersatz mit. Die Enden der Zündkabel muß man numerieren, damit man sie nicht mit den falschen Zündkerzen verbindet – was beim Starten möglicherweise einen Vergaserbrand erzeugt. Beim Einsprühen mit wasserabweisendem Spray darf man die Innenseite der Kappe nicht vergessen. Auch die Unterbrecher-Nocken der Verteilerwelle müssen ein wenig gefettet werden. Die bewegliche Aufhängung der Unterbrecherkontaktplatte muß leicht geölt werden.

Einstellung
Baut man einen Zündverteiler oder einen Zündmagnet aus, sollte man sich genau seine Montageposition vor Arbeitsbeginn markieren. Wurde die Antriebswelle entfernt, setzt man das Kettenrad nach Anweisung des Werkstatthandbuchs wieder ein. Überhaupt ist es wichtig für das Gelingen einer Arbeit, alle Teile in der umgekehrten Reihenfolge des Auseinandernehmens wieder zusammenzusetzen.

Startanlage

Kleine Bootsmotoren müssen kurz, aber kräftig durchdrehen, wenn sie zuverlässig und prompt starten sollen. Bei vernachlässigter Batterie oder kaltem Wetter braucht man vielleicht eine Starthilfe. Große Diesel starten mit komprimierter Luft – zuverlässig, wenn der Drucktank voll und kein Leck vorhanden ist. Das Starten mit Zündpatronen ist narrensicher, aber auf Yachten kaum üblich.

Handstart
Zusätzliche Handstarteinrichtungen sind bei kleinen Dieselmotoren heutzutage häufig anzutreffen; damit spart man die Starterbatterie. Allerdings ist der Motor oft nur schwer zugänglich, und so sieht man dann Handgriffe mit überlangem Schaft, der durch ein Lager im Schott bis in die Kajüte geführt wird. Eine solche Einrichtung braucht wenig Pflege außer Öl auf die Lager und Klinken und Graphitfett auf die Kette. Läßt sich die Kette nicht nachspannen, muß man sie austauschen, wenn sie zuviel Lose zeigt.

Trägheitsstarter
Damit sind handbetriebene Schwungräder oder auch Federn gemeint, die genügend Drehkraft zum Starten speichern können; dann gibt es noch einen hydraulischen Starter, dessen Flüssigkeit durch eine Handpumpe unter Druck gesetzt wird, der dann über eine Zahnstange und ein Ritzel auf das Kurbelwellenende übertragen wird. Bei all diesen Anlagen muß die Schmierung besonders aufmerksam beachtet werden, aber auch der Stand des Hydrauliköls und der feste Sitz aller Muttern.

Elektrischer Anlasser
An Land wird ein Anlasser meist erst dann beachtet, wenn er versagt. Auf See ist die Wartung wichtiger. Säubern und leichtes Ölen der Wellen und des Ritzels verhindern Verschleiß, während das Fetten der Lager, das Säubern der Kohlebürsten und des Kollektors, das Überprüfen des Magnetschalters und das Nachziehen aller Bolzen ruhig alle zwei Jahre geschehen kann.

Starthilfen
Widerspenstige Motoren sind nichts neues. Außer kaltem und feuchtem Wetter verursachen noch andere Mängel Startschwierigkeiten, die in den Herstellungsanweisungen bei der Fehlersuche detailliert aufgeführt sein sollten. Mit Dekompressor, Rücklaufleitungen für überflüssigen Kraftstoff, Glühkerzen oder anderen Vorheizeinrichtungen sind die meisten Bootsdiesel für leichtes Starten gut ausgerüstet. Aerosole, die in den Luftansaugkanal gesprüht werden, während der Motor dreht, funktionieren am besten, wenn man zuerst den Luftfilter abnimmt; doch zu starkes Sprühen kann Schäden verursachen. Eine Starthilfe, die heute kaum noch anzutreffen ist, arbeitet ähnlich einer fest eingebauten Aerosol-Sprühdose mit Patronen.

Vorglühen
Moderne Diesel haben elektrische Vorglüher in der Vorkammer oder Glühkerzen im Verbrennungsraum. Eine einzelne durchgebrannte elektrische Glühkerze in einer Reihenschaltung unterbricht den Stromkreis – es glüht also gar keine Kerze mehr. Entfernt man solche Kerzen, um die Funktion zu überprüfen, muß man die richtige Prüfspannung benutzen, die bei einem Sechszylinder vielleicht nur zwei Volt beträgt. Hat man zum Starten eine fehlerhafte Glühkerze überbrückt, muß man die Vorheizzeit so stark wie möglich verkürzen, damit die intakten Glühkerzen nicht überlastet werden.

Elektrik

Starke Akkumulatoren sind das Herz der Motorelektrik; also darf ihre Wartung und ihr Ladezyklus nie vernachlässigt werden. Heute werden alle Motoren außer den kleinsten Außenbordern mit Akkus gestartet; dazu kommen noch elektrisch betriebene Fernbedienungen zum Z-Drive-Anheben, Getriebeschaltung und Choke, Ladekontrollampen und Akustikalarm für Kühlwassertemperatur und Öldruck. Die Elektroausrüstung von Booten ist zwar so gebaut, daß Feuchtigkeit keine Schäden verursacht; doch sollte man sie im Winterlager ausbauen und trocken lagern, um ihre Zuverlässigkeit zu erhalten.

Lichtmaschine

Der zuverlässige alte Gleichstromgenerator lief 5000 Betriebsstunden ohne Wartung. Der vorsichtige Eigner wird jedoch eine Lichtmaschine nach nicht mehr als 2000 Betriebsstunden zerlegen, um die Lager zu fetten, den Kollektor zu polieren und neue Kohlebürsten einzusetzen. Die Überprüfung, das Anbringen neuer Wicklungen und das Abdrehen des Kollektors sind jedoch im allgemeinen Profiarbeiten. Schneller Verschleiß der Lager kann an einem zu stark gespannten Keilriemen liegen.

Drehstromgenerator

An den meisten modernen Motoren werden sie als Standard-Lichtmaschinen verwendet; doch haben Drehstromgeneratoren komplizierte Steuereinrichtungen. Vorteilhaft ist ihr leichtes Gewicht und die Tatsache, daß sie bereits bei geringen Motordrehzahlen hohe Ladeströme erzeugen können. Die Wartung ist einfacher als bei einer Gleichstrommaschine, da es hier keinen Kollektor gibt. Als Ersatzteil nimmt man am besten eine Gleichrichtereinheit mit. Weltumsegler haben manchmal einen Ersatzgenerator in der Last – trotz der Kosten. Während die Drehstromlichtmaschine läuft, darf man den Akku nicht abklemmen, ebensowenig beim Diesel den Starterschlüssel rausnehmen, bevor nicht der Stopphebel den Motor zum Stillstand gebracht hat.

Überwachung

Schalter und Spannungsregler können versagen, wenn die Anlage nicht frei von Korrosion und Feuchtigkeit ist. Außer bei vollständig gekapselten Teilen müssen alle Kontakte an Sicherungen, Steckern und Terminals mit Vaseline oder Petroleumgelee eingerieben werden. Manche Sprühmittel isolieren zugleich und verhindern damit, daß die Kontakte bei der niedrigen Bordspannung ordentlich funktionieren. Die Schalter des Bordnetzverteilers und des Armaturenbretts sollten immer gut beschriftet sein; man kann dafür Aufkleber kaufen. Wichtig ist auch, daß man weiß, wie die gesamte Anlage funktioniert und wie man den Motor beim Verlust des Startschlüssels oder bei Ausfall des Magnetschalters startet. Solche Informationen sollte man auch den anderen Besatzungsmitgliedern mitteilen.

Der Jockel

Es ist kein Luxus, wenn heute viele größere Yachten über einen Generator verfügen, mit dem sie im Hafen oder vor Anker, falls kein Netzstrom zu bekommen ist, die Akkus laden können. Tragbare Generatoren, liebevoll „Jockel" genannt, die auch Platz auf kleineren Yachten finden, gibt es schon lange. Lärm und Luftverschmutzung läßt sich jedoch bei allen diesen Geräten nicht ganz umgehen. Die vom Hersteller geforderte Wartung ist normalerweise minimal, doch wenn die Geräte nicht vernachlässigt werden sollen, macht man sich Aufzeichnungen über die tatsächlich gelaufenen Betriebsstunden.

Gratisenergie

Solarpaneele und von Windrädern angetriebene Generatoren (Abbildung 191) laden die Akkus langsam, wie die Bedingungen gerade passen. Unter Wasser nachschleppbare Rotoren drehen einen Generator, während das Boot segelt oder in einem starken Tidenstrom ankert. Außer wenn Seegras sich herumwickelt, sind diese Geräte praktisch wartungsfrei.

Selbststeueranlagen

Motorgetriebene Autopiloten und Windfahnen-Selbststeueranlagen brauchen ein wenig Schmierung. Bei letzterer sollte man die Windfahne abnehmen, wenn sie nicht in Gebrauch ist, um Beschädigungen, Verschleiß und auch Diebstahl zu verhindern.

Akkutypen

Kleinere Fahrzeuge kommen mit einem einzigen Akku für den Motorstart und für den Betrieb weniger Lichter aus. Große Fahrzeuge haben ganze Batterie-Bänke mit Reservekapazitäten und Umschalt-

a

b

191 *Nutzung von Primärenergie:* **a** *durch Windgenerator,* **b** *durch Solarzellen* vorrichtung, mit welcher man die Starterakkus vorrangig laden kann. Spezielle Bootsbatterien sind teuer, da sie auslaufsicher sein müssen. Stahl-Akkus (Nickel-Cadmium) sind beinahe unzerstörbar, aber schwerer und viel teurer als die üblichen Blei-Säure-Batterien.

Batteriewartung
Zum Auffüllen des Elektrolyts in Bleibatterien nimmt man destilliertes oder entionisiertes Wasser, das man an Tankstellen bekommt. Die Batterieanschlüsse müssen immer sauber und trocken sein. Weiße Ablagerungen werden sich nicht bilden, wenn alle Anschlüsse reichlich mit Vaseline eingeschmiert sind. Das gleiche gilt auch für alle anderen Anschlüsse und Verbindungen mit niedriger Spannung.

Batterie-Lebensdauer
Installiert man die Batterien außerhalb des heißen Motorraums, so verhindert man damit ihr vorzeitiges Altern. Gelegentliches langsames Entladen bis zur halben Kapazität mit anschließendem langsamen Wiederaufladen ist, wie auf Seite 268 beschrieben, für die Lebensdauer der Batterien am günstigsten. Müssen Batterien häufig nachgeladen werden, so ist das ein Zeichen für ihren baldigen Zusammenbruch. Ein Gerät zur Batterieüberwachung ist immer sinnvoll. Benutzt man zum Messen einen Säureprüfer, so wäscht man ihn nach dem Benutzen gut ab und verstaut ihn in einer gepolsterten Schachtel.

Vorsicht!
Beim Aufladen produzieren Blei-Akkus explosiven Wasserstoff; also komme man ihnen mit offenen Flammen und angezündeten Zigaretten nicht zu nahe. Sie dürfen deshalb nicht in einem luftdicht abgeschlossenen Behälter stehen; auch sollte man darauf achten, daß nicht etwa Werkzeuge oder andere metallische Gegenstände auf die Anschlüsse fallen und Funken verursachen können. Säure in der Bilge würde großen Schaden anrichten, deshalb sollte man unter den Batterien eine Tropfwanne anbringen oder sie besser in Kästen aus rostfreiem Stahl, PVC oder aus mit Blei- oder Zinkblech beschlagenem Holz einbauen. Alle Batterien sollten so fest verbolzt werden, daß sie sich nicht bewegen können, selbst wenn das Boot kopfsteht.

Allgemeine Mechanikerarbeiten 10

Wie bei den Motoren, muß man auch bei aller anderen mechanischen Ausrüstung, die in modernen Booten zu finden ist, den unausweichlich drohenden Schäden immer einen Schritt voraus sein. Man lernt jedoch im allgemeinen relativ bald, sich abzeichnende Gefahren rechtzeitig zu erkennen.

Was man erwarten muß

Selbst auf Jollen findet man kleinere mechanische Ausrüstungsteile wie Selbstlenzer, Steckschwert, Baumniederholer, Winschen, Wanten- und Vorstagspanner, Mastspur- und Mastlager, Ruderbeschlag und Ruderkopf, Curry-Klemmen und Fallenstopper.

Größere Fahrzeuge haben zusätzlich noch Elektronik mit Verdrahtungen, Steckern und Schaltern aller Art, eine Windfahnen- oder elektrische Selbststeueranlage, Lüfter, Rohre und Pumpen, Schot- und Fallwinden, Teleskop-Baumniederholer, Heizung und Kühlaggregat, Ankerwinde, Log, Mastschienen und -rutscher, Genuaschlitten auf Schienen, Traveller mit Schlitten und Schiene, Bugrolle, Achterstagspanner usw. Manche Hubkiele wiegen mehr als eine Tonne und erfordern eine umfangreiche hydraulische Hebevorrichtung. Und das ist bei weitem noch nicht alles. Wichtig ist vor allem, daß man weiß, welche dieser Dinge während der Segelsaison gewartet werden müssen.

Korrosion

Jede Mechanik ist untrennbar mit Metallen aller Art verbunden; viele dieser Metalle korrodieren nur zu leicht unter salzigen (oder auch nur feuchten) Bedingungen. Sogar rostfreier Stahl korrodiert unter gewissen Voraussetzungen, und bestimmte gegossene und verchromte Teile, die bei moderner Ausrüstung gelegentlich vorkommen, müssen geschützt werden, um sie zu erhalten.

Elektrolyse

Wasser oder Gischt mit kleinen Unreinheiten – besonders Salz – bilden eine Art Batterie, wenn sie zwei verschiedene Metalle (die nicht wenigstens um Armeslänge auseinanderliegen) bedecken, und verursachen Korrosion. Dieser elektrolytische (oder galvanische) Vorgang muß sorgfältig beobachtet werden, wo immer er an Bord auftreten kann. Wie ernst das Problem ist, hängt ab von der Art der Metalle, von der Temperatur und vom Salzgehalt des Wassers.

Galvanische Spannungsreihe

In dem sich bildenden galvanischen System nimmt

ein Metall die Rolle der Kathode ein, das andere die der Anode, welche abgebaut wird. In Tabelle 6 sind die Metalle aufgelistet, die an Bord vorkommen können, und zwar vom stärksten anodischen bis zum stärksten kathodischen Metall. Metalle im oberen Teil der Liste korrodieren am schnellsten, wenn sie mit Metallen im unteren Teil der Liste ein Element bilden. Je näher die Metalle in der Reihenfolge beieinanderliegen, um so langsamer verläuft dieser Prozeß. Immer wird das Metall oben abgebaut, während das unten auf der Liste geschützt ist.

Tabelle 6 **Galvanische Spannungsreihe für die meisten Bootsmetalle**

ANODISCH (UNEDLE SEITE)	Reines Zink
ZUNEHMEND EDLER ↓	Galvanisierter Stahl
	Kadmium plattiert
	Reines Aluminium
	Aluminiumlegierung
	Eisen
	Gußeisen
	rostfreier Stahl (aktiv)
	Weißmetall
	Blei
	Manganbronze
	Messing
	Kupfer
	Siliziumbronze
	Rotguß
	Nickel
	Monel
	rostfreier Stahl (passiv)
	Chromplatiert
KATHODISCH (EDLE SEITE)	Graphit

Kathodenschutz

Man schützt die Metalle am Unterwasserschiff, indem man eine oder mehrere Opferanoden aus Zink (Abbildung 192) am Rumpf anbringt. Diese Opferanoden werden weggefressen und müssen erneuert werden, wenn sie verbraucht sind. Beim Fachhandel erhält man Anoden in unterschiedlicher Form und Größe, auch solche, die um eine Propellerwelle oder einen Ruderschaft geschraubt werden (Abbildung 193). Außerdem gibt es Opferanoden, die man an einem Draht über Bord hängt, wenn man vor Anker liegt. Opferanoden findet man beispielsweise auch im Motor-Kühlmantel, im Ölkühler und im Wärmetauscher.

192 *Nur ein reines Segelboot kommt ohne Opferanode für das Unterwasserschiff aus.*

Stromkreisbildung

Seit fast einem Jahrhundert schon werden zum Schutz wichtiger Metallteile kleine Zinkplatten an Bootsrümpfen befestigt. Für die heutigen Opferanoden wird eine bessere Zinkart benutzt, die nicht unter weißen Oxydschichten verschwindet. Die Opferanoden werden so durch den Rumpf gebolzt, daß man sie auch innen über Kabel mit benachbarten Rumpfbeschlägen und -durchlässen inklusive Stevenrohr verbinden kann, selbst wenn man die flexible Wellenkupplung überbrücken muß. Durch diese Stromkreisbildung wird die Wirkung der Opferanoden stark verbessert. Hat man in dieser Hinsicht Probleme, besonders bei einem Metallrumpf, lohnt es sich, einen Fachmann zu Rate zu ziehen.

Schutzfarbe

Obgleich ein ordentlicher Anstrich einen ausgezeichneten Schutz gegen alle Arten von Korrosion bildet, ist er dennoch nicht ganz zuverlässig. Vor allem achte man darauf, daß die Opferanoden nicht mit Antifouling-Farbe überstrichen werden! Man bedenke ferner, daß Farbkratzer auf einem Aluminiumrumpf zu stärkerer örtlicher Korrosion führen können, als wenn der gesamte Rumpf ungestrichen bliebe. Desgleichen sei man sich zumindest bewußt (auch wenn man es nicht immer nachprüfen kann), was geschieht, wenn man mit einem ungestrichenen Aluminiumrumpf an einem Boot festmacht, dessen Unterwasserschiff mit Kupfer-Antifouling gestrichen oder mit Kupferplatten belegt ist.

Kriechströme

Schwerer Schaden durch Elektrolyse (besonders an Metallrümpfen) hat manchmal seinen Grund in defekter Isolierung der elektrischen Leitungen oder in fehlerhafter Ausrüstung. Dagegen schützt man sich am besten, indem man die Batterien und den Netzstrom, wenn das Boot unbeaufsichtigt liegt, vollstän-

193 *Eine runde Zinkanode auf der Welle*

dig vom Boot trennt; andererseits wendet man auf großen Schiffen mit gutem Erfolg auch den sogenannten aktiven Korrosionsschutz an. Hierbei wird der entstehende galvanische Stromfluß gemessen und durch einen gleichgroßen, aber entgegengerichteten kompensiert.

Rostfreier Stahl
Selbst bestimmte Arten rostfreien Stahls sind nicht immun gegen Korrosion, wie der aktive rostfreie Stahl in Tabelle 6 zeigt. So tritt Kontaktkorrosion auf, wo zwei gleiche Metalle miteinander verbolzt oder in enger Nachbarschaft sind. Merkwürdigerweise geschieht das auch innerhalb von Gummilagern oder an Rumpfdurchführungen, also dort, wo kein Luftsauerstoff herankommt.

Propellerschäden
Bronzepropeller werden durch Kavitation beschädigt (siehe Seite 175), selten durch Korrosion, wenn sie durch eine Opferanode geschützt sind. Beschichtung mit Hartantifouling hilft zusätzlich und verhindert außerdem Bewuchs, wenn das Boot über längere Zeit still im Wasser liegt.

Beschichtung
Galvanische Korrosion an den Verbindungen eines beplankten oder eines Sperrholzrumpfs kann man vermindern, indem man den Rumpf mit GFK oder Nylon beschichtet (siehe Kapitel 5). Oberhalb der Wasserlinie werden Metallteile am besten durch Farbe, Lack, wasserabweisendes Lanolin, seewasserbeständiges Fett oder Chromschutzlack geschützt. Regelmäßiges Polieren hält Messing von Grünspan frei. Das ist zwar mühsam, aber Klarlack beeinträchtigt das Aussehen glänzender Metalle.

Pumpen

Auf Segeljollen entfernt man das Wasser in der Bilge über Lenzventile, Selbstlenzer, mit einem Schwamm oder Ösfaß. Doch selbst die kleinsten Kiel- und Motorboote haben wenigstens eine Lenzpumpe. Ein Doppelschrauben-Motorsegler kann bis zu 18 Pumpen unterschiedlichster Art an Bord haben: für jeden Motor vier Pumpen für Kühlung, Kraftstoff und Schmieröl; eine Hand- und eine mechanische Lenzpumpe; zwei WC-Pumpen; drei Wasserpumpen (Süßwasser heiß und kalt, dazu Seewasser); vielleicht eine Deckwaschpumpe, eine Pumpe zum Aufblasen des Gummibeiboots und eine hydraulische Ankerwindenpumpe.

Reparaturen
Pumpen verschleißen nur selten vollständig. Die wenigen dem Verschleiß unterliegenden Teile lassen sich normalerweise leicht warten oder erneuern. Fachleute benötigt man eigentlich nur, wenn man es mit veralteten Pumpen (oder bestimmten modernen Importen) zu tun hat, für die es keine Ersatzteile oder Anleitungen gibt. Manche Werftarbeiter sind besonders fix beim Reparieren problematischer Pumpen, doch die Rechnung ist dann oft höher als für eine neue Pumpe.

Bilgepumpen
Mindestens eine handbetriebene Bilgenpumpe von angemessener Kapazität gehört auf jedes Boot. Praktisch sind alle Typen geeignet – sei es nun eine Membran- oder eine Kolbenpumpe. Beim Kauf einer neuen Pumpe wähle man diejenige, bei welcher ein verstopftes Ventil in ein paar Sekunden zu reinigen ist. Auf Fahrtenbooten werden häufig Bilgen-

194 *Einige tragbare und festmontierte Bilgepumpen:* **a** *Flügelpumpe* **b** *Membranpumpe* **c** *Kolbenpumpe* **d** *Flexible Kolbenpumpe* **e** *Zentrifugalpumpe*

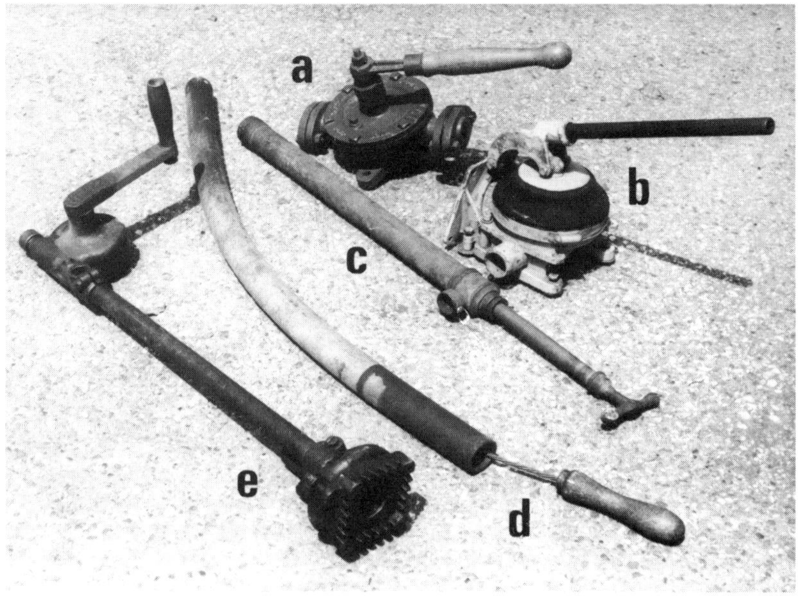

pumpen verwendet, die vom Motor oder elektrisch angetrieben werden. Für den Notfall muß hier auch eine zweite Anlage mit Handbetrieb eingebaut werden.

Flügelpumpe
Die gute alte Flügelpumpe (Abbildung 194a) enthält zwei Ein- und Auslaßventile, die für kontinuierlichen Fluß sorgen. Diese Pumpen sind sehr langlebig, wenn sie jeden Winter auseinandergenommen und gefettet werden. Dann müssen die Ventile neu befestigt und die Stopfbuchsen gepackt werden. Doch wenn die Lager und Saugflächen erst einmal verschlissen sind, kann der Amateur meist nichts mehr tun.

Membranpumpe
Der Hebelmechanismus der Membranpumpe (Abbildung 194b) liegt auf der trockenen Seite der Gummimembran, so daß keine Stopfbuchse benötigt wird. Gelegentlich sind die Handgriffe aus Kunststoff und können brechen; doch normalerweise benötigt man an Ersatzteilen nur eine Membran. Sollte sie reißen und kein Ersatz an Bord sein, deckt man sie von beiden Seiten vorübergehend mit einem Stück altem Ölzeug oder dickem Kunststofftuch ab. Auch doppelt wirkende Modelle benötigen keine Stopfbuchse, weil der kurze Pumpenstangenweg von einem Balg abgedichtet wird.

Kolbenpumpen
Eine einfach wirkende Kolbenpumpe mit Messingzylinder (Abbildung 194c) hält sehr lange. Das Ventil am Boden des Zylinders (und in geringerem Maße auch das Ventil im Kolben) ist bei Verstopfung umständlich zu säubern. Doppelt wirkende Differentialpumpen liefern einen fast kontinuierlichen Ausfluß. Sie haben solide Kolben und sehen ähnlich aus wie die Pumpe in Abbildung 194c. Um Leckagen durch die Reibung von Metall auf Metall zu vermeiden, haben sie Kolbendichtungsscheiben aus Leder, Neopren oder Gummi, welche ausgetauscht werden können; bei anderen Pumpen wird (ähnlich einer Stopfbuchse) in eine Nut eine Packung gelegt.

Andere Bauformen
Die altmodische Kolbenpumpe, bei der das obere Pumpenrohr von relativ großem Durchmesser glatt mit dem Deck abschließt und nach unten bis in die Bilge reicht, ist nur noch auf Oldtimern zu finden; doch man sollte sie nicht verachten. Das Rohr ist nach oben offen, deshalb fließt das Wasser direkt über Deck ab. Die meisten dieser Pumpen sind so dick, daß man mit der ganzen Hand hineingreifen

und den Handgriff des Kolbens fassen kann. Meist brauchen sie einen Anguß aus der Wasserpütz oder ein paar schnelle Pumpbewegungen, dann fördern sie mehr als jede moderne Pumpe. Der Kolben ist eine Metallplatte mit Gummi- oder Lederdichtung und läßt sich ganz herausziehen, so daß die Reinigung auch des unteren Ventils sehr leicht möglich ist.
Eine Variation des gleichen Systems ist die Jollenpumpe in Abbildung 194d. Der Schlauch hat einen Durchmesser von etwa 30 bis 35 mm und unten ein Gummiventil; das andere Ventil befindet sich an dem Kolben. Dieser sitzt an einem Stück steifem Draht mit Handgriff am anderen Ende. Das Wasser läuft aus dem offenen Ende heraus, das man natürlich über Bord halten muß.

Impeller
Motorbetriebene Pumpen sind immer Kreisel- oder Impellerpumpen (Typ Jabsco). Da sie keine Ventile haben, treten an Impellerpumpen nur dann Defekte auf, wenn Impeller oder Dichtungen nicht in Ordnung sind. Diese beiden Teile kann jedoch jeder ersetzen, wenn er die richtigen Ersatzteile hat. Große axiale Pumpen werden für den Jet-Antrieb oder für Strahlruder verwendet (Abbildung 180). Neopren-Impeller vom Jabsco-Typ können festkleben, wenn sie trocken laufen, so daß beim nächsten Anwerfen Schaden entsteht. Die Hersteller empfehlen deshalb, solche Pumpen im Winterlager mit Glyzerin zu füllen. Wenn der Deckel wegen der Frostgefahr bei kaltem Wetter entfernt wird, kann man etwas Glyzerin hineinpinseln und dann die Pumpe ein paarmal drehen.

Hydraulische Pumpen
Hydraulische Pumpen an Motoren oder Winden, an Schwertern, Wendegetrieben, Rudern oder Trimmklappen werden, wenn Schäden auftreten, besser ganz ausgetauscht. Wichtig ist für die Wartung vor allem, daß keine Luft ins System kommt, alle Lager der bewegten Teile gut geschmiert sind und der Flüssigkeitspegel im Vorratsbehälter auf richtigem Niveau gehalten wird, ähnlich den hydraulischen Bremsanlagen beim Auto.

Lenzkorb
Zugesetzte Ventile sind selten, wenn in der Bilge ein effektiver Lenzkorb montiert ist. Ein allzu feines Sieb muß jedoch ständig gesäubert werden. Die meisten Pumpenventile tolerieren ein gewisses Maß an Schmutz. Auch ist normalerweise kein Ventil in der Nähe des Ansaugsiebes nötig; doch sorgt es dafür, daß Wasser im Ansaugrohr steht, was das Anpumpen erleichtert.

Ansaugen
Außer wenn sie defekt sind, saugen Kolben- und Membranpumpen ohne Verzögerung an. Zentrifugal- und Impellerpumpen saugen ebenfalls sehr zuverlässig an, wenn sie im Wasser stehen. Flügelpumpen haben oben oft eine aufschraubbare Einfüllöff-

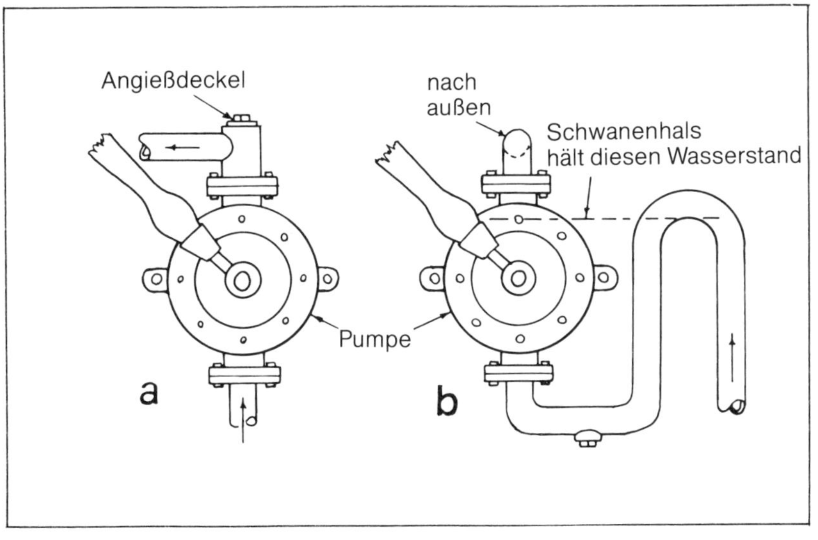

195 *Ansaugvorrichtungen bei einer Hebelpumpe*

nung (Abbildung 195a), über die man zum Ansaugen Wasser in den Pumpenkörper gießt. Ein Schwanenhals im Ansaugrohr (195b) sorgt dafür, daß bei jedem Typ immer Wasser im Körper steht und er sofort ansaugt und fördert. Kurze schnelle Schläge sind beim Anpumpen immer besser als langsame lange.

Ventile
Manche hand- oder maschinengetriebenen Kolbenpumpen haben Tellerventile. Neu müssen sie ein wenig eingeschliffen werden, am besten mit Metallpolitur. Die Standard-Schleifpaste ist zu rauh für Bronze und Messing. Jedenfalls sollte man sich die Berührungsflächen unter einem Vergrößerungsglas ansehen. Sind kleine Löcher zu erkennen, nimmt man sehr feines Korund-Schleifpuder von 1000er Körnung, das man erst nach dem Einölen oder Einfetten der Teile anwendet. Ein beschädigtes Ventil muß auf der Drehbank geschliffen werden. Beschädigung an einem Sitz bedeutet, daß die Pumpe zurück zum Hersteller muß.

Fett
Die meisten Pumpen ohne Ölnippel müssen nicht geschmiert werden; doch die Kolbenstange und alle anderen Stahlteile, die rosten können, sollten durchaus gefettet werden. Man achte auch darauf, daß Fett oder Schmiermittel an diesen Teilen die Kleidung nicht verunreinigen kann – was vor allem für WC-Pumpen vom Kolbentyp gilt.

Toilettenanlage

Auf vielen Gewässern ist es heutzutage verboten, Schmutzwasser einzuleiten, was zum Einsatz von Schmutzwassertanks, Zerhackeranlagen und chemischen Toiletten statt des traditionellen Pump-WCs oder des elektrischen WCs geführt hat.

Pump-WC
Seit über 50 Jahren ist das in Abbildung 196/1 dargestellte System des Handpump-WCs gebräuchlich. Dieses System arbeitet mit einer doppelt wirkenden Pumpe A, deren unterer Teil das Schmutzwasser bewegt, während mit dem oberen Teil Seewasser in das Becken gepumpt wird, und zwar über das Ventil B. Der Nocken C ist mit einem Hebel oder Pedal verbunden, das mit AUF und ZU gekennzeichnet ist. Der Nocken stoppt den Fluß des einströmenden Wassers, indem er das obere Ventil anhebt und das untere in sein Lager drückt. Das Rohr D ist der Wassereinlauf und das Rohr E der Zulauf zum Beckenrand. F ist der Pumpenkolben, G die Stopfbuchse und H der Schmutzwasserablauf.

Andere Systeme
Das populäre „Baby-Blake"-WC hat getrennte, einfach wirkende Pumpen (System 2 in Abbildung 196). Die Schmutzwasserpumpe A hat einen becherartigen Kolben (Abbildung 197), mit Ventil aus einem gummibeschichteten Metallball in einem Bronzelager. Unten an der Pumpe sitzt ein normales Klappventil, ebenso im Abflußrohr H, damit kein Wasserrückfluß (Syphoneffekt) auftritt, falls Papier das andere Ventil am Schließen hindert. Die kleinere Pumpe J zieht Spülwasser durch das Ansaugrohr D, wobei bei K ein Absperrhahn für Installation unterhalb der Wasserlinie sitzt.
Bei einigen Modellen wird die Spülpumpe über ein Fußpedal bedient. Andere moderne Toiletten arbeiten mit großen Membranpumpen (Abbildung 198); die Unterdruck-Toilette „Lavac" ist der bekannteste Typ dieser Art. Bei letzterer schließt der Deckel luftdicht, und das Spülwasser wird durch Unterdruck angesaugt. Elektrische Toiletten haben oft noch eine Zerhackereinheit – was, auch wenn es nicht vorgeschrieben ist, eine große Bequemlichkeit darstellt. Die meisten elektrischen Toiletten werden über Fußpedale betrieben.

Während der Saison
Die Wartung besteht zumeist nur darin, daß man alles sauberhält und die beweglichen Teile gelegentlich ölt. Seewasser desinfiziert; doch wenn Chemikalien oder Reiniger nötig werden, nehme man nur vom Hersteller empfohlene. Es sollte auch zur Gewohnheit werden, die Seeventile für die Nacht oder wenn man von Bord geht zu schließen.

Im Winterlager
Wenn man Zeit dafür hat, sollte man die Toilettenanlage etwa alle vier Jahre ausbauen, um sie auf fehlerhafte Ventile, zerschlissene Teile und Lecks zu untersuchen. Vor dem Wiedereinbau erneuert man abblätternde oder schmutzige Farbe. Gegen Frost schützt man die Anlage am besten durch Lenzen, indem man die Verbindungen löst, das Becken ausspült und die Pumpen säubert. Manche Hersteller liefern eine Konservierflüssigkeit, die während des

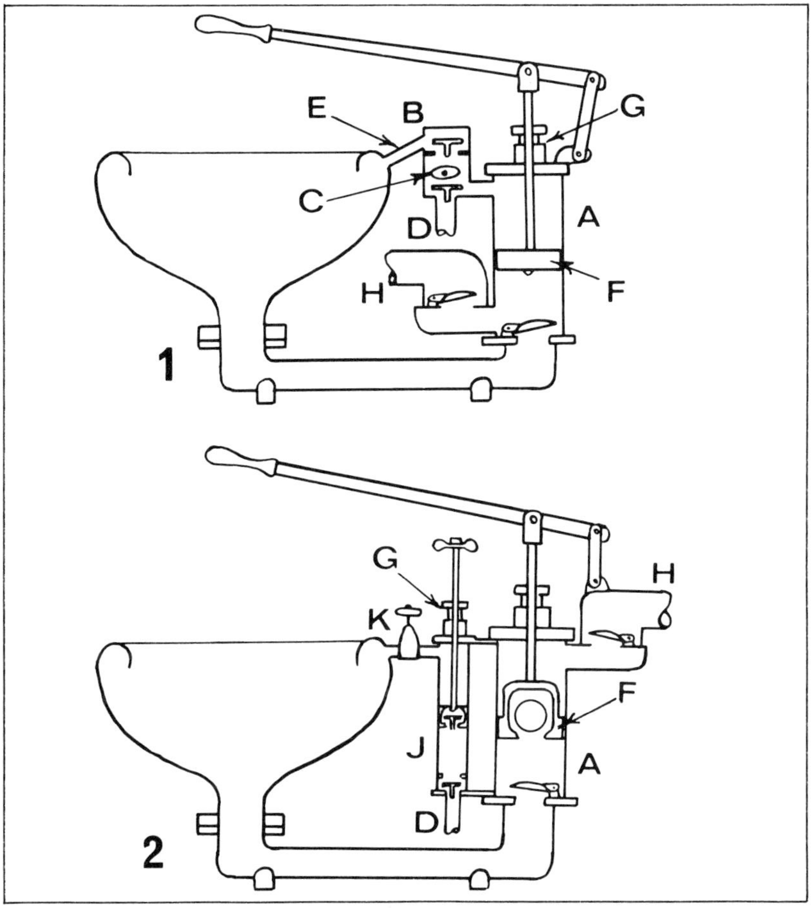

196 *Zwei Modelle von Pump-WCs für Yachten*

197 *Auseinandergenommene WC-Schmutzwasserpumpe*

198 *Die Teile einer Toilette mit Membranpumpe:*
1 *Schüssel,* **2** *Pumpenhebel,*
3 *Schmutzwasserauslaßventil,*
4 *Schmutzwassereinlaufventil,* **5** *Pumpenmembran,*
6 *Spülwassereinlaßventil,*
7 *Pedal zum Öffnen des Spülwasserventils,* **8** *Ventil*

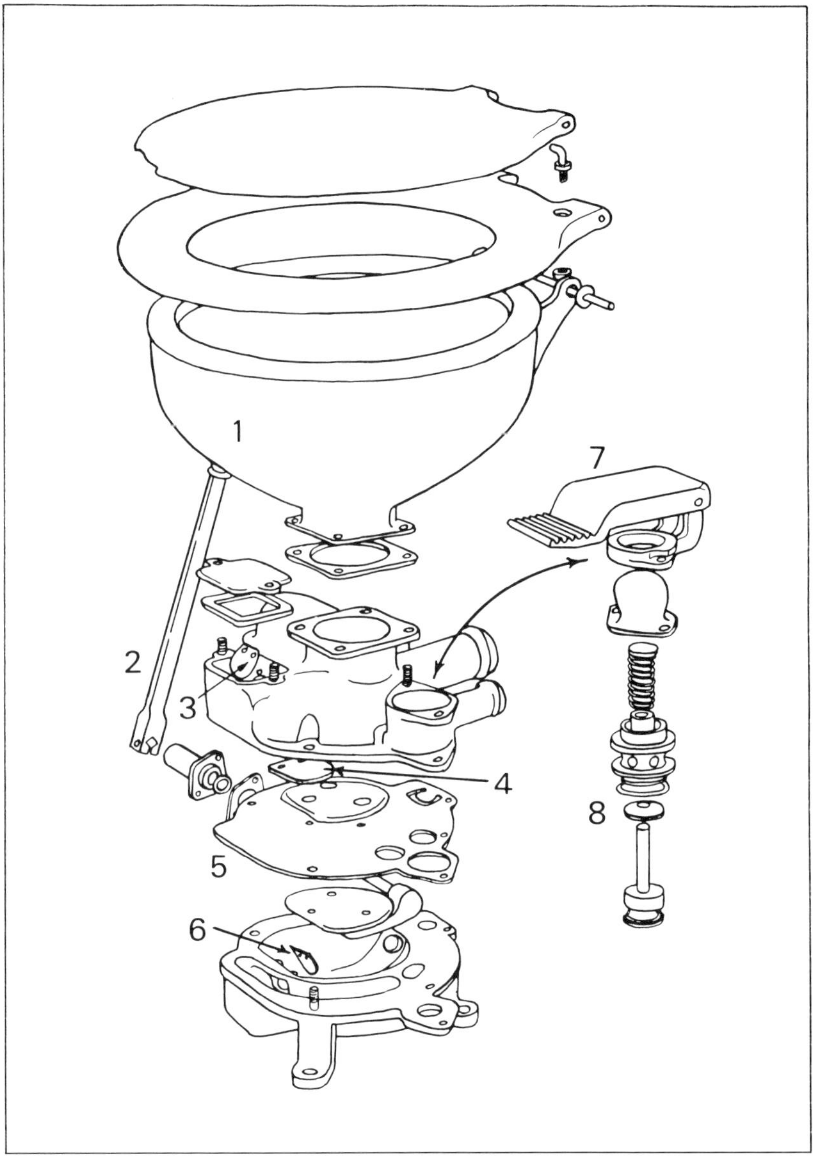

Winterlagers Ventile und Kolben gängig hält und die Pumpen schmiert.

Ausbauen

Sind Stahlbolzen festgerostet, sägt man die Muttern ab, wozu man ein Stahlsägeblatt in einem Handgriff nimmt. Dann ersetzt man sie durch Bolzen aus Bronze oder rostfreiem Stahl. Leichtes Anziehen mit der Rohr- oder Wasserpumpenzange vor dem Abdrehen der Schrauben verhindert Beschädigungen und befreit festgesetzte Gewinde. Sind die Rohrschellen nicht aus rostfreiem Stahl, müssen sie wahrscheinlich aufgeschnitten werden. Einige Toiletten haben nylonbeschichtete Aluminiumbecken, doch meistens sind die Becken aus Porzellan, das mit Vorsicht behandelt werden muß. Vor allen Dingen schütze man sie vor hineinfallendem Werkzeug.

Ersatzteile
Auf älteren Yachten gibt es gelegentlich Toilettenanlagen, für die keine Ersatzteile mehr erhältlich sind. Dann muß man improvisieren. Ersatzteile anderer Anlagen können manchmal weiterhelfen. Schwierigkeiten kann es aber bei den Leder- oder Kunststoffteilen an Kolben und Gummidichtungen geben. Sie sind nur schwer selbst herzustellen, und wenn man sie nicht bekommt, muß man vielleicht eine an sich noch gut funktionierende Toilette wegwerfen.

Überholen
Einige Hersteller übernehmen eine Totalüberholung inklusive des Ausbohrens von Pumpengehäusen. Am besten läßt man sich einen Kostenvoranschlag machen, da die Anschaffung einer neuen Toilette manchmal günstiger ist. Wenn man sie nicht selbst machen kann, sind auch die unausbleiblichen Änderungen am Rohrsystem nicht billig. Mit der Reparatur an der Toilettenanlage sollte man schon möglichst früh in der Nachsaison beginnen, damit man für die Beschaffung oder die Selbstanfertigung von Ersatzteilen auf jeden Fall genügend Zeit hat. Nach dem Reparieren teste man die gesamte Anlage (indem man sie mit einem Wassertank verbindet), damit man später an Bord sicher sein kann, daß keine Probleme auftauchen.

Beschädigte Pumpe
Die Wartung einer Kolben- oder Membran-Toilettenpumpe gleicht der einer Bilgepumpe (siehe Seite 201). Zerschlissene Kolbendichtungen (siehe Abbildung 197) und leckende oder harte Ventile sind höchstwahrscheinlich die Ursache für verschlammte Pumpen. Auch der Kolben selbst muß meist auseinandergenommen werden, wenn neue Dichtungsscheiben angebracht werden sollen.

Kolbenstange
Das Pumpen wird schwierig, wenn die Kolbenstange verschlissen ist. Ist die Dichtung so fest angezogen, daß bei halbem Pumpweg keine Leckage auftritt, verklemmt sich die Kolbenstange häufig am obersten und am untersten Ende ihres Weges. Dann ersetzt man die Kolbenstange durch eine passende Messingstange, der an beiden Enden das entsprechende Gewinde eingeschnitten wird, was auch ohne Drehbank geht.

199 *Klappventil der Schmutzwasserpumpe*

Gelenkbolzen
Pumpen mit Hebeln (wie in Abbildung 196) haben oft drei Gelenkbolzen, die sich abnutzen, wenn sie nicht regelmäßig geschmiert werden. Das Anbringen neuer Splinte oder Bolzen dauert nicht lange; doch wenn die Lagerlöcher oval verschlissen sind, muß man sie ausbohren und Buchsen oder übergroße Gelenkbolzen einsetzen. Solche Arbeiten darf man nicht zu lange hinauszögern.

Klappventile
Die Klappventile für die Schmutzwasserpumpe (Abbildung 199) arbeiten im allgemeinen geräuschlos

200 *Schmutzwasserventil, bestehend aus einer Bronzekugel auf Gummilager*

und ohne zu verstopfen; sie sind leicht zu reparieren. Entweder bestehen sie aus einer Gummiplatte mit einem kleinen, oben aufgeschraubten Gewicht, oder das Gewicht ist das Gelenk, wobei eine unterlegte Gummischeibe die Dichtung bildet. Manchmal ist ein doppeltes Gelenk mit einem kurzen Verbindungsglied zwischen beiden Gelenkteilen vorhanden, so daß sich die Klappe vollständig heben kann, wenn ein größerer Gegenstand hindurch muß.

Kugelventile
Die Kugeln der Ventile in manchen Schmutzwasserpumpen sind etwa so groß wie ein Tischtennisball (Abbildung 200). Sie bestehen entweder aus Bronze und liegen dann auf einem austauschbaren Gummilager, oder sie sind aus gummibeschichtetem Blei und liegen dann in einem Metall-Lager. Ähnliche Ventile mit kleineren Kugeln aus rostfreiem Stahl werden bei einigen Spülwasserpumpen verwendet.

Gummirückschlagventile
Die Gummiventile sehen aus wie ein Gummisack, der an der einen Seite offen und an der anderen mit einem Schlitz versehen ist. Bei dieser einfachen und zuverlässigen Form des Rückschlagventils ist Wartung nicht möglich, Ersatz aber relativ preiswert. Deshalb sollte man Ersatzventile an Bord mitführen.

Bedienungsanweisungen
Landratten wissen meist nicht, wie die Bordtoilette zu bedienen ist. Selbstgefertigte Bedienungsanleitungen (manche Hersteller liefern auch vorgedruckte mit) sollten am Schott angebracht werden; man kann sich damit sehr viel Ärger ersparen. In dieser Anleitung sollte nicht nur die Bedienung der Toilette erklärt werden. Sie sollte auch auf reichlichen Wassergebrauch beim Spülen hinweisen, vor der Benutzung schädlicher Desinfektions- und Reinigungsmittel warnen und vor dem Wegspülen von Öl und Küchenabfällen. Gewarnt werden muß natürlich auch vor jeglichem Pumpen, wenn die Seeventile geschlossen sind.

Schmutzwassertank
Jede Pumptoilette kann über ein Zweiwegeventil in einen Schmutzwassertank entleert werden. Fügt man dazwischen noch einen Zerhacker ein, wird die Wirksamkeit verbessert. Die dazu notwendige Ausrüstung ist heute überall leicht erhältlich. Man bekommt flexible oder feste Tanks in den Größen von 40 bis 120 Liter. Ein Schmutzwassertank ist vollständig abgedichtet, bis auf die außenbords führende Lüftung und sein Lenzrohr, das über ein Zweiwegeventil mit der Hand- oder Elektropumpe verbunden ist, damit der Tank auf See oder an einer Landstation abgepumpt werden kann. Bei einem durchsichtigen Plastiktank ist eine Füllstandsanzeige ebensowenig nötig wie bei einem Gummitank, dessen Volumen man sehen oder erfühlen kann. Auf den Seiten 221–224 stehen Details zu Tankanlagen.

Deodorant
Inzwischen findet man schon ein ganzes Spezialangebot an Toiletten-Deodorants. Ein Liter dieser Flüssigkeit, in den leeren Tank geschüttet, nimmt es auf mit 80 l Fäkalien.

Zerhacker
Fäkalien können nicht ohne Zusatz von Chemikalien oder einen elektrischen Zerhacker in den vorgeschriebenen Zustand verwandelt werden. Manche Elektrotoiletten mit Fußhebelschaltung haben einen Zerhacker gleich eingebaut. Zugleich desodoriert und desinfiziert ein Gerät am Zerhacker die Flüssigkeit durch Zugaben von Chlor. Tritt kein Motorschaden auf, sollte ein solcher Zerhacker ein wartungsfreies langes Leben haben.

Borddurchlässe

Jedes Wassereinlaß- oder -auslaßrohr oberhalb oder unterhalb der Wasserlinie erfordert eine Rumpfdurchführung. Im Prinzip ist das ein hohler dicker Bolzen, der von innen mit einer Mutter festgezogen wird (siehe Seite 191). Die herkömmlichen Bronze-Borddurchlässe sind ebenso gebräuchlich wie die moderneren aus Kunststoff, die sich besonders gut in GFK-Rümpfe einlaminieren lassen.

Zerbrechen

Auf Stahlrümpfen werden die Rumpfdurchführungen oft direkt auf die Außenhaut geschweißt; dann muß man darauf achten, daß an diesen Punkten keine Korrosion entsteht. Billige Messingdurchführungen können vom Seewasser geschwächt werden und dann unerwartet abbrechen. Das gleiche gilt für durch den Rumpf führende Bolzen; deshalb empfiehlt es sich, alle fünf Jahre einen der Bolzen herauszuziehen und auf Schäden zu untersuchen. Manche Durchführungen reichen weit nach innen und können beschädigt werden, wenn jemand darauf tritt oder ein schwerer Gegenstand (wie zum Beispiel der Reserveanker) auf sie fällt. Die meisten Rumpfdurchführungen sind an Rohrleitungen angeschlossen; ähnlich sind auch die Rumpfdurchführungen, in denen die herausnehmbaren Impeller von Speedometer und Log oder die Geber von Echoloten sitzen.

Verstärkungen

An den meisten Yachtrümpfen müssen auf der Innenseite von Borddurchlässen Verstärkungen aus Hartholz oder Marinesperrholz angebracht werden, um örtliche Überlastungen und Lecks an diesen Stellen zu vermeiden. Mit Glasmatten überzogenes Sperrholz ist bei GFK-Rümpfen nicht so geeignet wie eine Laminatverstärkung, da durch den Borddurchlaß Wasser in das Holz dringen kann, wodurch es sich ausdehnt und rottet. Muß man eine Rumpfdurchführung erneuern, hält man die passende Verstärkung bereit; zum Rumpf hin sollte sie versiegelt und in Dichtmasse gebettet sein, damit kein Rott entstehen kann.

Vorsicht!

Da Holz schrumpft, müssen die Muttern nachgezogen werden, besonders bei neuen Fahrzeugen. Ein Beschlag darf nie gedreht werden, weil damit die Abdichtung des Borddurchlasses gebrochen wird. Wenn eine Mutter angezogen wird, hält man den Körper an dem Gewinde deshalb mit einer Rohrzange fest (das Gewinde wird mit einer dünnen Lage Kupfer- oder Bleiblech geschützt). Immer wieder muß man bei Borddurchlässen auf Verfärbungen infolge durchsickernden Wassers oder von Elektrolyse achten. Erst wenn die Muttern fest angezogen sind, kann man die Rumpfdurchführung mit leichten Gummihammerschlägen auf Brüchigkeit testen, weil sonst die Abdichtung bricht.

Beobachtung von außen

Wenn der Lack rund um das Äußere eines Borddurchlasses Bläschen zeigt, bedeutet das normalerweise Korrosion, kann aber auch auf Überhitzung an einem Auspuffrohr hinweisen. In letzterem Fall muß gehandelt werden, wenn es sich um eine „trokkene“ Auspuffanlage handelt. Bei einem „nassen“ Auspuff trat der Defekt wahrscheinlich durch einen zeitweiligen Ausfall des Wasserkreislaufs auf. Bei einem trockenen Auspuff berate man sich mit einem Fachmann über die Möglichkeit einer Isolierung der Rumpfdurchführung. Einlaßsiebe werden manchmal von Bewuchs verstopft und müssen dann für eine ordentliche Reinigung abgebaut werden. Deshalb sollte man auch das Innere offener Rohrdurchführungen unter Wasser mit Antifoulingfarbe streichen, damit dort kein Bewuchs haften kann.

Seeventile

Vollöffnende Kegelventile, wie Abbildung 201 zeigt, werden für die Schmutzwasserableitung des WC, für den Auspuff und für Lenzleitungen der selbstlenzenden Plicht bevorzugt. Statt des konischen Kükens haben manche moderneren Seeventile Kugeln aus rostfreiem Stahl, die zentral aufgebohrt sind, damit die Flüssigkeit ungehemmt durchfließen kann. Sie sind mit Lagern aus Nylon oder Neopren ausgestattet und haben eine lange, wartungsfreie Haltbarkeit (Abbildung 202). Sperrschieberventile aus Bronze oder Rotguß werden üblicherweise an allen anderen Rohranschlüssen verwendet. An manchen Rumpfdurchführungen werden (unklugerweise) sogar Sperrschieberventile aus Messing verwendet, besonders oberhalb der Wasserlinie wie bei der Ablaufleitung des Waschbeckens.

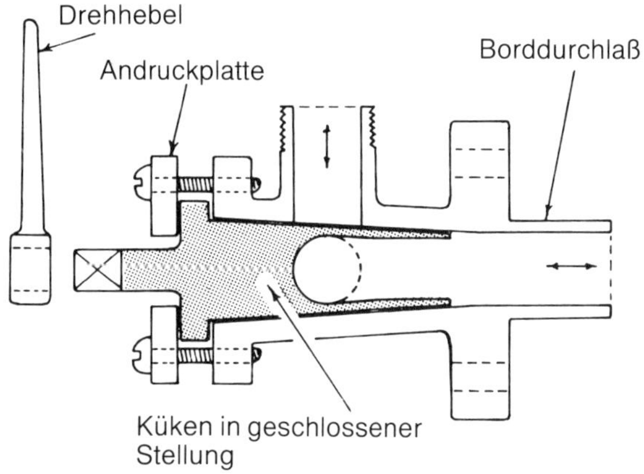

201 *Kegelventil*

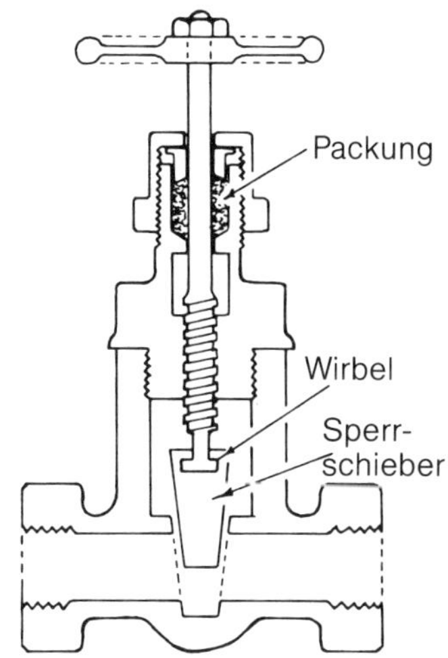

202 *Sperrschieberventil in halb offener Stellung*

Auseinandernehmen
Man braucht nur fünf Minuten, um ein normales Seeventil in der Toilette auseinanderzunehmen. Die Einzelteile zeigt Abbildung 201. Bei einigen amerikanischen Seeventilen liegt eine Druckplatte auf der Innenseite des Kükens – wie auch bei den meisten kleinen Absperrhähnen an Kraftstofftanks. Das konische Ventilküken wischt man am besten mit Metallpolitur ab; auch die Halteplatte und ihr Lager poliert man mit einem Politurleder. Vor dem Zusammensetzen werden alle arbeitenden Teile leicht mit seewasserbeständigem Fett eingeschmiert.

Gebrochene Bolzen
Mit Hilfe eines kleinen Propanbrenners erwärmt, bekommt man widerstrebende Muttern oder Bolzen leichter los. Sogar ein elektrischer Lötkolben, den man einige Minuten lang an den Kopf des Bolzens hält, kann helfen. Sollte ein Bolzen an der Halteplatte eines Seeventils beim Auseinandernehmen abscheren, ist es dennoch meist möglich, den Rest des Bolzens herausbohren, das Gewinde nachzuschneiden und einen neuen Bolzen einzusetzen, ohne daß man das wertvolle Ventil ersetzen muß. Auch wenn sie sich ziemlich ähnlich sehen, so werden doch in verschiedenen Ländern unterschiedliche Gewinde verwendet. Bei amerikanischen Seeventilen findet man zum Beispiel das Gewinde Nr. 12 mit 24 Gewindedrehungen pro Zoll; es entspricht dem ¼-Zoll-Gewinde in Großbritannien und in etwa dem 6-mm-Gewinde in Frankreich. Da in Deutschland die meisten Beschläge dieser Art importiert werden, sind die Maße meist in Zoll angegeben. Findet man keinen passenden Gewindebohrer, muß man die Bolzen eine Nummer größer nehmen und das Gewinde mit dem entsprechenden Gewindebohrer anpassen.

Sperrschieberausbau
Beim Ausbauen können sich das Gewinde der Spindel und das am Ventilkörper (siehe Abbildung 202) gegenseitig blockieren und Schaden nehmen. Deshalb muß man dabei darauf achten, daß die Ventilspindel immer frei drehbar ist. Der Schieber selbst

hat Keilform und schließt sehr dicht, wenn er ganz nach unten gedreht ist. Gewartet wird mit wasserfestem Fett, an der Ventilspindel und ihrem Gewinde und dem Schieberwirbel. Dichtziehen und Erneuern der Packung, wenn nötig, gehören ebenfalls zur Wartung. Kugelventile können festfressen und haben gelegentlich zu erneuernde Lager.

Erreichbarkeit
Manche Seeventile sind so schlecht zugänglich, daß sie nie zugedreht oder ordentlich gewartet werden. Ein Absperrschieber läßt sich jedoch normalerweise leicht versetzen, indem man die Rohrleitungen anders legt. Besteht Gefahr, daß jemand darauf tritt, schützt man das Seeventil mit einem Holzkeil.

Veränderungen
Es kommt gar nicht so selten vor, daß Seeventile an der falschen Stelle sitzen. Änderungen sind zumindest dann nötig, wenn der Wassereinlaß für das Motorkühlwasser beim Krängen des Boots Luft ansaugt oder wenn in die Toilette beim Spülen Schmutzwasser fließt, weil Ein- und Auslaß zu nahe beieinanderliegen. Damit sie den Rumpf nicht neu abdichten müssen, versiegeln manche Eigner einfach den alten Rumpfdurchbruch, lassen ihn aber für eventuelle spätere Benutzung an Ort und Stelle.
Waschbecken- und Plichtlenzrohre, deren Auslaß relativ dicht unter der Wasserlinie sitzt, erleben bei Krängung manchmal Wasserrücklauf. Bei den Lenzrohren der Plicht läßt sich das Problem leicht dadurch lösen, daß die Borddurchlässe von außen mit Gummiklappen geschlossen (Abbildung 203a) oder die Lenzrohre überkreuz geführt werden (203b). Das Problem Waschbecken beseitigt man dadurch, indem in die Leitung ein Rückschlagventil eingebaut wird.

Identifikation
Beschriftungen sind normalerweise nur dann erforderlich, wenn drei oder mehr Ventile nebeneinander an einem Verteiler montiert sind – eines für das Deckwaschen, eines für die Pantry und eines für die Motorkühlung. Doch deutlich lesbare Zu-/Auf-Beschriftungen sind besonders an halb verborgen liegenden Seeventilen immer richtig.

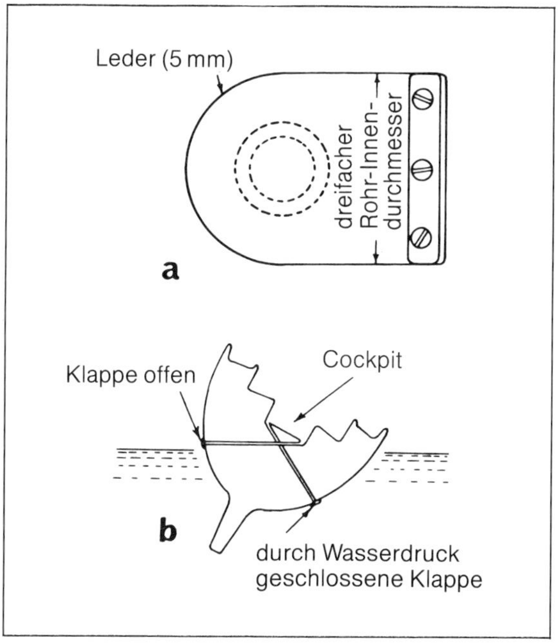

203 *Zwei Methoden, mit denen Wasserrücklauf in den Plichtlenzrohren verhindert werden kann.*

Klempnerarbeiten

Außer den üblichen Rohrleitungen aus galvanisiertem oder rostfreiem Stahl, aus Kupfer und Kunststoff sind im Boot höchstwahrscheinlich noch verschiedene flexible Schlauchleitungen verlegt sowie die speziellen Metallrohre und Verbindungsteile, die am Motor verwendet werden. Der praktisch veranlagte Eigner eines größeren Boots wird bei all den Änderungen und Neuverlegungen, die auf einem solchen Boot anfallen, mit der Zeit sicherlich ein guter Klempner.

Kupferrohr
Mit einer Rohrbiegemaschine lassen sich Kupferrohre leicht in jede Form bringen, so daß Verbindungen nur nötig werden, wenn die ganze Länge Rohr nicht unter oder hinter Hindernissen durchgezogen werden kann. Ein mit der Hand zu drehender Rohrabschneider ist leichter und schneller zu bedienen als eine Metallsäge, und dabei gelangen auch keine Späne in das Rohr. Mit Rohr aus rostfreiem Stahl verfährt man genauso wie mit Kupferrohr; man benutzt auch ähnliche Beschläge.

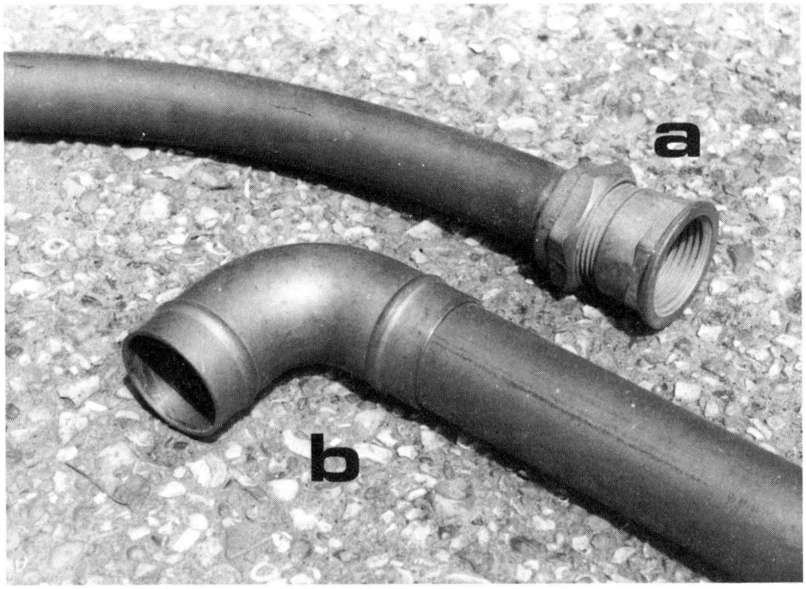

204 **a** *Aufpreßverbindung und* **b** *gelötete Kupferrohrverbindung*

205 *Der Ring aus weichem Messing (Olive) dichtet die Aufpreßverbindung ab.*

Messinganschlüsse

Klempner lieben das schnelle Arbeiten mit Preßverbindern (Abbildung 204a), obwohl die gelöteten Anschlüsse (204b) sich preiswerter herstellen lassen und sauberer aussehen. Bei den ersteren wird zunächst die Mutter auf das Rohr gesteckt, dann der Preßring und Anschluß aufgeschoben, wie es Abbildung 205 zeigt, und schließlich die Mutter mit einem Schlüssel angezogen. Das Winkelstück muß dabei genau in der vorgesehenen Lage über dem geraden Rohr festgehalten werden. Wenn man solch eine Verbindung aufbricht und wieder zusammenfügt, muß man den Preßring säubern und mit Verbindungspaste einschmieren, damit keine Leckage entsteht.

Löten

Das Erfolgsgeheimnis beim Löten besteht im Reinigen der Rohraußenseite und der Innenseite des Verbindungsteils mit feinem Sandpapier oder Stahlwolle. Schmirgelleinen sollte man nicht verwenden. Beide Teile werden saubergewischt und mit Flußmittel eingeschmiert. Dann erhitzt man das Verbindungsteil (nicht das Rohr), bis das Lot frei aus der Verbindung läuft. Ist das Lot nicht im Verbindungsteil mit drin, nimmt man massiven Lötdraht.

Weiches Rohr

Getempertes Kupferrohr ist bis zu 12 mm Außendurchmesser bei Kfz-Zulieferbetrieben in Rollen zu erhalten. Für diese Art Rohr werden spezielle Aufpreßverbinder verkauft. Zieht man gelötete Verbindungen vor, werden sie für Motorleitungen immer hartgelötet, oder man nimmt spezielles Silberlot. Die Zollmaße bei Kupferrohr geben immer den Innendurchmesser an. Die gebräuchlichsten Rohrdurchmesser von ½ Zoll und ¾ Zoll gibt es in Rollen; die Rohre können um einen Holzpfosten mit der Hand in fast jede beliebige Form gebogen werden. Auch Bleirohre lassen sich leicht biegen, werden aber als Gesundheitsrisiko betrachtet. Das Löten von Bleirohr überläßt man besser dem Fachmann.

Flexible Verbindungen

Kupferne Kühlwasserrohre am Motor sind gewöhnlich mit kurzen Gummischläuchen verbunden. Solche Schläuche werden am besten alle fünf Jahre erneuert – öfter, wenn sie sich hart anfühlen oder beim Biegen Risse zeigen. Kfz-Rohre mit vorgefertigten Biegungen sind in engen Ecken recht nützlich.

Schlauchklemmen

In einem Boot sollten nur Schlauchklemmen aus rostfreiem Stahl verwendet werden. Verzinkte oder kadmierte Klemmen rosten bald (besonders wenn sie in der Bilge liegen) und müssen dann oft mit einer Eisensäge entfernt werden. Will man trotzdem solche Schlauchklemmen verwenden, fettet man sie ein und ölt das Gewinde vor dem Zusammenfügen; nach dem Anziehen deckt man sie mit Isolierband ab. Die Klemmen müssen möglicherweise alle Jahre um eine halbe Umdrehung nachgezogen werden. Flexible Schraubendreher sind für diese Arbeit nützlich, weil man mit ihnen an schlecht erreichbare Stellen kommt. Um Leckagen zu verhindern, bringt man an Druckschläuchen immer zwei Schlauchklemmen hintereinander an. Biegbares Kupferrohr treibt man am Ende ein wenig auf, so daß das Gummirohr nicht abrutschen kann. Zusätzlich zu den Schlauchklemmen kann man auch Gummikleber verwenden; doch dann ist eine Erneuerung des Gummischlauches schwierig.

Schläuche

Nur Gummi- oder Kunststoffschläuche zu verlegen, ist bei Kaltwasserleitungen auf kleinen Booten gängige Praxis; doch die meisten Schläuche beeinflussen den Wassergeschmack. Für Heißwasserleitungen eignen sich nur armierte Gummi- oder Nylonschläuche. Auf großen Booten mit ihren komplizierteren Installationssystemen können flexible Schläuche durch Kinkenbildung eine Gefahrenquelle sein. Auch Beschädigungen durch Schamfilen und Hitze sind möglich; ihr Vorteil ist, daß sie sich leichter beschriften lassen.

Identifizierung

Für Heißwasser sollte man roten Gummi- oder weißen Nylonschlauch nehmen, für Kaltwasser blauen Gummischlauch, für Seewasser grünen und für Schmutzwasser schwarzen Gummischlauch. Auf Metallrohren erfüllen entsprechende Farbmarkierungen den gleichen Zweck. Wasserschläuche dürfen nicht transparent sein, denn durch Lichteinwirkung entsteht im Innern grüner Algenschleim. Manche Plastikschläuche werden bei kaltem Wetter so brüchig, daß gefrierendes Wasser sie zerreißen kann. Alle in den Standardgrößen benötigten Verbindungen, T- und Reduzierstücke in Messing oder Kunststoff findet man bei jedem guten Ausrüster.

Polyäthylen-Rohr

Das steife Polyäthylen-Rohr, das beim Hausbau für Kaltwasserleitungen verwendet wird, ist billig und auch brauchbar fürs Boot. Verbindungsstücke können ebenso wie Standard-Kupferrohr in die Endstücke hineingedrückt werden, nachdem das Rohr in

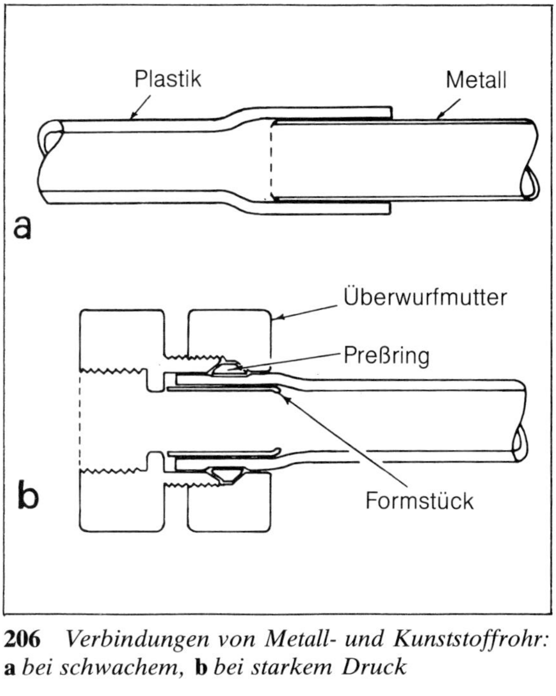

206 *Verbindungen von Metall- und Kunststoffrohr:* **a** *bei schwachem,* **b** *bei starkem Druck*

kochendem Wasser erhitzt wurde. Für einen nahezu drucklosen Wasserabfluß sind dann nicht einmal Schlauchklemmen nötig, wenn die Verbindung korrekt sitzt (Abbildung 206a). Für Druckwassersysteme werden Preßverbindungen mit Kupferpreßring im Rohrende verwendet (206b). Die Verbindungen, die bei Kraftstoffleitungen aus Kunststoff benötigt werden, kann jede Autowerkstatt anbringen. Leckt eine solche Verbindung, so muß man improvisieren: Man schneidet das Rohr hinter der alten Verbindung ab, steckt beide Teile wieder ineinander und befestigt sie vorübergehend mit Schlauchklemmen.

Innenfeder

Bevor man ein Polyäthylen-Rohr erhitzt, um eine scharfe Biegung herzustellen, muß man eine Klempnerfeder einführen, damit das Rohr nicht einfällt. Federn für alle Rohrgrößen kann man gewöhnlich ausleihen. An einem Ende haben sie ein Auge zum Anbringen eines Bändsels oder Drahts, mit dem man die Feder ein- und wieder rausziehen kann. Federn ähnlicher Art werden auch zum sauberen Biegen von Bleirohr verwendet. Manchmal wird zum Biegen von Kupferrohr statt einer Biegemaschine eine außen ansetzbare Feder genommen. Zum Biegen kupferner Kraftstoffleitungen bis zum Außendurchmesser von 9 mm gibt es einfachere Geräte zu kaufen. Kann man sich solche Geräte nicht beschaffen, füllt man flüssiges Blei oder Kolophonium in das Rohr, biegt es und erhitzt es so lange, bis die Füllung wieder herausfließt.

Starrer Kunststoff

Im Hausbau werden in zunehmendem Maß steife PVC-Rohre für Kaltwasserleitungen miteinander verklebt oder mit Druckverbindungen aus dem gleichen Material verbunden. Bei Heißwasserleitungen muß man unbedingt darauf achten, daß das Fabrikat dafür auch geeignet ist. Passende Übergänge zu Kupfer- oder Stahlrohr sind lieferbar. Bei Änderungen oder Reparaturen schneidet man mit einer Säge einfach eine passende Länge heraus. Mit den Verbindungsteilen an beiden Enden muß dann das neue Teil leicht gebogen werden, bis es an seinen Platz springt. Dieses Rohre sind aus billigem und leichtem Material, das jeder installieren kann. Sie korrodieren nicht, verursachen keine galvanischen Ströme und sind an Bord besonders für Schmutzwasserleitungen geeignet.

Pumpenleitungen

Für die Bilgepumpe und andere Saugleitungen sind Plastikrohre ebenso geeignet wie Metallrohre. Weiche Kunststoff- und Gummischläuche könnten ohne Vorwarnung beim Ansaugen einfallen, wenn sie nicht mit Draht- oder Kunststoffspiralen armiert sind. Auch ein kleines Leck hindert eine Pumpe am richtigen Ansaugen. Mit Tape kann man ein solches Leck oft so lange abdichten, bis man sicher nach Hause gekommen ist. Andererseits kann man auch das beschädigte Teil aus einem Schlauch einfach herausschneiden und mit Schlauchklemmen ein Stück Metallrohr einsetzen. Ist der Schlauch mit einer Drahtspirale armiert, zieht man ein paar Windungen heraus, schneidet den Draht ab und drückt den Rest der Spirale wieder in den Schlauch zurück, so daß das Metallrohr hineingesteckt und mit Schlauchklemmen gesichert werden kann.

Stahlrohr

Schwarzes oder galvanisiertes Wasserrohr aus Stahl wird heute fast nur noch für Auspuffanlagen und Diesel-Kraftstoffleitungen verwendet. Das Verlegen erfordert mehr Kenntnisse und Spezialwerkzeuge als das der obengenannten Rohrarten. Bei Änderungen oder Reparaturen sind Amateure deshalb leicht versucht, Kupfer- oder Kunststoffleitungen einzusetzen. Doch die Steifheit des Stahls ist vorteilhaft, wenn lange Stücke ohne geeignete Unterstützung verlegt werden müssen und wenn Absperrhähne und Abzweigleitungen eigentlich Träger erfordern würden. Kunststoffrohr ist natürlich wegen der Feuergefahr nicht für den Gastransport geeignet.

Biegungen

Starke Rohrbiegungen verschiedener Winkel werden bei Stahlleitungen normalerweise mit vorgefertigten Rohrteilen verlegt. Doch flachere Krümmungen, mit denen die Leitung zum Beispiel dem Bootsrumpf folgt, lassen sich bei den üblichen Dicken von ½ Zoll und ¾ Zoll leicht anbringen, indem zwei Mann das Rohr um einen Holzpfosten biegen. Muß man allein arbeiten, spannt man ein Ende in einem Schraubstock fest oder steckt es durch ein passendes Loch in einem Balken. Dickere Stahlrohre müssen an der Biegestelle mit einem Brenner erhitzt werden.

Bearbeiten von Stahlrohr

Auch heute haben noch nicht alle Fahrzeuge Bugkörbe, Heckkörbe und Relingsstützen aus rostfreiem Stahl. Auf vielen der größeren älteren Yachten ist für diese Zwecke schon immer galvanisiertes Wasserrohr verwendet worden, ebenso auf Berufsschiffen. Galvanisiertes Rohr findet man auch als Maststütze unter Deck, als Handläufe und als Rohrkojenrahmen.

Gewindeschneiden
Hat man erst einmal Gewinde in die Enden der Stahlrohre geschnitten, ist das Aufschrauben jeder Art von Standardverbinder einfach. Jeder Klempner wird einem die Gewinde schneiden, doch wenn viele Gewinde anzubringen sind, leiht man sich besser einen Gewindeschneider mit den passenden Schneidkluppen für Außengewinde. Mit etwas Motoröl (oder mit Schneidpaste) wird das Gewinde sauberer; die entstehenden Späne müssen gut abgewischt werden. Eine neue Schneidkluppe arbeitet natürlich sehr viel besser als eine alte ausgeleierte.

Verbindungen
Für Stahlrohr gibt es alle möglichen fertigen Fittings, von der einfachen Muffe bis zu eng oder leicht gekrümmten Bogen, über Reduzierteile bis zu Adaptern von Stahl zu Kupferrohr oder von Stahl zu Kunststoffrohr. Alle diese Rohrverbindungen lassen sich bei Bedarf immer wieder auseinanderdrehen.

Verbinden der Teile
Die Verbindungen an Rohren müssen mit Fett oder Verbindungspaste eingeschmiert werden; dann werden sie mit Hanf umwickelt. Heute wird meist dünnes weißes Teflon- oder PTFE-Tape um das Außengewinde gedreht, bevor die Teile zusammengeschraubt werden. Flüssiges PTFE ist bei rauhen oder strammen Gewinden, in denen Tape zerschnitten würde, überlegen. An heißen Auspuffrohren wirkt Graphit gut. Wenn ein loses Gewinde eine Leckage verursacht, wickelt man einige Törns Asbestfaden mit Graphitpaste auf und preßt sie mit Kontermutter an (Abbildung 207).

Routinesäuberung
Rohrleitungen werden an Bord kaum je gewartet, wenn keine Defekte auftreten. Heißes Wasser verursacht den meisten Ärger, besonders bei Rohren mit kleinem Innendurchmesser, bei denen Kalk- oder Salzablagerungen das ganze Rohr zusetzen können. Nach dem Auseinandernehmen reinigt man

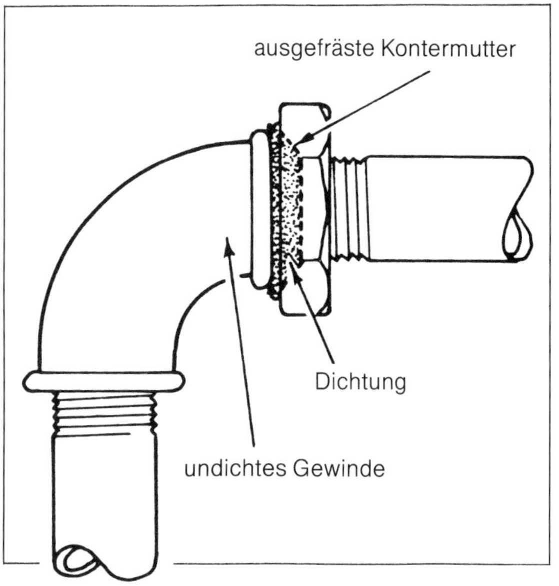

207 *Eine Überwurfmutter mit Dichtung beendet die Leckage an einer Rohrverbindung.*

das Rohr so gut es geht mechanisch und füllt es dann mehrmals mit Entkalker, mit dem auch Kessel oder Zentralheizungsanlagen gereinigt werden. Auch Handpumpen und Wasserhähne müssen gelegentlich gereinigt, entkalkt, ausgewaschen, eingefettet und die Dichtungen erneuert werden. Ersatzrohre sind sauber zu lagern, und eine Duschrosette muß wenigstens einmal im Jahr in Entkalkerverdünnung gebadet werden, damit die winzigen Löcher offen bleiben.

Gasanlagen

Die meisten Eigner von kleineren Yachten schätzen die Bequemlichkeit von Flaschengas. Doch sollte der Laie die Installation und regelmäßige Wartung von Gasanlagen dem Fachmann überlassen und die nachfolgenden Ausführungen nur zur Beurteilung seiner Anlage benutzen. Denn Gas stellt immer eine potentielle Gefahr dar, da es sich bei Lecks in der Bilge sammelt. Dann bedarf es nur eines Funkens, damit es explodiert. Gas, das leichter als Luft ist (verflüssigtes Erdgas), wird allmählich auch für den Bootsgebrauch verfügbar. Normalerweise wird Kupferrohr von ¼ Zoll Außendurchmesser als Gaszuleitung zur einzelnen Verbrauchsstelle verlegt, doch muß das Hauptgasrohr vom Tank groß genug sein. Dafür braucht man möglicherweise einen Rohrdurchmesser von ⅜ Zoll, damit mehrere Verbraucher gleichzeitig benutzt werden können. Ein neues Rohr bläst man mit trockener Druckluft durch, um alle festen Teilchen zu entfernen, die die winzigen Düsen in den Gasbrennern verstopfen könnten.

Rohrschellen
Gasleitungen dürfen auf keinen Fall durch die Bilge verlegt werden, weil sie dort korrodieren und beschädigt werden können. Kupferleitungen werden mit Rohrschellen in Abständen von nicht weniger als 60 cm am Rumpf entlang verlegt; bei einem GFK-Rumpf nimmt man kleine, selbstschneidende Schrauben, wenn nicht auf eine passende Holzleiste geschraubt werden kann. Rohrschellen lassen sich auch leicht aus Kupferblech selbst herstellen. Die Schellen für Elektroleitungen sind besser als gar nichts, sollten aber wegen der Korrosionsgefahr aus Kunststoff sein.

Gasschlauch
Auch die speziell für Propangas hergestellten Schläuche werden an Bord nicht als sicher betrachtet. Kurze Verbindungsteile aus armiertem Schlauch mit Fittings an beiden Seiten müssen an einem kardanisch aufgehängten Herd eingesetzt werden. Tragbare Heizgeräte und gasbeheizte Bügeleisen erfordern jedoch längere Schläuche. In solchen Fällen muß am Schlauchanfang am Schott ein Sperrventil sitzen.

Leckagen
Gasleitungen überprüft man üblicherweise auf Lekkagen, indem man alle Verbindungen mit einer dikken Seifenlösung einschmiert und auf Luftbläschen achtet. Bei einem ganz feinen Leck kann es eine oder zwei Minuten dauern, bevor etwas zu erkennen ist. Spezial-Dichtmasse ist bei Installateuren zu bekommen; sie sollte auf allen Berührungsflächen von Preßverbindungen oder Verbindungen zwischen Kupferrohr und Schlauch benutzt werden. In letzterem Fall sollte man aus Sicherheitsgründen zwei Schlauchklemmen ansetzen. Auch ordentliche Schneidringverschraubungen haben schon geleckt – sogar das Gasflaschen-Ventil in voll zugeschraubtem Zustand, zumeist bedingt durch Beschädigungen oder Schmutz. Durch Einschmieren mit Dichtmasse lassen sich leichte Leckagen normalerweise beseitigen (Sicherheitsmaßnahmen siehe Seite 220).

Gas in der Bilge
Es empfiehlt sich, alle Gasbrenner an Bord mit Zündsicherungen auszurüsten, die automatisch die Ventile schließen, wenn eine Flamme unbeobachtet ausgeht, damit sich in der Bilge keine gefährliche Gasansammlung bilden kann. Von gasbetriebenen Kühlschränken und Durchlauferhitzern, die eine ständig brennende Zündflamme haben, geht ganz besondere Gefahr aus. Die Motoren elektrischer Entlüfter müssen gasdicht sein, damit ausströmendes Gas nicht durch ihre Kollektorfunken entzündet werden kann. Gute Gasdetektoren sind relativ teuer, können aber den Totalverlust des Schiffs möglicherweise verhindern. Wenn man an Bord kommt, schaltet man immer erst einmal den Gasdetektor ein, bevor jemand ein Streichholz anzündet, den Motor startet oder eine elektrische Bilgepumpe anwirft. Doch Gasdetektoren können auch durch andere Dämpfe irregeführt werden, inklusive Rauch, angebranntes Essen, Benzin- und Alkoholdunst. Das Eintauchen ins Bilgewasser kann außerdem ihren Sensor beschädigen.
Ist ein Gasleck aufgetreten, bedeutet das vollständige Entfernen des Gases aus der Bilge eine mühevolle Arbeit. Der übliche Weg ist, alle Öffnungen im Kajütboden (auch und besonders unter den Kojen und Sitzbänken) zu verstopfen, dann einen Windsack über dem Vorschiffsluk zu riggen (siehe Seite 86), der mit einem wenigstens 15 cm dicken Rohr bis in den Bugteil der Bilge reicht; ans Heck kommt ein ähnlicher Entlüftungssack. Bei wasserdichten Schotten muß jeder Abschnitt für sich ebenfalls wenigstens drei Tage gelüftet werden. Eine weniger beliebte Methode besteht darin, die Bilge über ein Seeventil bis auf Kajütbodenhöhe zu fluten und dann das Boot für längere Zeit so gut wie irgend möglich zu belüften. Niemals darf man einen Staubsauger benutzen, denn die Funken im Motor könnten leicht eine Explosion verursachen. Wenn man gar nichts unternimmt, dauert es ungefähr sechs Wochen, bis das Gas sich verflüchtigt hat.

Heizen und Kochen

Außer den kleinen, am Schott montierten Holzkohleöfen mit einem 25 mm dicken Schornsteinrohr findet man festinstallierte Öfen – dann jedoch oft mit Boilern für Zentralheizung und Heißwasserbereitung – normalerweise nur auf größeren und älteren Yachten, die in nördlichen Breiten das ganze Jahr über benutzt werden. Außerhalb des Hafens ist auf kleineren Yachten elektrische Energie gewöhnlich nur der Beleuchtung und dem Motorstart vorbehalten. So wird für die Heißwasserbereitung vorzugsweise Flaschengas verwendet, während Dieselöl, Petroleum oder Spiritus zum Kochen für sicherer gehalten werden. Elektrisch kontrollierte, automatische Dieselheizungen werden auf großen Booten in der ganzen Welt zum Heißwasserbereiten, Kochen und zur Raumheizung eingesetzt; die Wärme wird dann über Radiatoren oder über Warmluftrohre im Schiff verteilt. Wirkungsvolle und gut aussehende Öfen für jeden Zweck (und für jeden Treibstoff) gibt es überall. Der Ofen muß an seinem Platz fest verbolzt sein. Kochgerät braucht viel Raum, auch wenn es nur halbkardanisch aufgehängt werden soll. Für den Einsatz unterwegs braucht man auch Topfhalter.

Heißwasserbereitung

Ein Warmwassertank, in dem Süßwasser durch das Motorkühlwasser erwärmt wird, kann auf Motorbooten – bis zu 24 Stunden nach dem Ausschalten des Motors – sehr viel Warmwasser liefern, wenn der Tank groß genug und gut isoliert ist. Ein Motor zum Batterieladen kann weitere Wärme liefern, aber ein mit Gas oder Diesel betriebenes Heißwassergerät wird doch noch zu bestimmten Zeiten nötig sein. Ein Wärmetauscher erfordert wenig Wartung, wenn weiches Süßwasser verwendet wird. Die meisten anderen Heißwassergeräte müssen in regelmäßigen Abständen gereinigt werden; deshalb sollte man die Wartungsanleitung sorgfältig aufbewahren.

Kesselstein

Bei hartem Wasser empfiehlt sich die Installation eines De-Ionisierers (Weichmachers) oder Entkalkers am Zulauf aller Warmwassergeräte. Entkalker brauchen keine Wartung, doch sie enthalten Magnete, die ein leichtes magnetisches Feld entwickeln, so daß sie ausreichenden Abstand von den Kompassen haben müssen.

Fließendes Wasser

Haben die Zuleitungen einen großen Durchmesser, kann man sich durch einen Falltank an Deck (der aus dem Haupttank über eine Elektro- oder Handpumpe immer wieder nachgefüllt wird) mit geringem mechanischen Aufwand mit fließendem Warm- und Kaltwasser versorgen. Auf nur wenigen Booten wird der Wasserfluß über Luftdruck im Haupttank bewirkt. Auf den meisten größeren Yachten ist ein Druckwassersystem installiert, das zumeist durch den Druckabfall beim Öffnen eines Wasserhahns in Gang gesetzt wird; gelegentlich wird die Wasserpumpe auch über elektrische Kontakte an den einzelnen Wasserzapfstellen aktiviert. Bei Duschen und ähnlicher Ausrüstung, wo man sowohl kaltes wie heißes Wasser zur gleichen Zeit und mit der gleichen Fließgeschwindigkeit braucht, werden am Kaltwassersystem mitunter Reduzierventile angebracht. Ein Heizsystem mit Radiatoren geringen Rohrdurchmessers braucht meist eine Umlaufpumpe beim Ofen oder beim Wärmetauscher. Wenn man außer dem Süßwasser auch noch fließendes warmes und kaltes Seewasser haben will, muß ein separates automatisches System installiert werden.

Feste Brennstoffe

Aus Kohle hergestellte, rauchlose feste Brennstoffe werden in Papiertüten verkauft; sie sind sauber zu handhaben und beinahe rußlos. Normale Kohle oder Holzscheite sind billiger, jedoch zumeist an Bord nur schlecht zu stauen. In den USA werden häufig Blöcke aus gepreßten Sägespänen oder Stroh verwendet. Jeder Block brennt etwa eine Stunde, nachdem die mit Wachs getränkte Papierverpackung mit einem Streichholz angebrannt wurde.

Anzünden

Mit einem Propan- oder Butangasanzünder lassen sich alle festen Brennstoffe leicht entzünden. Sonst nimmt man gewachste Kohleanzünder oder Holzspäne. Will man ein Feuer nur mit Zeitungspapier anzünden, rollt man ganze Blätter zu Röhrchen von nicht mehr als etwa 15 mm Durchmesser. Diese Röhrchen schneidet man in 15 cm lange Stücke und verhindert mit Tape oder Takelgarn, daß sie sich aufrollen. Mit 30 solcher Papierröllchen kann man jedes Kohlenfeuer entzünden.

Ansengen

Öfen, die mit festen Brennstoffen betrieben werden, lassen sich nicht einfach abstellen, und sie sind sehr schwer. Sicheres Aufstellen ist wichtig, ebenso ein Topfhalter und eine Isolierung zwischen Ofen und

Schott. Auf älteren Booten bestand das Wärmeschild gewöhnlich aus einer Asbestzementtafel, die mit Bolzen und Distanzbuchsen (einfachem Rohr) ungefähr 25 mm vor dem Schott aufgestellt wurde. Asbestzement wird heute aus gesundheitlichen Gründen abgelehnt. Zwei Platten aus 1 mm starkem rostfreiem Stahl mit Mineralwolle dazwischen tun es besser; diese Isolierung kann auch nicht brechen. Ein Warmwassermantel um das Abzugsrohr erfordert wegen seines Gewichts zusätzliche Abstützung am Schott. Alles, was brennen kann, muß außer Reichweite des Ofens bleiben. Die Asche sollte häufig geleert werden, wobei man sie befeuchtet, damit sie schnell abkühlt und kein Staub aufgewirbelt wird.

Schornstein

Welche Art Brennstoff man auch im Ofen verwendet, ein gut wirkendes und sauberes Abzugsrohr ist wichtig für die Gesundheit wie für die Verringerung der Luftfeuchtigkeit unter Deck. Die abnehmbare H-förmige Schornsteinkappe über Deck muß so gestaltet sein, daß Regen und Gischt nicht eindringen können, während sie zugleich den Zug verstärkt. Es gibt Rauch- und Gaswarngeräte, die bei Entwicklung von giftigen Gasen oder Rauch in einer schlecht gelüfteten Kajüte ein Alarmsignal geben, ebenso eine Gassperrautomatik, die bei austretendem Gas über einen Fernschalter die Gaszufuhr ausschaltet.

Instandhaltung

Zerbrochene Schamottesteine in einem Ofen lassen sich mit feuerfestem Mörtel leicht wieder zusammenfügen. Ein Gehäuse aus Eisenguß muß mit Graphit eingerieben werden, damit sich kein Rost bildet. Flecken auf Emailleoberflächen werden am besten zunächst mit Ofenreiniger bearbeitet, bevor man sie abwäscht, und auch das erst, wenn der Ofen kalt ist. Glänzende Metallteile behandelt man mit Chromputz oder Messingpolitur – und zwar nicht erst, wenn sie schon unansehnlich geworden sind, sondern so oft wie möglich.

Petroleum

Mit Petroleum werden seit Menschengedenken Lampen, Öfen und Kocher beheizt. Der Vorteil dieses Brennstoffs: Er ist sicher und verbrennt geräuschlos. Auch Leuchtpetroleum war bis vor einigen Jahren ein billiger Brennstoff und ist es im Vergleich zu Spiritus immer noch. Unangenehm sind nur der nicht ganz zu vermeidende Geruch und der Zwang zum Nachtrimmen der Dochte. Der gleiche Typ Brennstoff wird auch in den mit einem Drucksystem arbeitenden Kochern nach dem Primus-Prinzip verwendet (Abbildung 208). Die Wartungsanforderungen sind minimal; doch muß bei vielen Modellen noch immer mit Spiritus vorgeheizt werden. Der nachlassende Tankdruck während des Gebrauchs muß durch gelegentliches Nachpumpen aufgefüllt

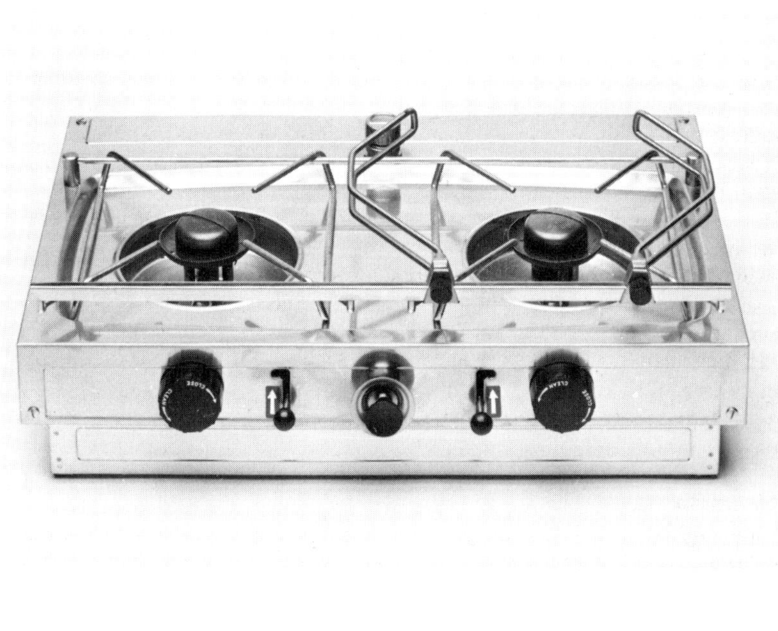

208 *Ein moderner Petroleumkocher: In der Mitte erkennt man die Handpumpe für den Drucktank, rechts und links davon die Hebel für die Vorheizungsbrenner und außen jeweils die Regulierknöpfe, die auch eingebaute Reinigungsnadeln bedienen, um die Brennerdüsen sauberzuhalten.*

werden. Glühstrumpflampen, die nach dem gleichen Prinzip arbeiten, geben ein intensives weißes Licht.

Dochtbehandlung
Zum Betrieb einer Petroleumlampe muß man sie nur auffüllen und den Docht und das Glas putzen. Eine Brennstoff-Füllung reicht normalerweise für zwölf Stunden, während der Docht nach ca. 48 Stunden getrimmt und das Glas im gleichen Zeitabstand gereinigt werden muß. Nach dem Trimmen riecht die Lampe etwas und qualmt, wenn sie auf größte Helligkeit hochgeschraubt wird. Den Docht trimmt man am besten mit einer scharfen Schere ganz gerade, indem alle schwarz verbrannten und verrußten Teile abgeschnitten werden.

Dochtöfen
Die großen kreisförmigen Asbestdochte von Petroleumöfen müssen ungefähr alle 100 Stunden mit dem mitgelieferten Spezialgerät getrimmt werden. Solche Brenner haben kleine Luftlöcher und Gazeschutz, die saubergehalten werden sollten. Ein Glimmerfenster zum Beobachten der Flamme muß vorsichtig abgewischt werden, damit es nicht zerbricht. Manche dieser Runddochte lassen sich nur um 25 mm verstellen, so daß ein Ersatzdocht an Bord sein sollte. Das Leerbrennen des Petroleumtanks führt zu einem verbrannten Docht und schlechtem Geruch. Ist der Docht ausgetrocknet oder wird ein neuer Docht eingeführt, muß er sich vor dem Anzünden wenigstens eine Stunde lang vollsaugen.

Primus-Prinzip
Die meisten Petroleum-Druckkocher arbeiten nach dem Primus-System mit Verdampfungsrohren im Brennerkopf. Nach dem Vorheizen mit einem Schuß Spiritus in einem Trog unterhalb des Brenners tritt das verdampfte Petroleum aus der Düse und brennt mit einer blauen Flamme. Bei manchen Kochern verhindert ein Asbestdocht das Ausschwappen des Spiritus. Ungenügendes Vorheizen verursacht ein Aufflammen mit gelber Flamme. Am besten hält man dann den Tankdruck einige Minuten lang niedrig oder stellt die Düse auf die niedrigste Stufe, wenn sie regulierbar ist, bis sich eine stetige Flamme gebildet hat.

Primus-Wartung
Wenn das Reinigen der Luftlöcher oder das Auswechseln der Düse bei einem schlecht funktionierenden Brenner keine Abhilfe schafft, haben sich wahrscheinlich die Verdampferrohre mit Ruß zugesetzt. Aber ein neuer Brenner ist nicht teuer. Moderne Geräte haben Reinigungsnadeln, mit denen die Brennerdüsen über Handräder sauberzuhalten sind. Das Leder an der Druckpumpe hält man weich, indem man es monatlich mit Vaseline einfettet.

Andere Brennstoffe
Spiritusdruck- oder Dochtbrenner sind ebenfalls auf der ganzen Welt verbreitet und den eben beschriebenen sehr ähnlich. Spiritus ist jedoch heute der teuerste Brennstoff und wird nur noch für kleine Campingkocher verwendet. Das gleiche gilt für Hartspiritus, der auch mit einer blaßblauen Flamme brennt und in Form weißer Tabletten oder Stücke erhältlich ist. Wie schon erwähnt, hat sich Diesel als Brennstoff in Herden und Öfen größerer Boote immer mehr durchgesetzt, da er auch für den Motor gebraucht wird; er erreicht aber bei weitem nicht die Popularität von Flüssiggas.

Gasbrenner
Katalytische Raumheizer verwandeln ohne Flamme Flaschengas in Wärme; es gibt sie schon seit über 20 Jahren. Doch wie bei allen Verbrennungsvorgängen entsteht Kondenswasser, wenn nicht ausreichend gelüftet wird. Bei den meisten anderen Gasgeräten werden Brenner mit für den Brennstoff passenden kleinen Düsen und Öffnungen verwendet, über die die richtige Menge Luft zugeführt wird. Der Brenner muß zum Reinigen höchstwahrscheinlich nur alle drei Jahre auseinandergenommen werden. Meistens wartet man so lange, bis eine schwache oder ungleiche Flamme anzeigt, daß etwas nicht in Ordnung ist. Die Anleitungen des Herstellers sind bei der Wartung von Nutzen. Wenn in der Segelsaison Teile ersetzt werden müssen, die man nicht überall bekommt, kann das sehr ärgerlich werden.

Einstellung
Im Lauf der Jahre kann die Einstellung sich verändern, was möglicherweise an einem Wechsel von Butan zu Propan liegt oder an einer Veränderung des Drucks in der Leitung, verursacht durch einen neuen Regler (Regler wird das Reduzierventil genannt, das an der Gasflasche sitzt). Möglicherweise muß man dann die Brennerdüse durch eine größere oder kleinere ersetzen oder die Größe der Luftlöcher verändern. Wer nicht weiß, wie eine richtige

Brennerflamme aussehen sollte, läßt sich von einem Fachmann beraten. Eingebaute Zünder an Herden (und besonders an Heizgeräten) sind zwar bequem, aber ein weiteres Teil, das defekt werden kann. Mit einem Fidibus kommt man an jeden Brenner; elektrische Haushaltszünder (Piezo-Zünder oder auch Feuerzeuge) sind natürlich bequemer.

Sicherheit
Alle modernen Geräte haben Zündsicherungen. Beim Anzünden muß man die Bedienungsknöpfe so lange drücken, bis die Gasflamme ordentlich brennt; sonst springen sie zurück. Das ist besonders wichtig bei den Zündflammen an Kühlgeräten und Durchlauferhitzern. Die Zündsicherung überprüft man an diesen Geräten, indem man den Gaszufluß abdreht und nach einer Pause wieder andreht. Die Einweisung der Besatzung gehört auch zur Sicherheit. Jeder muß lernen, Brenner anzuzünden, ohne daß Gas entweicht. Und jeder muß es sich zur Gewohnheit machen, darauf zu achten, daß Flammen nicht unbeobachtet ausgehen, daß das Flaschenventil zugedreht wird, wenn keiner an Bord ist, ebenso der Absperrhahn, wenn das Gerät außer Betrieb ist. Gasleitungen und besonders ihre Verbindungsteile müssen regelmäßig inspiziert werden. Und wer noch keinen Gasdetektor an Bord hat, sollte sich dieses Sicherheitsgerät anschaffen.

Gasflaschen
Gasflaschen (auch Ersatzflaschen) müssen entweder an Deck oder in einem nur von oben zugänglichen, dicht verschlossenen Schapp mit Lenzöffnungen nach außenbords verstaut werden. Für die Überwurfmutter zwischen Regler und Gasflasche muß man immer den passenden Gabelschlüssel nehmen; meist ist das Gewinde linksdrehend (manchmal durch Kerben an den Ecken der Mutter angezeigt). Nur durch Wiegen der Flasche kann man feststellen, wieviel Gas sie noch enthält. Das Leergewicht (Tara) und auch das Füllgewicht sind meist auf der Flasche angegeben. Zum Wiegen genügt eine Federwaage oder eine Badezimmerwaage. Sind zwei Flaschen mit einem Handumschaltventil gekoppelt, erspart man sich viel Ärger. Ansonsten kommt man mit einer kleinen Reserveflasche so lange aus, bis man den nächsten Händler erreicht. Man denke daran, daß beim Umstürzen einer in Gebrauch befindlichen Gasflasche eine sehr gefährliche Leitungsexplosion entstehen kann.

Glühstrumpf
Gas-Kajütlampen geben ein ruhiges, angenehmes und starkes Licht. Wenn sie umstürzen, geht mindestens der Glühstrumpf zu Bruch; also sollte man Ersatz an Bord mitführen. Ist die Düse verstopft, legt man sie in Farbverdünner oder kochendes Wasser und bläst sie anschließend durch.

Kühlaggregate
Die modernen Halbleiter-Kühlgeräte sind solide und wirtschaftlich im Bordgebrauch. Doch immer noch fahren viele Boote alte Elektro- oder Gasgeräte oder eher noch isolierte Eisboxen. Eine große Eisbox, für die man in manchen Häfen Eis kaufen kann, wird etwa eine Woche lang halten; die kleineren, transportablen Kühlboxen, deren Kühlakkus man zu Hause im Tiefkühlfach vorkühlen muß, halten ungefähr ein Wochenende. Eisboxen und Kühlschränke nehmen einen unangenehmen Geruch an, wenn man sie bei geschlossener Tür außer Dienst stellt.
Man muß das Gerät gelegentlich mit Essigwasser auswaschen. Soll die Tür offen bleiben, so keilt man sie am besten fest, damit sie im Schwell nicht herumschlägt. Auf Motorbooten kann man das Kühlaggregat im Hafen mit Netzstrom und unterwegs mit einem Wellengenerator betreiben; jedoch auf den meisten Segelbooten muß bei Elektrokühlung die Batterie sorgfältig beobachtet werden.

Vorsichtsmaßnahmen
Die ständig brennende Flamme eines Gaskühlgeräts ist ein potentielles Sicherheitsrisiko, wenn es nicht völlig in Ordnung ist. Ausschalten sollte man es zumindest dann, wenn Treibstoff übernommen wird oder wenn das Boot im Seegang stark rollt. Alle Kühlgeräte brauchen ausreichend viel Platz und gute Luftzirkulation um den Verdampfer. Abtauen ist nur dann problematisch, wenn man längere Zeit an Bord lebt. Eisschalen sollte man immer entleeren, wenn das Kühlgerät abgestellt wird, und sei es auch nur für einen oder zwei Tage.

Herde
Für Heizgeräte und Kocher sind im Prinzip die gleichen Heizsysteme verfügbar. Geräte, die mit festen Brennstoffen betrieben werden, haben im allgemeinen Abzugsrohre und Schornsteine und sind fest installiert, während Gas- und manche Ölherde ohne Abzug auskommen und halbkardanisch aufgehängt

werden, damit sie im Seegang annähernd gerade stehen. Die kardanische Aufhängung ist ständig in Bewegung und muß deshalb häufig geölt werden. Alle Kocher auf Booten brauchen Topfhalter, die manchmal noch durch Gummizüge ergänzt werden, damit Töpfe, Pfannen und Kessel im Seegang nicht herunterfallen.

Wassertanks

Was in Kapitel 9 über Kraftstofftanks gesagt wurde, gilt zum Teil auch für Trink- und Abwassertanks. Eine gute Verankerung ist wichtig, um dieses schwere Gewicht an seinem Platz zu halten, wenn das Boot stark krängt oder möglicherweise sogar umschlägt. Wasser aus dem Tank hat oft einen Beigeschmack, wenn es nicht abgekocht oder durch einen Kohlefilter geleitet wird; deshalb empfiehlt es sich, ein oder zwei Kanister mit Wasser zum Trinken mitzuführen. Ist ein Sumpf mit Ventil zum Ablassen von Schmutz und außerdem ein ordentliches Filtersystem vorhanden, braucht ein Kraftstofftank kaum jemals gereinigt zu werden; große starre Wassertanks dagegen müssen ein Mannloch für Reinigungszwecke haben.

Konstruktion

Bei Sperrholz-, GFK-, Stahl-, Aluminium- und Ferrozementbooten sind die Tanks häufig in den Rumpf integriert. Manche dieser Materialien werden auch für herausnehmbare Wassertanks verwendet. Flexible Kunststoff- oder Gummiwassertanks werden in allen möglichen Größen und Formen hergestellt; gewöhnlich liegen solche Tanks in der Bilge. Die meisten haben innen keine Schwallbremsen und machen dann gelegentlich recht lustige Geräusche. Tanks aus galvanisiertem Stahl sind am weitesten verbreitet und im allgemeinen auch am billigsten, obgleich immer mehr Bootseigner auf die teureren Tanks aus rostfreiem Stahl übergehen. Ein neuer Tank sollte vor der Installation unter leichtem Druck auf Dichtheit getestet werden.

Inspektion

Bei einem in die Bilge integrierten Tank muß die Gummidichtung unter einem aufgebolzten Inspektionsdeckel nur gegen Spritzwasser geschützt sein. Handlöcher an den vertikalen Seiten eines in den Rumpf integrierten Tanks dürfen allerdings nicht einen Tropfen durchlassen; deshalb wird die Dichtung am besten sofort erneuert, wenn sie auch nur geringfügig undicht ist. Auf Werften, bei Klempnern und beim Hersteller erhält man passenden Gummi. Wer kein Locheisen (siehe Abbildung 156) zum Einstanzen der Löcher hat, nimmt ein Stück dünnwandiges Stahlrohr des entsprechenden Durchmessers und schärft es an einer Seite an. Damit kann man dann aus dem Gummi, der auf einen Holzblock gelegt wird, die Löcher ausstanzen. Man kann den Gummi aber auch recht sauber ausbohren, indem man ihn zwischen zwei Platten aus dünnem Sperrholz spannt, von denen eine als Schablone dient.

Viele GFK-Tanks haben kein Inspektionsloch. Das ist aber wichtig, wenn das Wasser auch zum Trinken benutzt wird (man weiß dann besser Bescheid, was im Tank vorgeht). Das Anbringen eines Inspektionslochs ist eine nützliche Winterbeschäftigung für den Heimwerker (siehe weiter unten). Ein Tank mit Schwallbrettern braucht möglicherweise mehr als ein Inspektionsloch, damit man beim Reinigen in alle Ecken gelangen kann. Runde oder rechteckige Inspektionslöcher müssen mindestens einen Durchmesser von 20 cm haben.

Reinigung

Oft dauert es zehn Jahre, bis Wasser aus einem GFK-Tank seinen Plastikgeschmack verloren hat. Eine Tankreinigung mit Essigsäure oder Weinessig verbessert den Zustand, besonders wenn man die Flüssigkeit in dem ausgebauten Tank mehrere Tage lang auf alle Seiten einwirken läßt. Werden zur Tankreinigung Haushalts-Bleichmittel benutzt, muß hinterher sehr sorgfältig nachgespült werden. Phenole sollten vermieden werden, denn sie sind gesundheitsschädlich. Im allgemeinen ist Auswischen mit Süßwasser oder Salzlauge das beste. Es gibt aber auch Reinigungsmittel wie Puriclean, die das gesamte Wassersystem einschließlich Wasserpumpe klären und reinigen. Das macht man am besten dreimal im Jahr.

Trinkwasser

Trinkwasserentkeimer und Desinfektionsmittel wie Certisil oder Micropur werden dem Trinkwasser direkt zugegeben und sind unschädlich für den Menschen. Es gibt diese Mittel in Tabletten-, Pulver- und in flüssiger Form. Einige dieser Tabletten sollte man immer an Bord haben. Daneben gibt es noch kleine Geräte zur Trinkwasseraufbereitung (Abbildung 209), die zum Beispiel über der Spüle angebracht

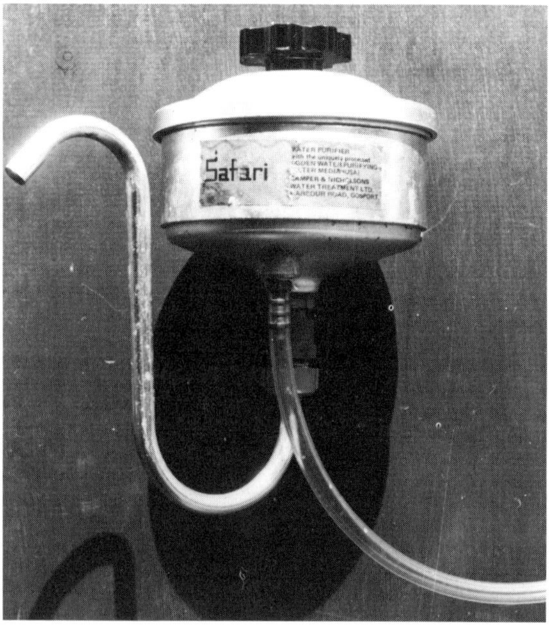

209 *Am Schott montierter Wasserreiniger mit auswechselbarem Filter*

werden können, wenn Trinkwasser aus einem Tank entnommen werden muß.

Tankalgen
Behälter für Trinkwasser sollten undurchsichtig sein. Schon bei geringstem Lichteinfall bildet sich im Tank grüner Schleim. Aus tragbaren Wasserkanistern entfernt man ihn am besten, indem man in den Kanister etwas Sand und Wasser (mit ein wenig Salz) gibt und ihn dann kräftig schüttelt; danach muß der Kanister gut ausgespült werden.

Innenanstrich
Für den Innenanstrich eines Wassertanks benötigt man Spezialfarben. Epoxy-Teer ist normalerweise zu dickflüssig, um alle Ecken erreichen zu können, besonders wenn der Tank Schwallschotts hat. Nachdem die Oberfläche wie auf Seite 41 beschrieben vorbereitet ist, folgt man den Angaben des Herstellers. Loser Rost muß mit Drahtbürste und Schleifpapier entfernt werden. Dann reinigt man den Tank mit dem Staubsauger. Bei kleinen herausnehmbaren Tanks ohne Inspektionsloch läßt man zwei Meter dünner Kette (6 mm) ins Innere hängen und schüttelt den Tank dann heftig. Ein anschließendes Ausblasen mit Druckluft hilft bei der Reinigung. Ist der Tank sauber, schüttet man eine kleine Menge Farbe hinein und dreht den Tank langsam, bis alle Flächen bedeckt sind. Dann wird er auf den Kopf gestellt, so daß der Rest ablaufen kann. Zwei Beschichtungen mit Spezial-Tankfarbe sind natürlich besser, weil dann mit einiger Sicherheit auch alle nicht sichtbaren ungemalten Stellen bedeckt werden.

Tankherstellung
Manche Heimwerker können sogar einen Stahltank zusammenschweißen. Besteht keine Möglichkeit, den Tank anschließend in ein heißes Zinkbad tauchen zu lassen, muß er spritzverzinkt werden. Dann sollte die obere Seite mit Bolzen befestigt werden, damit das Zink vor dem Montieren aufgesprüht werden kann. Heimwerker ziehen jedoch im allgemeinen GFK-Tanks vor. Man fertigt dazu eine Kernform (Abbildung 210) für jede Hälfte des Tanks, damit das Innere glatt wird. Mit Flanschen werden später beide Teile fest zusammengeschraubt oder geklebt.

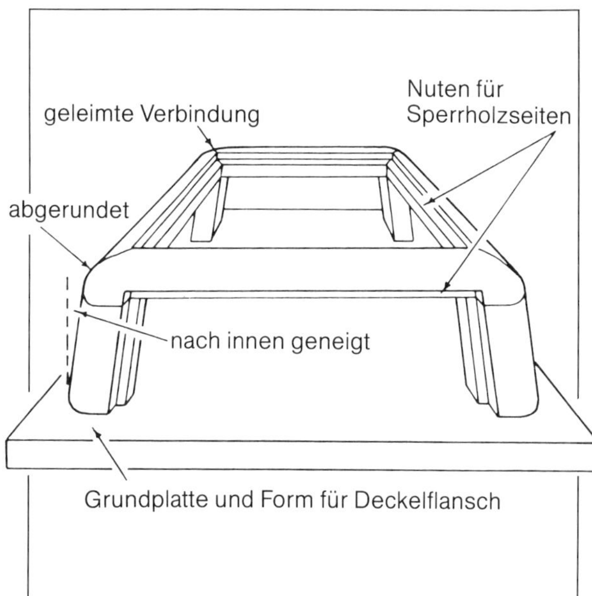

210 *Herstellen der Innenform für eine Hälfte eines GFK-Tank*

Schwallschotts
Schwallschotts im Tank verhindern das schnelle Übergehen des Wassers im Seegang (mit zugehörigem Geräusch) und sind außerdem eine sinnvolle Verstärkung des Tanks. Sie müssen stark sein, aber unten durch Löcher das Wasser durchlassen. Wenn man einen innen glatten GFK-Tank selbst baut, kann man die Schwallschotts vorfertigen und in Schlitze im Tank hineinstellen; die nach außen reichenden Teile werden anschließend überlaminiert.

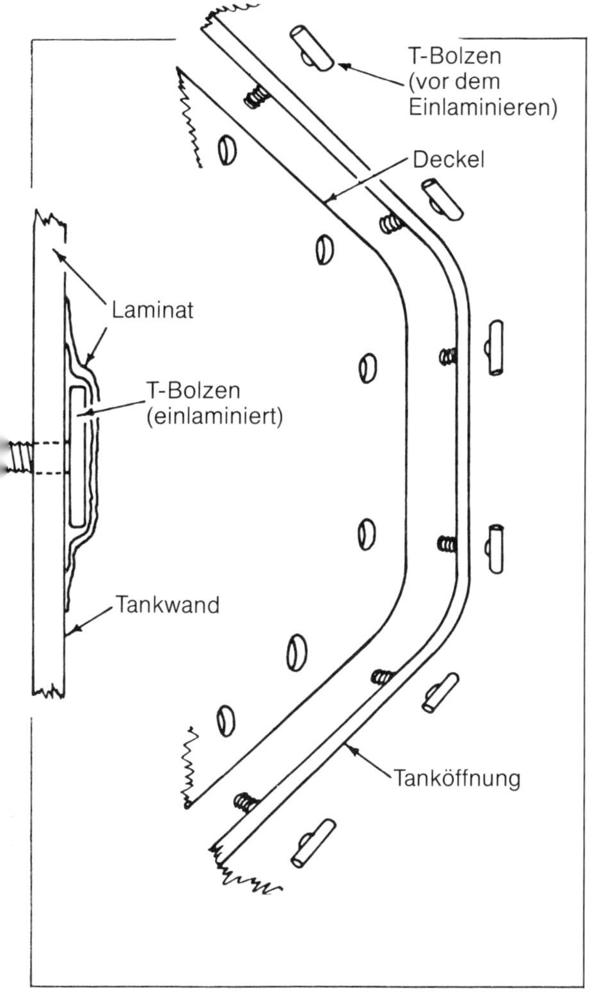

211 *Anordnung der Bolzen zum Festschrauben eines Tankdeckels*

Deckelbolzen
Bei einem Stahltank kann man die Bolzen mit dem Kopf von innen senkrecht um das Inspektionsloch herum festschweißen. Bei GFK müssen die Bolzen mit vergrößerten Köpfen versehen werden, damit sie eine größere Auflagefläche zum Einlaminieren haben; die T-Stücke oder Augen können angeschweißt oder hartgelötet werden (Abbildung 211). Umgekehrt kann man aber auch im Innern einen Metallrahmen mit angeschweißten Muttern mit Glasmatten einlaminieren; dann steckt man die Bolzen von außen durch den Deckel.

Alte Bolzen
Wenn ein Tank gereinigt wird, sollte man neue Bolzen oder Muttern anbringen, falls die alten angerostet sind. Sonst reinigt man das Gewinde vorsichtig mit einem Schneideisen, so daß Bolzen und Muttern wieder leichtgängig werden. Dabei muß man darauf achten, daß keine Späne im Tank verbleiben.

Decksverschraubungen
Wird ein Tank über eine Decksverschraubung (Abbildung 212) gefüllt, muß der Dichtring derselben in gutem Zustand sein, damit keine Verunreinigungen entstehen. Besser ist es, wenn ein großer Deckel die Decksverschraubung abdeckt. Wenn Decksverschraubungen nicht deutlich gekennzeichnet sind (die englischen Beschriftungen FUEL und WATER sind auch bei uns zu finden), können sie leicht verwechselt werden – mit schlimmsten Konsequenzen.

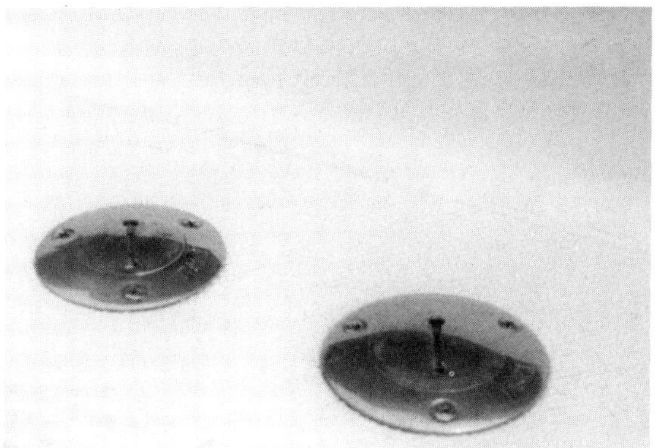

212 *Liegen die Tanköffnungen für Treibstoff und Wasser so dicht beieinander, müssen sie unbedingt deutlich beschriftet sein.*

Die Schlüssel für die Decksverschraubungen müssen immer an einem sicheren Platz aufbewahrt werden und sollten zusätzlich mit einem Bändsel gesichert sein, damit sie nicht über Bord gehen können. Zur Vorsicht halte man Ersatzschlüssel parat.

Belüftung

Tanks mit luftdichten Einfüllstutzen müssen mit Belüftungsrohren ausgestattet sein, wie sie auf Seite 188 beschrieben wurden, damit sich beim Aufdrehen der Wasserhähne kein Vakuum bildet. Da das aus einem übervollen Tank auslaufende Wasser kaum der Rede wert ist, kann eine Belüftungsleitung unter Deck enden. Ein Ventilationsloch, das größer ist als 3 mm, braucht eine Gazeabdeckung gegen das Eindringen von Insekten. Lüftungsloch oder Gaze müssen immer sauber gehalten werden.

Tankanzeige

Einige Methoden der Füllstandsanzeige wurden bereits auf Seite 188 erwähnt. Ausgeklügelte Druckanzeigegeräte können durch ein winziges Loch im Tankboden angebracht werden. Am einfachsten jedoch ist es, am Tankboden einen oben offenen, durchsichtigen Schlauch zu montieren, der bis über die Oberkante des Tanks hinaufgeführt wird. Der Wasserstand in dem Schlauch zeigt dann an, wie weit der Tank noch gefüllt ist.

Beiboote und Trailer 11

Um dem Streß des modernen Lebens zu entfliehen, kauft sich so mancher Mann ein Motorboot mit zwei geräuschvollen Maschinen, das ihn in kürzester Zeit von Hafen zu Hafen trägt; dann liegt er dort, wo das Plärren der Radios noch vom Lärm und Gestank der Generatoren, die Batterien laden, übertroffen wird. Und wenn er für sein Mutterschiff ein Beiboot haben will, wählt er wahrscheinlich ein Schlauchboot, das bei Wind mit Riemen kaum voranzubringen ist und deshalb einen lauten Außenborder benötigt. Die schlechtere Handhabung eines Schlauchboots wird allerdings häufig durch die leichtere Verstaubarkeit an Bord aufgewogen.

Wahl des Beiboots

Nur noch wenige Segler und Motorbootfahrer wissen, welche Freude es macht, ein gut proportioniertes geklinkertes Beiboot zu rudern; denn ein solches Boot läßt sich natürlich schlecht auf dem Autodach transportieren und erfordert eigentlich Davits, um es an Bord hieven zu können. Ein Beiboot, mit dem man auch segeln kann, bedeutet jedoch viel zusätzlichen Spaß unterwegs, besonders wenn Kinder an Bord sind. Nachteilig ist nur, daß bei einem stark beladenen Boot Wasser durch den Schwertkasten nach innen spritzt. Abhilfe schafft eine Schwertkasten-Abdeckung, die mit dem gleichen Gummistropp zu befestigen ist, mit dem auch das Schwert gehalten wird, und die man sich leicht selbst ausdenken kann.

Schleppen
Auf Yachten, die kürzer als 7 m sind, läßt sich ein starres Beiboot selten an Deck stauen. So ist man häufig gezwungen, das Boot in Schlepp zu nehmen – am besten mit zwei Leinen (siehe Seite 242). Ob man die Schleppleine kurz oder lang nimmt, hängt von den Umständen ab. Manche Beiboote lassen sich besser schleppen, wenn im Heck ein Gewicht (ca. 25 kg) liegt. Eine Abdeckplane ist zumindest auf längeren Strecken ideal, damit das Boot nicht Spritzwasser übernimmt.

Stauen
Die üblichen Staumethoden zeigt Abbildung 213. Bei einem Spiegelheck, das hoch genug ist, um das Beiboot auch bei rauher See aus dem Wasser zu halten (213c), vereinfachen Davits das Zuwasserlassen und Anbordnehmen. Davits lassen sich jedoch nicht mit einer Windfahnensteuerung vereinbaren. Andere Staumethoden sind die Lagerung auf dem Vordeck, dem Kajütdach, in Längs- oder Querrichtung oder diagonal auf dem Achterdeck, auch angelehnt an Seereling oder Aufbauten auf einer Decksseite.

Heißen
Das Andeckheißen eines schweren Beiboots ist nicht einfach, auch wenn man ein Fall dazu nimmt. Manche Eigner improvisieren einen Davit mit dem Großbaum, der Gaffel, einem Stagsegelbaum oder einem Spinnakerbaum. Zur Not kommt man damit sogar einhand zurecht.

213 *Einige Möglichkeiten, wie man Beiboote an Bord stauen kann:* **a** *auf dem Kajütdach,* **b** *quer auf dem Vorschiff,* **c** *in Davits,* **d** *über der Achterkajüte,* **e** *zwischen Mast und Beting,* **f** *Schlauchboot halb aufgeblasen auf dem Vordeck: unschön, aber schneller einsatzbereit.*

Schlauchboote
Die leichten Schlauchboote lassen sich bei abgelassener Luft bequem unter oder an Deck verstauen. Das Aufpumpen mit Hand- oder Fußpumpe ist jedoch eine so abschreckende Arbeit, daß viele Eigner zum Verstauen an Deck die Luft nur halb ablassen (Abbildung 213 f.).
Rettungsflöße sind eine spezielle Form des aufblasbaren Gummiboots; sie öffnen sich zumeist beim Ziehen einer Reißleine oder selbsttätig, sobald sie mit Wasser in Berührung kommen (wenn etwa das Boot nach einer Explosion plötzlich sinkt). Billige Schlauchboote halten manchmal nicht länger als drei Jahre, solche guter Qualität aber mindestens zehn Jahre, vorausgesetzt, sie kommen nicht allzu oft mit einem steinigen Strand in Berührung. Halbstarre Schlauchboote mit einem Boden aus GFK oder Holz an den Seiten sind zwar schwerer, verhalten sich aber im Wasser gut.

Schnelles Aufpumpen
Viele Eigner besitzen bereits elektrische oder motorbetriebene Luftkompressoren, mit denen sich Schlauchboote schnell aufblasen lassen. Man kann auch eine Taucherflasche nehmen; sie muß dann allerdings mit einem Reduzierventil ausgerüstet sein.

Faltbeiboote
Seit dem Ende des letzten Jahrhunderts gibt es zusammenlegbare Boote verschiedener Art (Abbildung 214). Bei manchen bestehen Seiten und Boden aus Sperrholz, das durch Segeltuch miteinander verbunden ist. Segelmacher oder Persenninghersteller können die Tuchteile sicherlich reparieren, wenn Schäden aufgetreten sind. Die Holzteile müssen regelmäßig gestrichen oder lackiert werden – ganz wie bei Sperrholzbooten oder GFK-Booten mit Holzsitzen.

Schwere Beiboote
Ein gutes, mit Motor ausgerüstetes Beiboot muß zwar nicht länger als 3 m sein, doch kann man sein beträchtliches Gewicht nur mit Hilfe von Davits handhaben. Das gleiche gilt, wenn man eine Regattajolle benutzen will. Oft ist dabei das größte Problem das Verstauen des Jollenmasts – senkrecht am Großmast des Mutterschiffs ist oft die einzige Möglichkeit. Ein besegeltes Beiboot (Abbildung 215) sollte ein Gunter- oder ein Luggerrigg haben (oder einen teilbaren Mast), so daß alle seine Spieren im Boot verstaut werden können.

Gleitboote
Ein anderer Typ des Beiboots, das nur in Davits gefahren werden kann, ist der Seeschlitten, zumeist mit einem katamaranähnlichen Boden (Abbildung 216). Auch bei viel Fahrt läßt sich dieser Bootstyp

214 *Bei diesem Faltbeiboot bestehen die Bordwände aus Sperrholz, der V-Boden und das Heck aus gespanntem Tuch.*

215 *Bei einem Luggerrigg lassen sich alle Spieren innerhalb des Boots verstauen.*

216 *Ein schneller Gleiter mit einem trimaranähnlichen Unterwasserschiff hat ausgezeichnete Steifheit.*

gut schleppen, und er ist zumeist für größere Außenborder geeignet. Diese Boote haben eine große Zuladefähigkeit und kentern weniger leicht als andere Bootsarten, wenn eine Landratte aufs Dollbord tritt.

Motorisierung
Anfänger kommen immer wieder in Versuchung, übergroße Außenborder an ganz normale Ruderboote zu hängen. Für den Unerfahrenen kann das gefährlich werden; außerdem besteht die Gefahr, den Spiegel zu beschädigen. Ein Motor von 1,5 PS sollte für ein Beiboot bis zu 3 m Länge ausreichen, ein 3-PS-Motor für ein 4,50-m-Boot. Solche Motoren lassen sich noch leicht heben, sind geräuscharm und günstig im Verbrauch. Selbst Kinder können damit umgehen. Das Einsetzen und Herausnehmen eines Außenborders ist riskant, wenn das Beiboot am Mutterschiff festgemacht ist. Deshalb sollte stets eine Sicherungsleine den Motor vor dem Überbordgehen schützen. Beim Einsetzen des Motors sorgt ein Mann im Bug für einen besseren Gewichtsausgleich.

Material
Ein einschaliges Beiboot aus Kunststoff oder Metall kann sinken, falls es keine Auftriebskörper hat. Auch wenn sie leicht zu warten sind, lassen sich doch viele dieser Boote (ebenso wie Schlauchboote) sehr viel schlechter rudern als die traditionellen Beiboote aus Holz. Aber Kompromisse muß man immer eingehen. Boote mit Knickspant oder flachem Boden sind normalerweise billiger als andere Typen, doch häufig nicht besonders robust. Das gilt auch für jenen Bootstyp, der nur wenig teurer ist, nämlich die aus dickem, leichtgewichtigem, starrem Kunststoffschaum gegossenen Boote, die an sich genug Auftriebskraft besitzen. Holzteile sucht man an ihnen oft vergeblich, doch beschränkt sich ihre Wartung auf ein gelegentliches Abspritzen, da der Kunststoff meist durchgefärbt ist.

Kleinere Reparaturen

Besonders bei Regattajollen sollte das Ausbessern von Kratzern ein Teil der jährlichen Wartung sein. Mit ein wenig Sorgfalt kann man sie normalerweise vollständig verdecken, so daß sich der Wert des Bootes nicht mindert. Der mit Versicherungsstreitigkeiten verbundene Zeit- und Geldaufwand kann durch Selbsthilfe oft vermieden werden. Wir werden uns hier mit Reparatur und Pflege der Holzteile an Rümpfen aus Sperrholz, GFK und Metall befassen.

Scheuerleiste
Halbrunde Scheuerleisten außen an der Bordwand lassen sich normalerweise leicht reparieren. Wenn

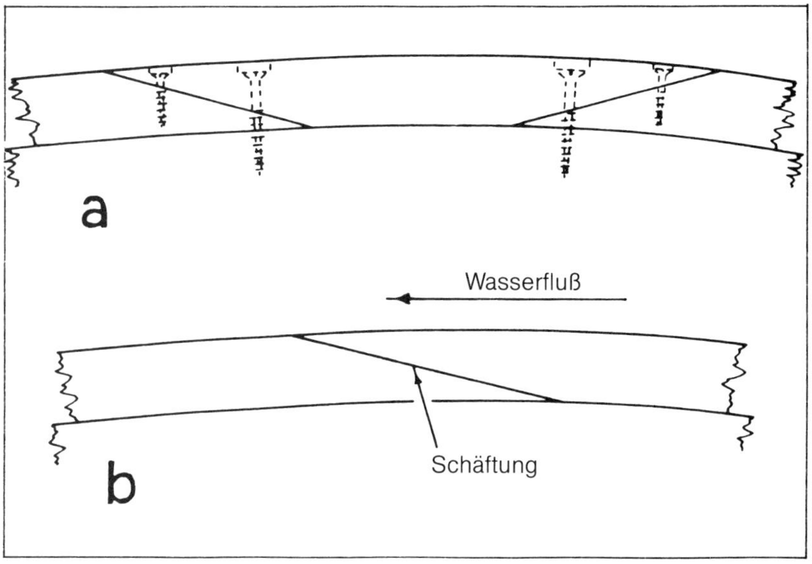

217 *Schäftung bei der Reparatur einer hölzernen Scheuerleiste*

sie aufgeschraubt und lackiert sind, nimmt man die ganze Länge bis zum nächsten Stoß ab. Gut sortierte Ausrüster und manche Werften haben die üblichen Größen auf Lager. Besteht das Ersatzstück aus anderem Holz, kann man es vor dem Lackieren mit ein wenig Beize farblich angleichen.

Kurze Teile
Kurze Stücke lassen sich leicht mit einer Schäftung (Abbildung 217a) einsetzen, ohne daß das Aussehen beeinträchtigt wird. Möglicherweise muß man sie über Wasserdampf halten oder anders vorformen, damit sie sich der Rumpfbiegung anpassen. Wenn zum Einbiegen Schrauben, spanische Winde und Schraubzwingen nicht reichen, können Stützbalken, die an einer Mauer verkeilt sind, genug Druck ausüben.

Geleimte Verbindungen
Falls die Scheuerleiste mit den Planken vernagelt und verleimt ist, schlägt man die Stifte mit einem Beitel frei und zieht sie mit einer Zange heraus, bevor man die Scheuerleiste insgesamt abnimmt. Gehobelt wird dann mit einem Surform-Hobel, der durch eventuell stehengebliebene Messingstifte nicht beschädigt wird.

Laminate
Breite, überhängende Dollborde sind gewöhnlich aus mehreren übereinander verleimten Streifen laminiert. Schäden treten zumeist nur an den äußeren Streifen auf; deshalb sollte man neue Holzteile nicht tiefer als nötig einsetzen. Die Reparatur, deren Prinzip Abbildung 217a zeigt, braucht also nicht die ganze Breite des Dollbords zu umfassen.

Schäften
Verbindungen an exponierten Stellen splittern bei einer Kollision weniger leicht, falls die Spitze der Schäftung nach achtern zeigt (217b). Kurze Stücke lassen sich besser einsetzen, wenn die zweite Lasche in die andere Richtung zeigt (217a). Bevor das neue Stück geformt und gehobelt wird, macht man sich Schablonen aus Pappe. Vor dem Befestigen am Boot schleift und hobelt man an dem einzusetzenden Teil so lange herum, bis es genau paßt. Gute Schäftungen sind nach dem Verleimen fast unsichtbar. Kleine Schönheitsfehler gleicht man mit dem passenden Spachtelmaterial aus, bei größeren Unebenheiten geht man von Klarlack auf Farbe über.

Plastikholz
Bei einem lackierten hölzernen Boot kann man mit den ausgezeichneten Plastikholzspachteln, die nach dem Aushärten glatt wie Holz aussehen, auch tiefere

Beschädigungen und Risse auffüllen. Damit es besonders gut hält, bohrt man erst einige kleinere Löcher oder treibt ein paar Stifte oder Schrauben hinein, die dann in die Spachtelmasse eingebettet werden. Das gleiche gilt auch für Kratzer und Dellen an anderen Bootsteilen wie Vorsteven, Beplankung, Heck und Kiel. Der alte Klarlack stimmt freilich mit dem neuen selten überein. Ausgleichen kann man ein wenig, indem man selbst Farbe anmischt, die dem Farbton am nächsten kommt, und sie mit einem feinen Pinsel aufträgt, ehe klarlackiert wird, wie es schon in Kapitel 4 beschrieben wurde.

Ruder
Ebenso wie Steckschwerter, Senkschwerter und ähnliche Teile ist auch das Ruder eines Beiboots an den Kanten sehr bald abgekratzt. Die meisten dieser Schäden lassen sich nach den obigen Methoden leicht reparieren, indem man – je nach Originalmaterial – Holzspachtel, GFK oder Plastikmetall verwendet. Gute Haftung erreicht man immer dann, wenn der Untergrund sauber, gesund und fettfrei ist.

Kielleisten
Beiboote aus Holz und GFK haben oft unter dem Boden und im Bugbereich halbrunde oder halbovale Kielleisten aus Metall, die mit Holz- oder Blechschrauben oder kleinen Bolzen befestigt sind. Diese Leisten erneuert man ähnlich, wie es für Mastschienen in Kapitel 6 beschrieben wurde; was dort über lose Schrauben gesagt wurde, gilt hier ebenfalls. Bei einem gut sortierten Schiffsausrüster findet man die üblichen Größen. Bevor man die Schraubenlöcher bohrt, muß man die Leiste dem Vorsteven entsprechend biegen. Für das Abrunden und Abflachen der Enden nimmt man am besten zunächst eine rauhe Feile und arbeitet dann mit einer feineren Feile nach. Die Löcher für die Schrauben in den Leisten müssen angesenkt werden, weil sonst die Schraubenköpfe herausstehen. Eine solche Arbeit ist auf einem Boot nicht leicht. Vor dem Bohren hält man jede Leiste erst einmal an, damit die neuen Löcher nicht über alten Stiften oder Schrauben sitzen. Alte Schraubenlöcher füllt man mit Spachtel oder leimt Holzstücke ein. Auch alle verdeckten Holzteile müssen vor dem Befestigen mit Farbe oder Lack behandelt werden.

Schwertschlitz-Gummi
Mit ähnlichen Metallprofilen befestigt man auch die Gummilippen, die Turbulenzen am Schwertschlitz verhindern sollen. Man nimmt dafür gewebeverstärkten Gummi. Um Falten zu vermeiden, verwendet man statt zweier Gummistreifen, die sich in der Mitte treffen, besser einen einzigen, breiten Streifen, der nach dem Befestigen in der Mitte aufgeschnitten wird. Die Schraubenlöcher im Gummi müssen etwas größer ausgestanzt werden, damit ein Verziehen des Gummis verhindert wird.

Geleimte Klinkerplanken
Bei manchen Beibooten sind die geklinkerten Sperrholzplanken ohne aufgeschraubte Stoßleisten miteinander verleimt. Öffnet sich eine solche Naht, säubert man sie von Schmutz und altem Leim mit einem Sägeblatt und einem alten Messer. Dann bohrt man Löcher für kleine Schrauben, die zum Andrücken dienen sollen. Nun mischt man einen guten Epoxykleber an und preßt ihn mit einem Spachtel in die Naht, bis er an der anderen Seite herauskommt.

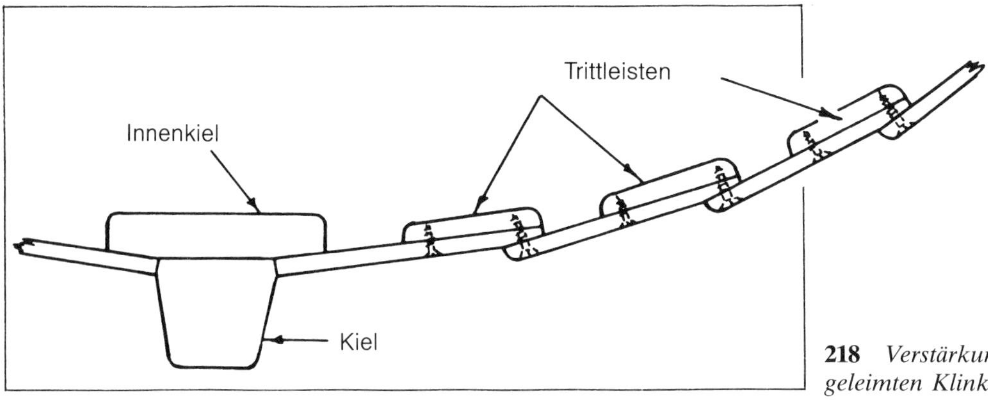

218 *Verstärkungen an einem geleimten Klinkerrumpf*

Jetzt werden die Schrauben eingedreht, und der überflüssige Kleber wird abgewischt. Die Schrauben werden übergespachtelt und mit Farbe abgedeckt.

Verstärkung
Haben sich mittschiffs am Rumpfboden auch noch mehrere Plankennähte geöffnet, sollte man den Bootsboden zusätzlich mit einigen Trittleisten aus Hartholz verstärken (Abbildung 218). Das hat auch noch den Vorteil, daß längere und stärkere Schrauben durch die Überlappungen gedreht werden können.

Kunststoff

Im Vergleich zu einer großen Yacht macht es kaum Arbeit, die Oberfläche eines Kunststoff-Beiboots zu polieren, besonders mit einem Elektrogerät. Spezielle Schleifpasten und silikonfreie Wachspolituren sind beim Ausrüster erhältlich, so daß es keine Entschuldigung dafür gibt, ein kleines offenes Boot nicht in bestem Zustand zu halten, bis es etwa zehn Jahre alt ist. Beim Polieren achte man auf Haarrisse im Gelcoat. Meist sind sie nicht schädlich (zumal wenn die Oberfläche immer gut gewachst wird); aber sternförmig verlaufende Risse sind oft das Ergebnis von Kollisionen und müssen in kurzen Abständen untersucht werden, ob sich nicht vielleicht Anzeichen für Blasenbildung oder Oberflächen-Rauhheit zeigen.

Verstärkungen
Führen Risse durch die gesamte Haut, muß man vor dem Auffüllen der äußeren Gelcoat-Risse innen Verstärkungsmatten mit Harz aufbringen (siehe unten). Sind schwere Schäden entstanden (besonders wenn ein Versicherungsfall vorliegt), überläßt man die Reparatur besser dem Hersteller oder anderen Fachleuten.

Gelcoatrisse
Sollen feine Risse im Gelcoat ausgebessert werden, reinigt man sie zunächst mit einem in Azeton getränkten, dann mit einem trockenen Lappen. Anschließend wird farblich passendes Gelcoatharz aufgetragen. Dann drückt man eine dünne Plastikfolie oder Tesafilm an und glättet mit einer Sperrholzleiste. Die Folie läßt man zunächst an Ort und Stelle, denn das Gelcoatharz härtet an der Luft nicht ordentlich aus. Erst am nächsten Tag wird sie entfernt; dann kann man mit feinem Naßschleifpapier nachschleifen und polieren.

Größere Schäden
Beim Beklopfen der Oberfläche mit dem Knöchel läßt ein dumpfer Klang darauf schließen, daß das Gelcoat sich vom Untergrund gelöst hat. In diesem Fall schlägt man das lose Gelcoat mit einem Kratzer oder einem alten Holzbeitel ab und füllt die Lücke mit Epoxidspachtel. Nach dem Aushärten wird die Stelle plan geschliffen und mit pigmentiertem Gelcoatharz gestrichen; weiter verfährt man wie oben beschrieben.

Einfärben
Selbst wenn man die Farbpaste mit dem klaren Harz sorgfältig mischt und dabei den Herstelleranweisungen exakt folgt, ist es fast unmöglich, außer bei Weiß, genau die Ursprungsfarbe des Gelcoats zu treffen. Bei größeren Flächen ist es möglicherweise unumgänglich, wenigstens die gesamte betroffene Seite neu zu streichen. Guten GFK-Reparatursets liegt stets eine Anleitung bei.

Durchbrüche
Die dünne Außenhaut des in Abbildung 219 gezeigten Beiboots war entlang des Kiels und in der Kimm vollständig gerissen. Die Risse wurden mit einem Sägeblatt sauber angeschrägt; dann wurden von innen drei Lagen Glasmatte dagegenlaminiert. Nach dem Umdrehen des Rumpfes wurden die Risse mit Zweikomponentenspachtel aufgefüllt und mit eingefärbtem Harz überstrichen.

Überlappungen
Die Arbeit ist zwar relativ einfach, doch muß man den Untergrund für das neue Laminat im Innern kräftig und gründlich anschleifen, damit Haftung erzielt wird. Liegen die Kanten der Risse nicht in einer Ebene, justiert man sie mit Latten oder dickem Klebeband. Auf jeden Fall muß die Außenseite mit Tape abgedichtet werden, damit kein Harz durchlaufen kann. Die erste Gewebelage muß den Riß um wenigstens 25 mm an jeder Seite überlappen. Die zweite Lage überlappt noch einmal um 25 mm an allen Seiten und die dritte Lage ebenfalls (Abbildung 220).

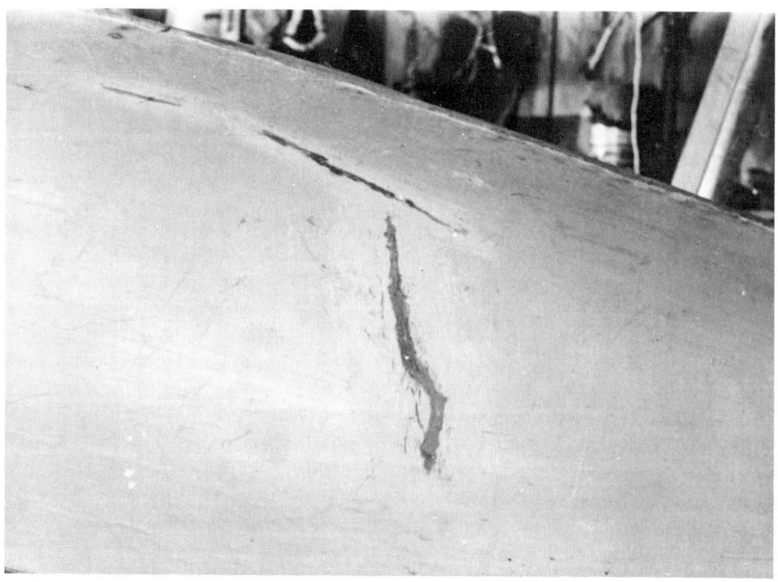

219 *Übliche Kunststoff-Reparatur an einem Beiboot. Oben: Innen werden Fasermatten über die Risse lamentiert. Unten: Außen werden die Risse mit Spachtel gefüllt.*

Schaumkern

Ruderboote und Surfbretter, die zwischen den glatten Außen- und Innenseiten mit starrem PU-Schaum gefüllt sind, lassen sich leicht reparieren, wenn ein kleiner sichtbarer Flicken nicht stört (Abbildung 221). Ist der Kern beschädigt, schneidet man das beschädigte Teil heraus und gießt neuen Schaum hinein, den man, nachdem er sich ausgedehnt hat, glatt abschneidet. Dann wird die Außenhaut mit Gewebe, Harz und Oberflächenvlies wieder aufgebaut; das Gewebe muß wiederum wenigstens 25 mm überlappen. Ein guter Handwerker wird sicher in der Lage sein, die Reparatur unsichtbar auszufüh-

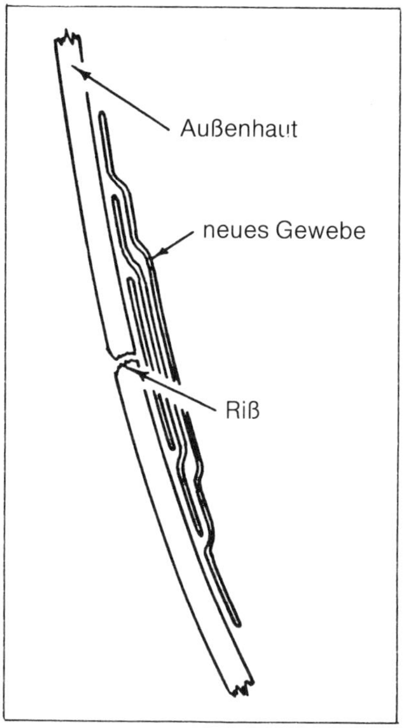

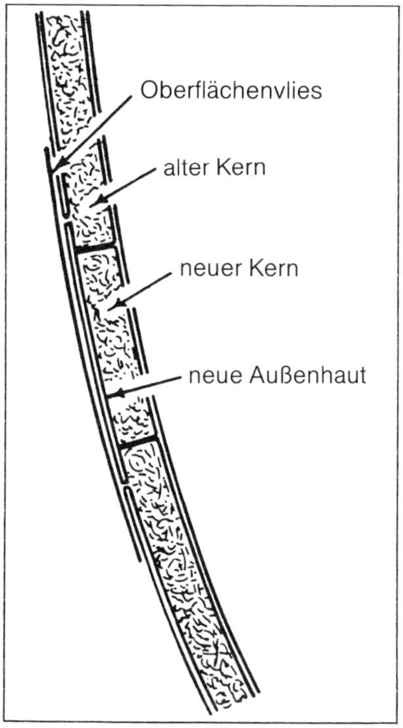

220 *Reparatur eines großen Risses in einem Kunststoffrumpf (links)*

221 *Reparatur an einem Sandwichrumpf nach einer Beschädigung des Kerns (rechts)*

ren, indem er für den Flicken eine kleine Sponung in die Außenhaut schleift.

Polyäthylen
Vorsicht bei Fahrzeugen mit Hartschaumkern und Außenhaut aus Polyäthlyen! Hier muß ein Flicken mit einer Heißluftpistole aufgeschweißt werden, was einem Amateur nur nach sehr viel Üben gelingen dürfte. Zur Reparatur von ABS, PVC und ähnlichen Kunststoffen gibt es brauchbare Kleber und Spachtel. Muß man das Material jedoch erst identifizieren, ist der Rat eines Fachmanns nötig – ganz zu schweigen von der Reparatur.

Löcher

Löcher in einem Aluminiumrumpf lassen sich leicht mit Kunststoff abdichten. Zwei oder drei Lagen Gewebe werden (wie oben beschrieben) innen aufgebracht; dann werden die Löcher von außen mit Zweikomponentenspachtel gefüllt. Normales Polyesterharz haftet jedoch auf Metall nicht zuverlässig, Epoxidharz ist besser. Auf jeden Fall muß das Metall kräftig mit einer rauhen Schleifscheibe aufgerauht werden.

Nieten
Schwere Schäden an Aluminiumrümpfen sind normalerweise eine Arbeit für den Hersteller oder eine Fachwerft, doch man kann sich auch mit einer von innen aufgenieteten Platte behelfen. Die Platte muß genauso dick sein wie die Rumpfhaut. Die Kanten werden sauber gerundet; ringsherum bohrt man dann eine doppelte Reihe angesenkter Nietlöcher. Wenn nötig, wird die Platte auch noch quer vernietet. Die Nietköpfe werden auf der Außenseite glattgeschliffen, und das Ganze wird mit Zweikomponentenspachtel geglättet. Vor dem Nieten wird alles gut in Dichtmasse eingebettet, besonders wenn die Stelle unterhalb der Wasserlinie liegt.

Geleimte Tuchflicken
Kleine Löcher und Risse (nicht breiter als 4 mm) in den Rümpfen von Beibooten aus Metall sind schon erfolgreich mit aufgeleimten Tuchflicken repariert

worden. Diese kleinen Flicken aus Segeltuch werden innen und außen am Rumpf mit Epoxidkleber (mit dem sie auch vollgesogen sind) aufgebracht und dann übergestrichen. Eine andere Methode der Schnellreparatur bei Löchern von weniger als 10 mm Durchmesser macht man mit einem Topfdichter. Dabei wird ein Bolzen durch das Loch geführt, der an jeder Seite der Außenhaut mit Gummi- und Metallscheiben unterlegt wird (normale U-Scheiben). Bei einem Stahlrumpf kommt man mit den überall erhältlichen Bolzen und U-Scheiben aus, doch bei einem Aluminiumrumpf müssen Bolzen und Scheiben wegen der Gefahr elektrolytischer Korrosion aus dem passenden Metall sein, und das bedeutet, daß man sie möglicherweise selbst herstellen muß.

Genagelte Flicken

Auch kleinere Löcher und leckende Bolzen an Holzrümpfen werden üblicherweise mit Flicken repariert. Die Reparatur geht dann so vor sich, wie es Abbildung 222 zeigt: Als Unterlage dient ein Stück Segeltuch, das in dicke Farbe oder Dichtmasse gebettet wird, und darüber kommt ein Kupferblech, das an den Kanten dicht bei dicht mit Kupfernägeln aufgenagelt wird. Zuerst schneidet man die Platte aus 0,6 mm dickem Kupferblech aus, dann schlägt man mit spitzem Dorn und Hammer die Löcher hinein. Die Position der Platte wird am Rumpf angerissen und das Leck mit Spachtel ausgefüllt. Jetzt

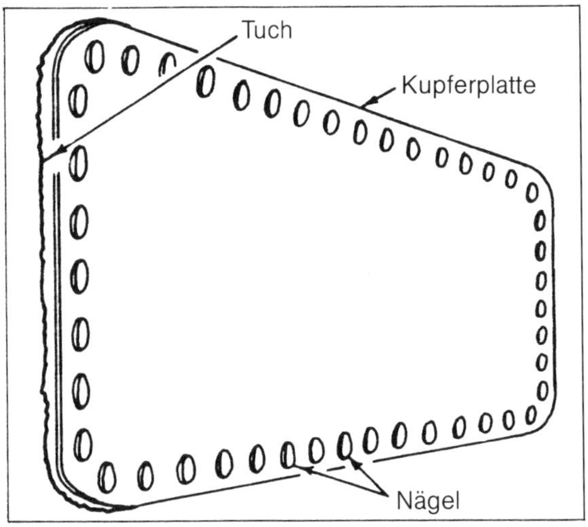

222 *Bestandteile eines genagelten Flickens an einem Holzrumpf*

schneidet man das Tuchstück zu (ein wenig kleiner als die Kupferplatte) und taucht es in Farbe. Das Tuch wird an den Rumpf geklebt und das Kupferblech darüber festgenagelt. Obwohl er schlecht aussieht, kann solch ein Flicken sehr lange halten.

Gummi

Kleine Löcher in der Außenhaut eines Schlauchboots sind mit dem vom Hersteller mitgelieferten Reparaturset meist leicht zu beseitigen. Defekte können auch an den verstärkten Nähten auftreten oder dann, wenn man den Anweisungen des Herstellers nicht genau folgt. Die defekte Stelle wird zuerst mit dem vorgesehenen Reiniger und/oder Entfetter abgewischt, dann mit feinem Schleifpapier angeschliffen, was vor dem Aufbringen von Kleber und Flicken besonders wichtig ist. Alte Boote werden porös; doch bevor man sie wegwirft, sollte man es mit einer Verjüngung versuchen, die zumeist aus einem flüssigen Dichtmittel (das in jede Schwimmkammer gegossen werden muß) und außen aufzutragender Farbe besteht.

Neopren-Anzüge

Naßanzüge aus Neopren werden ähnlich gewartet und repariert wie Schlauchboote. Metallische Reißverschlüsse können korrodieren, wenn sie nicht gelegentlich mit einem Spezialspray eingesprüht werden. Bislang gab es dafür vor allem ein Schmiermittel auf Silikonbasis, aber das auf der Teflon-Technologie beruhende Gleitspray ist vielleicht besser.

Ausmustern

Ein schwerer Riß in einem Schlauchboot ist normalerweise ein Versicherungs- oder Garantiefall; doch bei einem Boot, das älter ist als etwa drei Jahre, wird der Hersteller die Reparatur ablehnen. Gerissene Beschläge wie Dollenhalter, Fangleinenauge oder Außenborderbefestigung wird er jedoch meistens reparieren. Ein altes Schlauchboot, das lange Zeit zusammengefaltet war, kann an den Faltkanten rissig werden und muß dann möglicherweise ausgemustert werden. Das ist einer der Gründe, warum für Rettungsflöße regelmäßige Inspektionen vorgesehen sind.

Verbesserungen

Eine neue Regattajolle sollte zwar im allgemeinen komplett geliefert werden, doch muß man sie viel-

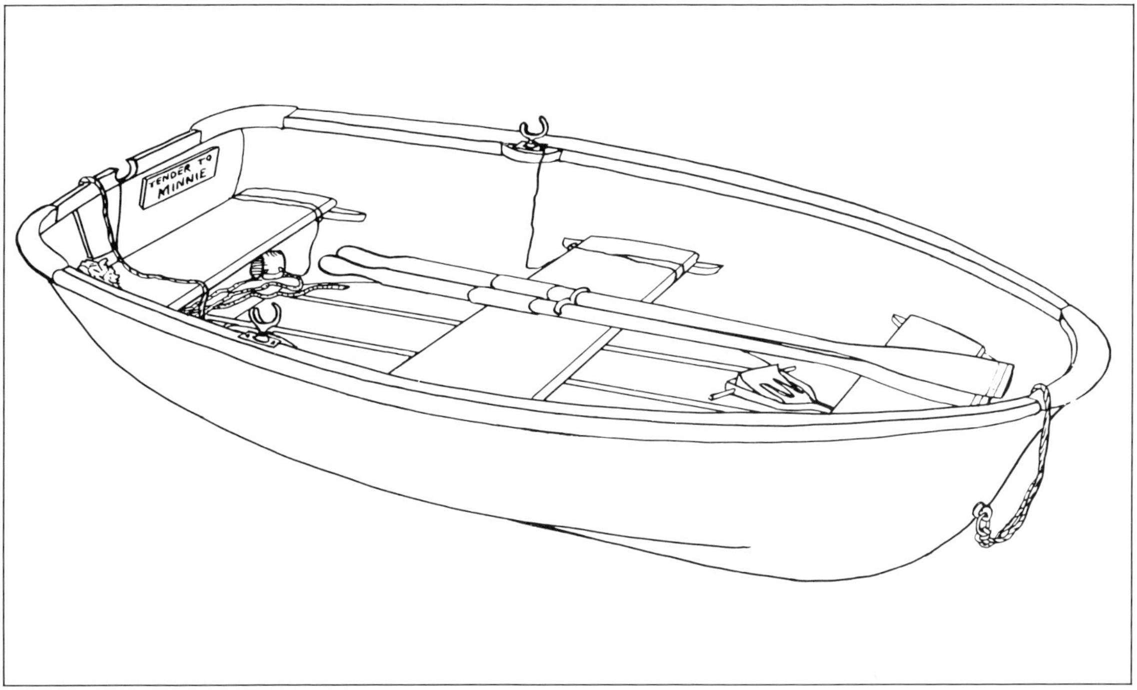

223 *Zu einem gut ausgerüsteten Beiboot gehören eine kräftige Scheuerleiste, eine Wriggrundsel im Heck, ein Namensschild, Auftriebskörper, Fangleinen vorn und achtern, Bändsel an den Ruderdollen, ein Anker, ein Ösfaß, ein Schwamm und auch eine Halterung für die Riemen im Boot.*

leicht zusätzlich mit Schleppleine, Anker, Paddel, Schlagpütz und Kompaß ausrüsten. Der erfahrene Regattasegler wird darüber hinaus mit Unterwasserfarbe, Trimm des Riggs sowie mit Spinnakertrompete oder -korb experimentieren wollen.

Fangleinen

Nur wenige Beiboote sind so gut ausgerüstet, wie es Abbildung 223 zeigt. Zunächst braucht man sowohl am Heck wie auch am Bug jeweils einen Augbolzen für die Fangleinen, mit denen man das Boot längsseits am Mutterschiff festmachen kann. Die Achterleine kann man auch um die Heckducht schlingen, es sei denn, daß sich darunter ein Auftriebskörper befindet. Dann braucht man noch Dollen zum Pullen, Auftriebskörper, Ösfaß, diebstahlsichere Riemenbefestigungen, Anker, Schwamm und eine gute Abfenderung am Dollbord. Auch ein motorisches Beiboot sollte mit Riemen ausgerüstet sein, eine Segeljolle mit einem Paddel.

Wichtige Kleinigkeiten

Wenn die Dollen nicht fest mit dem Dollbord verbunden sind, muß man sie mit Bändseln sichern (siehe unten). Für einen Außenborder muß das Heck mancher Boote verstärkt werden, damit es durch die Klemmschrauben, Schwingungen und den Schub, der vom Motor ausgeht, nicht beschädigt wird. Ein GFK- oder Aluminiumboot wird ohne zusätzliche Auftriebskörper im gefluteten Zustand sinken. Kleine Kimmkiele in Form von Handläufen (siehe Abbildung 213e) erweisen sich als nützlich, wenn das Boot umschlägt; zugleich schützen sie den Boden auf dem Strand. An diesen Handläufen lassen sich umgedrehte Beiboote auch gut an Deck festzurren (Abbildung 213a). Ein im Bug oder Heck eingebautes kleines Rad erleichtert die Handhabung an Land – besonders wenn man alleine ist (siehe unten).

Schutzmaßnahmen

Beiboote (auch Regattajollen) ohne weiche Scheuerleisten sind Ursache unzähliger Schäden an anderen Booten. Die Scheuerleiste muß um das ganze Boot führen. Das gleiche gilt für kleine Motorboote und Barkassen.

Tau-Wieling
Eine Wieling aus dickem Tauwerk ist billig und zudem leicht anzubringen. Zum Recken befestigt man das Tau am Heck und zieht es dann rings um das Dollbord herum, wie es Abbildung 224 zeigt. Soll kein Schmutz oder Sand in die Keepen des Taus kommen, näht man es vor dem Anbringen in Segeltuch ein. Ein zweites dünneres Tau, oben auf dem Dollbord angebracht, ist ein zusätzlicher Schutz. Dann muß man aber möglicherweise die Sockel der Dollen höher setzen. Soll die Wieling am Heck schöner werden als in Abbildung 224, schneidet man das Tau gerade ab und betakelt es. Dabei bleiben die Tampen am Heck offen, weil beispielsweise ein Außenborder angehängt werden soll. Über die Taklings beider Tampen schraubt man so fest kleine Messingbleche, daß sie sich etwas im Tau einbetten.

Drahtbefestigung
Normalerweise wird die Wieling etwa alle 15 cm mit in den Keepen des Taus versinkenden, 1,3 mm starken Kupferdrähten befestigt. Das geht bei den meisten Rumpfarten. Die Drahtbändsel werden U-förmig gebogen und die Enden jeweils durch zwei vorgebohrte Löcher geführt, ehe man die Enden an der Innenseite des Rumpfes miteinander verdreht. Können die scharfen Enden nicht unter dem Dollbord verschwinden, umwickelt man sie mit Isolierband.

Zusammendrehen
Es gibt einen Trick, Drahtenden sauber zusammenzudrehen (Abbildung 225). Man kreuzt beide Teile im rechten Winkel, schlingt sie zweimal mit Finger und Daumen umeinander und dreht diese Törns dann (indem man den Draht gleichzeitig auf sich zuzieht) mit einer starken Zange dicht, bis sechs Umdrehungen erreicht sind. Die Umdrehungen müssen gleichmäßig sein; vor allem darf nicht einer der Drähte gerade bleiben, während sich der andere um ihn dreht. Man achte auch darauf, daß der Draht nicht bricht. Mit einem Seitenschneider schneidet

224 *Eine Tau-Wieling muß gut gereckt werden, wenn sie zwischen den Drahbändselungen nicht durchhängen soll.*

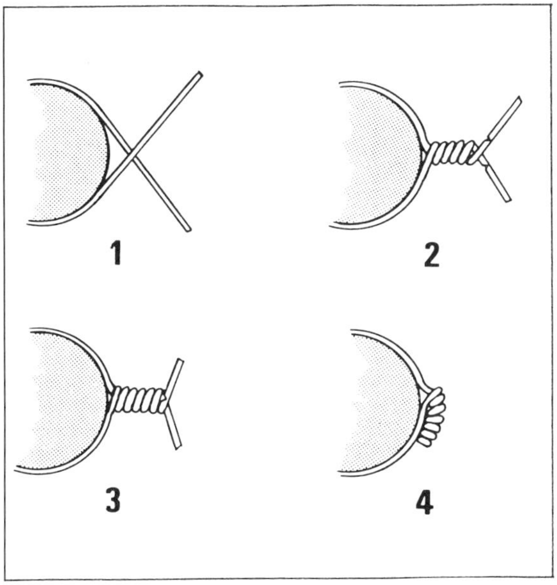

225 *Umeinander gedrehte Drähte bilden keine Verletzungsgefahr, wenn sie vor dem letzten Törn eingekerbt werden.*

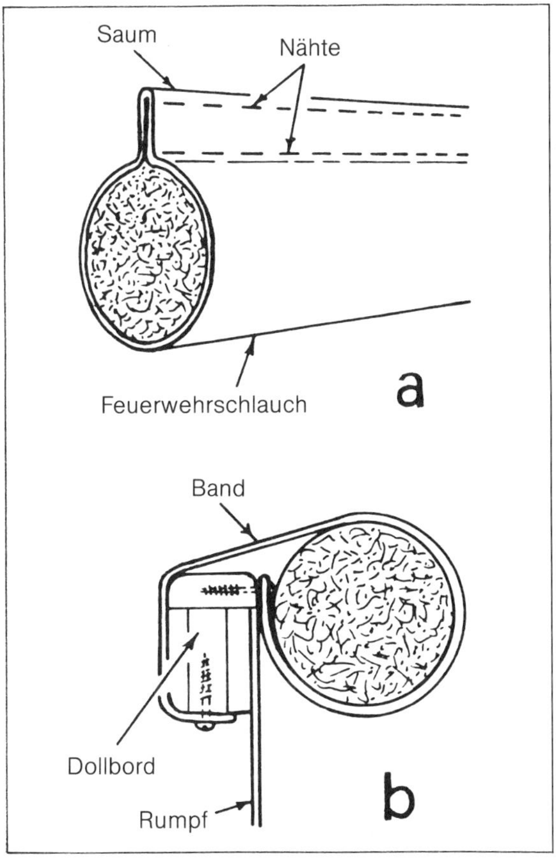

226 *Zwei Möglichkeiten, eine Wieling aus einem ausgestopften Feuerwehrschlauch herzustellen.*

man die überstehenden Drahtenden kurz nach der letzten Umdrehung halb ein und dreht sie dann ein siebtes Mal umeinander. Mit leichten Knickbewegungen kann man dann den überstehenden Draht an der Einschnittstelle abbrechen und bekommt so ein sauberes Finish.

Schlauch-Wieling

Fenderleisten aus Plastik oder Vollgummi sind teuer. Ein alter Feuerwehrschlauch von etwa 75 mm Durchmesser, der mit Korkgranulat (oder kleinen Stücken Polsterschaum) gefüllt wird, tut es jedoch auch. Es muß nicht eine durchgehende Länge sein. Ein Ende des Schlauchs wird abgenäht, um eine Lasche zum Befestigen zu schaffen, in die vielleicht noch ein Gatchen eingestanzt wird. Ein improvisierter Trichter aus Pappe erleichtert das Füllen. Ist der Schlauch zu dick, näht man ein Stück ab (Abbildung 226a). Man erhält so eine Klappe, mit der man die Wieling am Boot befestigen kann. Sonst muß man etwa alle 30 cm Gurtbänder anbringen, mit denen die Schlauch-Wieling auf Dollbordniveau befestigt wird (226b). Solch eine Wieling ist zum Streichen oder Reinigen des Bootsrumpfes leicht abzunehmen. Es gibt auch aufblasbare Rundumfender – ideal, aber nicht billig.

Befestigung an GFK

Selbstschneidende Blechschrauben aus rostfreiem Stahl sind auch für GFK geeignet, wenn die korrekte Lochgröße vorgebohrt wurde. Treten die Spitzen nach innen durch, nimmt man besser kleine Bolzen mit Hutmuttern, um Verletzungen auszuschließen. Wo Schrauben- oder Bolzenköpfe auf Segeltuch oder Gummi liegen, müssen stets möglichst große Unterlegscheiben mitangebracht werden. Durch die Vibrationen eines Außenborders können sich Muttern lockern, weshalb man auf das Gewinde am be-

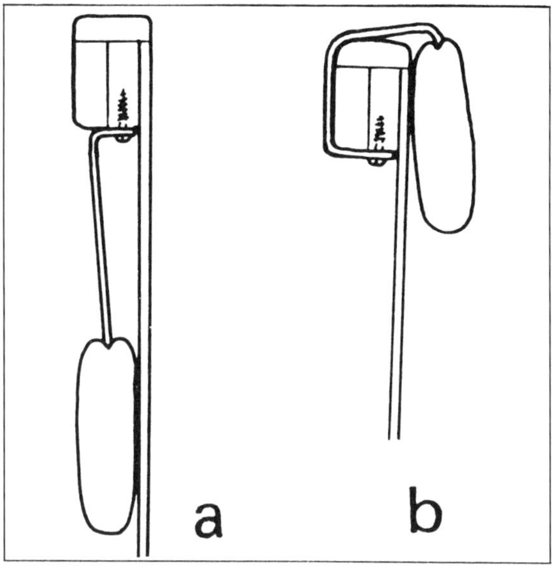

227 *Kissenfender kann man mit einem Handgriff außenbords werfen.*

sten ein wenig Loctite-Kleber gibt. Sucht man beim Ausrüster nach Beschlägen aus Messing oder rostfreiem Stahl, nimmt man am besten immer einen kleinen Magneten mit: Galvanisiertes Eisen kann zum Verwechseln ähnlich aussehen, darf jedoch an Bord nie verwendet werden.

Kissenfender

Besonders für motorisierte Beiboote und Barkassen ohne Rundum-Scheuerleiste sind selbstgemachte Kissenfender ideal (Abbildung 227). Die Laschen werden im Boot unter dem Dollbord befestigt, so daß man die Fender unterwegs wie in Abbildung 227a innen verstauen kann. Beim Längsseitsgehen wirft man so viele wie nötig mit einer Handbewegung über das Dollbord; wie in Abbildung 227b legen sie sich ganz von allein in die richtige Lage. Wie man solche Fender anfertigt, wird ab Seite 161 beschrieben.

Auftrieb

Fast alle Jollenklassen-Vereinigungen schreiben feste Auftriebskörper vor. Auch hölzerne Ruderboote und motorisierte Beiboote sollten mit möglichst viel Auftriebskörpern ausgestattet werden, und zwar nicht nur aus Sicherheitsgründen, sondern auch, weil dann die Chance größer ist, sie wiederzufinden, wenn sie sich losgerissen haben.

Luftsäcke

Aufblasbare Luftsäcke gibt es bei fast jedem Schiffsausrüster; man kann sie aber auch selbst passend zur Form des Bootes herstellen. Schwierig wird es nur, wenn man in einem modernen Beiboot nach Befestigungsmöglichkeiten sucht; gleichwohl müssen die Luftsäcke gut befestigt sein. Bei Holz-, GFK- oder Metallrümpfen klebt man im Bootsinnern mit Epoxidkleber Hartholzauflagen ein, die glatt sein und eventuellen Rundungen folgen müssen. An diesen Auflagen macht man Gurte fest, die Luftsäcke halten.

Feste Auftriebskörper

Lufttanks unter den Duchten sehen recht ordentlich aus und sind nicht allzu schwierig zu installieren; doch muß man auf ausreichende Fußfreiheit für eine bequeme Ruderposition achten. Deshalb bringt man unter der Heckducht am besten zwei separate Tanks an, zwischen denen Raum bleibt. Der beste Platz ist oft an Backbord- und Steuerbordseite knapp unterhalb der Höhe der Duchten, und zwar möglichst über die volle Länge des Bootes.

Starre Auftriebskörper

Billig und schnell zu montieren sind Polyurethanblöcke, die mit Kästen aus lackiertem Sperrholz umgeben werden. Kunststofflufttanks baut man über Formen aus Holz, Metall oder GFK (zum leichteren Abnehmen mit Cellophanlagen dazwischen); genau einpassen kann man sie noch beim Einbauen in den Rumpf. Besondere Festigkeit erreicht man mit Sandwich-Bauweise: Kerne aus Airex oder Balsa werden beidseitig mit dünnem GFK abgedeckt. Der Super-Handwerker kann auch Blechtanks in einen Aluminiumrumpf einbauen (natürlich gut in Dichtmasse eingebettet), doch Sperrholz dürfte für die Mehrheit leichter zu verarbeiten sein.

Ausschäumen

Wenn Hohlräume mit wasserdichten Deckeln nicht als Stauräume genutzt werden sollen, füllt man sie mit Kunststoffschaum: Die zwei flüssigen Komponenten des Schaums werden gut gemischt und in den Hohlraum gegossen. Nach kurzer Zeit bildet sich Schaum und füllt den ganzen Raum. Überflüssiger

Schaum, der durch die Öffnung (und unerwartete Risse) austritt, wird nach dem Aushärten einfach abgeschnitten.

Drucktest
Hohltanks werden irgendwann leck; deshalb sollten Lenzstopfen vorgesehen werden. Kästen mit leichtem Festkunststoff-Inhalt brauchen ebenfalls Wasserablauflöcher am Boden. Zum Lokalisieren eines Lecks setzt man den Tank unter Luftdruck und beobachtet dann, wo sich an den mit Seifenwasser eingeschmierten Kanten Bläschen bilden. Zum Abdrücken bereitet man einen Korken vor, durch den man ein Metallröhrchen hindurchführt. Dann bläst man einen Autoschlauch ohne Ventil mit dem Mund auf, wozu man an das Ventilrohr ein Stück Schlauch anbringt. Dieser Schlauch wird anschließend über das Röhrchen gesteckt. Beim Zusammendrücken des Schlauchs bildet sich in der Auftriebskammer ein erhöhter Luftdruck; stärkerer Druck ist weder nötig noch ratsam.

Pullen und Wriggen

Die nützliche alte Kunst, ein Boot mit nur einem Riemen voranzutreiben, der in einer Rundsel am Heck bewegt wird, beherrschen heute nur noch wenige. Moderne GFK-, Aluminium- oder Gummiboote haben auch nicht genug Griff im Wasser, um sich leicht wriggen zu lassen, es sei denn, sie sind schwer beladen. Für den Fall, daß man einen Riemen verliert oder daß der Transport von Ausrüstung das Pullen verhindert, sollte man sich jedoch mit dieser Methode vertraut machen.

Arbeit mit dem Handgelenk
Große Beiboote mit Langkiel lassen sich am besten wriggen. Die schnellste Fahrt erreicht man, wenn man aufrecht steht und mit beiden Händen um den Riemen faßt. Der Trick ist schnell erlernt. Man bewegt den Riemen von der einen zur anderen Seite und hält dabei das Blatt in einem Winkel von 45 Grad (Abbildung 228), und zwar jeweils in der Richtung, in der der Druck das Blatt ins Wasser preßt. Ohne den Griff zu verändern, dreht man die Faust (oder Fäuste) im Handgelenk am Ende jedes Schlags um 90 Grad – so graziös und glatt, wie es geht. Ein leichtes Boot, das kaum eintaucht, wird bei jedem Schlag natürlich zur entgegengesetzten Seite ausweichen, während der Riemen fast stillsteht.

Wriggrundsel
Der unerfahrene Wrigger braucht eine tiefe Rundsel (Abbildung 223), damit der Riemen nicht immer wieder unerwartet herausspringt. Doch normalerweise muß die Rundsel nicht tiefer als der Durchmesser des Riemens eingeschnitten sein. Da das Riemenleder zum Wriggen nur selten an der richtigen Stelle sitzt, schlägt man die Rundsel am besten mit Leder aus (siehe Seite 107), das man gelegentlich mit Lederöl weichmacht. Auf großen Beibooten ist eine konventionelle Dolle (deren Tülle in einem innen am Achtersteven befestigten Holzblock sitzt) effektiver als eine Rundsel; besonders wenn man aufrecht steht, hat man damit einen besseren Halt. Eine Rundsel ist aber auch nützlich zum Führen der Leine beim Aufholen eines Warpankers.

Ruderdollen
Die Vorrichtungen zum Festhalten der Riemen reichen von zwei einfachen, aufrecht stehenden Holzpflöcken über abnehmbare Dollen verschiedener Form (Abbildung 229) bis zu abklappbaren und hohlen Typen aus Kunststoff, die schwimmfähig sind.

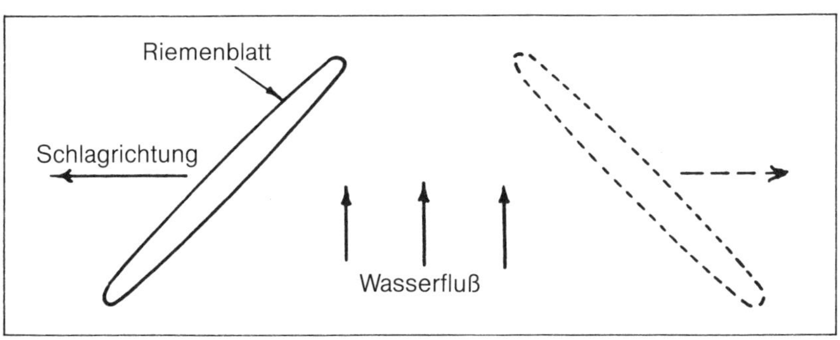

228 *Beim Wriggen wirkt der Riemen ähnlich wie ein Propellerblatt.*

229 *Drei übliche Formen von Ruderdollen*

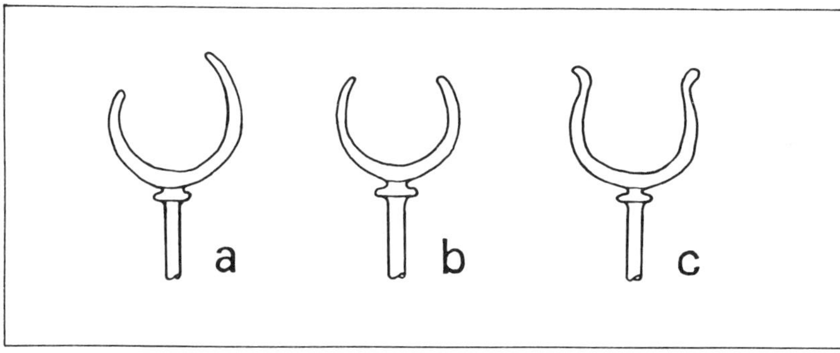

Anfänger bevorzugen vielleicht die permanent an den Riemen befestigten Dollen. Doch normalerweise sind Pflöcke oder Dollen, die nicht abgenommen werden können, sehr lästig, weil sie im entscheidenden Augenblick immer im Weg sind und sich in ihnen Fang- und andere Leinen verhaken können. An den eingeformten Gummidollen von Schlauchbooten verfangen sich Leinen nicht so leicht. Wenn die Riemen zu fest darin sitzen, schmiert man sie mit Seife oder Vaseline ein; beim Pullen arbeiten sie sich sonst von allein nach innen.

Gabelformen
Am besten sind Ruderdollen, bei denen ein Horn länger als das andere ist (Abbildung 229a). Der Zweck ist nicht, daß der Riemen nicht herausspringt, sondern daß die Dolle beim Einlegen des Riemens gleich in die richtige Richtung gedreht wird, sobald der Riemen das längere Horn berührt. Bei gleich langen Hörnern (229b) muß man mit der einen Hand die Dolle drehen, während man mit der anderen den Riemen einlegt. Im Notfall kann der damit verbundene Zeitverlust wichtig sein. Die Hornform in Abbildung 229c ist zum Wriggen und in größeren Ausmaßen auch für Segelboote geeignet, die statt mit einem Hilfsmotor mit zwei langen Riemen bewegt werden.

Das „Yuloh"
Für Handantrieb über einen längeren Zeitraum ist das „Yuloh" (eine chinesische Erfindung) die wirksamste Methode; sie ähnelt dem Wriggen. Die Vorteile: Der Riemenschaft bleibt in seiner Position, ohne daß er gehalten werden muß, denn er steckt in einem Wirbel am Heck, und von einem Punkt nahe beim Handgriff führt eine Leine zum Deck. Das Blatt stellt sich automatisch immer im richtigen Winkel an, da der äußere Teil des Schafts flexibel ist. Und drittens kann jeder dieses Gerät bedienen, weil der Griff nur flüssig in Querschiffsrichtung gestoßen und gezogen wird.

Sicherungsbändsel
Einfache Dollen gehen früher oder später über Bord oder werden gestohlen, wenn sie nicht mit je einem Bändsel gesichert sind. Deshalb sollte man keine Dollen ohne Einkerbung oder Loch direkt unter der Gabel kaufen, an denen das Bändsel festgemacht wird. Das kleine Loch am unteren Ende des Schafts dient nur dazu, zwei Ersatzdollen aneinanderzubändseln und über einen Nagel im Schuppen zu hängen. In diesem Loch kann man aber auch ein kurzes Sicherheitsbändsel mit einem Gewicht daran befestigen, aber früher oder später wird der Knoten in dem im Dollbord steckenden Rohr klemmen, und dann braucht man beide Hände, um die Dolle herauszunehmen oder einzusetzen. Besser spleißt man das Sicherheitsbändsel um die Einkerbung gleich unterhalb der Gabel. Ans andere Ende macht man einen Augspleiß, der groß genug ist, um die Dolle hindurchzustecken. Das Bändsel muß so lang sein, daß es – wie in Abbildung 223 – um die nächste Ducht gelegt werden kann.

Diebstahlsicherung
Bleibt man nur kurz an Land, nimmt man die Dollen heraus und windet ein Bändsel um die Riemen, was möglicherweise wenigstens Kinder davon abhält, sich damit zu beschäftigen. Bei einem längeren Landgang nimmt man eine der Dollen mit. Besser noch ist eine Widderhorn-Riemensicherung auf der Ducht (Abbildung 223); dann steckt man beide Dollen in die Tasche. Ganz sicher geht, wer als Fangleine eine Kette nimmt.

Riemen

Kürzere Bootsriemen um 2 m sind meist aus Spruce gefertigt, während längere (bis über 3 m) aus Esche bestehen. Riemen aus Kunststoff haben sich weder als besser noch als billiger erwiesen. Die meisten teilbaren Riemen für Schlauchboote haben Steckhülsen aus Metall. Diese müssen etwa einmal im Monat gesäubert und mit Vaseline eingeschmiert werden, damit sie nicht klemmen. Man lasse solche Riemen so lange wie möglich zusammen, damit kein Schmutz eindringen kann.

Regattariemen

Löffelförmige Riemen, wie sie von Ruderern verwendet werden, sind zwar wirksamer als See-Riemen mit symmetrischem Blatt; letztere sind jedoch für die Arbeit mit dem Beiboot geeigneter, weil man sich bei ihnen in dunkler Nacht nicht darum kümmern muß, was die Vorder- und was die Rückseite des Blattes ist. Diese Riemen haben außerdem selten Stopper, mit denen sie an der Rudergabel anliegen und so ihre Ledermanschette an dieser Stelle schneller verschleißen. Ohne diese Stopper kann man auf einer Ducht leicht einhändig oder zu zweit pullen.

Manschetten

Moderne Riemen sind zumeist mit Manschetten aus Kunststoff ausgerüstet, während bei älteren an dieser Stelle eine Lederummantelung sitzt. Diese Manschetten arbeiten sich manchmal lose und müssen dann mit ein paar versenkten kleinen Holzschrauben an ihrem Rand wieder am Riemen befestigt werden. Die Löcher dafür muß man sorgfältig vorbohren, damit die Manschette nicht reißt.

Lederbeschlag

Das Erneuern des Riemenleders ist wieder eine schöne Arbeit für den Heimwerker. Chromleder von 3 mm Dicke ist ideal (siehe Seite 107). Die neuen Lederbeschläge macht man etwa 25 mm länger als

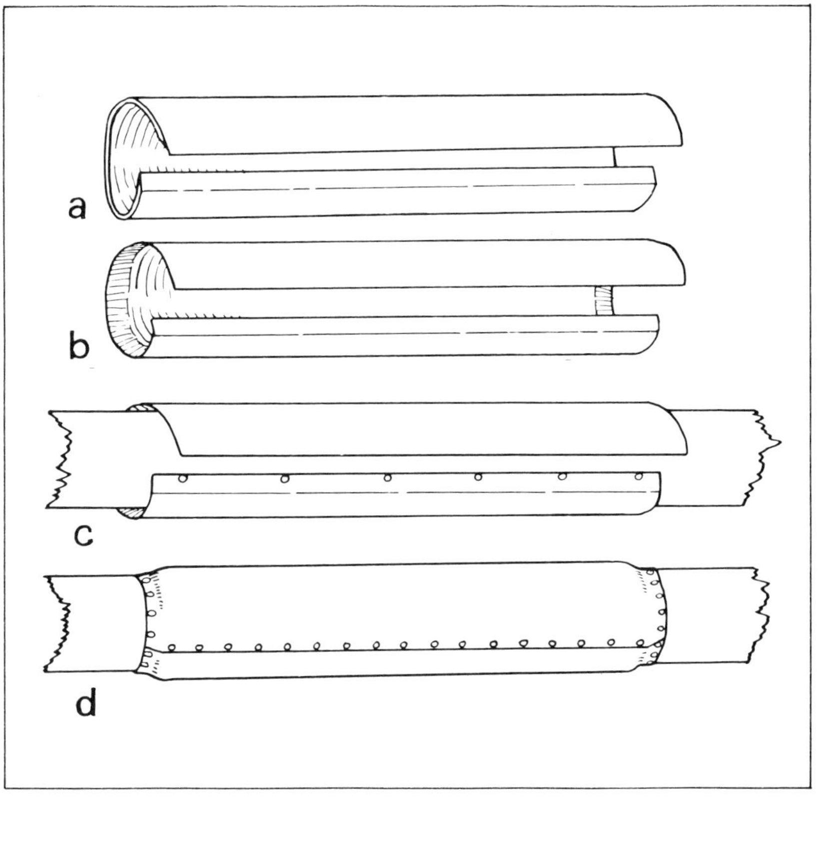

230 *Anbringen eines Lederbeschlags an einem Riemen*

die alten, damit die Nagellöcher nicht an der gleichen Stelle sitzen. Befanden sich die alten Lederbeschläge an der falschen Stelle, ist jetzt Gelegenheit, sie zu versetzen.

Spalten
Wenn man das Leder ausmißt, gibt man wenigstens 10 mm Überlappung zu. Glatte Übergänge werden bei einem Lederstoß durch Spalten – ähnlich der Schäftung bei Holz – hergestellt (Abbildung 230a). Man nimmt dazu ein Lederspaltmesser (sieht wie ein Streichmesser mit einer scharfen, leicht gerundeten Spitze aus). Man legt das Leder auf ein Stück Holz und schneidet in die Kante eine Schräge, die dünn wie eine Feder auslaufen sollte. Aus Abbildung 230a ist ersichtlich, daß die Schräge an dem überlappenden Teil innen (auf der rauhen Lederseite) sitzt, während das unten liegende Teil der Verbindung auf der (glatten) außen liegenden Seite des Leders angeschrägt ist. Jetzt überprüft man den Sitz am Riemen und ermittelt, ob der zweite Riemen auch genau den gleichen Durchmesser hat. Wenn nötig, spaltet man noch etwas Leder ab; ein wenig zu kurz ist besser als zu lang. Schließlich wird das Leder auch an den Seitenkanten abgeschrägt (230b), damit das Ganze zum Schluß so aussieht wie auf Abbildung 230d.

Weichmachen
Wenn nötig, wird das Holz, das vom Leder abgedeckt werden soll, zweimal mit Klarlack gestrichen. Das Leder legt man über Nacht in Wasser, damit es weich wird. Den unten liegenden Stoß befestigt man jetzt mit fünf oder sechs Nägeln am Riemen (230c). Diese Kante sollte in Linie mit dem Blatt verlaufen, damit sie nie den vollen Druck an der Ruderdolle aushalten muß.

Nageln
Mit Tape oder Band streckt man das Leder um den Riemen. Am besten macht man sich auf dem Leder kleine Zeichen, wo die verborgenen Nägel sitzen, damit man keine Nägel an der gleichen Stelle einzuschlagen versucht. Die Verbindung wird mit flachköpfigen Kupfernägeln von 9 mm Länge im Abstand von wenig mehr als einem Zentimeter befestigt; das gilt auch für den Stoß und die beiden Enden. Beim Trocknen schrumpft das Leder; das ist die Zeit, da man es mehrfach gut mit Klauenfett einreibt. Man muß diesen Vorgang später noch oft wiederholen, um die Lebensdauer des Leders zu erhöhen.

Schleppen eines Beiboots

Wie schon gesagt, wird ein Beiboot, wenn die Yacht unterwegs ist, am besten an Bord gestaut. Es ist fast schon Ironie, daß sich Schlauchboote, die beim Schleppen am wenigsten Widerstand bieten, am leichtesten an Bord nehmen lassen. Bei einem schweren Beiboot kann die Schleppleine in rauhem Wetter reißen, was noch leichter geschieht, wenn das Boot vollschlägt.

Wellenreiten
Damit das Boot beim Reiten auf den Wellen nicht gegen das Heck des Mutterschiffes schlägt, stellen manche Eigner eine starre Verbindung aus Rohr mit festen Augen an beiden Enden her. Mit Spinnakerbaum-Endbeschlägen läßt sich das Rohr leicht lösen und befestigen. Die Fangleine sollte dann als Sicherheitsleine benutzt werden. Gelegentlich sieht man auch einen Eimer über dem Heck des Beiboots hängen, der als eine Art Seeanker dient und das Wellenreiten verhindert.

Gieren
Jede Art Beiboot bleibt leichter in Kiellinie mit zwei Schleppleinen, eine an der Steuerbord- und die andere an der Backbordseite des Hecks der Yacht festgemacht. Läßt es sich besser mit einer Leine schleppen, belegt man die andere mit etwas Lose als Sicherheitsleine. Zum Schutz gegen ein Ausreißen des Augbolzens belegt man eine der Leinen um die vordere Ducht im Boot. Keine Leine darf irgendwo schamfilen. Um jedoch ein Schlauchboot vor dem Gieren oder Umschlagen zu bewahren, muß sein Bug bis hoch an die Heckreling gezogen werden.

Logleine
Vorsichtsmaßnahmen müssen getroffen werden, um zu verhindern, daß ein nachgeschlepptes Beiboot die Leine eines Schlepplogs beeinträchtigt. Gut ausgerüstete Yachten haben aus diesem Grund zwei Deckschuhe für das Log, einen an jeder Seite des Hecks. Benutzt man den Deckschuh in Luv, wird das normalerweise leicht nach Lee driftende Beiboot nicht mit der Logleine in Berührung kommen, was durch die Abdrift der Yacht noch unterstützt wird.

Lenzen
Das Anbringen eines Selbstlenzers, wie er auf Regattajollen verwendet wird, verhindert, daß das Bei-

boot sich mit Spritz- oder Regenwasser füllt. Sonst muß man sich eine wasserdichte Abdeckplane machen lassen. Das Ausösen unterwegs, besonders bei Nacht, kann recht gefährlich sein. Wenn Riemen und andere Geräte im Beiboot bleiben sollen, muß alles gut festgelascht werden.

Laufende Wartung

Nach der Frühjahrsüberholung sollten bei einem Beiboot, einer Regattajolle, einem kleinen Motorboot oder einem Surfbrett in der Saison eigentlich keine Wartungsarbeiten mehr anfallen. Im Prinzip gilt das gleiche wie für große Boote: Rechtzeitiges Beseitigen kleiner Defekte mit Farbe und Lack hält das Boot in Ordnung und erspart höchstwahrscheinlich größere und kostspieligere Arbeiten am Ende der Saison.

Abspülen
Beiboote, die in Salzwasser gefahren werden, sollte man regelmäßig mit Süßwasser ausspülen (am besten mit einem Schlauch) und anschließend mit Schwamm oder Waschleder trockenwischen. Außer wenn es gerade heftig regnet, sollte auch eine Segeljolle nach der Regatta so behandelt werden, wobei man mit den Segeln beginnt (siehe Abbildung 136). Mit einem Schlauch mit Düse geht es nicht nur schneller, sondern man erreicht damit auch alle Ekken besser als mit Eimer und Schwamm. Das Abwaschen des Salzes mindert bei einem Holzrumpf auch die Absorption von Feuchtigkeit, die das Gewicht eines Beiboots beträchtlich erhöhen kann.

231 *Vor dem Reinigen der Bilge werden die Bodenbretter herausgenommen.*

Waschen
Hat man das Beiboot zum Auswaschen an Land gebracht, nimmt man die Bodenbretter (Abbildung 231) und alles lose Gerät heraus, stellt das Boot an einem Pfeiler oder einer Mauer senkrecht auf (Abbildung 232) und spült die Innenseiten mit mehreren Eimern Wasser aus. Dann wird das Boot mit einer weichen Bürste abgeschrubbt und anschließend noch einmal mit Süßwasser ausgespült. Jetzt legt man es kieloben, um den Boden zu schrubben. Zum Schluß wird es wieder umgedreht, um Heck und obere Seitenteile zu waschen.

An Land
Durch den Windwiderstand des Mastes kann eine an Land stehende Segeljolle umgeworfen werden, wenn man sie nicht abstützt oder seitlich Autoreifen darunter legt. Ein kleines Beiboot wird am besten umgedreht auf Stützen gelagert. Ein nicht gestrichenes Aluminiumboot kann korrodieren, wenn es lange auf feuchtem Boden oder im Gras liegt.

Lüften
An Land sollten kleine Boote mit angehobenem Bug und offenen Lenzern im Heck gelagert werden, damit das Regenwasser ablaufen kann. Aufgedrückte Selbstlenzer im Boden könnten beschädigt werden. Unter einer wasserdichten Persenning sollten die Inspektionsdeckel von Auftriebstanks geöffnet sein, damit sie belüftet werden. Von einem Sperrholz-

232 *Schnellreinigung ohne Wasserschlauch*

233 *Die Jollenpersenning ist mit dem Großfall hochgezogen; so können sich keine Wasserpfützen bilden.*

deck, unter dem ein ständig feuchter Auftriebstank steht, könnte sich der Lack lösen.

Abdeckung
Ruht der Baum waagrecht unter der Persenning, muß man an allen Stellen, an denen er auf Deck oder Süll aufliegt, einen Schwamm oder einfach Tücher unterlegen. Eine Möglichkeit, Pfützenbildung auf der Persenning zu verhindern, ist, an einem angenähten Auge ein Fall anzuschlagen, welches das Tuch hochhält (Abbildung 233). Ohne Mast braucht man drei Striegel aus Holz (oder Aluminiumrohr), um die Persenning hochzuhalten.

Boden
Ein Antifoulinganstrich ist bei Booten, die normalerweise an Land stehen, nicht erforderlich. Bleibt das Boot im Wasser, wird sich ohne Antifouling freilich Bewuchs ansetzen, wenn es nicht gelegentlich zum Abschrubben herausgeholt wird. Wenn möglich nehme man Hart-Antifouling; es zerkratzt nicht so leicht, wenn das Boot auf einen Strand gezogen wird. Will man den Boden einer Regattajolle glatt erhalten, muß er monatlich mit feinem nassem Schleifpapier geglättet werden.

Risiken
Besonders wenn man im Winter segelt, müssen Rigg, Ruder, Auftriebtanks und alles lose Gerät immer wieder auf ihre Funktionsfähigkeit hin untersucht werden. Ausrüstungsteile wie Anker, Paddel und Ösfaß müssen festgelascht sein, damit sie nicht durch Diebstahl oder beim Kentern des Boots verlorengehen.

Winterarbeiten

Außer bei echter oder nachgeahmter Klinkerbeplankung sollte man bei der Aufarbeitung des Rumpfes mit Farbe oder Klarlack den Hinweisen in Kapitel 3 und 4 folgen. Klinker muß Planke für Planke waagrecht lackiert oder gemalt werden. Sind gebogene Spanten und Stringer eingezogen, erfordert ein gutes Ergebnis recht mühsame Arbeit. Außer wenn sie mit Sperrholz beplankt sind, müssen Klinkerboote an einem kühlen Platz gelagert werden und dürfen nicht zu stark austrocknen.

Auflegen
Muß ein solches Boot draußen aufgelegt werden, stellt man es umgedreht auf Holzstützen und deckt es mit einer luftdurchlässigen Tuchplane ab. Ist das Lackieren beendet und der Rumpf wieder aufgestellt, spritzt man das Boot bei trockenem, warmem Wetter gelegentlich mit Wasser ab, damit die Nähte sich nicht öffnen. Bei Frostgefahr darf aber kein Wasser im Boot stehen.

Spanten und Stringer
Mit elektrischem Gerät kommt man kaum zurecht, wenn das Innere eines traditionellen Klinkerboots geschliffen werden soll. Verfärbungen um Kupfernieten und andere Anzeichen früherer Vernachlässigung können es angeraten erscheinen lassen, von Klarlack auf Farbe überzugehen. Duchten, Schandeckel, Heck und andere Teile können vielleicht noch einige Jahre mit Klarlack gestrichen bleiben, wenn es das allgemeine Aussehen des Bootes hebt.

Spezialwerkzeuge
Ein altes Sägeblatt ist nützlich zum Herauskratzen von Dreck aus den zahlreichen Ecken und Kanten eingebogener Spanten und Stringer. Besser gelangt man an verborgene Stellen mit einer in Verdünner getauchten kleinen Flaschenbürste. Zum Bearbeiten der vielen kleinen Flächen dazwischen braucht man mehrere flache und dreieckige Kratzer verschiedener Größe, um Nachbarteile nicht zu beschädigen.

Staubsaugen
Ein Staubsauger spart beim Reinigen des Bootsinnern nach dem Abkratzen stundenlange mühevolle Arbeit. Ist kein Stromanschluß vorhanden, kauft oder leiht man sich ein 12-V-Modell oder einen Umwandler, mit dem der normale Staubsauger aus einer Batterie betrieben werden kann.

Außenseite des Klinkerrumpfes
Das Streichen der Außenseite eines Klinkerrumpfes ist in vieler Hinsicht leichter als bei einem karweelbeplankten Rumpf. Die Einteilung in kleine Flächen läßt das Schleifen oder Kratzen weniger mühsam erscheinen; Farbe oder Klarlack läßt sich sauberer aufbringen, weil nur jeweils eine antrocknende Kante zu beobachten ist. Tränen an den Plankennähten treten kaum auf, wenn der Rumpf zu dieser Arbeit kieloben liegt. Zum Streichen des Bootsinnern setzt man sich hinein und beginnt beim Kiel; in

dieser bequemen Position kann man den größten Teil streichen (auch eventuelle Decksunterseiten). Den Rest erreicht man, indem man sich von außen über das Dollbord lehnt.

Gummireinigung
Gummischeuerleisten tendieren beim Älterwerden zum Auskreiden der Oberfläche. Solch einen Gummi kann man mit normalen Reinigungsmitteln säubern, während Farbflecken einfach abgekratzt werden. Hypalon, PU-beschichtetes Nylon und andere gummiähnliche Fabrikate, die für Schlauchboote benutzt werden, sehen nach dem Abschrubben immer wieder gut aus, doch ist das Entfernen von Rostflecken ohne Beschädigung der Oberfläche oft unmöglich. Kleine Lackspritzer sollte man erst steinhart werden lassen und dann mit einem Messerrücken abstoßen. Wischt man den Lackspritzer sofort mit Verdünner ab, muß man die Stelle so schnell wie möglich mit Seifenwasser reinigen. Bei einem guten Schiffsausrüster findet man auch Spezialfarbe für Schlauchboote und andere Gummiteile.

Das Rettungsfloß im Winterlager
Außer wenn das Rettungsfloß benutzt worden ist, richten sich nur wenige Eigner nach der Herstellerempfehlung, es jedes Jahr warten zu lassen. Auf weiten Reisen mag dies auch schlecht möglich sein. Statt die Wartung zu vernachlässigen, mache man sich besser beim Hersteller kundig, so daß man das Floß mit einer Handpumpe aufblasen kann, um nach Lecks zu suchen. Die Druckflasche muß gewogen, Ausrüstung und Notverpflegung müssen durchgecheckt, mit Talkum gepudert und alles auf die richtige Weise wieder zusammengepackt werden. Wenn ein Rettungsfloß drei Jahre ohne professionelle Wartung bleibt, kann das katastrophale Folgen haben. – Schlauchboote werden im allgemeinen am besten halb aufgeblasen gelagert.

Bootsanhänger und -wagen

Regattasegler haben zumeist Trailer, die an das Auto gehängt werden können. Doch auch wer keinen Trailer braucht, sollte zumindest einen einfachen Bootswagen besitzen, der keinen Schaden nimmt, wenn er immer mal wieder ins Wasser eintaucht.

Bootsanhänger
Um das Boot für das Winterlager mit nach Hause nehmen zu können, haben manche Eigner von Booten bis zu ca. 9 m schwere zweiachsige Anhänger (Abbildung 234). Bei manchen Modellen steht das Boot auf dem Anhänger (Trailer) noch einmal auf einem extra Slipwagen. Die starke, am Trailer angebaute Winde ermöglicht es, das Boot ohne Eintauchen der Räder von Zugwagen oder Trailer ins Wasser zu lassen und wieder herauszuziehen (Abbildung 235).

Einfacher Bootswagen
Bootswagen lassen sich aus Holz, Stahlrohr oder Profilen leicht selbst herstellen. Passende Räder bekommt man möglicherweise beim Bootsausrüster. Räder mit Kugellagern und offenliegende Achsen aus Stahl müssen häufig geölt werden, damit sie nicht quietschen und ausleiern. Vollgummiräder

234 *Zweiachsiger Trailer für ein schweres Boot*

235 *Zuwasserlassen eines Trailerboots; man beachte den Slipwagen – erkennbar an den Rädern unter dem Kimmkiel –, der auf dem eigentlichen Trailer steht.*

werden ohne entsprechende Lager nicht allzu lange halten, wenn die Achsen nicht aus rostfreiem Stahl oder Messing bestehen. Stummelachsen aus einfachem Stahl kann man vielleicht mit kurzen Längen Kupferrohr oder verchromtem Messingrohr, die mit Epoxidharz aufgeklebt werden, verbessern.

Breite Räder

Kleine Hartgummi-Karrenräder sind ideal beim Zuwasserlassen von einer festen Bootsrampe aus; aber für den Strand braucht man Gummireifen von wenigstens 30 cm Durchmesser. Weicher Sand oder Schlamm erfordert besonders breite Reifen auf großen Rädern. Sind solche Räder nicht zu bekommen, benutzt man Doppelräder oder fertigt sich Holzwalzen, wie sie Abbildung 236 zeigt.

Ersatzrad

Bei längeren Trailerreisen nimmt man am besten ein Ersatzrad für den Trailer mit, dazu natürlich den entsprechenden Wagenheber und einen Radmutterschlüssel. Einen Platten bemerkt man möglicherweise erst dann, wenn der Reifen schon zerfetzt ist; und das Nachbestellen kann lange Verzögerungen bedeuten. Das Ersatzrad verstaut man im Wagen; vom unbewachten Trailer könnte es gestohlen werden.

236 *Selbstgemachter Walzen-Bootswagen für das Zuwasserlassen auf weichem Sandgrund*

Aufblasen
Zumindest eine Fußpumpe sollte man dabeihaben. Besser sind natürlich ein kleiner 12-V-Kompressor, ein Zündkerzenlochadapter mit langem Schlauch oder eine Taucherflasche mit Reduzierventil.

Abschmieren
Leichtere Trailer haben Schmiernippel zwischen den beiden Kugellagern, die wenig, aber oft gefettet werden müssen. Taucht der Trailer beim Zuwasserlassen ein, muß vorher und hinterher gefettet werden, dann jedoch mit Unterwasserfett. Auch die Anhängerkupplung muß gut eingefettet sein; das gilt ganz besonders für ihren Verriegelungsmechanismus. Im übrigen gibt es verschließbare Blockierbügel für Räder und Anhängerkupplung, damit Diebe nicht nachts mit dem gesamten Trailer abziehen können.

Bremsen
Die Radnaben größerer gebremster Trailer sind meist wasserfest abgedichtet wie bei einem Auto und haben keine Schmiernippel. Es zahlt sich auf die Dauer aus, wenn man alle zwei, drei Jahre die Ummantelung abbaut und die Lager neu fettet. Alle Radmuttern und ihre Bolzen sollten gut mit Graphitfett versehen sein. In den meisten Ländern sind von einem bestimmten Gewicht an Auflaufbremsen Pflicht. Als gefährliche Ladung gelten auch angehängte Außenborder und Z-Triebe; zumindest sollte man ihre Propeller mit starkem Tuch abdecken.

Stahlrahmen
Wenn man zu einem neuen Trailer den passenden Lack bekommt, kann man erreichen, daß er mindestens zehn Jahre lang wie neu aussieht. Alle Stahlteile müssen galvanisiert sein, und die Galvanisierung darf beim Abziehen der alten Farbe nicht zerkratzt werden. Einen Trailer kann man ohne weiteres mit dem Pinsel streichen, auch wenn die ursprüngliche Farbe aufgesprüht war. Stahlrohre und -kästen rosten häufig eher von innen als von außen. Regelmäßig eingesetzt, haben auch hier die für das Auto gedachten Rostverhinderer ihren Sinn. Einölen ist zwar billig und wirksam, aber eine ziemlich schmutzige Angelegenheit. An einem neuen Trailer lohnt es sich, solche Hohlteile mit PU-Schaum auszufüllen (siehe Seite 238).

Federn
Die meisten modernen Trailer haben Gummi- oder Drehstabfederung, während auf älteren noch

237 *Am Bug dieses Bootes ist ein Karrenrad angesetzt, am Heck sitzen zwei Handgriffe.*

Schrauben- oder Blattfedern anzutreffen sind, die schnell rosten. Will man diese Federn gründlich reinigen und streichen, muß man sie ausbauen. Soll der Trailer noch jahrelang halten, läßt man Schraubfedern sandstrahlen und verzinken. Blattfedern werden am besten mit Wasserpumpenfett eingeschmiert; die Enden umwickelt man mit Segeltuchgamaschen, die mit Schlauchklemmen aus rostfreiem Stahl gehalten werden. Federn mit Gummilagen zwischen den Blättern müssen gestrichen statt gefettet werden.

Lose Bolzen

Wenn sich während des Fahrens Teile eines Trailers lösen, kann das schreckliche Folgen haben. Deshalb verlasse man sich nicht allein auf die jährliche Wartung, bei der man nach Verschleiß und losen Bolzen geschaut hat. Das Anbringen von Kontermuttern und Bestreichen der Gewinde mit Loctite-Kleber beugt bei jenen Teilen vor, die sich sonst immer wieder losdrehen. Bolzen oder Muttern mit ausgeleiertem Gewinde müssen natürlich erneuert werden. Niemals gehe man mit roher Gewalt an Muttern heran, die sich nicht leicht abdrehen lassen. Kriechöl kann einen oder sogar zwei Tage brauchen, bis es wirkt; doch Erhitzen mit einer kleinen Lötlampe hilft im allgemeinen sofort. Ist man kein geübter Mechaniker, so lasse man die Auflaufbremse besser von einem Fachmann nachsehen. Zwischen Trailer und Auto gehört auch noch eine Sicherungskette, die bei einem Kupplungsbruch schützt.

Karrenrad

An manchen Beibooten ist in einen Skeg am Heck ein Vollgummirad eingebaut, was das Zuwasserlassen erleichtert. Besser noch ist ein Rad mit großem Durchmesser, das an Halterungen unter dem Bug befestigt wird (Abbildung 237). Mit Handgriffen am Heck kann dann einer allein das Boot wie eine Schubkarre vor sich herschieben. Rad und Halterung sollten rasch abnehmbar sein. Eine andere Möglichkeit besteht darin, zwei Räder oben auf das Heckbrett zu klemmen und das Boot dann kieloben zu schieben – allerdings ist das nicht ganz so bequem.

Walzen

Zwei oder drei aufblasbare Gummiwalzen unter dem Dingi vereinfachen das Zuwasserlassen am Strand. Schnallt man sie anschließend im Boot fest, dienen sie als Auftriebskörper. Solche Walzen müssen wenigstens 1 m lang und 20 cm dick sein.

Am Liegeplatz und im Winterlager

12

Dieses Kapitel behandelt folgenden Punkt im Hinblick auf die Wartungsanforderungen: Wie man sein Boot am sichersten unbewacht am Liegeplatz oder an Land läßt, und zwar ohne Wartung durch eine Bootswerft.

Am Liegeplatz

Wenn man das Boot nicht vor seinen eigenen Anker legt oder aus dem Wasser holt, gibt es sechs verschiedene Möglichkeiten – mit vielen Variationen –, wie der Liegeplatz aussehen könnte:

1 Eine permanent verankerte Boje oder Kette (Muring)
2 Zwei Bojen oder zwei Dalben
3 Heckleinen zum Land, Boje oder eigener Anker mit Kette am Bug
4 Yachthafensteg oder Schwimmponton
5 Längsseits an einem anderen Boot
6 Kai oder Mauer

An Murings

Ein fest im Grund verankerter Muringstein mit Muringgeschirr ist gewöhnlich eine sichere, saubere und leicht zu handhabende Ankermöglichkeit (Abbildung 7). Entweder nimmt man die Greifboje am oberen Ende des Muringgeschirrs an Bord, oder ein an ihr befestigter Stropp wird an Bord belegt.

Festmachen mit Kette

Um mit einer Kette gut festzumachen, legt man erst einige Törns um die Beting oder den Poller, dann nimmt man eine Kettenbucht unter der stehenden Part durch (Abbildung 238) und legt sie über die Beting. Das Ganze wird mit zwei weiteren Rundtörns abgeschlossen. An manchen Orten kann es ratsam sein, die Kettenglieder mit einem Vorhängeschloß zu sichern. Ist keine Bugrolle vorhanden, muß man einen Schamfilschutz und einen Bugfender (Abbildung 239) riggen, damit die Kette in Situationen, in denen Wind gegen Tide steht, nicht den Bug verkratzt.

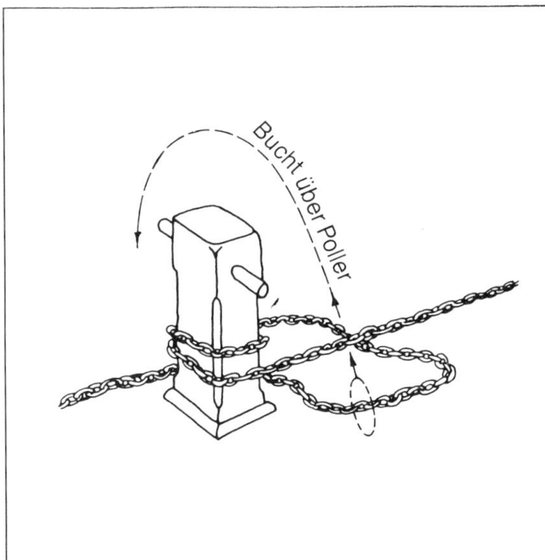

238 *Beim Belegen einer Kette nimmt man eine Bucht unter der stehenden Part hindurch und legt sie über die Beting.*

239 *Ein Bugfender verhindert Schäden durch die Ankerkette; auch beim Festmachen mit dem Bug zum Steg ist er nützlich.*

Bojenring
Macht man an einer Muringboje ohne Stropp fest, zieht man zuerst einmal eine Leine durch den Ring auf der Boje, ersetzt sie später aber durch die Ankerkette (die man wegen des leichteren Loswerfens besser wieder zurück an Bord nimmt), wenn man länger an der Muring liegen will. Liegt man zwischen zwei Bojen, muß man achtern vielleicht mit einer Leine festmachen; zur Sicherheit riggt man noch eine zweite.

Festmachehaken
Ein spezieller Bootshaken erleichtert den obengenannten Vorgang. Er hat an der Spitze einen großen Schnappschäkel, an den eine Leine angeschlagen ist. Sobald man damit den Bojenring berührt, ist die Leinenverbindung hergestellt. Der Patenthaken kann durch eine leichte Drehung gelöst und an Bord genommen werden.

Zwischen zwei Dalben
Gelegentlich muß man zwischen zwei Pfählen oder Dalben festmachen. Trifft man eine Boje bei der Annäherung auf den Kopf, so ist das nicht schlimm; doch wenn man nahe genug an einen Dalben herangekommen ist, um eine Leine überzuwerfen, ist Vorsicht geboten. Bei stärkerem Wind empfiehlt es sich, zumindest die Heckleine mit dem Beiboot zum Dalben auszubringen.
In Tidengewässern müssen die Leinen so festgemacht werden, daß sie dem Tidenhub folgen können. Eine Möglichkeit dazu besteht aus einem über jeden Pfahl gestülpten quadratischen Holzrahmen (Schwimmpoller), der auf dem Wasser schwimmt; daran wird dann die Leine befestigt. Bei einem anderen System ist am Pfahl eine senkrechte Stahlstange angebracht, auf der ein großer Stahlring gleitet (Abbildung 240). Der Ring muß durch ein Tau am Pfahl gesichert sein, damit er bei Flut heraufgeholt werden kann.

Bugrichtung
In Tidengewässern wird man immer wieder beobachten können, daß Boote an doppelten Murings normalerweise mit dem Bug in der gleichen Richtung liegen – gegen den Ebbstrom gerichtet. Dadurch darf man sich jedoch beim Festmachen nicht beirren lassen; denn hat man erst einmal festgemacht, ist das Umdrehen des Boots bei Stillwasser keine große Sache.

Festmachen über Heck
In vielen europäischen Häfen, besonders rund ums Mittelmeer, müssen Yachten im rechten Winkel und

mit dem Heck zum Kai liegen (Abbildung 241). Zumeist läßt sich am Heck auch leichter eine Gangway ausbringen. Es ist jedoch bei Wind oft recht schwer, ohne Hilfe in diese Position zu kommen, selbst wenn für die Vorleine eine Boje oder ein Dalben vorhanden sind. Man braucht zahlreiche Fender, und möglicherweise muß man sogar erst den Anker (mit Trippleine) ausbringen und dann mit dem Beiboot eine lange Warpleine zum Land fahren.

Festmachen über Bug
Das Einlaufen in eine Yachthafenbox gleicht zwar der ebenbeschriebenen Methode, ist aber im allgemeinen leichter, da man mit dem Bug zuerst einfährt. Meist ist eine schmale Laufplanke längsseits jeder Box ausgelegt, so daß man keine Gangway braucht. Zwei Leinen vom Bug zum Steiger und zwei Leinen vom Heck zu den Pfählen halten das Boot fest, ohne daß es an den Pontons scheuert. Solche Liegeplätze sind im allgemeinen bewacht; dennoch sollte man alle Leinen, wo sie schamfilen können, mit Kunststoffrohr oder umwickelten Lappen schützen.

Längsseits an einem anderen Boot
Wenn man an einem anderen Boot anlegen will, muß das eigene Schiff gut abgefendert sein. Als erstes wird rasch die Vorleine festgemacht. Dann

240 *Auf einer Stahlstange gleitender Ring, der die Festmacher in Tidengewässern straff hält.*

241 *Festmachen mit dem Heck zum Steg oder zur Kaimauer wie im Mittelmeer. Dabei kann leicht eine Gangway ausgebracht werden.*

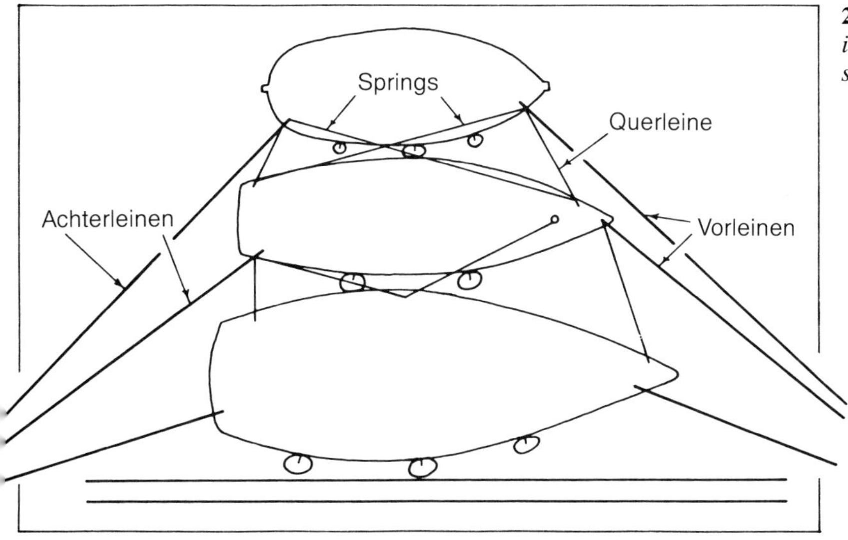

242 *Übliche Leinenführung im Päckchen auf Tidengewässern*

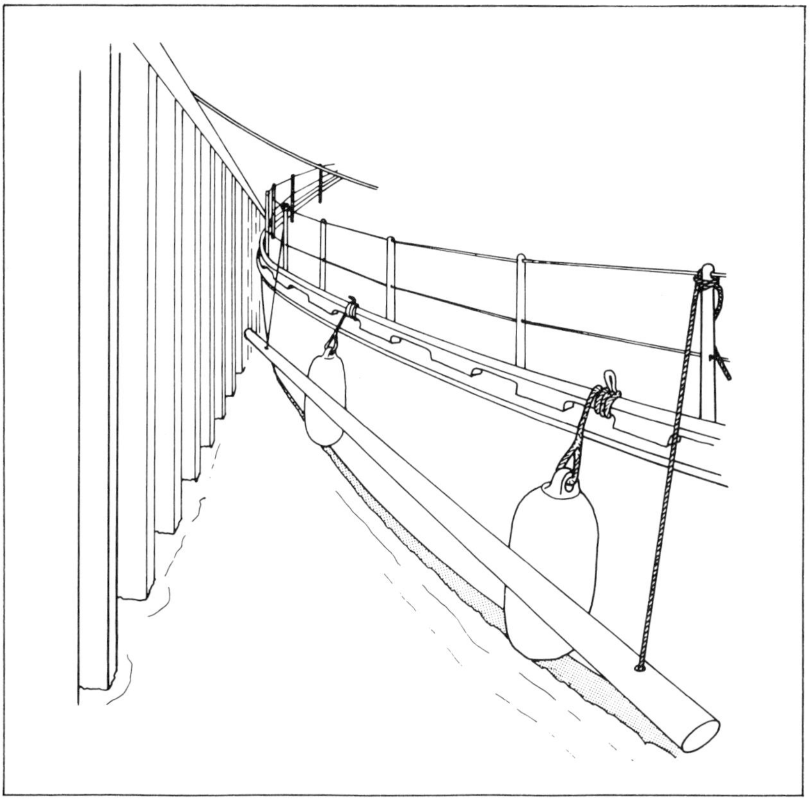

243 *An einer Spundwand ist ein Fenderbrett nötig, wenn das Boot gut liegen soll.*

steigt, wenn nötig, ein Mann auf das andere Boot über, um die Achterleine in Empfang zu nehmen. Auch hier gilt, daß man in Tidengewässern das Boot mit dem Bug gegen das ablaufende Wasser dreht. Liegen mehrere Boote im Päckchen, muß jeder Neuankömmling separate Leinen zur Boje, zum Dalben oder zum Land ausbringen, dazu noch Querleinen und Springs zum nächsten Boot (Abbildung 242).

Fender

Motorboote und Berufsfahrzeuge haben oft stark vorstehende Scheuerleisten; dann braucht man große Fender, damit die eigene Deckskante klar bleibt. Setzt man die Fender nicht bis dicht an die Wasseroberfläche, kann eine reibende Scheuerleiste sie im Schwell leicht so stark nach unten drücken, daß die Fenderleinen reißen. Ein starker Gummistropp zwischen Fender und Leine kann dies jedoch verhindern.

An der Kaimauer

Von einem Kai mit den üblichen senkrechten Pfeilern kann man sich nur gut abfendern, wenn man, wie es Abbildung 243 zeigt, zusätzlich ein Fenderbrett ausbringt. In tidenfreien Gewässern ist Abbaumen möglich. Ein Spibaum vorne, vielleicht zwei aneinandergelaschte Riemen achtern, die an Bord mit Tauwerk gesichert sind, reichen dazu in vielen Fällen aus (Abbildung 244). Muringpeitschen sind noch besser. Wie enorme Angelruten strecken sie sich im Winkel von etwa 45 Grad übers Wasser; ihre Spitzen sind beiderseits mit leichten Leinen zum Boot gesichert.

Leinen zum Ufer

In Tidengewässern müssen Vor- und Achterleinen sehr lang sein, damit man sie nicht, während das Boot steigt und fällt, ständig neu einstellen muß. Ein schweres Gewicht (Reitgewicht) in der Mitte jeder Leine (siehe Abbildung 108) sorgt dafür, daß das

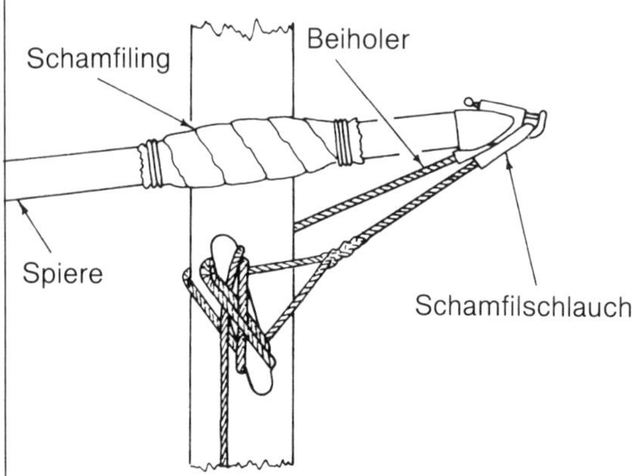

244 *Binnenbord-Nock eines improvisierten Baums, mit dem das Boot von einem steinigen Ufer abgehalten wird*

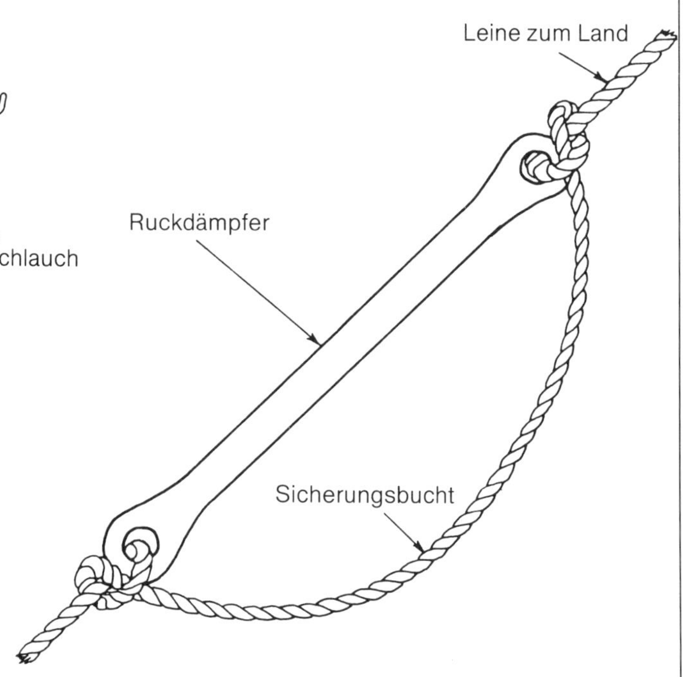

245 *Wird der Ruckdämpfer auf diese Weise gesichert, bedeutet ein Bruch des Gummis noch kein Unglück.*

246 *Ruckdämpfer aus Drahtspiralen*

Boot bei Hochwasser nicht zu stark vom Kai wegdriftet. An den kurzen Leinen, die im allgemeinen in Yachthäfen benutzt werden, sind Ruckdämpfer von Vorteil. Es gibt sie aus Gummi (Abbildung 245) und als Stahlfedern (Abbildung 246). Die Leine muß, wie Abbildung 245 zeigt, mit dem Ruckdämpfer verknotet sein, aber durchgehen. Bricht der Ruckdämpfer, so bleibt die Leine immer noch belegt. Beim Längsseitsliegen läßt man Vor- und Achterleine etwas lose, nimmt aber die Springs ziemlich dicht (bei nassem Hanftau mit Lose für das Schrumpfen).

Krängung

Damit sich ein Kielboot beim Trockenfallen nicht zur falschen Seite neigt, krängt man es mit einigen Metern Ankerkette und einigen mit Wasser oder Sand gefüllten Eimern (bei größeren Booten mit mehreren Stücken Innenballast) auf der dem Kai oder den Pfählen zugekehrten Seite. Manche Boote fahren auch permanent etwas gekrängt; das muß dabei berücksichtigt werden. Man achte jedoch auf den Schwell vorbeifahrender Motorboote, der das Boot im kritischen Moment zur falschen Seite krängen lassen kann. Mit Hilfe eines zweiten Mannes kann man mit einem Fall, das vom Mast zum Land führt, in dem kurzen Moment vor dem Aufsetzen genau das richtige Maß an Krängung einstellen. Bei kleinem Tidenhub kann man diese Krängung mit einem Gewicht an einer Leine automatisieren, solange niemand damit herumspielt.

Bootsanleger

In Flußläufen sieht man gelegentlich Bootsanleger aus gesägten Brettern, Holzstangen oder alten Gerüstrohren. Es gibt sie in unterschiedlichen Abmessungen und Ausführungen; Abbildung 247 zeigt die typische Machart. Beim Errichten muß sichergestellt sein, daß das Boot noch gut draußen im Strom liegt, während die Stangen hoch genug hinaufreichen müssen, so daß sie auch bei außergewöhnlich hohem Wasserstand das Boot noch halten. Sind Bug- und Heckleinen lang genug und weit auseinander an Land befestigt, ist eine Neueinstellung nicht nötig. Die Leinen sollen etwa auf der Linie des mittleren Tidenhubs an Pflöcken befestigt sein und immer klarlaufen. Zur Sicherheit kann man zwischen beiden Befestigungspunkten einen Draht spannen (besser noch zwischen zusätzlichen Befestigungspunkten nahebei). An dieser Trosse werden dann mit entsprechenden Clips Querdrähte befestigt. Befindet sich eine Kausch am anderen Ende der Dwarsstange, kann man sie an Bord mit einem Vorhängeschloß sichern. Das Drahttau muß mit Kunststoff ummantelt sein, damit es nicht schamfilt. Der Bau einer einfachen Anlage dieser Art wird später beschrieben.

Bewegliche Stangen

Ist das Ufer oder Flußbett zu weich für einen solchen Bootsanleger, werden zwei Stangen an Pfählen an Land festgemacht, die zu zwei speziellen Pollern vorn und achtern auf Deck führen (Abbildung 249). Mit Vor- und Achterleine (wie beim Anleger) bleibt das Boot dann an der Stelle. Schwimmer halten die Stangen, wenn die Muring nicht benutzt wird, an der Wasseroberfläche. Am Land befestigt man die Stangen am besten mit kurzen Ketten an den Pfählen, aber so, daß sie sich seitwärts frei bewegen können. Wie bei einer Tiefwassermuring braucht man normalerweise ein Beiboot, um an Bord zu gelangen. Das hält auch unerbetenen Besuch ab.

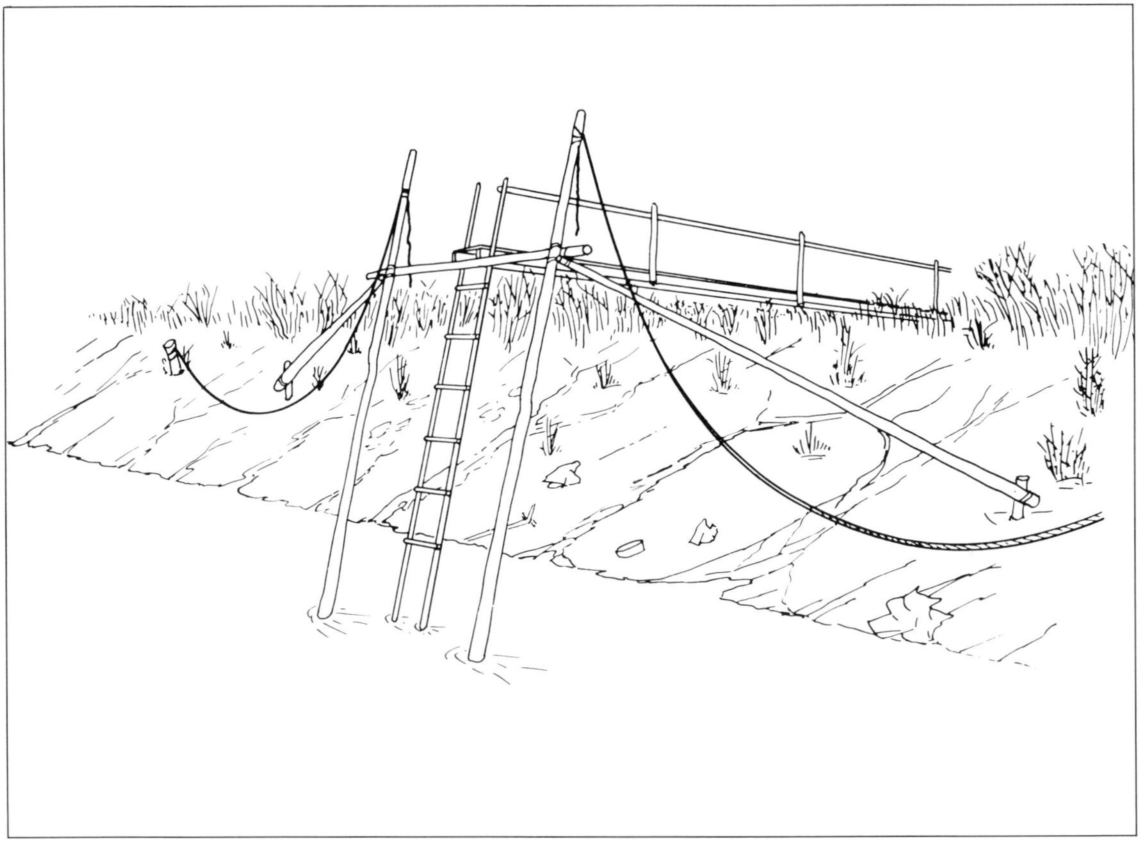

247 *Bootsanleger mit Festmacheleinen, die bereitliegen, um an Bord übernommen zu werden.*

248 *Festmachen mit einer durchlaufenden Leine, an der man das Boot an Land ziehen kann. Ist mit ungebetenem Besuch zu rechnen, nimmt man lieber eine mit Schloß gesicherte Kette.*

249 *An einem Tidengewässer sind waagrecht schwingende Stangen recht brauchbar; sie halten außerdem Diebe ab.*

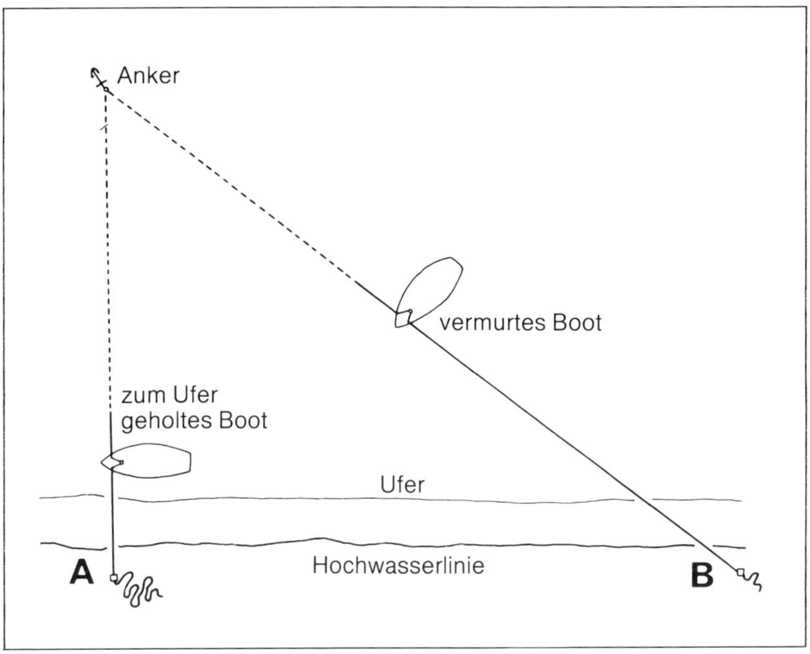

250 *In bestimmten Gewässern ist nichts einfacher als eine Hypothenusemuring.*

Durchlaufende Kette
An manchen Plätzen ist eine durchlaufende Kette sehr nützlich, besonders für Jollen, flachgehende Kreuzer und kleine Motorboote. Über einen Block, der an einem bis zu 60 m vom Ufer im tieferen Wasser liegenden, schweren Anker oder einem Pfahl befestigt ist, läuft eine Endloskette zum Land, wo sie oberhalb der Hochwassermarke wieder in einem Block liegt. An einen Punkt der Kette ist ein Taustander angeschlagen. Ist man vom Boot an Land gestiegen, befestigt man diesen Taustander am Bug und bewegt das Fahrzeug durch Ziehen an der Kette ins tiefe Wasser. An geschützteren Ufern riggt man das gleiche System mit Tauwerk (Abbildung 248).

Hypothenuse
Die Hypothenusemuring, die Abbildung 250 zeigt,

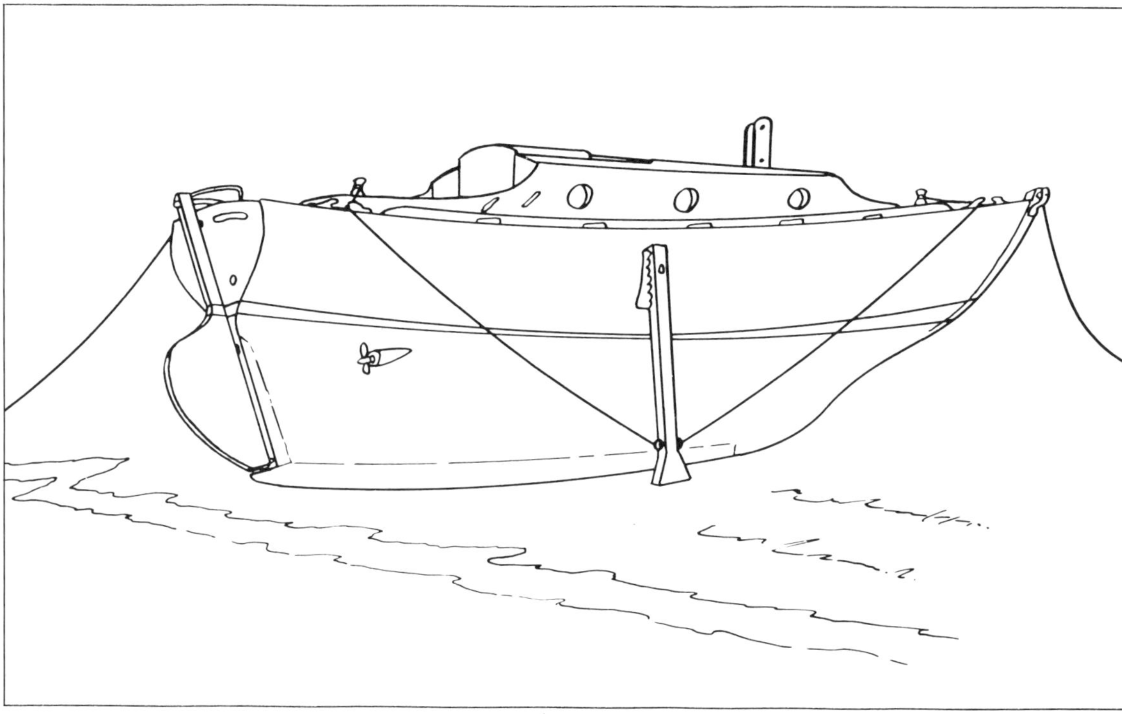

251 *Wattstützen müssen mit Leinen gesichert sein, damit sie nicht umfallen, wenn das Boot giert.*

ist noch einfacher. Wird die Grundkette oder das Tau zu Punkt A gezogen, kommt das Boot an Land; wird Kette oder Trosse jedoch in Punkt B festgemacht, liegt das Boot in tieferem Wasser.

Trockenfallen

In trockenfallenden Häfen sitzt das Boot bei Ebbe auf Sand oder Schlick. Den meisten flachgehenden Yachten macht das nichts aus. Kielyachten brauchen Wattstützen (Abbildung 251), damit sie aufrecht stehenbleiben; am besten sind sie dabei mit vier Leinen verstagt oder zumindest mit einer schweren Kette vorn und achtern.

Wattstützen

Das Anfertigen von Wattstützen ist einfach. Zwar gibt es in der Höhe verstellbare Teleskopbeine aus Aluminium, die das Stauproblem vereinfachen, doch ein Handwerker sollte sich diese Dinge selbst herstellen. Man nimmt dazu Kiefernbalken. Oben wird ein Formstück angebracht, das der Kurve der Bordwand folgt und gepolstert ist. Das Formstück muß so angepaßt sein, daß die Wattstütze etwas x-beinig steht. Unten müssen an zwei Augen Sicherungsleinen zum Bug und Heck angebracht werden. Das untere Ende ist so dick, daß es nicht zu tief im Schlick einsinkt. Die Wattstütze sollte 50 bis 80 mm kürzer sein als die Höhe von der Deckskante zum Kiel. Eine wie der Kimmkiel in Abbildung 252 in weichem Schlick tief einsinkende Wattstütze kann ziemlichen Schaden anrichten.

Auslegen einer Muring

Auf manchen Gewässern erhält man noch die Erlaubnis, eine Muring auszulegen. Doch das heißt im allgemeinen auch, daß man weder Süßwasser- noch Stromanschlüsse zur Verfügung hat.

Grundkette

Um den Schwojkreis zu begrenzen und nicht mit Nachbarn in Konflikt zu kommen, liegt bei den mei-

252 *Auf festem Grund stehen Kimmkieler schön aufrecht, auf weichem Schlick – wie man sieht – nicht immer.*

sten Murings eine schwere Grundkette im rechten Winkel zum Tidenstrom (oder in tidenfreien Gewässern zur vorherrschenden Windrichtung) zwischen zwei Muringsteinen oder Ankern. Das Boot wird an einer Hangerkette festgemacht, die auf der Mitte der Grundkette angeschäkelt ist. Am besten benutzt man am Grund eine Kette mit kurzen Gliedern von 12 mm Durchmesser für Boote unter 5 m Länge, 16 mm für Boote bis zu 7 m, 18 mm für bis zu 9 m, 25 mm für bis zu 11 m, 32 mm für bis zu 15 m und 38 mm für Boote bis zu 19 m Länge. Bei solcher Stärke sollte sich die Kette am Grund nur um wenig seitwärts bewegen, wenn sie unter Last steht.

Hangerkette
Die Hangerkette ist ungefähr doppelt so lang wie die Wassertiefe bei Hochwasser. Bis hinunter auf Niedrigwasserniveau sollte sie genauso stark sein wie die Ankerkette des Boots, von da bis zur Grundkette etwas dicker. Sind keine anderen Murings in der Nähe und kann man sich von Untiefen fernhalten, macht man die Hangerkette länger.

Wirbel
Damit sich die Hangerkette nicht abdrehen kann, schäkelt man einen möglichst schweren Wirbel aus galvanisiertem Stahl zwischen ihren dünneren und den dickeren Teil. Alle drei Monate etwa sollte man sich vergewissern, daß der Wirbel sich noch dreht. Manchmal wird aus Sicherheitsgründen auch noch ein zweiter Wirbel knapp außerhalb des Bugs angebracht. In sandigem Gewässer kann ein immerzu eingetauchter Wirbel ziemlich schnell verschleißen.

Muringanker
Es gibt spezielle Anker zum Festmachen der Grundkette, aber manche Eigner improvisieren lieber, indem sie von einem traditionellen Stockanker eine Flunke abbrennen (Abbildung 253) oder eine Flunke so weit umbiegen, bis sie den Schaft berührt (Abbildung 254), damit daran keine fremden Leinen unklar kommen können. Typische Ankergewichte, die zu den oben angegebenen Gewichten der Grundkette passen, sind (in der gleichen Reihenfolge): 18, 27, 45, 72, 100, 135 kg. Werden CQR(Pflugschar)-Anker verwendet – nur wenn bekannt ist, daß der Grund sich dafür eignet –, kann man diese Werte halbieren.

Muringsteine
Muringsteine aus Zement – auch ausrangierte Motoren – zum Anbringen der Muringkette müssen dreimal so schwer sein wie ein entsprechender Anker und sind deshalb nicht leicht an ihren Platz zu bringen. Selbst wenn sie eingegraben sind, kann der

253 *Von einem alten Anker wird hier eine Flunke abgeschnitten, damit er als Muringanker verwendet werden kann.*

254 *Eine Flunke dieses Stockankers ist zum Stock zurückgebogen, damit sich keine Leinen daran vertörnen können, wenn er als Muringanker auf dem Grund liegt.*

Tidenstrom sie auswaschen, was ihre Haltekraft vermindert.

Schlickanker

Als leichte Muringsteine auf Schlick sind runde Zementscheiben mit konkaver Unterseite beliebt. Sie halten sich durch Saugkraft fest. Stählerne Schlickanker (meist Pilzanker mit langem Stiel) halten gut, während sich Schraubanker an völlig trockenfallenden Stellen sogar noch besser eignen. Sie sind wie ein Korkenzieher geformt und werden von zwei starken Männern mit Hilfe einer durch das Auge geführten Stange wie bei einem Gangspill in den Boden gedreht.

Stahlträger

Man kann auch einen alten Stahlträger tief eingraben, an dem in der Mitte die Hangerkette befestigt wird. Das ergibt eine sehr haltbare Verankerung, bei der nichts über den Grund hinaussteht. Das gleiche Prinzip wird oft auch zum Festmachen von Muringleinen auf einem flachen Schlickbett angewandt. In diesem Fall nimmt man einen alten Holzbalken oder Baumstamm von wenigstens 25 cm Durchmesser und etwa 1,50 m Länge. In der Mitte ist daran eine Kette befestigt, die bis zur Oberfläche reicht. Man vergesse nie, die ausgegrabenen Rinnen aufzufüllen und in dünnen Schichten festzutreten.

Korrosion

In manchen Gewässern haben selbst angerostete Muringketten noch eine Lebensdauer von mindestens zehn Jahren. Dennoch sollte man in Zweijahresabständen einen Taucher alle Unterwasserteile untersuchen lassen. Eine galvanisierte Kette holt man wenigstens alle zehn Jahre zur Inspektion nach oben. Die Kette an einer trockenfallenden Muring rostet schneller, aber eine regelmäßige Inspektion ist dort einfacher. Opferanoden sollen die Lebensdauer einer Muringkette verlängern können. Um kurze Kettenstücke gegossene Zinkblöcke kann man an einigen Stellen kaufen.

Schäkel

Die Schraubbolzen der Schäkel müssen mit einer Musing aus dickem galvanisiertem Draht gesichert werden; ihr Gewinde muß vor dem Zusammensetzen dick mit Graphitfett eingeschmiert werden. Besser verwendet man jedoch richtige Kettenschäkel mit ovalen Bolzen, die genau in die Kettenglieder passen. Werden zwei Kettenlängen aneinandergesteckt, nimmt man zwei dieser Kettenschäkel. Notkettenglieder (Abbildung 106) sind am besten geeignet zum Aneinanderstecken von Ketten gleicher Stärke.

Auslegen
Zum Auslegen einer Tiefwassermuring mietet man sich am besten ein kräftiges Arbeitsboot, möglichst mit glattem Deck und Kran. Die Kette wird in Buchten gelegt (die Greifboje ist an der Hangerkette befestigt), und dann läßt man den ersten Anker mit einer Leinenbucht hinunter, so daß er richtig liegt. Die Leine wird geslippt. Dann fährt das Boot unter Motor in die gewünschte Richtung und gibt dabei langsam Kette aus, bis sie steifkommt. Auch der zweite Anker ist inzwischen in eine Leinenbucht gelegt, und so fährt das Boot weiter, während die Leine ausrauscht und bis der Anker am Boden liegt. Jetzt kann man auch diese Leine slippen.

Winterboje
Wird die Muring im Winter nicht benutzt, holt man die Sommerboje mit ihrem Taustander ein und befestigt statt dessen mit flexiblem Drahttau eine größere Stahltonne. Die Hangerkette inklusive Wirbel kann ebenfalls abgenommen werden (bei entsprechender Drahtlänge), damit sie länger hält. Muß man an einer Stahltonne festmachen, hält man sie vom Rumpf ab, indem man von ihr zur Nock eines wie ein Bugspriet festgelaschten Spinnakerbaums einen Beiholer führt.

Verlorene Boje
Ohne Taucher braucht man mindestens eine Stunde, um eine Hangerkette wieder aufzunehmen, wenn die Boje abgerissen ist. Das erfordert zwei Mann: einen, der rudert, und einen zweiten, der mit einem Suchdraggen an einer Nylonleine nach der Kette fischt. Besser ist es, wenn man sich bei der Suche nach Landmarken orientieren kann. Auf diese Weise kann man auch feststellen, ob das Grundgeschirr nach schwerem Sturm geschliert hat.

Eingegrabene Kette
Auf sandigem Grund kann sich die Hangerkette über Winter tief eingraben. Unter solchen Bedingungen nehmen manche im Herbst das gesamte Muringgeschirr aus dem Wasser und bringen es im Frühjahr neu aus.

Örtliche Gebräuche
Beim Legen einer Muring ist es ratsam, sich nach den örtlichen Gebräuchen zu richten. Manchmal werden zum Beispiel drei statt zwei Anker genommen. Auch wie oft man die Kette zu Inspektionszwecken hochholt, richtet sich nach den örtlichen Korrosions- und Verschleißumständen.

Einfache Bootsanleger
In seiner einfachsten Form besteht ein Bootsanleger aus einer fast vertikalen Leiter, die mit einer Laufplanke und zwei diagonalen Halteleinen vom Ufer abgehalten wird. Das ist schön, solange die Festmacher unter allen Umständen steif bleiben. Wenn sich in Tidengewässern eine Leine lockert, kann sich das eine Ende des Boots in die Sand- oder Schlickbank eingraben und dann beim nächsten Hochwasser volllaufen. Um dem zu begegnen, setzt man an beiden Seiten der Leiter Pfosten (wie in Zeichnung 247), etwa eine halbe Bootslänge auseinander.

Pfähle
Soll der Anleger dauerhafter sein, treibt man die Pfosten und Leiter nicht direkt in den Schlick. Zunächst werden kurze Pfähle aus Hartholz in den Grund getrieben, die bei Ebbe noch über die Wasseroberfläche ragen, so daß man an ihnen Pfosten und Leiter anbolzen kann. Die Pfähle kann man mit einem dicken Vorschlaghammer in den Grund treiben; es gibt aber dafür auch ein Gerät, mit dem zwei Mann arbeiten können – dann müssen die Pfähle allerdings länger sein und später abgesägt werden.

Abfendern
Ein Fahrzeug, das an einem solchen Anleger liegt, muß über die ganze Länge mit Gummifendern ausgerüstet sein, noch besser mit einer mit Metallband beschlagenen Gummi-Scheuerleiste. Fehlt dies, nagelt man dicken, schweren Gummi an die Pfosten. Auch gut abgefenderte Schwimmhölzer um die Pfosten sind an manchen Orten geeignet.

Winterlager im Wasser

Weil die Kosten so hoch sind, ein Boot im Herbst an Land zu holen, und weil es häufig auch an Landliegeplätzen mangelt, bleiben viele größere Yachten heute im Wasser – vielleicht mit Ausnahme eines kurzen Aufslippens zum Erneuern des Unterwasseranstrichs. Handelsschiffe und andere Berufsfahrzeuge kommen nur sehr selten aus dem Wasser, dennoch haben sie eine Lebensdauer von etwa 30 Jahren. Mit Blick auf die Osmose aber haben Eigner von GFK-Yachten, die den Winter über im Wasser bleiben, durchaus Grund, sich Gedanken zu machen.

Trocknen des Holzes
Die Lebensdauer von Holzbooten ist zu verlängern, wenn man sie während des Winters austrocknen läßt. Gibt es Anzeichen, daß sich Nähte öffnen, heißt das fast immer, daß das Boot zu früh aus dem Wasser oder zu spät wieder in sein Element zurück kam. Wie schon erwähnt, werden kleine hölzerne Boote am besten jeden Tag abgespritzt, wenn sie bei heißem Wetter an Land stehen.

Im Schlickbett
Für Wartungsarbeiten ist es zwar unbequem, doch ist das Winterlager in einem Schlickbett (Abbildung 33) normalerweise sicher und für Boote aus den meisten Materialien geeignet. Soll sich das Boot bei jedem Niedrigwasser in das gleiche Bett legen, so sind Draht- oder Nylonleinen nach allen vier Seiten nötig. Bevor man das Boot bei einer passenden Springtide vor Ort bringt, muß man vielleicht einen Graben in den Schlick buddeln, in den sich wenigstens der Kiel bis zur Kimm einsenken kann. Es braucht nämlich ziemlich lange, bis ein Boot sich sein eigenes Bett gegraben hat – je nach Härte des Schlicks.

Innen trocken
Am wenigsten Schaden entsteht beim Überwintern im Wasser oder in einem Schlickbett, wenn die Kondenswasserbildung im Bootsinnern verhindert werden kann. Ist Netzstrom vorhanden, reicht ein kleines, ständig eingeschaltetes Heizgerät, um alles trockenzuhalten. Ein Öl- oder Gasheizgerät ohne Schornstein erhöht die Feuchtigkeit unter Deck.

Schweres Wetter
Heftige Winterstürme haben schon manche im Wasser liegende Yacht beschädigt. Deshalb lohnt es sich, als Festmacher Drahttauwerk mit gutem Schamfilschutz zu nehmen. Treibendes Eis wirkt wie eine Säge. An manchen Orten ist es nötig, schwere, schwimmende Hölzer an der Wasserlinie entlang zu befestigen, besonders an Bug und Heck. Festes Eis ist nicht unbedingt schädlich. Man kann das Einfrieren des Schiffes aber auch verhindern, indem man mit Gewichten einen perforierten Schlauch unter das Boot bringt, an den ein Luftkompressor angeschlossen ist. Die aufsteigenden Bläschen verhindern die Eisbildung.

Auflegen an Land

Wie schon gesagt, ist in kalten Wintern ein Landliegeplatz das beste für ein kleines Fahrzeug. Ein weiterer Vorteil ist der vereinfachte Zugang bei Pflege- und Instandhaltungsarbeiten. Wer genug Platz (und angenehme Nachbarn) hat, für den ist die Lagerung auf dem eigenen Grundstück ideal.

Kräne
Einen Mobilkran zu mieten, macht heute keine Schwierigkeiten. Der Kran ist ausgerüstet mit Gurten aus Nylongewebe, so daß man sich um den Schutz des Rumpfes keine Sorgen zu machen braucht. Fest am Kai montierte Kräne haben oft nur Drahtschlingen (Abbildung 255), so daß man zum Abfendern ein paar alte Matratzen und zwei Spreizhölzer mit Kerben an jedem Ende bereithalten sollte. Diese Hölzer müssen die Drahtschlingen soweit spreizen, daß das Boot beim Anheben nicht zusammengepreßt wird. Die Kranführer sind im allgemeinen sehr erfahren und vorsichtig im Umgang mit Booten.

Slipanlagen
Größere Werften haben oft eine Betonrampe mit Slipwagen, der auf Rädern oder Gleisen läuft (Abbildung 5). Starke Winden ziehen über Stahlseile den Slipwagen nach oben. Manchmal hat dieser sogar eine Drehscheibe. Auf kleineren Werften findet man noch gelegentlich die ältere Art des Slips: ein Schlitten aus starken Holzbalken mit Stützen für Kiel und Kimm der Boote. Auf stark eingefetteten Balken, auf denen der Kiel steht, wird mit Drahtseil und Winden das Boot aus dem Wasser gezogen. Bei Ebbe wird der Schlitten nach unten gebracht und mit starken Gewichten festgehalten. Bei Flut fährt das Boot auf den Schlitten und kann dann herausgezogen werden.

Anheben
Boote unter etwa 8 m Länge können nach und nach mit langen Hebeln zum Aufpallen angehoben wer-

255 *Wird eine Yacht von geringer Breite mit einem Kran aus dem Wasser gehoben, so brauchen zwischen den Stropps oder Gurten nicht unbedingt Spreizen angebracht zu werden.*

den, wobei unter den Kiel jeweils Balken geschoben werden. Man beginnt meist beim Heck und hebt anschließend den Bug ein wenig an usw. Bei größeren Fahrzeugen werden hydraulische Heber auf die gleiche Weise benutzt. Ein Hebel ist gewöhnlich 3 m lang und besteht aus gesundem Kiefernholz von etwa 7,5 × 7,5 cm Dicke am Arbeitsende, während das andere Ende in einen runden Handgriff ausläuft. Manchmal wird auch ein dickwandiges Stahlrohr von ca. 5 cm Durchmesser genommen.

Drehpunkt
Ein Hebel kann nur gut wirken, wenn sein Drehpunkt an der richtigen Stelle sitzt. Dazu müssen auf dem Boden starke Holzböcke liegen und darauf ein schmales Stück Hartholz, auf dem der Hebel wippen kann. Liegt der Drehpunkt dicht am Kiel, kann man ihn pro Hub wahrscheinlich nicht mehr als knapp 4 cm anheben. Wenn der Hebel nicht fast waagrecht angesetzt wird, kann ein runder Kiel leicht von seinem Ende abrutschen; auch deshalb sollte man das Boot jeweils lieber nur um ein kleines Stück anheben. Bei dieser Arbeit ist man am besten zu zweit. Ein hydraulischer Heber arbeitet natürlich viel schneller, da man sich dann um keinen Drehpunkt zu kümmern braucht.

Keile
Starke Holzkeile sind nützlich zum Aufpallen eines Boots, wenn Hölzer von der richtigen Stärke nicht vorhanden sind. Das ideale Maß für die Keile ist 30 cm Länge und 10 cm Breite mit einer Schräge von 3 mm auf 25 mm. Keile werden am besten (wie Abbildung 256 zeigt) paarweise verwendet, so daß wieder eine gerade Fläche entsteht. Wenn sie mit zwei schweren Hämmern auf beiden Seiten vorgetrieben werden, können sie beträchtlichen Druck ausüben.

Kimmstützen
Beim Anheben darf das Boot keine Schlagseite bekommen. Das erreicht man nur mit Stützen unter der Kimm (Abbildung 256). Bei einer starken Scheuerleiste können passende Stützen darunter verkeilt werden. Unter lange Kimmkiele kann man sehr gut Stützblöcke legen. Yachten mit Kurzkiel und langen Überhängen brauchen Extrastützen unter Bug und Heck, damit sie nicht kippen, wenn eine schwere Person an Deck arbeitet.

Transport an Land

Ist sie erst einmal an Land, kann eine Yacht fast jeder Größe über beträchtliche Strecken auf Rollen aus Holz oder Stahlrohr – etwa bis zu ihrem Winterlager – transportiert werden. Für die Winterlagerung daheim muß sich vielleicht auch der Amateur mit dieser Arbeit vertraut machen. Fahrzeuge bis zu 2 t können auch noch mit einem Hebel unter dem Kiel

256 *Kimmstützen können auf ganz unterschiedliche Weise improvisiert werden.*

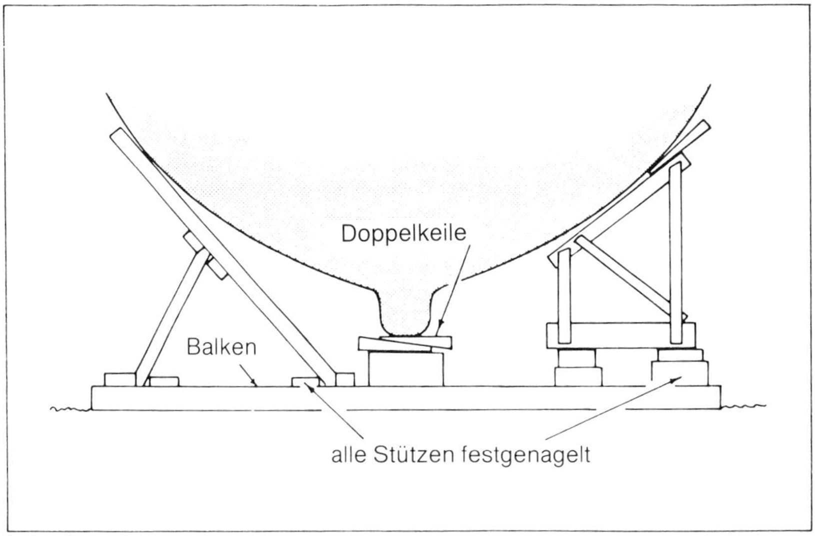

voranbewegt werden, während sie auf zwei Querbalken rutschen, die immer wieder nachgelegt werden müssen. Mit einem starken Wagenheber kann man das gleiche erreichen, wenn er in der richtigen Richtung angesetzt wird.

Klappblöcke
Um die Arbeit zu beschleunigen, legen Werften manchmal eingefettete Balken unter den Kiel und ziehen dann mit dem Draht der Slipwinde das Boot relativ schnell seitwärts. Ein System von gut verankerten Klappblöcken auf dem Werftgelände dient dazu, daß die Slipwinde einen Zug in beinahe jede Richtung ausüben kann. Manchmal wird auch eine an einem Traktor montierte Winde dafür genommen. Ohne solche Geräte verwendet man eine dreifach geschorene Talje, an der ein paar Freunde ziehen. Yachtblöcke sind für diese Arbeit ziemlich nutzlos; man braucht schon gut geölte, starke Stahlblöcke mit großem Scheibendurchmesser und eine 25 mm dicke Leine, die man gut fassen kann. Natürlich gehört dazu auch ein Kasten Bier, mit dem man die Helfer schmiert!

Rollen
Der Amateur nimmt für das seitliche Versetzen besser Rollen zwischen kurzen Bohlen. Rollen aus dickwandigem Stahlrohr mit einem Außendurchmesser von 75 mm sind ideal. Die Rollen, von denen man mindestens zwei Paar braucht, werden wie in Abbildung 257 eingesetzt. Auf die obere Bohle müssen beiderseits vom Kiel Holzblöcke aufgenagelt werden, damit der Kiel nicht abrutscht. Die freiwerdenden Rollen und Bohlen legt man vorne wieder unter, während das Boot vorankommt. Feste Stützen auf der oberen Bohle halten das Boot aufrecht.

Schäden
Manche alten Boote sind schon zu schwach, um auf diese Art an Land hin und her gezogen zu werden, besonders wenn loser Ballast in der Bilge gestaut ist. Auf einer Werft kümmert man sich möglicherweise nicht darum; deshalb sollte der Eigner eines solchen Oldtimers zum Slippen die Wassertanks leeren und Ballast, Anker und Kette (und natürlich die empfindliche elektronische Ausrüstung) von Bord nehmen.

Reinigen des Unterwasserschiffs

Mit einem Hochdruckreiniger (Abbildung 258) läßt sich auch starker Bewuchs am Unterwasserschiff (inklusive eines Teils der Farbe) bei einem großen Bootsrumpf in wenig mehr als einer Stunde entfernen. Bei der traditionellen Methode braucht man auch mit einem ganzen Satz kürzerer und längerer Bürsten mindestens viermal so lange. Gleich nach dem Aufslippen ist die Arbeit am wenigsten mühsam.

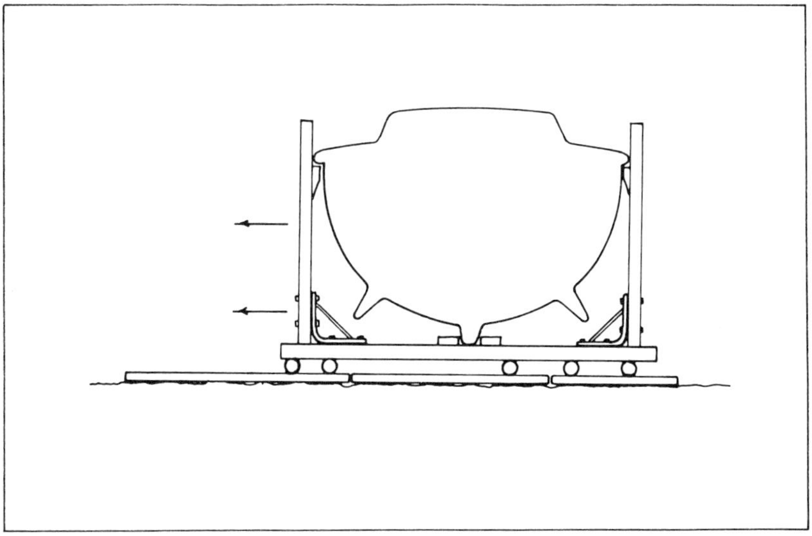

257 *Mit Hilfe von Bohlen und Rollen aus Stahlrohr kann man ein Boot seitwärts bewegen.*

258 *Mit einem Hochdruckreiniger ist auch das Unterwasserschiff einer größeren Yacht schnell gesäubert.*

Abspülen
Nach dem Reinigen wird das Unterwasserschiff mit Süßwasser abgespült. Süßwasser trocknet doppelt so schnell wie Salzwasser; und besonders wenn man bei Ebbe das Unterwasserschiff neu streichen will, ist schnelles Trocknen wichtig (siehe Abbildung 50). Wo noch Spuren von Salz auf der Oberfläche geblieben sind, schwitzt das Boot.

Handschuhe
Die meisten Antifoulings sind mit giftigen Chemikalien versetzt; so etwas sollte nicht an den Händen sein, wenn man in der Pause sein Brötchen ißt! Handschuhe halten das Schlimmste ab, auch die Kratzer, die man sich sonst beinahe unvermeidlich an den scharfen kleinen Muscheln zuzieht. Noch gesundheitsgefährdender ist der Staub beziehungs-

weise Qualm, der beim Abschleifen oder Abbrennen des Unterwasserschiffs entsteht. Deshalb sollte man nur mit Atemschutzmaske arbeiten, deren Vlieseinlage häufiger ausgewechselt werden muß.

Bewuchs
Mit Sperrholzstücken (ca. 9 mm dick) kann man tierischen Bewuchs, solange er feucht ist, ebenso schnell wie mit Stahlkratzern, aber mit weniger Schaden am Rumpf beseitigen. Mit kleinen Latten erreicht man auch die schwerer zugänglichen Stellen hinter den Kimmkielen, zwischen Ruder und Achtersteven und im Innern von Rumpfdurchbrüchen. Vom Geber eines Echolots darf man die Entenmuscheln jedoch nicht abkratzen; hier schneidet man die herabhängenden Teile mit einer Schere ab und löst den Rest durch mehrmaliges leichtes Aufbürsten von verdünnter Salzsäure oder Kesselsteinentferner (Ameisensäure).

Osmose
Entdeckt man Osmosebläschen, muß sofort etwas geschehen; am besten engagiert man einen Fachmann. Die Behandlung eines 9-m-Bootes kann zwischen 6000 und 10 000 DM kosten, da das gesamte Gelcoat abgestrahlt oder abgeschliffen werden muß. Hinzu kommen sechs Schichten Zwei-Komponenten-Farbe oder zwei Schichten Epoxy-Material (siehe Seite 35 und 54). Um zu prüfen, ob die Bläschen ausgetrocknet sind, klebt man Cellophan oder durchsichtiges Tape darüber; ist Nässe vorhanden, wird es über Nacht feucht.

Bilge
Oft gibt es eine Verzögerung, bis das Boot vom Slip zum Winterliegeplatz in der Halle oder im Freien gebracht wird. In dieser Zeit sollte man die Bilge auswaschen, da durch die schräge Lage des Boots alles Wasser zum Pumpensumpf gelaufen und leicht zu lenzen ist. Es gibt die verschiedensten Bilgenreiniger. Damit schrubbt man jede erreichbare Ecke unter den Bodenbrettern oder unter den Duchten und Schapps und spült dann von vorn nach achtern mit Süßwasser nach. Ölflecke unter Motor oder Treibstofftank müssen bis zu dreimal mit Bilgenreiniger behandelt werden, wobei man zwischendurch immer wieder nachspült. Boote mit flacher Bilge haben meist keinen Pumpensumpf. Dann behilft man sich mit Handpumpe und Pütz, mit Putzlumpen und einem großen Schwamm.

Rigg und Spieren

Moderne Materialien sind so dauerhaft, daß man oft sehen kann, wie Aluminiumspieren zusammen mit ihren Drähten aus rostfreiem Stahl für den ganzen Winter auf ein paar Böcke geworfen werden, bis man sie zum Auftakeln im Frühjahr wieder holt.

Abtakeln
Die herkömmliche Methode, alle beweglichen Teile von den Spieren abzunehmen, ist immer noch der beste Weg, die anodisierten Oberflächen vor Schäden und das Ganze vor Diebstahl zu bewahren. Und auch nur so lassen sich alle Einzelteile richtig überprüfen. Ein wenig problematisch wird es nur, wenn man es mit innenlaufenden Fallen und einer in einem hohlen Baum liegenden Refftalje zu tun hat. Deshalb zieht man beim Herausnehmen der Drähte Vorläufer mit hinein; sonst muß man möglicherweise später eine „Maus“, ein kleines Gewicht, an einer Leine durch Baum oder Mast schicken, um Fallen oder Talje wieder einscheren zu können.
Eine solche „Maus“ kann zum Beispiel aus einem Schäkelbolzen bestehen. Man strafft alle anderen innenliegenden Drähte und Leinen und neigt den Mast etwas, damit die „Maus“ an den Hindernissen vorbeikommen kann. Aus dem gleichen Grund macht man auch den Knoten oder den Spleiß zwischen Vorläufer und Fall mit Tape stromlinienförmig oder verbindet sie nur mit Tape.

Innenliegende Leitungen
Außer den empfindlichen Masttopp-Anlagen bleiben die meisten elektrischen Teile einschließlich der Leitungen, der Salingleuchten und der Positionslichter normalerweise an ihrem Platz. Wenn man jedoch Probleme in diesem Bereich hat, ist jetzt Zeit, sie anzugehen. Problematisch kann etwa das Klappern loser Kabel im Mast sein. Eine Lösung ist dann zum Beispiel, mit Kontaktkleber etwa alle 30 cm Schaumgummizylinder um die Kabel zu befestigen und sie bei abgenommenem Mastfuß einzuziehen.

Beschriftungen
Nur bei einer einfachen Segeljolle kann man noch behalten, wo alle Leinen, Blöcke oder Wantenspanner hingehören. Bei größeren Booten ersparen deutliche Beschriftungen viel Ärger. Da die meisten Teile vor dem Einlagern gewaschen werden müssen, sollten die Beschriftungen wasserfest sein. Hat man

keine Maschine, mit der man die Schrift auf selbstklebendem Band einprägen kann, nimmt man Schilder, wie sie Gärtner benutzen, und beschriftet sie mit einem wasserfesten Stift.

Schmutz
Ist das Tauwerk trocken, hängt man es am besten über einen Balken auf dem Speicher. Lose darüber gelegte Kunststoffolie hält Schmutz und Staub ab. Auch ganze Tauwerksrollen muß man abdecken, damit die Leinen nicht in der nächsten Saison die Segel beschmutzen. Spieren müssen nach dem Abtakeln gewaschen werden; aber wenn sie dann nicht in Tücher eingewickelt werden, muß man sie vor der nächsten Saison sicher noch einmal kurz waschen. Es gibt kaum eine bessere Gelegenheit, eine Spiere auf Schäden zu untersuchen, als beim Abwaschen und Trockenwischen.

Notizbuch
Nur wenige Schäden können gleich behoben werden, und so sind Notizen über das Wo und Wie gebrochener Drahtkardeele, beschädigter Bekleedungen, abgenutzter Splintbolzen, verbogener Schäkel, schamfilten Tauwerks, wackelnder Scheiben und ähnlicher Dinge wichtig. Ein Notizbuch mit festem Deckel wird weniger leicht verlegt als zahlreiche Zettelchen. Will man sein Boot über viele Jahre behalten, werden immer wieder greifbare Notizen über Längen und Größen aller an Bord befindlichen Leinen, Drähte usw. mit Sicherheit in Zukunft von Wert sein.

Mastenlager
Manche Regattamasten sind im abgetakelten Zustand sehr empfindlich. Wenn sie fallen, können sie durch ihr eigenes Gewicht Schaden nehmen. Oder sie verbiegen sich, wenn sie nur in der Mitte unterstützt werden. Am besten lagern sie auf Trägern, die an einer Wand befestigt sind. Vor allem Holzmasten können sich auf Dauer verziehen, wenn sie nicht ganz gerade lagern. Es empfiehlt sich, alle Spieren etwa einmal im Monat eine halbe Umdrehung umzulagern, besonders wenn sie nur an zwei Stellen unterstützt sind.

Oxidieren
Alte Aluminiumspieren, die nie anodisiert waren (oder an denen dieser Schutz verschlissen ist), nehmen im Winter leicht eine weiße Patina an, die sich rauh anfühlt. Abschrubben mit feiner Bronzewolle, die in warmes Wasser mit Spülmittel getaucht wurde, läßt sie wieder wie neu aussehen. Ein Einsprühen mit Korrosionsspray im Herbst erspart später eine Menge Arbeit. Im Frühjahr wird mit Autowachs poliert, das die Oxidation vermindert, doch müssen vorher die ölhaltigen Sprayrückstände mit Verdünner abgewaschen werden.

Holzbehandlung
Bei Holzspieren, die auf dem Boot bleiben, ist das Lackieren mühsam und manchmal auch gefährlich. Viel einfacher ist es, das rohe Holz mit Teaköl zu behandeln oder sich mit Holzschutzöl (z. B. Owatrol) vollsaugen zu lassen; es sieht auch fast genausogut aus. Zur Behandlung mit Klarlack siehe Kapitel 4. Die schwierigen Arbeiten an einem Holzmast sollte man schon im Herbst beim Einlagern erledigen; dazu gehört auch eine Schicht Klarlack. Dann wird der Mast mit Kunststoffolie abgedeckt und bekommt erst einige Wochen vor Beginn der Segelsaison die letzte Schicht Lack. Alte Holzspieren werden oft besser mit Farbe gemalt. Das vermindert den jährlichen Arbeitsaufwand beträchtlich.

Inspektion
Spieren an Land auf Defekte hin zu untersuchen, ist recht einfach. Man achte dabei besonders auf Risse, verbogene und lose Beschläge, auf Korrosion und verschlissene Scheiben. Bei einer Rollreffanlage hat das Profilstag oft auf der gesamten Länge Verbindungen, die sich losgearbeitet haben können.

Einwintern

Besonders in Gegenden, in denen kalte Winter häufig sind, muß man schon beim Auflegen besonders sorgsam sein. Alle losen und beweglichen Teile nimmt man ab, lenzt die Wassertanks und Rohrsysteme, bereitet Motor und andere mechanische Ausrüstung auf den Winter vor, säubert Kajüten und Schapps unter Deck und bringt wenn nötig eine Winterpersenning an. Zusätzliche Vorsichtsmaßnahmen beim Überwintern im Wasser wurden schon genannt.

Früher Beginn
Es dauert seine Zeit, bis man alles Gerät aus einer Fahrtenyacht ausgeräumt und adäquat verstaut hat; deshalb sollte man mit den unwichtigeren Dingen

schon einige Wochen früher beginnen. Man widerstehe auch der Versuchung, Dinge wie Ersatztauwerk, Konserven, Wasserkanister, Geschirr und Besteck im Schiff zu lassen. Das eine oder andere kann für die Winterarbeit freilich an Bord bleiben. Nimmt man auch alle kleineren Teile mit, die zu Hause gestrichen werden können (wie zum Beispiel Schranktüren, Luks oder Setzborde), so gewinnt man viel wertvolle Zeit, und bestimmt ist dann die Arbeit auch von bester Qualität.

Wasserfallen

Auf einem großen Boot ist es durchaus nicht leicht, wegen der Frostgefahr alles Wasser zu entfernen. Lange Rohrstrecken müssen eventuell auseinandergenommen und durchgeblasen werden, damit wirklich alles Wasser herauskommt. Wie schon in Kapitel 10 gesagt, halten Pumpen und Toilettenbecken Wasser, ebenso einige Abflußrohre und manche unerwartete Stellen der Motorenanlage. Das Abnehmen des Gehäusedeckels ist oft der einzige Weg, Wasser aus einer Jabsco-Pumpe zu entfernen.

Motor

In guten Handbüchern findet man eine Anleitung, wie der jeweilige Motor beim Auflegen behandelt werden muß; doch was sie beschreibt, gilt im allgemeinen für längere Perioden unter den härtesten Bedingungen, weshalb ihr nur selten wörtlich gefolgt wird. Einige Hinweise gibt Kapitel 9. Die Erinnerung kann einem im Frühjahr Streiche spielen; so bindet man besser ein Schild an den Motor, auf dem die spezielle Verfahrensweise beschrieben ist.

Minimum

In einem mäßigen Winter wird das Seewasser nicht gefrieren; liegt das Boot im Wasser, wird es keinen Schaden nehmen, wenn der Motor nur äußerlich mit Korrosionsspray eingesprüht ist, solange er jede Woche um etwa vier Umdrehungen gedreht wird und man ihn jeden Monat wenigstens zehn Minuten lang laufen läßt. In das Kühlwassersystem gehört dann Frostschutzmittel, wenn man nicht alles Wasser hat ablaufen lassen.

Elektrik

Am besten ist es, alle zur Motorenanlage gehörende elektrische Ausrüstung an einem trockenen Platz zu Hause zu lagern. Die abgenommenen Kabel und Teile müssen beschriftet werden – meist reicht ein Stück Tape mit einer Codenummer, die mit einer Liste im Notizbuch übereinstimmt. Besser ist es, die Teile einzeln zusammen mit Entfeuchter in eine Plastiktüte zu stecken. Man vergesse auch nicht, Instrumententafel, Anlasser, Generator und andere eher ins Auge fallende Dinge auf diese Art abzudecken.

Batterien

Voll geladene Batterien frieren nicht leicht ein; doch lade man sie nicht bei eiskaltem Wetter. An Land kann man die Batterien besser in Schuß halten; sie werden jeden Monat einmal langsam entladen und dann wieder ebenso langsam aufgeladen. Zum Entladen schließt man eine 40-Watt-Lampe an und läßt sie einen Tag lang brennen oder so lange, bis sie schwächer glüht.

Rohrleitungen

Wie man Tanks und Rohrleitungen behandelt, wurde schon in Kapitel 9 beschrieben, und das Entleeren der Rohre oben in diesem Kapitel. Nimmt man die kupfernen Kraftstoffleitungen zum Tempern mit an Land, muß man die an Bord bleibenden Anschlußteile gut mit Tape versiegeln.

Ansaugöffnungen

Dieselleitungen und -pumpe bleiben – am besten voll Kraftstoff – am Motor und werden nur äußerlich mit Korrosionsspray eingesprüht. Ein Vergaser wird am besten ausgebaut und gesäubert, bevor man ihn zu Hause lagert. Dann verschließt man alle Ansaugöffnungen mit in Öl getauchten Lappen; das gleiche gilt, wenn Zündkerzen oder Einspritzdüsen ausgebaut werden.

Auspuff

Die meisten Auspuffanlagen werden mit Wasser gekühlt; doch auch verstecktes Wasser muß dort entfernt werden, bevor es friert oder Rost verursacht. Läßt man den Motor kurz laufen, um den Auspuff auszutrocknen, nimmt man zuvor die Wassereinspritzleitung am Krümmer ab, muß dann jedoch darauf achten, daß flexible Rohrstücke am Auspuff nicht überhitzt werden. Dann wird die Austrittsöffnung des Auspuffs fest verschlossen; hinter den Propfen kommt als Entfeuchter Silicalack. Damit bleiben auch Zylinderkopf und Ventile eher trokken. Noch besser ist es, wenn man auch den Auspuffkrümmer abnimmt. Die Öffnungen von Krümmer und Auspuffrohr werden einzeln zugestopft.

Motoröl
Die Empfehlungen der Motorhersteller unterscheiden sich stark in bezug auf Winteröl. Ist die Ölwanne nicht leicht zu entfernen, wird Schutz vor Schlammbildung wichtig. Zur richtigen Winterwartung gehört im allgemeinen: Vollständiges Erwärmen des Öls, Abpumpen, Filtererneuerung, Auffüllen mit Spülöl, Laufenlassen des Motors, erneutes Abpumpen, Auffüllen mit Konservierungsöl, Laufenlassen des Motors und Ersetzen des Konservierungsöls durch normales Motoröl zu Beginn der Saison. Wie schon oben gesagt, kleben die Ventile nicht so leicht, wenn man den Motor jede Woche einmal durchdreht – doch nehme man dazu alle öligen Lappen aus den Öffnungen heraus. Manche Hersteller empfehlen, auch das Wendegetriebe mit Öl auszuspülen.

Wellenanlage
Ein altes Boot kann sich beim Auflegen durchbiegen. Dann löst man die Kupplung an der Wellenanlage und prüft nach dem Zuwasserlassen wieder die genaue Richtung der Welle. An manchen Orten entfernen vorsichtige Eigner wegen der Diebstahlsgefahr Propeller und Welle. Auch wenn alle Stahlteile mit Korrosionsschutz-Öl eingesprüht sind, sollte man die Handstartkette und alle Lager beim Auflegen besonders stark einfetten. Alle diese Teile müssen durch Abdecken mit Tüchern oder Plastikfolie vor Staub geschützt werden.

Außenborder im Winterlager
Außenborder müssen, außen und im Kühlsystem, gut mit Süßwasser gewaschen werden. Einige Motoren haben für diesen Zweck am Schaft einen Anschluß für den Wasserschlauch. Ist dieser nicht vorhanden, nimmt man den Propeller ab und läßt den Motor mit dem Schaft in einem Bottich mit Süßwasser kurz laufen und dann gut austrocknen. Es gibt auch trichterförmige Anschlüsse, mit denen man einen Wasserschlauch mit den seitlichen Wassereinlauflöchern verbinden kann. Sie sind durchaus auch für den Testlauf nach einer Reparatur geeignet.

Wartung
Zur guten Vorbereitung auf das Winterlager gehört auch, daß Kippbügel, Kippsperre und Klemmschrauben geschmiert werden. Am Getriebe nimmt man einen Ölwechsel vor. Sitzt der Propeller auf einer Keilwelle, entfernt man Splint und Propellermutter, zieht den Propeller ab, säubert und fettet die Keilwelle und setzt dann alles wieder zusammen.

Außenseite
Das ganze Gehäuse wird mit Autowachs poliert. Ist die Motorhaube abgenommen, sprüht man alle freiliegenden Teile mit Korrosionsspray ein. Die Opferanode, die möglicherweise über dem Propeller unter der Kavitationsplatte sitzt (Abbildung 182), darf aber nicht gewachst werden. Ist sie korrodiert, befestigt man eine neue. Der Außenborder wird an einem trockenen Ort gelagert. Die Schwungscheibe dreht man dann jeden Monat oder besser etwas öfter viermal von Hand. Einen eventuell vorhandenen Akku versorgt man wie oben beschrieben.

Rumpf und Ruder

So wie ein Beiboot am Ende der Saison innen gut ausgeschrubbt werden muß, müssen auch Kajütboote aller Art überall unter Deck mit einem der bekannten Haushaltsreiniger gut abgewaschen werden, nicht zu vergessen das anschließende Nachwischen mit Frischwasser.

Schapps
Wenn das Reinigen von Schränken und Schapps längere Zeit vernachlässigt worden ist, muß man vielleicht Scheuerpulver nehmen. Beim Reinigen von Schapps, in denen Nahrungsmittel lagern, sollte man dem Wischwasser ein wenig Desinfektionsmittel zugeben. Schranktüren (auch die einer Eisbox) müssen im Winterlager offenstehen.

Feinheiten
Bei der Reinigung von Kissen- und Matratzenüberzügen, von Vorhängen und allen im Boot lagernden Kleidungsstücken ist die Mitwirkung der Hausfrau wertvoll. Nach dem Waschen bleiben die Sachen bis zum Frühjahr zu Hause.

Weitere Notizen
Auch unter Deck kommt das Notizbuch zum Zuge. Wie bei anderen Teilen des Boots führt man separate Listen für Arbeiten, die von Eigner und Besatzung oder nur von Fachleuten durchgeführt werden können. Vergibt man die Aufträge erst im Frühjahr, so wird man sich, zumal in der Werft, wenig Freunde machen. Der nicht besonders praktisch veranlagte Eigner mit wenig Freizeit braucht bestimmt die Hilfe

von Fachleuten für Arbeiten wie das Dichten einer nicht gut schließenden Tür oder Schublade, zum Beseitigen einer Luftblase im Kompaß, zur Reparatur von Radio und Kocher, zum Einbau eines Metalleinsatzes im Ankerkasten oder zum Auskleiden des Motorraums mit Schallschluckmatten.

Begutachtung
Weil die Sicherheit immer an erster Stelle stehen sollte, zahlt es sich aus, wenn man das Boot, während es an Land steht und alles lose Gerät entfernt ist, etwa alle fünf Jahre von einem Fachmann begutachten läßt. Können die Kielbolzen nicht geröntgt werden, zieht man zwei der Bolzen heraus und untersucht ihren Zustand. Man denke daran, daß die Bolzen an Kimmkielen fast genauso wichtig sind.

Bläschen
Der wachsame Amateur sollte in der Lage sein, an einem GFK-Unterwasserschiff auftretende Osmosebläschen auch ohne Hilfe eines Fachmanns frühzeitig zu erkennen. Dazu muß selbst die leichteste Unebenheit an der Oberfläche untersucht werden. Sind am Rumpf kleine Buckel zu erkennen – außer von loser Farbe –, aus denen beim Durchstoßen Flüssigkeit rinnt (die oft nach Styrol schmeckt und riecht), besteht der Verdacht eines sich weiter verstärkenden Osmoseschadens, der sofortige Behandlung erfordert (siehe Seite 266).

Ruder
Verschleiß an Ruderstock, Zapfen und Augen ist oft erst sichtbar, wenn man das Ruder abgenommen hat. Kurzzeitig kann man ein klapperndes Ruder oft mit Epoxidharz oder Tufnolbuchsen reparieren, aber die gesamte Ruderanlage ist so wichtig, daß man sich besser neue Teile herstellen läßt.

Ruderanlage
Solange sie funktioniert, beschäftigt man sich meist nicht einmal in Gedanken mit der Ruderanlage. Ist eine Selbststeueranlage montiert, kann die Schmierung kompliziert werden. Man darf nicht vergessen, Scheiben und andere bewegte Teile zu ölen und zu fetten, ebensowenig Ruderquadrant und Umlenkrollen, Schneckengetriebe und Kegelrad (wo sie vorhanden sind).

Persenning

Lackiertes Holz (besonders waagrechte Flächen) leiden schwerer unter einigen Wochen Winterkälte oder gar Frost als unter monatelanger Sommersonne und Regen. Eine gute Abdeckung mit einer Persenning ist deshalb wichtig für alle Yachten, die im Winterlager im Freien oder unter einem undichten Dach stehen.

In der Halle
In einer trockenen Halle erspart eine leichte Staubplane zusätzliche Arbeit im Frühjahr; denn sicher werden einige Kollegen mit Elektrowerkzeugen oder Farbspritzpistolen eine Menge Staub aufwir-

259 *Eine ordentlich angebrachte Persenning verhindert Schäden durch Winterstürme und vermindert auch das Diebstahlsrisiko.*

260 *Behelfsmäßige Persenninge können mehr Schaden anrichten als verhindern, wenn sie nicht immer wieder zurechtgezogen werden.*

beln. Bei einzelnen Lecks im Dach spannt man am besten Persenningstreifen möglichst hoch oben, die Tropfen vom Boot ableiten.

Tucharten

Traditionelles Baumwolltuch ist besser als die meisten modernen Persenningmaterialien, weil es atmen kann. Sein Gewicht verhindert Flattern im Wind, und innen bildet sich kein Kondenswasser. Manches Persenningtuch aus Kunststoff wird bei kaltem Wetter sehr steif. Die mit einem Nylonnetz verstärkte Art ist billig und leicht zu reparieren. Am besten sind durchsichtige Persenninge. Das schwere, PVC-beschichtete Nylon- oder Dacrontuch, das für Segelpersenninge und Lukabdeckungen verwendet wird, ist dauerhafter als Baumwolle, aber auch teurer. Fenster aus transparenter Folie erleichtern das Arbeiten unter der Persenning bei schlechtem Wetter.

Form

Die übliche rechteckige Persenning (Abbildung 260) mag ausreichen, doch eine paßgenau wie in Abbildung 259 angebrachte Abdeckung ist leichter zu handhaben und bedeutet zugleich eine Wertsteigerung des Boots. Ist die Yacht länger als 9 m, nimmt man zwei oder mehr einzelne Stücke. Die Verbindungen sollten mit viel Überlappung quer über das Boot laufen und von innen und außen mit Bändseln zusammengehalten werden. Bei gutem Wetter kann man sie dann öffnen. Liegt keine Verbindung so, daß man dadurch bequem ins Boot gelangen kann, ist ein mit Bändseln zu verschließendes Einstiegsluk Gold wert.

Abmessen

Fertigt man eine Abdeckung selbst an, errichtet man zunächst den Persenningfirst und Rahmen, welche sie tragen sollen. Dann mißt man an jeder Rahmenstütze quer zum Boot oder in Abständen von nicht weniger als 2 m. Man vergesse nicht die Länge über alles und die Lage von Fenstern oder Luken.

Rahmenwerk

Auf vielen Segelbooten dient der Großmast als First für die Persenning. Das tut dem Mast gewiß nicht gut; ein Gerüst wie in Abbildung 261 ist zweifellos besser, besonders wenn es aus mehreren Teilen besteht, die mit Schrauben leicht aneinander befestigt werden können. Lagerung und Aufbau werden dadurch erleichtert. Latten von 2 × 8 cm dürften für ein Boot von 8 m Länge ausreichen; bis zu 12 m Länge nimmt man Bretter von 2,5 × 10 cm und bis

261 *Auf einem über das gesamte Boot reichenden Gestell liegt eine Persenning viel besser. Das Boot läßt sich damit gut belüften, und man kann sogar darunter arbeiten.*

zu 22 m solche von 2,5 × 15 cm. Ein Kunststoff-Abflußrohr gibt eine gute Firststange ab, auch wenn es nicht so leicht wie Holz zu befestigen ist.

Streben
Leichte, aber zahlreiche Streben vom First zum Deck sorgen dafür, daß die Abdeckung straff sitzt und Pfützenbildung ausgeschlossen ist. Mit einem V-förmigen Einschnitt am Ende lassen sie sich überall an den Deckskanten gut anbringen. Die Einschnitte müssen mit Leder besetzt werden (siehe Seite 107), oder man verwendet Fensteraufsteller (Keile) aus Gummi, die bei Haushaltswaren zu finden sind. Kann man die Seereling nicht abnehmen, so lascht man die Stützen oben an den Relingsstützen fest. Alle Holzkanten müssen natürlich schön abgerundet sein und am besten überall, wo etwas schamfilen könnte, mit Schaumstoff gepolstert werden.

Belüftung
Die Firststange muß vorn und achtern ein Stück über den Rumpf hinausführen, ebenso die Persenning, so daß hier Ventilationsöffnungen bleiben. Man kann auch unter die Stangenenden vorn und achtern einen Plastikeimer ohne Boden binden und die Persenning darum dichtziehen, wodurch die Luftzu- und -abfuhr zuverlässig geregelt wird. Bei einer eigens angefertigten Persenning kann man noch zusätzliche Lüftungsöffnungen wie solche in einem großen Zelt vorsehen. Es gibt auch schon Plastiklüfter, die man an eine Persenning anklammern kann.

Befestigung der Abdeckplane
Damit nicht unzählige Leinen unter dem Kiel durchgeführt werden müssen, kann man nahe der Wasserlinie rings um den Rumpf eine dicke Leine anbringen. Bei großen Holzbooten, die ihr Winterlager in einem Schlickbett haben, sind für diese Leine gelegentlich ringsum Klötze in die Planken genagelt. Ist die Trosse festgezogen, können so viele Bändsel von der Kante der Persenning an ihr angeschlagen werden, wie es erforderlich ist. Die Gatchen in der Persenning müssen sehr stark sein. Gummistropps geben der Persenning Elastizität, was oft verhindert, daß sie an den Gatchen einreißt. Es gibt auch recht starke Kunststoffgatchen, die in jede Art Tuch ohne viele Hilfsmittel eingedrückt werden können. Sie sind vor allem als schneller Ersatz für ausgerissene Nietgatchen geeignet. Lose oder gerissene Bändsel führen bei Sturm leicht zu größeren Schäden, wenn der Wind unter die Persenning fassen kann. Deshalb ziehe man während des Winters gelegentlich alle losen Bändsel wieder fest und ersetze gerissene durch neue.

In Dienst stellen

Zahlreiche Arbeiten, die bereits beschrieben wurden, fallen an, wenn die Zeit zum Indienststellen des Bootes gekommen ist; denn für diesen Zeitpunkt bewahrt man sich immer noch die meiste Arbeit auf. In den Tropen ist das gesamte Jahr über Indienststellungszeit; doch in unseren kalten Wintern sollte die eigentliche Bootswartung schon beginnen, sobald das Boot aufgelegt wird. Arbeitslisten sind dabei von unschätzbarem Nutzen. Es ist befriedigend, wenn man ausgeführte Arbeiten abhaken kann. Und mit einem Blick auf die Notizen weiß man jederzeit, ob man dem Arbeitsplan voraus ist oder zur Indienststellungszeit noch ein ganzer Berg Arbeit voller Hektik auf einen zukommt.

Bodenwrangen-Speigatten
Bilgenreinigung wurde schon erwähnt; es dauert manchmal Monate, bis dieser Teil des Boots vollständig ausgetrocknet ist – besonders bei einem Holzrumpf –, so daß man mit dem Malen der Bilge (siehe Seite 67) nicht zu früh beginnen sollte. In den Speigatten der Bodenwrangen sitzen oft kleine Ketten oder geknotete Bändsel; durch Ziehen daran kann man die Speigatten leicht von Schmutz reinigen. Die muß man natürlich entfernen, bevor die Bilge gemalt wird.

Weiches Holz
Dies ist auch eine gute Gelegenheit, bei Holzspanten nach Rott, bei Stahl nach Rost zu suchen und nach elektrolytischer Korrosion, wo Kupferbefestigungen durch Stahl führen. Sind größere Reparaturen noch nicht nötig, behandelt man weiches Holz vorsorglich mit einem Schutzmittel wie beispielsweise Feuchtholzfestiger, der schwammiges und bröseliges Holz besonders im Bilgenbereich konserviert und festigt.

Konservieren
Hölzer, die nicht vollständig zugänglich sind, behandelt man folgendermaßen: Man bohrt ein paar kleine Löcher und schneidet sich aus einem Lampendocht Teile zurecht, die da hineinpassen. Den Docht drückt man in das Loch und steckt die andere Seite in eine Dose mit Konservierungsmittel; allmählich wird sich dann das Holz vollsaugen.

Innenballast
Nicht bei allen Yachten befindet sich der gesamte Ballast außen, nämlich im Kiel. Vor allem bei älteren Booten sitzt er oft in der Bilge in Form von Eisen-, Blei- oder Zementstücken, die jeweils bis zu 45 kg wiegen können. Muß man sich zusätzliche Ballaststücke gießen lassen, nimmt man vorzugsweise Blei und läßt bei solchen über 25 kg in der Mitte ein Loch von etwa 25 mm Durchmesser, durch das man zum Heraushieven eine Leine führen kann.

Ballast verstauen
Manche Ballaststücke sind besonders geformt. Damit alle an ihren richtigen Platz kommen, sollte man sie mit Kreide numerieren und vor dem Herausnehmen einen Plan zeichnen. Innenballast darf sich unterwegs nie bewegen. Wurde dies in der Vergangenheit nicht beachtet, setze man es mit auf die Liste. Üblicherweise schraubt oder bolzt man für den Ballast starke Latten an die Bodenwrangen. Bei GFK müssen im allgemeinen besondere Lager an den Rumpf laminiert werden. Ballast sollte nämlich nie direkt an der Außenhaut liegen; zwischen Rumpf und Ballast gehört Holz, manchmal auch zwischen die Ballaststücke, um ihnen jede Bewegungsfreiheit zu nehmen.

Zu Hause
Man spart – wie gesagt – im Frühjahr viel Zeit, wenn man im Herbst alle beweglichen Teile von Bord genommen und zu Hause gereinigt und überholt hat. Wertvolle Geräte wie Anemometer, Windfahnensteuerung, Lüfter und die gesamte elektronische Ausrüstung sind ohnehin zu Hause sicherer untergebracht. Alle Trockenbatterien werden ebenfalls herausgenommen, denn sogar Batterien mit Metallhülle können, wenn sie alt sind, korrodieren und Chemikalien verdunsten.

Polieren
Jede Säure reinigt die Oberfläche von verschmutzten Messingteilen (ebenso von Aluminium und Chrom), doch sicherer ist ein spezieller Metallreiniger (zum Beispiel Amway Metal Cleaner, der weltweit zu bekommen ist). Auch mit Salz gemischtes Haushaltsammoniak leistet gute Dienste. Danach scheuert man das Ganze mehrfach mit Messingpolitur, wobei man immer wieder neue Lappen (besser noch Küchenpapier) nimmt. Wo ein Teil stark von Grünspan befallen ist, schleift man mit feinem

Schleifpapier oder Bronzewolle. Zu Hause kann man solche Teile natürlich auch mit dem Elektrogerät polieren. Alten Metall-Lack entfernt man mit Abbeizer. Zum Reinigen von Fenstern und Bullaugen nimmt man Glasreiniger, die auch im Haushalt üblich sind.

Decksbeschläge

An Deck muß man prüfen, ob alle Beschläge fest sitzen, ob die Rasterlöcher in den Leitschienen sauber sind, ob der Schuh für das Schlepplog nicht mit frischem Lack verstopft ist und ob alle Wasserabläufe und die Plichtlenzrohre frei von Abfall sind. Man überprüfe auch, ob die Halterungen zum Einpicken der Sicherheitsgurte an der richtigen Stelle sitzen. Alle beweglichen Teile sollten jetzt einen Tropfen Öl bekommen.

Entfeuchter

Um die Feuchtigkeit möglichst niedrig zu halten, ist manches elektronische Gerät mit einer mit Silicagel gefüllten perforierten Kapsel ausgerüstet, die über eine Öffnung an der Rückseite herausgenommen werden kann. Sehen die Kristalle rosa aus, haben sie Feuchtigkeit aufgenommen und sollten so lange in einem warmen Backofen bleiben, bis sie wieder eine blaue Färbung haben.

Inventarliste

Nur wenige Bootseigner führen eine ordentliche Inventarliste über alles lose Gerät; doch sie kann in vieler Hinsicht nützlich sein – nicht zuletzt als beeindruckender Beleg beim Verkauf des Boots. Eine Inventarliste ist aber auch wichtig, wenn man das Boot verchartern will.

Alles an seinen Platz

Eine solche Inventarliste wird noch nützlicher, wenn darin beschrieben ist, in welches Schapp oder welche Schublade was gehört. Bei der Frühjahrsausrüstung ist sie eine große Hilfe – niemand verstaut dann Bierdosen oder Werkzeuge in unmittelbarer Nähe des Kompasses, der einen so später in die Irre führt! Am besten macht man von der Liste drei Kopien: eine, die an Bord bleibt, eine für zu Hause und eine dritte, auf der man die Dinge abhaken kann, die im Frühjahr an Bord gebracht worden sind. Vermißt man später etwas, weiß man zumindest, daß man es nicht an Land vergessen hat.

Sicherheitsausrüstung

Besonders die hohe See kann für den schlecht vorbereiteten Seemann gefährlich werden. Über die Sicherheitsmaßnahmen hinaus, die bereits in früheren Kapiteln erwähnt wurden, sei hier noch auf spezielle Dinge Bezug genommen, die auf keinen Fall übersehen werden dürfen.

Schwimmwesten

Kinder sieht man kaum noch ohne Schwimmwesten, wenn sie auf dem Wasser sind oder auf dem Steg spielen. Die Regattaregeln haben dazu beigetragen, daß Schwimmwesten für jedermann als selbstverständlich gelten. Doch sollte man auch für Gäste ein paar Ersatzwesten an Bord mitführen. Aufblasbare Schwimmwesten müssen jedes Jahr auf Lecks und andere Fehler untersucht werden. Um Salzablagerung zu entfernen, wäscht man sie gelegentlich. Gute Rettungswesten sind teuer; deshalb sollten sie ordentlich verstaut werden, damit sie keinen Schaden nehmen.

Rettungsbojen

Rettungsringe und ohnmachtsichere Hufeisenwesten erfordern wenig Wartung; sie müssen nur gelegentlich gereinigt werden. Aber sie brauchen eine gute, schnell lösbare Halterung an Deck. Sind die Seenotleuchten daran mit Trockenbatterien ausgerüstet, so teste man die Batterien regelmäßig und erneuere sie jedes Jahr. Mindestens eine der Westen sollte mit einer Signalpfeife ausgerüstet und einer etwa 2 m langen Markierungsboje verbunden sein. Der Stab dieser Boje muß mit reflektierenden Bändern umwickelt sein und im Topp eine Flagge und ein Blinklicht, besser noch einen Elektronenblitz haben. Da die leichtgewichtigen modernen Rettungsringe und -westen bei Wind sehr schnell abtreiben, stattet man sie noch mit einem kleinen Treibanker aus.

Seenotsignale

Signalpistolen und Leuchtpatronen werden als Faustfeuerwaffen klassifiziert und dürfen nur mit Waffenbesitzkarte erworben werden; dementsprechend sind sie sorgfältig unter Verschluß zu halten. Wenn ein Feuerwerk stattfindet, ist das die beste Möglichkeit, alte Signalraketen zu testen, ehe man sie durch neue ersetzt. Bei Nachtfahrten sollte man eine weiße Handfackel in Griffweite des Rudergängers befestigen für den Fall, daß bei der Begegnung mit einem anderen Schiff eine Kollision droht.

Seenotsender
Sollte man sich jemals weit entfernt von Land in einem Rettungsfloß oder offenen Boot befinden, wäre man sicher dankbar für eine Seenotfunkboje (EPIRB). Ihr Sender gibt kontinuierlich Signale auf Flugsicherungsfrequenzen ab, die von den Rettern angepeilt werden können. Manche dieser Geräte sind mit Batterien ausgestattet, die ungebraucht zehn Jahre halten.

Notgepäck
Bei Hochseereisen sollte man einige Ausrüstung und Notverpflegung in der Nähe der Plicht verstauen – griffbereit für die gefürchtete Situation, in der man das Boot aufgeben muß: als Ergänzung der Notausrüstung im Rettungsfloß oder für den Fall, daß man das Beiboot benutzen muß. Dazu gehören außer Verpflegung Tabletten gegen Seekrankheit und Vitaminpillen, ein starker Handscheinwerfer, Wasser für zwei Wochen, eine Angelausrüstung, Draht, Bändsel und Tauwerk, Messer, Dosenöffner, Ösfaß, Geld, Kompaß, Wasserdestillationsgerät, Erste-Hilfe-Box, Decken, Werkzeug, einige Seenotraketen, ein Radarreflektor, Treibanker, ein Signalspiegel und wenn möglich eine Seenotfunkboje.

Sicherheitsgurte
Da Feuchtigkeit und Kälte die Arbeitsfähigkeit beeinträchtigen und Krankheiten verursachen können, halte man zusätzliche Schlechtwetterkleidung und Schals in Reserve, falls sie von Gästen benötigt werden. Aus gleichem Grund sollte man auch Ersatz-Sicherheitsgurte an Bord haben. Nähte und Leinen der Lifelines müssen regelmäßig überprüft werden, ebenso, ob die Karabinerhaken leichtgängig und weder verzogen noch verbogen sind.

Feuer
Nur wenige Boote haben keinen Feuerlöscher an Bord. Gut ausgerüstete Motorboote besitzen eine automatische Löschanlage im Motorraum und dazu sinnvoll in der Kajüte verteilte konventionelle Löscher. Soll die Anlage verbessert werden, denke man daran, daß eine manuelle Fernauslösung im allgemeinen besser ist als eine automatische – denn zumindest sollte man erst den Brandherd kennen, bevor man löscht. Von den Handfeuerlöschern sind Pulver- und Halonlöscher am gebräuchlichsten. Löschgeräte, die mit Wasser oder flüssigen Chemikalien arbeiten, haben nur einen begrenzten Anwendungsbereich. Im Zweifelsfall lasse man sich vom Hersteller beraten. Eine Feuerlöschdecke ist wichtig zum Einsatz in der Kombüse.

Gasgefahren
Ist trotz der in Kapitel 10 beschriebenen Vorsichtsmaßnahmen Gas oder Benzin in die Bilge geraten, kann der laufende Motor oder jedes elektrische Gerät durch Funkenzündung eine Explosion verursachen. Bei Gasalarm muß so verfahren werden, wie auf Seite 216 beschrieben. Erst dann kann das Boot wieder benutzt werden.

Sinken
Fahrtenboote sind schon aus den verschiedensten nicht vorhersehbaren Gründen gesunken. Wenn das Schlimmste passiert, sollte man mit eingeübter Routine darauf reagieren. Manche GFK-Boote sind mit einer durchgehenden Innenschale ausgestattet. Schäumt man den Zwischenraum zwischen Innenschale und Außenhaut aus, kann man das Boot möglicherweise unsinkbar machen, wie für Beiboote auf Seite 238 beschrieben.

Gesehen werden
Man fahre nie auf See ohne einen Radarreflektor im Rigg. Ihn nur bei einfallendem Nebel oder anbrechender Nacht zu setzen, reicht nicht aus: Auf schnellfahrenden Schiffen ist nicht unbedingt ein wachsamer Ausguck auf der Brücke. Oktagonale Reflektoren sollten wenigstens 40 cm Schenkellänge haben und in der sogenannten Regenfangstellung angebracht werden (siehe Abbildung 97); der Zylindertyp (Abbildung 98) ist zwar teurer, beschädigt aber nicht Segel und laufendes Gut. Wirksame Signalbälle und -kegel müssen wenigstens 40 cm Durchmesser haben.

Seekarten
Auch wenn das Boot mit Radar ausgerüstet ist, darf man Seekarten und eine Grundausstattung an Navigationsgerät nicht vernachlässigen. Strom kann schließlich ausfallen. Kartenberichtigung ist eine nützliche Winterarbeit; doch die meisten Segler und Motorbootfahrer lassen dies von Fachfirmen besorgen. Der durchschnittliche Bootsbesitzer mit be-

schränkter Freizeit braucht nur wenige Karten und wäre schlecht beraten, wenn er an Berichtigung und gelegentlicher Erneuerung sparte.

Nebel
Für längere Benutzung im Nebel sollte man nicht allein auf ein elektrisches oder kompressorbetriebenes Signalhorn setzen. Deshalb empfiehlt es sich, ein einfaches Mundnebelhorn oder Pumpnebelhorn an Bord zu haben. Die Aerosolkartuschen von Handwarngeräten können, wenn sie jahrelang gelagert werden, Druck verlieren, ja sogar einfrieren. Deshalb sollte man Ersatzflaschen für Handwarngeräte mitführen und sie gelegentlich testen.

Blitzschlag
Theoretisch sind Boote mit Metallmasten ideale Ziele für Blitze; gleichwohl kommen Schäden durch Blitzschlag nur sehr selten vor. Dennoch ist eine gut leitende Verbindung vom Mastfuß oder einem Pütting zu einem Kielbolzen sicherlich sinnvoll. Ist der Ballastkiel in Kunststoff eingegossen, sollte die Leitung zu einer außen am Rumpf dicht beim Kiel angebrachten Metallplatte führen. Nach einem Blitzschlag kann sich die Deviation des Kompasses für längere Zeit beträchtlich verändern, besonders bei einem Stahlrumpf.

Nachtfahrt
Strom für die vorgeschriebenen Positionslichter ist auf kleinen Segelbooten knapp, doch Solarpaneele und Windrad (Abbildung 191) oder ein nachgeschleppter Drehgenerator können dazu beitragen, daß die Batterie geladen ist, wenn man zu einer Nachtfahrt ansetzt. Große Motorsegler und Motorboote haben in dieser Hinsicht im allgemeinen keine Probleme, doch auch mit anderen Booten muß man schließlich nachts gut gesehen werden. Auf abgelegenen Ankerplätzen ist ein Ankerlicht besonders wichtig; manche Bootsbesitzer ziehen für diesen Zweck eine große, mit Petroleum brennende Dochtlampe vor. Das Erneuern einer kaputten Glühbirne im Masttopp ist oft unmöglich. Schön wäre es, wenn schlecht erreichbare Lampen mit zwei Glühbirnen ausgestattet werden könnten, wobei jede einen separaten Stromkreislauf mit Schalter haben müßte.